台湾研究文库
TAIWANYANJIUWENKU

两岸政治关系定位研究

教育部『新世纪优秀人才支持计划』资助研究成果

王英津 著

九州出版社
JIUZHOUPRESS
全国百佳图书出版单位

图书在版编目（CIP）数据

两岸政治关系定位研究 / 王英津著. -- 北京 : 九州出版社, 2016.6
ISBN 978-7-5108-4490-4

Ⅰ. ①两… Ⅱ. ①王… Ⅲ. ①海峡两岸－政治－关系－研究 Ⅳ. ①D618

中国版本图书馆CIP数据核字(2016)第135551号

两岸政治关系定位研究

作　　者	王英津　著
出版发行	九州出版社
地　　址	北京市西城区阜外大街甲35号（100037）
发行电话	(010)68992190/3/5/6
网　　址	www.jiuzhoupress.com
电子信箱	jiuzhou@jiuzhoupress.com
印　　刷	北京九州迅驰传媒文化有限公司
开　　本	720毫米×1020毫米　16开
印　　张	28.5
字　　数	461千字
版　　次	2016年6月第1版
印　　次	2016年6月第1次印刷
书　　号	ISBN 978-7-5108-4490-4
定　　价	85.00元

目　录

第三章　台湾统“独”谱系中的两岸政治关系定位

第四章　“主权—治权”分析框架下的两岸政治关系定位

第五章　“国家—政府”分析框架下的两岸政治关系定位

第十章　定位症结（一）：“中华民国”问题

第十一章　定位症结（二）：“中华民国宪法”问题

第十二章　定位症结（三）：台湾“国际活动空间”问题

第十三章　两岸政治关系定位的策略、技术与方法

表目录

图目录

第一章　导论

自1949年以来，两岸政治关系定位经历了一个由简单到复杂的变化过程。总体说来，武力统一时期相对简单，彼此只能将对方政权定性为“非法政权”，只有这样才能为通过军事手段消灭对方、完成统一奠定法理基础。但在改行和平统一以后，两岸政治关系定位问题就变得复杂起来，因为这不仅涉及自我定位，还涉及给对方定位。在各自坚持自身“主体性”的情况下，将对方政权界定为一个什么样的政权，才能被对方所接受？长期以来，两岸在这一问题上一直存有严重分歧，尤其20世纪80年代末台湾社会出现“台独”以后，台湾方面关于两岸政治关系定位的观点和主张变得复杂而多元，这使得两岸在政治关系定位问题上的分歧日益增大，曾一度影响到台海地区的和平与稳定。自2008年两岸关系进入和平发展时期后，两岸关系曾一度出现“跨越式”发展，但步入“深水区”以后，两岸关系出现发展“迟缓”局面。在“深水区”，影响两岸关系向前发展的因素虽有很多，但最大因素却是两岸政治关系定位问题，倘若这个问题不能得到妥善解决，其他政治难题均难以取得根本性突破。台湾社会实行政党政治，可能会因政党轮替而使得两岸关系发展会呈现“波浪式”前进的现象，但不论哪个政党上台执政，均无法回避作为根本性、基础性问题的两岸政治关系定位问题，大陆方面也不会因台湾政党轮替而放松对这一问题的持续研究。

一、文献综述与评价

自20世纪80年代两岸开启互动以来，两岸关系出现了复杂的变化，两岸研究界（包括学界和业界）对于两岸政治关系定位议题进行了诸多研究，并提出了许多解决方案和主张。这些方案和主张分别从不同立场、侧面和角度反映了研究者对两岸政治关系的基本看法，也体现出两岸研究界对两岸政治关系定位的分歧与共识。这些既有成果对于今后研究两岸政治关系定位无疑具有重要的参考价值。因此，我们在研究两岸政治关系定位伊始，先须对既有研究成果作一梳理、分析和评价。

（一）大陆方面的研究

大陆研究界目前尚没有专门研究两岸政治关系定位问题的著作。从目前可以查阅到的著作文献来看，多数是论著中的某部分涉及两岸政治关系定位问题的探讨，譬如黄嘉树著的《大棋局》，陈孔立著的《走向和平发展的两岸关系》《心系两岸》，李家泉著的《两岸“双赢”之路——试论“一国两制”的台湾模式》，李义虎著的《“一国两制”台湾模式》，李鹏著的《海峡两岸关系析论》，严安林著的《两岸关系和平发展制度化理论研究》，王英津著的《国家统一模式研究》，周叶中、祝捷著的《两岸关系的法学思考》，周志怀主编的《两岸政治关系合情合理安排探讨》等等，均有涉及两岸政治关系定位的内容。从目前可以查阅的期刊文献来看，涉及两岸政治关系定位议题的论文数量不菲，譬如刘国深的《试论和平发展背景下的两岸共同治理》《“国家球体理论”和平发展共同治理》，倪永杰的《两岸政治定位与一中框架刍议》，朱松岭的《论两岸政治定位》，林冈的《以一国两制的台湾模式规范两岸在统一前的政治关系》，李义虎的《台湾定位问题：重要性及解决思路》，沈卫平的《两岸关系应该如何定位——兼评“一边一国论”》，聂学林的《两岸政治关系定位之我见》，杨立宪的《两岸关系政治定位问题探讨》，周叶中、祝捷的《关于大陆和台湾政治关系定位的思考》，彭维学的《和平发展时期的两岸政治关系探析》，李家泉的《关于台湾的政治定位问题》《构建两岸和平发展框架设想》《达成两岸和平协议的可行性研究》，周志怀的《两岸政治关系安排要进一步解放思想》，章念驰的《创造条件以解“中华民国”难题》，许世铨的《“后九二共识”一中框架之探讨》，张文生的《一个中国原则与两岸关系的定位》，王鹤亭的《两岸政治定位的分歧处理及建议》，李秘的《两岸关系中“一”与“二”的辨证——两岸关系辩证法初探》，郑振清、巫永平的《海峡两岸特殊政治关系的法理解释——国际法“政府继承”理论与两岸政府继承特殊形式探析》，胡凌炜的《析两岸学者对两岸政治定位的分歧》，罗祥喜的《台湾内部对于两岸政治定位的看法》《本栖会谈探讨两岸政治定位》，严安林的《两岸政治定位问题的回顾与思考》，王振民的《两岸应找寻统一或统合的最大公约数》等等，约计 50 余篇。

大陆学者和业内研究人士在上述文献中对两岸政治关系定位问题进行了较为深入和系统的探讨，并提出了许多有价值的方案或论述。为简明扼要起见，笔者将这些方案或论述以列表形式汇总如下：

表 1–1：大陆研究界关于两岸政治关系定位论述一览表

论述	提出者	主要观点
“1+x<2”理论	黄嘉树	①“1”是指两岸不存在所谓“两府”，只存在一个中央政府，双方都自称是中央政府，而视对方为自己所主张领土范围内的当局；②“+”是指在自己的法政系统外，还存在另一个与己方互不隶属的法政系统；③“X”是代号，指另一个法政系统，由于双方都认为 X 不是中央政府而是当局，所以 X 小于“1”。[①]
“国家球体理论”	刘国深	①世界上绝大多数“国家球体”只有一个政权代表该国家，而中国这一“国家球体”的球面是由中华人民共和国和“中华民国”两个竞争中的政权构成；②它们分别在背靠背的空间和场合代表着中国，双方形成了事实上“一体两面”的关系；③尽管两块球面附着的球体大小悬殊，却在各自空间里行使着对内镇压与管理，对外保护的功能。[②]

① 黄嘉树著：《大棋局》，香港，中国评论学术出版社，2013 年版，第 110—111 页。
② 刘国深：《试论和平发展背景下的两岸共同治理》，载《台湾研究集刊》，2009 年第 4 期，第 3 页。

续表

论述	提出者	主要观点
“42字定位”	倪永杰	①两岸同属一个中国，非国与国关系；②两岸同为执政当局，有特殊关系；③两岸需共同维护国家主权领土完整。[①]
“一中分治”	严安林	①一个中国，两个法政实体；②主权一中，两岸分治；③两岸同属一中，中国的主权没有分割，属于两岸人民；④在治理权上，两岸分属两个当局所管理，即“一个中国下的两岸分治”来定位两岸在和平发展时期的政治定位。[②]
“一国两区、内外有别”模式	朱松岭	①对内一国两区，地位对等；②对外一国和一区，互为补充，即在中华人民共和国代表的国家，一个中国是中华人民共和国，台湾是一个地区；在“中华民国”代表的国家，一个中国是“中华民国”，大陆是一个地区，在台湾“邦交国”里，台湾也代表整个中国，两岸之间互补；③两岸的政治定位是动态的。[③]
“一国两府两制”	林冈	①在统一前的两岸政治关系，可以视为中国内部尚未完全终结敌对状态的两个政府之间的特殊关系；②两岸在统一后的政治关系，则是在一个新的国家政权内部两个已经完全终结敌对状态的政府之间的平等关系；③在国际场合，两岸政府以“非交叉承认、非平行代表”的特殊方式，共享一个中国主权。[④]
“区间定位论”	李义虎	①台湾定位不能超出的上限是国家，下限是特别行政区；②按照存量不动、增量改革的原则，将“一国两宪”视为维持现状的一部分（互不否认）；③将两岸整合和国家统一进程视为国家结构调整的过程。[⑤]
“不完全分裂国家”理论	王英津	①中国（两岸）的领土主权所有权是统一的，但中国的领土主权行使权呈现分裂状态，是统一之中的“分裂”；②相较于两德或朝韩式的完全分裂，中国（两岸）的分裂是不完全分裂；③西方“分裂国家理论”不适用于两岸分裂情形。[⑥]

① 倪永杰:《两岸政治定位与一中框架刍议》，载《台海研究》，2013年第2期，第19页。

② 严安林著:《两岸关系和平发展制度化理论研究》，北京，九州出版社，2013年版，第248—249页。

③ 朱松岭:《论两岸政治定位》，载香港《中国评论》，2014年1月号，第4—7页。

③ 林冈:《以“一国两制”的台湾模式规范两岸在统一前的政治关系》，载《江苏行政学院学报》，2014年第1期，第80页。

⑤ 李义虎:《台湾定位问题：重要性及解决思路》，载香港《中国评论》，2014年4月号，第29页。

⑥ 王英津著:《国家统一模式研究》，北京，九州出版社，2008年版，第107—121页。

续表

论述	提出者	主要观点
“组成部分论”	杨立宪	①世界上只有一个中国，大陆和台湾均属中国的组成部分；②两岸关系属一个中国主权框架下的两个政治实体或两个分治地区之间的关系；③两岸虽然法律主权交叉、管辖权分立，但二者综合实力相差太大。①
“两岸”模式论	周叶中、祝捷	①“一国”是正确解释“两岸”的框架，“两岸”是对一国内政治对立关系的事实描述，即两岸是“一国”框架内的“两岸”；②“两岸”本身包括两制；③在该模式下，“两会”仍可作为大陆和台湾政治交流的渠道。②
“三阶段论”	彭维学	①近程阶段（两岸各表一中，治权互不承认），即“一国两治，各自法理”（“一个中国框架、两个治理当局、各自治理内部”）；②中程阶段（两岸同属一中，治权互不否认），即“一国两体，分工治理”（“一个中国框架，两个政治实体，分工治理两岸”）；③远程阶段（两岸共建一中，治权互相承认），即“一国两府，共同治理”（“一个中国、两个政府、涉外互补、大陆主体、权责相符、共同治理”）。③
“一个主权、两个治权”	李家泉	①两岸同属一个主权，治权互不否认也不承认；②领土与政权分开，兼顾领土的完整性与两岸现政权的平等性；③两岸是互不隶属的政治实体，两套制度，它们不是中央与地方的关系。④
“非国与国关系”	周志怀	①国家与国家之间并不存在定位问题，只存在相互承认问题；②“两岸”与“定位”两个关键词，已经锁定了两岸政治关系的性质。⑤

① 杨立宪：《两岸关系政治定位问题探讨》，载香港《中国评论》，2013年11月号，第14—18页。

② 周叶中、祝捷：《关于大陆和台湾政治关系定位的思考》，载《河南省政法管理干部学院学报》，2009年第3期，第25—26页。

③ 彭维学：《和平发展时期的两岸政治关系探析》，载《台海研究》，2013年第2期，第28页。

④ 李家泉：《达成两岸和平协议的可行性研究》，载《中央社会主义学院学报》，2008年第4期，第120页。

⑤ 周志怀：《两岸政治关系安排要进一步解放思想》，载中国台湾网，2014年3月19日。

⑥ 许世铨：《“后九二共识”一中框架之探讨》，载香港《中国评论》，2012年5月号，第11—13页。

续表

论述	提出者	主要观点
“一国两区、治权分属”	许世铨	①法理一中，两岸同属中华民族；②一国两区，主权与治权分开处理；③中国指从历史延续至今的属于两岸同胞共有的民族中国，治权界定为“管辖权”（jurisdiction）意义上的行政权。⑥
“一个中国下的两个政府关系”	陈孔立	①两岸当局是一个中国原则下两个政府关系；②这种关系只适于两岸之间；③在国际场合，则必须坚持不造成“‘两个中国’、‘一中一台’”的原则。[①]
“一个国家、两个政权”	张文生	①基于历史与法律的事实，海峡两岸的敌对状态是内战的延续；②两岸政权均应坚持一个中国原则；③两岸是国内关系或特殊国内关系。[②]
“一中两平等政权”	王鹤亭	①一个中国，两个平等政权，中国代表权互补；②两岸是“一个中国”下彼此竞争的两个政权；③两岸是一种平等甚至在两岸间政权层次对等的关系；④两岸政权对中国的国际代表权互补。[③]
“一个主权、两个对立政权”	李秘	①“一个中国”和“两个对立政权”是本源和派生关系；②“一个中国”是“两个对立政权”的合法性来源，若没有“一个中国”作为基础，“两个政权”的合法性就不存在；③若没有“两个政权”的议题化和制度化，“一个中国”就缺乏物质基础和实现形式。[④]
“政府继承进行时”	巫永平、郑振清	①“两岸一中”；②两岸“政府”是前后继承关系；③继承形式和过程是不完全继承；④两个“政府”都具有不充分主权代表特征。[⑤]

（图表来源：作者自制）

① 陈孔立著：《心系两岸》，北京，九州出版社，2013 年 10 月版，第 375 页。
② 张文生：《一个中国原则与两岸关系的定位》，载《台湾研究集刊》，1999 年第 4 期，第 4 页。
③ 王鹤亭：《两岸政治定位的分歧处理及建议》，载《台湾研究集刊》，2009 年第 2 期，第 38-39 页。
④ 李秘：《两岸关系中“一”与“二”的辨证——两岸关系辩证法初探》，载香港《中国评论》，2012 年 12 月号，第 36-39 页。
⑤ 郑振清、巫永平：《海峡两岸特殊政治关系的法理解释——国际法“政府继承”理论与两岸政府继承特殊形式探析》，载《公共管理评论》，2011 年第 2 期，第 24 页。

从上述研究成果来看，早些年的研究成果带有较强的意识形态色彩，通常以“非法政权”“割据政权”“反动当局”等来界定台湾当局的政权性质。这种研究风格，近些年已大有改观，但至今仍有部分学者在使用这些概念。这种过于简单地对台湾当局进行定位的作法，如果说在20世纪80年代中期以前尚可以理解的话，那么20世纪80年代中期以后，尤其2008年两岸关系进入和平发展时期以后，则显得有些守旧和拘谨。究其原因，主要是没有处理好研究的前瞻性与现实性、学术中立与政治立场之间的关系。在20世纪80年代以来，大陆研究界一直有人主张将台湾当局界定为“地方政府”，也有人主张承认“中华民国宪法”。大陆研究界在处理“一个中国”（简称“一”）与“两个政治当局”（简称“二”）之间的关系问题时，总体上强调“一”，而淡化“二”。但也有个别研究者由于种种原因而过分突出“二”，我们不怀疑这些研究者的初衷是好的，但他们的主张却容易架空“一”。倘若从学术研究自由的角度来说，这些观点并无可厚非，但我们也无须否认，这些观点要么存在立场意识不强，要么存在理论关怀不足的问题。

在大陆研究成果中，富有逻辑性、系统性的论述较少，除了黄嘉树的“1+X府理论”、刘国深的“国家球体理论”等少数论述之外，大多显得“零散”而“单一”。从大陆的研究成果来看，至今还没有专门而系统地研究两岸政治关系定位的专著，这不能不说是一个缺憾。或许有些成果以内部研究报告形式提交相关涉台部门，故一般学术期刊上无从查阅。就目前既有研究成果来看，多侧重于对两岸政治关系演变过程及现状的梳理性研究，而缺乏严谨的解释性研究。造成这些现象的原因，或许与大陆涉台研究队伍的状况有关。由于大陆是国际上具有重要影响的区域性大国，故两岸关系在其涉外关系体系中所处的位置就没有那么凸显，所以该研究领域就不像研究大国关系（如中美、中欧关系）领域一样能够云集那么多大陆一流学者。这一点不同于台湾研究界，因为台湾的体量比较小，使得台美关系和两岸关系在台湾当局的对外关系体系中并居首要地位，所以该领域研究云集了台湾数量不菲的一流学者。需要特别指出的是，相对台湾方面而言，大陆方面关于两岸政治关系定位论述在数量上显得相对较少。有人说，这是因为大陆方面的研究水平较低，提不出新的论述，笔者不赞成这种说法。笔者认为，大陆方面的论述较台湾方面相对较少，主要原因是，大陆在两岸关系中处于主导优势地位，不需要也无必要接二连三地提出那么多新的论述。所以，才出现了“台湾方面不断抛球，大陆从未接球”的现象，这种现象多少带有“台湾答题，大陆判分”的意味。

（二）台湾方面的研究

从目前可以查阅到的30余部台湾著作来看，有专门研究两岸政治关系定位问题的著作，譬如张亚中著的《两岸政治定位探索》；也有虽不是专门研究但却以较大篇幅来探讨两岸政治关系定位的著作，如邵宗海著的《两岸关系：两岸共识与两岸歧见》《新形势下的两岸政治关系》等。多数是论著中涉及对两岸政治关系定位问题的探讨，譬如张亚中著的《两岸统合论》《两岸主权论》《一中同表或一中各表》《剥复之间:两岸核心问题探索》、《论统合》，蔡政文、林嘉诚著的《台海两岸政治关系》，王晓波主编的《两岸关系论集》，蔡朝明著的《论两岸关系新路向》，张五岳著的《分裂国家互动模式与统一政策之比较研究》，沈君山著的《寻津集：从革新保台到一国两治》，谢长廷著的《未来：不一样的台湾》，黄光国著的《一中两宪：两岸和平的起点》，李念祖、石之瑜著的《规范两岸关系》，刘性仁著的《两岸关系：主权争议何去何从？》《两岸政治争议之研究》，苏起著的《两岸波涛二十年纪实》，许世楷、卢千惠著的《台湾是台湾人的国家》，许宗力等著的《两国论与台湾国家定位》，杨开煌著的《峥嵘：两岸关系之斗争与对策》，赵春山编的《大陆政策与两岸关系》，等等。从查阅到的期刊论文来看，约计有120余篇，譬如：朱新民的《两岸政治定位与一中框架创新突破之探讨》，杨开煌的《胡六点后推动两岸和平稳定政治关系之刍议》《两岸政治定位分析》，黄光国的《两岸间的“法理现实”与“政治现实”》，魏镛的《迈向民族内共同体：台海两岸互动模式之建构、发展与检验》，江炳伦的《自治、联邦、一国两制——论解决族群与国家之间冲突及分裂国家问题的方案》，戴瑞明的《面对“一个中国”：从互不承认到互不否认到尊重现实》，张麟徵的《务实外交的理论基础》，张亚中的《两岸主权重叠、治权不完整》《让“兄弟说”成为两岸定位的新表述》等等，在此不逐一列举。

表 1-2：台湾研究界关于两岸政治关系定位论述一览表

论述	论述者	主要观点
“一中三宪”	张亚中	①两岸合理定位应为整个中国内部两个具有“宪政”秩序之政治实体的平等关系，各在其领域内享有完整的治权；②中国的主权属于两岸全体人民，主权应共有共享，可以“两岸三席”，即北京代表团、台北代表团与两岸共同体代表团（第三席）共同出现在国际组织之中；③两岸反对分离、接受分治、推动统合、共议统一；④两岸可以通过超越两岸“宪法”的一系列协定来建构“第三宪”，从而实现两岸统合。①
“主权与领土重叠”论	邵宗海	①主张以“中国领土和主权完整”说辞替代“一中原则”，目前两岸现状呈现“主权与领土主张的重叠”、双方在各自主张的“宪政”法律规范下、不容中国主权与领土分割的现状；②认定两岸主权始终没有分割、但双方分别在过渡时期行使治权；③坚持两岸都是中国的一部分，应将“主权共享”纳入政策思维。②
“共构主权，共享治权”	朱新民	①两岸处于特殊情形，在“一中”原则下两岸主权只有唯一性；②中国主权因“两岸共构”“两岸互享”“两岸合一”，形成法理上两岸主权唯一，两岸主权共构的创新存在；③“两岸共构法理唯一主权”、“两岸分享一中事实治权”模式。③
“一中两宪”	黄光国	①两岸当局目前处于“互不承认”的状态；②两岸各自存在一部“宪法”且各有其有效统治地区；③两部“宪法”都坚持一个中国原则，两岸互为对等的政治实体。④
“主权共享、领土共管、国际互助合作”论	戴瑞明	①台湾与大陆的主权为整体，均属一个中国，“你中有我，我中有你”；②两岸现实为“一个中国、两个政府”，领土由两岸人民共同管理；③国际上双方相互尊重，共同维护各自代表“中国的唯一合法政府”的一个中国走向，建立互助合作机制。⑤

---

① 张亚中著：《论统合》，香港，中国评论学术出版社，2014 年版，第 77—79、95—99 页。

② 邵宗海著：《新形势下的两岸政治关系》，台北，五南图书出版股份有限公司，2011 年版，第 201—213 页。

③ 朱新民：《两岸政治定位与一中框架创新突破之探讨》，载香港《中国评论》，2013 年 12 月号，第 7—10 页。

④ 黄光国著：《一中两宪：两岸和平的起点》，台北，生智文化事业有限公司，2005 版，第 288—292 页。

⑤ 戴瑞明：《面对“一个中国”：从互不承认到互不否认到尊重现实》，载于张亚中主编：《两岸政治定位探索》，台北，台湾大学政治学系两岸暨区域统合研究中心、两岸统合学会，2010 版，第 175—76 页。

续表

论述	论述者	主要观点
“互为主体”模式	杨开煌	①“统一前”，两岸对于“一中框架，互为主体，治权自主”的现况“相互默认”；②两岸主权统一，治权对立，目前存在着两组重叠的“国家”与“政府”的关系；③台湾和大陆互为主体，互视对方为政治地区。①
“一中共表”论	包宗和	①两岸放弃双方各自是唯一代表中国之主张，而改由双方共同组团代表“新”中国；②两岸各自政权均为合法政权，双方先相互承认，再共议整合；③“大中华共和国”为象征性的中国，类似于邦联。②
“分裂国家”模式	赵国材、张五岳等	①分裂双方在分裂前，其国民意识与国家权力结构都是一个完整的单位；②分裂未经双方人民的同意而产生；③分裂双方至少有一方长期宣示以统一为其国策；④分裂双方意识形态和政治体制各异；⑤分裂双方皆由于国际强权的介入，使得双方的互动与统一均涉及列强的权力平衡。③
“多体制国家”	魏镛	①分裂国家内不是分成两个或更多的国家，而是“一个国家出现一个以上的体制之间的竞争和对立”；②双方可以作为“政治实体”各自与其他国家建立“外交”关系；③国际社会同时接受“中华民国”和中华人民共和国，只是承认两个对立体制的存在，并非承认“两个中国”；④分裂只是过渡，统一才是目标。④

① 杨开煌：《胡六点后推动两岸和平稳定政治关系之刍议》，载香港《中国评论》，2009年5月号，第10—14页。

② 包宗和：《一个超越历史局限的两岸观》，载蔡朝明主编：《论两岸关系新路向》，台北，远景基金会，2009年版，第22页。

③ 张五岳著：《分裂国家互动模式与统一政策之比较研究》，台北，业强出版社，1992年版，第2-3页。

④ Yung Wei, “Unification and Division of Multi-System Nations: A Comparative Analysis of Basic Concepts, Issues, and Approaches,” in Ray E. Johnston, ed, *The Politics of Division, Partition, and Unification*, New York: Pareger Publishers, 1976)；魏镛：《迈向民族内共同体：台海两岸互动模式之建构、发展与检验》，载台湾《中国大陆研究》，2002年第5期，第32页。

续表

论述	论述者	主要观点
“协和式民主”整合论	江炳伦	①“中华民国”并不是中华人民共和国的下属政府，而是两个同时拥有“完整主权且地位平等的政治实体”；②将来两岸如愿意举行政治谈判，首先必须在两个主体政体谈判与中央-地方政府谈判之间找出一个折衷方案；③该方案认为应赋予台湾比香港更大的自治权、类似于联邦性质的法律保障外，甚至还应包括类似“协和式民主”中的中央政府大联盟与地方政府的否决权等。①
“两个实体，双重承认”论	张麟徵	①基于“有效承认”下，分裂国家的两个实体分别取得“暂时性”角色；②两岸皆可参与国际组织并被“双重承认”；③这两个实体绝非“国家”，因此不会出现“两个中国”或“一中一台”的现象。②
“不完全继承”论	王晓波	①“中华民国”和中华人民共和国是一个国家内的政府继承关系，但这项继承没有全部完成；②这种继承因大陆方面1979年改行“和平统一”政策而终止；③未来的中国和平统一必须是基于平等互惠地整合，“谁也不吃掉谁”。③
“国中国”模式	余元洲	①依据“一国两制”原则，将未来的“中华人民共和国台湾特别行政区”作个案处理，定位为“区域性中央政府”，保留现有政治体制；②两岸谈判亦可采用“现政府”与“前政府”的“对等方式”进行。④

① 江炳伦:《自治、联邦、一国两制——论解决族群与国家之间冲突及分裂国家问题的方案》，载《华冈社科学报》，2009年第9期，第32页。

② 张麟徵:《务实外交的理论基础》，载台湾《中国时报》，1989年3月8日版。

③ 王晓波著:《两岸关系论集》，台北，海峡学术出版，1997年版，第234页。

④ 李家泉著:《两岸“双赢”之路——试论“一国两制”的台湾模式》，北京，中国友谊出版公司，2001年版，第283页。

⑤ 沈君山著:《寻津集：从革新保台到一国两治》，台北，远流出版事业股份有限公司，1989版，第114—115页。

续表

论述	论述者	主要观点
“一国两治”	沈君山	①两岸共享主权，分拥治权；②一屋两室；③在以中国文化为“象征的中国主权”之下，坚持两岸治权的分别存在；④这个治权包括“外交权”和“国防权”。[5]
“一个中国两个代表”	钟树楠	①认为大陆是“大陆中国”，台湾是“海岛中国”；②双方都可以代表中国；③但不能有两个独立的中国出现。[1]
“二元合作联邦”	陶百川	①台湾保留自己的军队；②台湾保留原有的经济、社会制度，生活方式和党政军特组织；③台湾可在一个中国原则下行使“外交权”，包括参加国际组织，并与他国签订经贸协定和处理领事业务；④台湾拥有独立的立法权和司法权；⑤设立联邦宪法法院；⑥设立两院制联邦议会；⑦各州政府与中央政府处于平等地位，各自行使宪法赋予的权力；⑧“统一而不集权，分治而不分裂”，即“不集权的统一，不分裂的分治”。[2]
“双体制国家”	丘宏达、高英茂	①强调“在中国事实上有两个国际实体的事实”；②两个体制都并行有外交并为外国双重承认。[3]
“一国两府”	林钰祥	①主张“一个国家，两个对等政府”，“一国”指“中华民国”，“两府”指海峡两岸地位对等的政府；②大陆的政府和台湾的政府均应在一个中国的前提下成为国际社会承认的独立的、对等的政治实体；③在和谈统一问题上，进行政府对政府的对等谈判，以对等地位建立双方的沟通管道。[4]
“一国两权”	尤清、郁慕明	①“一个国家、两个事实政权”；②双方在“相互承认彼此执政权”的前提下，由两岸执政党进行政治协商，以“一国两权”方式达成妥协。[5]

① 台湾《中国报道》，1985年9月25日版。
② 台湾《联合报》，1995年6月5日版。
③ 台湾《联合报》，1995年6月5日版。
④ 李义虎等著：《“一国两制”台湾模式》，北京，人民出版社，2015年版，第183页。
⑤ 台湾《联合报》，1989年11月22日版。
⑥ 台湾《联合报》，1998年2月24日版。
⑦ 台湾《联合报》，1992年5月25日版。

续表

论述	论述者	主要观点
“一中两国”	曲兆祥、姚立明	①一个象征性的“主权”，两个实质性的治权；②“一个中国，两个中国人国家”；③中华人民共和国的主权辖范围是大陆地区，“中华民国主权辖范围”是台澎金马地区。[⑥]
“一国两区一体”	洪茂雄	①“一国”指“一个中国”，但“主权不妨虚悬”；②“两区”指“两个政府”、两个有效管辖区、两个政治实体、两种不同制度；③“一体”指“共同体”，可形成“条约共同体”。[⑦]
“大中国邦联”	费希平	①各邦有独立的内政、外交、国防；②台湾可以重新进入联合国；③各邦之上无最高权力机构。[①]
“一国两府两制”	郑竹园	①“一国”统称中国，“两府”指北京的“人民政府”与台北的“国民政府”；②“两制”指两岸现行制度；③未统一前维持现状，发展共同市场，在联合国仿苏联时的俄罗斯与乌克兰，一个国家有三个席位。[②]
“大华国协”模式	施明德	①两岸“各自都是国际法人”；②“台湾主权独立”；③协会本身是不完整的国际法人；④采“大英国协”模式进行谈判，并签订条约。[③]
“一族两体”	邱进益	①一个民族，两个实体，共享主权，创造双赢，两岸同属中华民族；②两岸为两个“对等而互不隶属的政权”；③这个政权的名称可以称作实体，它也可以指一个政府、一个当局、一个权力单位；④台湾可以中华台北的名义参加联合国作观察员，分享国际空间。[④]
“自治邦”模式	林洋港	①两岸若协商统一，台湾应位于自治邦的地位；②两岸主权共享，台湾维护原有制度；③台湾可入国际组织，在各国设“领事馆”“总领事馆”（非大使馆），可以签发“护照”与入境证明。[⑤]

① 台湾《中国时报》，1984年7月20日版。

② 《工商时报》，1992年6月29日版。

③ 李家泉著：《两岸“双赢”之路——试论“一国两制”的台湾模式》，北京，中国友谊出版公司，2001年版，第298页。

④ 《南方周末》，2009年1月15日版。

⑤ 转引自魏镛：《迈向民族内共同体：台海两岸互动模式之建构、发展与检验》，载《中国大陆研究》，2002年第5期，第11页。

⑥ 台湾《远见杂志》，1998年第2期，第21页。

续表

论述	论述者	主要观点
“大中华国协”	梅可望	①以中国大陆、台湾和新加坡为三个主要正式成员，各自都是完整的政治实体；②世界上凡华人在5万以上的团体，可以成为国协的成员，列席会议，从而把全世界华人结合在这一组织之下；③以30至50年为期，最后择一适合所有中国人的政体。⑥
“宪法各表”	谢长廷	①“两岸两部宪法”，“中华民国宪法”治理台湾，中华人民共和国宪法治理大陆，两岸对等，互不隶属；②两岸分别依自己“宪法”来表述己方的主权地位；③两岸依“宪法”有特殊关系。[1]

（图表来源：作者自制）

从台湾方面的研究成果来看，早期关于两岸政治关系定位的研究大多与两岸统一模式的设计联系在一起，但由于目前台湾社会对“统一”字眼唯恐避之不及，故近些年关于该问题研究的方案或论述均不与统一后的制度安排相挂钩。概括台湾方面关于两岸政治关系定位的论述，其总体特点是强调台湾主体性。不过前后有所变化，台湾方面早期的作法是通过否定大陆主体性的方式来强调自身主体性，但后来随着大陆国际影响力的不断上升，以及得到的国际承认更加广泛，台湾方面感到继续否认大陆主体性已经是“痴人说梦”，于是，其主体性论述开始从“否认对方”转向从“肯定对方”但强调“双方对等”的角度来强调台湾主体性，以上便是台湾方面的主体性论述由“一中”转向“独台”和“台独”的演变轨迹。这一点，与台湾官方对两岸政治关系定位的演变是一脉相承的。

就整体来说，台湾研究界大多以西方“分裂国家理论”为理论基础来定位两岸政治关系。按照该理论，两岸分裂的现状就如同东西德或朝韩一样，同为国际法人，双方之间的关系是平等的。将“分裂国家理论”适用于两岸的错误在于，其掩盖了两岸分裂在性质、程度和原因等方面与东西德或朝韩

① 谢长廷著:《未来：不一样的台湾》，台北，新文化教室，2012年版，第116—122页。

存在的根本不同。依照该理论作出的定位方案或论述显然违背一个中国原则。除此之外，台湾学者还提出了“多体制国家理论”“内战理论”“同一性理论”“分解理论”“分割理论”“部分秩序理论”“屋顶理论”等等来解释或界定两岸政治关系。从更深层次看，台湾研究界始终围绕两岸是“两个对等政治实体”而展开的，把“一个中国”放到次要位置，把己方与大陆对等放到首要位置。他们在处理“一”和“二”的关系上，通过强调“二”来虚化甚至掏空“一”。在两岸平等问题上，绿营学者主张两岸对等是“国与国”对等；蓝营学者虽主张两岸对等是“一中”架构下“两个政治实体”对等，但其“一中”是虚体架构。从总体上看，台湾研究界的论述侧重于强调台湾的“主体性”（无非是强调的名义有“中华民国”和“台湾共和国”之分而已）。

除此之外，海外华裔学者和香港方面的学者也有两岸政治关系定位方面的研究成果，譬如加拿大华裔学者郑海麟著的《海峡两岸关系的深层透视》《台湾问题考验中国人的智慧》《台湾主权的重新诠释》《两岸中国和平统一国是建言》，美籍华裔学者赵全胜主编的《分裂与统一：中国、韩国、德国、越南经验之比较研究》等等（在此不逐一列举），具体参见下表。

表 1–3：海外和香港学界关于两岸政治关系定位论述一览表

论述	论述者	主要观点
“一国两岸”	杨力宇	亦即一个中国、两岸对等模式，主要观点包括：①一个中国为目标；②统一前两岸对等，终止敌对；③在国际上实行“一国两席，允许台湾以观察员身份加入联合国”。①
“一个半中国”模式	翁松燃	亦称“奥运模式”，主要观点是：①在两岸未统一前的“过渡期”内，对方可以“共存方式”开展多项交流；②在国际上，允许台湾当局以“中国台北”或“中国台湾”的名义加入联合国和其他国际组织，使台湾当局享有一个作为主权政治实体的一切权利。②

① 《世界日报》，1995 年 4 月 30 日版。
② 台湾《中国时报》，1984 年 9 月 2 日版。
③ [加] 郑海麟著：《海峡两岸关系的深层透视》，香港，明报出版社有限公司，2000 年版，第 108—114 页。

续表

论述	论述者	主要观点
“一个中国、两个主权权利政府”	郑海麟	①运用区分“主权”和“主权权利”内涵的不同来处理两岸间长期争论不休的“主权问题”；②两岸关系为：在“一个中国”主权原则下分别拥有对内外事务的“主权权利”的政府。③

（图表来源：作者自制）

鉴于用政治学上的传统国家理论难以对两岸政治关系作出有效解释，于是海外华裔学者和香港学者也提出各式各样的理论、概念或论述来解释两岸“分裂”现状，并试图找到化解两岸政治分歧的路径和方法，但他们所使用的概念、分析框架多来自于西方学术界和理论界，而基于两岸关系现实而提炼出来的原创性概念和分析框架甚少。需要指出的是，他们的观点、方案或建议，相对而言更加中性、客观，有时更容易提出解决问题的办法。

二、选题意义

对两岸政治关系作出一个适当定位，对于推动两岸关系继续向前发展具有重要的意义。倘若两岸双方在未统一前没有一个恰当的政治关系定位，两岸关系的发展就难以取得实质性突破。倘若两岸双方能在政治关系定位问题上达成共识，无疑会将两岸关系向前推进一步。因此，两岸政治关系问题的探讨必须及早被提上议事日程，方能适应两岸关系向前发展的需要。

（一）理论意义

既然解决两岸政治关系定位问题对于推进两岸关系向前发展具有如此的重要性，理应有更多的学术成果贡献于其中，可目前大陆学界在这个问题上的研究成果却落后于现实需要。基于此，笔者选择这一论题，拟在前人研究的基础上对此进行深入探索。从理论层面看，探讨两岸政治关系定位方案具有重要意义，概括起来，主要有以下三个方面：

第一，两岸政治关系定位会推动理论创新。我们以前的问题是，用传统的国家理论来裁剪或衡量两岸关系现实，常常出现“解读失灵”，这是因为：理论来自现实，是对现实的抽象性概括，原有相关理论在形成时尚未出现两岸关系这样的特殊情形，故原有理论并不涵盖两岸关系现实要素，所以原有理论对两岸关系缺乏解读力。如果我们按照原有理论来处理两岸关系，就会时常受阻。事实上，两岸关系是生动的、具体的现实。如果理论解释不了现实，必定是理论出现了问题，而不能归咎于现实。倘若用理论来裁剪现实，那就犯了“削足适履”的错误。两岸研究界从两岸政治关系的现实需要出发，通过两岸政治关系定位设计，积极推进国家理论创新，再运用新的国家理论，去指导和促进两岸关系和平发展，直至统一。

第二，为更新两岸政治关系论述提供理论支撑。任何一个两岸政治关系定位论述均是特定历史条件下的产物，具有阶段性特征，它必须与时俱进，适应新形势的发展变化。但如何处理好新、旧论述之间变动性与稳定性的关系，的确是一个重要课题，需要认真探究。通常而言，在推出新的政治论述时，必须考虑新、旧论述之间的衔接。譬如，提出“一中”框架，必须要解决其与“两岸一中”“九二共识”是何关系，譬如前者是对后者的补充、深化，还是对后者的替代？从法律的角度说，一个新法律的出台，意味着旧法律的失效；即使不失效，也需要特别说明前后法律文件之间的效力关系。此处的政治论述虽不同于法律文件，但也起到指导两岸关系发展（特别是大陆对台政策）的作用。如此重大政策表述的调整，应前瞻性地预判到其出台后的影响，必须在概念的周延性、新旧论述的关联性等方面进行前瞻性研究。

第三，解决两岸政治互动中的重大问题需要理论突破。在两岸互动的过程中，有许多重大理论问题值得探讨。譬如，两岸是否已经结束内战状态？内战状态与内战延续状态有何区别？内战状态与敌对状态有何区别？1979 年的大陆发表的《告台湾同胞书》，是否意味着内战状态的结束？如果不是，那么该如何解读该文件所宣称的和平统一？大陆以前对于台湾当局的政治定位需要根据两岸关系发展的新形势进行适时调整，但现在受困于理论和现实的双重因素而一时难以推出更新的论述。在两岸互动过程中，可能性问题会变成现实性问题，如在理论上不能有所突破，那么实践中也就难以有所推进。反思这些年来的两岸政治关系定位在实践中难以有较大进展，在某种程度上与理论研究方面没有太大突破直接相关，今后倘若没有理论研究上的突破，两岸政治关系定位问题就会受到限制。

（二）现实意义

从现实层面来看，探讨两岸政治关系定位方案对于推进两岸关系向前发展具有十分的必要性。2008 年 12 月 31 日胡锦涛总书记在纪念《告台湾同胞书》发表三十周年座谈会上的讲话中曾表示："两岸可就在国家尚未统一的特殊情况下的政治关系展开务实探讨"。[①] 中共十八大政治报告继续提出："探讨国家尚未统一的特殊情况下的两岸政治关系，作出合情合理安排"。[②] 这既为破解两岸政治难题提出了要求，也为其奠定了基础。

第一，为解决台湾当局的政治定位问题提供方案设计。众所周知，台湾当局的政治定位问题亟待解决。一方面大陆不承认台湾当局行使公权力的合法性，另一方面又无法回避台湾当局是一个"民选政权"。先前大陆方面将台湾当局定性为"非法政权"，该定性在当时无疑具有合理性，但随着两岸关系的发展，该定性则有些不合时宜。因为 20 世纪 80 年代末民主化以来，台湾当局是经过台湾 2300 万民众选举出来的政权，在某种程度上也体现了台湾"民意"。那么，大陆该如何看待和定性这样一个"民选政权"？很显然，既不可能简单地肯定之，也不可能简单地否定之。如何定性才能既与现有的民主政治理论不冲突，同时又能防止部分台湾人士借着"民主牌"来从事分离或拒统？需要我们认真研究。就当下而言，大陆方面的官方文件和口语表述虽然不再称其为"非法政权"，但也没有通过正式文件改变这一定性。对于这一问题，目前大陆基本上秉持回避态度。但回避只是暂时的权宜之举，不是解决问题的根本办法，从解决问题着眼，我们还应该积极地、主动地去面对和解决这一问题。

第二，为未来两岸政治谈判预做理论准备。两岸政治关系定位问题是当前亟待解决却又无法回避的一个敏感现实政治问题。首先，国民党尽管不主张"两个中国"，但它强调"分裂分治""两岸对等"。那么，两岸如何"对

---

① 胡锦涛：《携手推动两岸关系和平发展 同心实现中华民族伟大复兴——在纪念<告台湾同胞书>发表 30 周年座谈会上的讲话》，载《人民日报》，2009 年 1 月 1 日版。

② 胡锦涛：《坚定不移沿着中国特色社会主义道路前进 为全面建成小康社会而奋斗——在中国共产党第十八次全国代表大会上的报告》，北京，人民出版社，2012 年版，第 45 页。

（平）等”才能既不破坏一个中国原则，同时又能被两岸双方共同接受？对大陆方面来说，倘若为了体现两岸“对（平）等”而承认台湾当局的“主体性”身份，又容易造成“两国论”之嫌。其次，解决两岸政治关系定位（尤其对台湾当局的政治定位）问题也是在为两岸开启政治谈判奠定基础。因为政治谈判首先需要明确台湾方面参加谈判的主体身份。目前这一问题似乎尚有拖延的空间，但倘若两岸政治谈判一旦启动（虽暂时无法启动，但迟早会启动），解决这个问题的紧迫性会立即凸显。如果我们不提前进行理论准备，届时会陷入被动。可见，问题虽然非常棘手，但必须认真研究并加以解决，否则会直接影响两岸关系和平发展与统一的历史进程。

第三，为建构两岸和平发展框架奠定基础。两岸政治关系定位是建构两岸和平发展框架的重要基础。尽管台湾实行政党政治，可能会因政党轮替而推延这一框架的建构，但大趋势无法阻挡。因此，未雨绸缪，提前为这一目标的实现进行理论和实践两方面的准备，是应有的作法。当前两岸正在探讨的重点问题是，如何建构一个符合两岸人民利益的和平发展框架，使来之不易的和平发展局面得以巩固和延续下去，而建构和平发展框架的前提之一，是先要解决两岸关系定位（其核心是关于台湾当局的政治定位）问题，而欲解决两岸关系定位问题，需先界定两岸分裂现状的性质问题。因此，本著作所要解决的问题正是今后建构和平发展框架所必须要先行解决的基础性问题。作为研究两岸关系的学者，能够及时地发现并抓住这一前沿问题，提前对其进行探索，为正在进行的两岸和平发展框架的建构扫除前进道路上的障碍，无疑是对两岸关系和平发展的重要贡献。

第四，为实现两岸公权力衔接与互动提供解释。虽然大陆不承认台湾当局公权力的合法性，但在事实上又默认其部分公权力的合法性（如要求台湾当局给予司法协助、要求台湾当局保护大陆观光客、大陆人员赴台签证等行为表明大陆也在事实上承认它们）。对于大陆方面来说，尽快与台湾当局在某种层次和范围内实现两岸公权力的承认与衔接问题势在必行。首先，大陆已基本承认台湾当局事务性公权力的合法性和有效性，但在政治性公权力方面，因其关涉主权而高度敏感，故目前大陆尚未（也不可能）承认。尽管大陆可以将台湾当局的政治性公权力和事务性公权力分开来处理，但从权力运行的角度来讲，两者是一体的。仅仅承认台湾当局的事务性公权力而回避或不承认其政治性公权力，这在法理上如何解释？其次，两岸司法协助和相互承认。大陆最高人民法院自 2010 年 12 月以来先后通过相关司法文件，承认了台湾司法机关民事判决的效力。尤其 2015 年 6 月 29 日大陆发布了《最高人民法院关于认可和执行台湾地区法院民事判决的规定》，表明大陆对台湾当局的司法判决予以了正式承认。在司法文书承认背后，隐含着对作出司法文书所依据法律的承认。为此，台湾学者提出了一个问题，只承认台湾的普通法律，而不承认制定普通法律所依据的“宪法”，即只承认“子法”，而不承认其“母法”，这在法理上如何解释？笔者认为，为了更好地解释或解决上述问题，必须解决两岸政治关系定位问题。

三、研究框架、思路与方法

（一）研究框架及要点

第一章　导论。研究要点：梳理、分析和评价两岸研究界及境外学者关于两岸政治关系定位问题的研究成果，重点概括两岸研究界在该问题研究上所取得的成就以及存在的不足，并在此基础上找到本著作研究的着重点。研究两岸政治关系定位的理论意义和现实意义主要有：两岸政治关系定位会推动理论创新；为更新两岸政治关系定位论述提供理论支撑；解决两岸政治互动中的重大问题需要理论突破；为解决台湾当局的政治定位问题提供方案设计；为未来两岸政治谈判预做理论准备；为建构两岸和平发展框架奠定基础；为实现两岸公权力衔接与互动提供解释。研究框架和要点、研究思路和方法，研究突破和创新之处，问题厘清和概念界定（具体参见本导论后半部分）。

第二章　“一中”论述中的两岸政治关系定位。研究要点：在系统梳理两岸关于“一个中国”政策及其演变的基础上，概括出两岸关于“一个中国”政策的共识与分歧。纵观六十多年来的大陆对台工作，其“一个中国”政策的根本立场没有任何变化，但“一个中国”的政策表述前后却有所调整。台湾方面的主体性论述经历一个由“一中”向“独台”和“台独”演化的过程。按照两岸对于“一个中国”涵义的不同解释，有实体“一中”和虚体“一中”之分；根据台湾方面切割时间序列的“一中”论述，可以将“一个中国”分为过去式、现在式和未来式；大陆方面把“一中”原则与“一中”涵义界分为两个层次的问题；“新三句”和“旧三句”的比较；“一中”原则与“一中”框架的比较；“一中”框架与“大一中”架构的比较。

第三章　台湾统“独”谱系中的两岸政治关系定位。研究要点：厘清“独立”“分立”和“分离”这三个在日常政治生活中容易混淆的概念；“台独”的类型主要有：“激进台独”VS“渐进台独”，“显性台独”VS“隐性台独”，“刚性台独”VS“柔性台独”，“攻势台独”VS“守势台独”，“分离式台独”VS“固守式台独”，“法理台独”VS“事实台独”，“A型台独”与“B型台独”等等；“独台”和“台独”的比较；“中华民国到台湾”“中华民国在台湾”和“中华民国是台湾”的比较；国民党两岸关系论述的走势；民进党冻结“台独党纲”不足以奠定民共两党互动交流的政治基础，在民进党冻结“台独党纲”问题上，大陆既要“听其言”，也要“观其行”，但更应注重“观其行”。

第四章　“主权—治权”分析框架下的两岸政治关系定位。研究要点：通过对“主权—治权”分析框架及其相关政治论述的检视和反思，发现该分析框架存在诸多问题：治权是一个学术上欠规范的概念，两岸对“治权”的理解不尽相同，该分析框架存在着逻辑上的缺陷，该分析框架对两岸分裂现状的解释欠缺说服力。针对这些问题，笔者提出了替代性分析框架，即“主权所有权—主权行使权——般治权”分析框架。新分析框架的核心是将国家权力整体划分为三部分，这在逻辑上比“二分法”更加严谨与科学，有助于更具体地描述和界定目前两岸现状，有助于更有力地维护一个中国框架，有助于更好地找到解决两岸统一问题的切入点。

第五章　“国家—政府”分析框架下的两岸政治关系定位。研究要点：“国家—政府”分析框架下的两岸政治关系定位有：“一国一府”“一国两府”和“两国两府”。由于“国家”和“政府”的多重涵义给我们理解和界定“国家—政府”分析框架下的相关论述带来一定的困难，故必须结合具体语境来理解。由于“一国两府”会导致“两个中国”，所以大陆不接受台湾的“一国两府”论述，但大陆的“一国一府”论述在当下也日益暴露出局限性。未来的两岸政治关系定位应在“一国一府”和“一国两府”之间寻找平衡方案。基于两岸关系的历史、法理和现实，笔者认为，目前大陆应承认台湾当局为“区域性特别自治政府”，统一前的两岸政治关系定位应是“一国两府一中央”。

该论述与台湾的“一国两府”论述有着重大区别，其意义是既能解决台湾当局政治定位问题，又能维护一个中国框架。

第六章 典型定位论述解析（一）：“宪法各表”。谢长廷的两岸政治关系论述主要包括三个分论述，即“宪法一中”“宪法共识”和“宪法各表”。谢长廷的“宪法一中”“宪法共识”和“宪法各表”分别与国民党的“宪法一中”“九二共识”和“一中各表”存有很大的差异。这三个分论述提出的主要面向和所要解决的问题各有侧重。对于大陆方面而言，如何看待谢长廷的两岸政治关系论述，其实在更深层次意义上是如何看待“中华民国”及其“宪法”问题。谢长廷的两岸政治关系论述既有许多值得肯定之处，也存在着诸多问题与局限。

第七章 典型定位论述解析（二）：“一中三宪”。研究要点：“一中三宪”是一个包含着多项内容的两岸政治关系论述，根据张亚中教授的相关阐释，可以将“一中三宪”的基本要义概括为以下六个方面：整个中国；三部宪法；主权对等；两岸三席；和平共处；走向统合。“一中三宪”与“一中一宪”和“一中两宪”有着明显的联系与区别。“一中三宪”论述对于促进两岸关系和平发展具有正面价值和意义，它是对两岸由“分”到“合”的路径探索，是超越两岸现状静态描述而走向未来统合的动态设计，是处理两岸“一”和“二”关系的创新思路。大陆对该论述也存有一些顾虑，主要是：理论基础仍是西方“分裂国家理论”；论述前提与一个中国原则并不相符；“整个中国”设计在总体上仍是一个虚体架构；“由分到合”的路径设计并不保证两岸走向统一；“第三宪”的设计并不能防范和解决“两个中国”问题；会压缩未来两岸统一模式的选择空间；“两岸三席”的设计缺乏现行可行性。未来“一中三宪”论述有待于增加由统合走向统一的保障和路径设计，或者可以考虑另外一种设计思路。

第八章 典型定位论述解析（三）：“一国两区”。研究要点：对于台湾方面提出的“一国两区”论述，各方应作辩证地分析和解读，其既有值得肯定的正面价值，也存在诸多局限性。对于大陆方面提出的“两岸一国”论述，台湾方面应充分领悟其中的善意。尽管该论述有其积极正面的价值，但也有其局限性。通过比较分析发现，“一国两区”与“两岸一国”既有重叠之处，亦有差异之处。为尽早在两岸之间搭建共识平台，探索出能让两岸双方均能接受的“共表式”定位，可在“一国两区”和“两岸一国”的基础上按照

“求同存异”的原则和方法，将“一国两区”与“两岸一国”融合成“两岸两区一国”或“一国两岸两区”。

第九章　典型定位论述解析（四）：蔡氏“宪政”论述。研究要点：蔡英文提出“宪政”论述的动因有以下几个方面：“制宪台独”已行之不通；为了赢得2016年“大选”的需要；减少大陆对其论述的反弹和批评；回归“宪政”不会损伤台湾“主体性”；汲取2012年“大选”失败的教训。“台湾共识”其实就是通过凝聚台湾社会的力量来维持“事实台独”的共识。“宪政”论述和“台湾共识”的不同有以下几个方面：“台湾共识”的“事实台独”主张比较明确、直接，而“宪政”论述的“事实台独”主张则相对隐晦、含蓄；“台湾共识”没有明确表示接受“中华民国宪政体制”，而“宪政”论述则明确表示接受“中华民国宪政体制”；“台湾共识”对抗大陆的意味比较浓厚，言辞也比较犀利，而“宪政”论述向大陆释放了点滴“善意”，言辞也相对柔和，没有刻意凸显“一边一国”的刺眼文字。从总体上看，“宪政”论述仍然模糊不清。在肯定蔡英文论述中包含着某些积极元素的同时，也不能忽视其论述中的问题，即其没有放弃“台独”，也没有接受“一中”。

第十章　定位症结（一）：“中华民国”问题。研究要点：“中华民国”问题日益成为制约两岸关系发展的瓶颈。对于“中华民国”是否存在的问题，两岸存在着严重分歧。那么，“中华民国”究竟是否依然存在？通过比较和辨析不同说辞，认清了“中华民国犹存论”的错误所在。从法理、历史与现实的三个角度看，目前台湾所谓的“中华民国”完全不同于历史上的中华民国，但台湾方面故意将两者混淆起来。目前“中华民国”问题成为两岸红蓝绿三方的共同困扰，各方均须以现实主义态度来共同面对。大陆目前不可能承认“中华民国”，原因是：承认“中华民国”会破坏“一中”原则；“一个中国”在台湾不被广泛认同的压力；来自大陆民意的压力；来自有关公权力部门的压力；统一风险及模式选择的压力；重构法理论述的压力；两岸政治互信不足。目前台湾所谓的“中华民国”既不是“国家”，也不是“中央政府”，而是一个“区域性特别自治政府”。

第十一章　定位症结（二）：“中华民国宪法”问题。研究要点：虽然“中华民国宪法”问题与“中华民国”问题有着紧密的联系，却是层次不同的两个问题。两岸之间以及台湾社会内部却对“中华民国宪法”存在着不同、甚至对立的认定。七次增修后的“中华民国宪法”，虽仍保持了“两岸一中”

的基本架构，但“一中”解释被稀释，既可按照原来的“一中”解释，也可向“独台”方向解释，还可以向“台独”方向解释。大陆方面对“中华民国宪法”和“中华民国”在法理论述上均不予承认，但在实际操作中，对二者的态度有所不同。大陆方面虽然在整体上不承认“中华民国宪法”，但又在事实上不完全否认“中华民国宪法”的部分内容（特别是其“一中”价值）。大陆在处理“中华民国宪法”问题时，采取了策略性应对的方式，虽未正面承认，但也未强烈反对。未反对并不意味着默认，这是一种权宜之计的模糊策略。未来大陆对“中华民国宪法”的处置可以分为统一前和统一后两个阶段来进行。

第十二章　定位症结（三）：台湾“国际活动空间”问题。研究要点：两岸在台湾“国际活动空间”问题上的博弈和对抗，源自于双方对于两岸政治关系定位的分歧，是双方之两岸政治关系定位分歧在国际场域的延伸，两岸之间的平等不能延伸至国际社会。在两岸关系与中国代表权问题上，主要存在着“何者代表中国说”“分别代表中国说”和“分别代表两岸说”三种说辞。两岸在国际社会分别拥有各自的“建交国”或“邦交国”现象，并非意味着中国的对外代表权已经“一分为二”，这一现象在实质上是“中国代表权之争”的体现。台湾当局的对外政策大致经历了以下几个时期，即两蒋时期的“零和外交”、李登辉时期的“务实外交”、陈水扁时期的“烽火外交”和马英九时期的“活路外交”。处理台湾加入国际组织问题应坚持的原则有：一个中国原则；先两岸、后国际原则；政经分离原则；个案处理原则；暂时维持现状原则。

第十三章　两岸政治关系定位的策略、技术与方法。研究要点：目前两岸所采用的定位方式主要有以下四种：模糊式定位，否定式定位，各表式定位，迂回式定位。“一中不表”与“一中各表”有着重大区别。“一中各表”的效用和价值是：“一中各表”可谓“求同存异”的一种特殊方式；相较于“台独”论述，“一中各表”具有进步成分；在两岸尚未达到“一中共表”的情况下，“一中各表”具有不可替代的特殊价值。其局限是：只可体谅，而不能承认；只能搁置争议，而无法解决争议；长期“一中各表”会留有“后遗症”。从“各表”走向“共表”具有必然性，未来两岸政治关系定位大致要经历各表式—各表式 + 共表式—共表式三个阶段。鉴于两岸政治关系定位的复杂性，笔者尝试提出一种新定位方法——分解式定位法。两岸政治关系定位需要坚持三个策略：政治问题政治解决，专业问题专业解决，重点问题重点解决。

第十四章　两岸政治关系定位中的台湾“民主牌”。研究要点：考察二十余年来，“2300万人决定论”主要有以下三种形式：一是“住民自决论”，二是“民主分离论”，三是“民主拒统论”。从自决与民主的关系看台湾“住民自决论”；从国家主权、人民主权和民主的关系看台湾“民主分离论”和“民主拒统论”；从公民投票和民主的关系看台湾“民主分离论”和“民主拒统论”。对外分离性公民投票的典型案例分析：加拿大魁北克公投和英国苏格兰公投。国家主权、人民主权、民主、自决、公投、分离等既有密切关联，又相互区别。厘清概念是分析问题的前提和关键。澄清上述概念和理论，有助于我们更好地在学术意义上使用这些概念，也有助于我们认清台湾某些政治势力用自决、民主和公民投票等来实行“分离”或“拒统”的错误所在。

第十五章　定位方案设计与“一国两制”的衔接。研究要点：当前两岸政治关系定位不应孤立地进行，应与两岸关系和平发展框架的建构、未来统一模式的设计连接起来，通盘考量。“一国两制”是具有生命力的制度安排，相较于德国模式，其具有独特的优势。“一国两制”仍是未来解决台湾问题的最佳选择，但未来的台湾模式不同于港澳模式，需要两岸同胞共同参与“一国两制”台湾模式的设计。同时，需要澄清在“一国两制”适用于台湾问题上的三种不当观点。设计和建构“一国两制”台湾模式必须进行理论创新，复合式“一国两制”台湾模式将是未来的努力方向。两岸关系的特殊性，决定了两岸的未来统一不可能照搬任何一种现有的模式，必须立足于我国现行的单一制，同时又借鉴联邦制等政治形式的有益成分，进行制度创新，使统一架构具有更大的包容性。

（二）研究视角与方法

两岸政治关系定位既是一个历史性的议题，也是当下两岸关系和平发展的议题。本著作立足于推动两岸关系和平发展，乃至最终统一，以探讨双方均可接受的两岸政治关系定位方案为思考方向，采用理论与实证相结合的研究方式，努力探寻理论构想与现实关怀的契合点，并从不同视角设计出多种两岸政治关系定位的方案构想。在这个研究过程中，本著作采取的研究视角和方法如下：

第一，跨学科研究视角。两岸政治关系定位研究是一种综合性的跨学科研究，它涉及政治学、宪法学、国际法学以及其他学科的各种理论、制度和规则。只有通过跨学科的多元研究视角及方法，才能更好地解释和处理两岸政治关系定位所涉及的法理和事实；只有通过跨学科的综合分析，才能得出更加周延而具可操作性的结论。两岸政治关系定位的广角式探源，有助于我们更加细致、深入地理解两岸政治关系定位所涉及的领域，对于解决两岸政治关系定位中的难题，进一步创新两岸关系和平发展的模式具有重要意义。

第二，历史研究方法。两岸分裂现状是历史上国共内战遗留下来的产物，寻求解决问题的方案离不开考察问题演变的历史过程。特别是对于“中华民国”及其“宪法”问题，必须从历史、法理与现实三个角度才能将问题解释清楚，其中历史梳理尤为重要。该方法可以使我们在对台湾当局进行政治定位时深刻把握那些深层的历史沉淀。

第三，比较研究方法。针对许多海外学者和台湾学者将两岸分裂等同于两德、朝韩分裂的情形，本著作采取比较研究方法，通过比较两岸分裂与两德、朝韩分裂的异同来概括两岸分裂的特殊性，从而为两岸政治关系定位提供理论基础。另外，通过大量理论和概念的比较，梳理出它们之间的异同，从而为指出台湾方面有关论述或说辞的错误所在。

第四，事实分析方法。本著作强调必须将事实问题与法理问题区分开来，强调不要将事实问题当成了法理问题来研究。两岸政治关系定位问题不仅仅是一个理论问题，更是一个具有高度敏感性的政治现实问题。对于现实问题的研究，必须坚持从事实材料和数据中发掘问题的实质和根源，从而提出解决问题的策略和方法。例如，两岸政治关系定位不仅要考虑两岸之间的力量对比格局，还要充分考量隐藏于两岸关系背后的美国因素，必须在三者之间找到契合点，有助于突破只着眼于两岸之间进行研究的局限，拓展研究两岸政治关系定位的思路。

第五，案例分析方法。两岸政治关系定位的论述繁多，若面面俱到，不仅不能突出重点，事实上也无法做到。本著作选择了台湾社会关于两岸政治关系定位的四个典型论述个案来进行解析，通过解析来揭示台湾社会大多论述的共性特征。在公民投票部分，本著作选择了加拿大魁北克公投和英国苏格兰公投两个典型个案来进行研究，避免发散式研究的缺陷，收到以点代面的研究效果。

四、研究突破与创新

鉴于两岸政治关系问题的性质及复杂性，尽管笔者很难提出一个能让两岸双方均可接受的具体定位方案，但提出了未来进行两岸政治关系定位时必须思考和努力的方向，指出了未来定位设计方案必须要兼顾和平衡的事项。概括起来，本著作的突破和创新之处，主要体现在以下方面：

第一，在比较“旧三句”和“新三句”的基础上提出了“更新三句”设计。经过研究，笔者将未来“一个中国”政策的更新表述设计为：“世界上只有一个中国，大陆和台湾同属一个中国，中华人民共和国政府是代表中国的唯一中央政府”。该表述的要点有三：其一，此处“代表中国唯一中央政府”的新表述，较先前“代表中国的唯一合法政府”已蕴含着更为深层的时代意涵。其二，大陆须理直气壮地声称己方政权为代表中国的唯一中央政府，只有这样才能更好地维护“一个中国”。其三，“旧三句”坚持“本政府代表说”，其问题是缺乏弹性和包容性，但有助于维护一个中国框架；“新三句”坚持“同属中国说”，固然给台湾方面预留了一定空间，却会助长台湾社会“两岸对等”意识的成长和蔓延。“更新三句”兼顾了“新三句”和“旧三句”之间的平衡。

第二，在梳理“独台”与“台独”概念关系的基础上，主张取消使用“独台”概念。随着岛内局势变迁，“独台”概念的积极价值和学术意义已大打折扣。尤其是目前学界将“独台”与“台独”概念并列起来使用的作法并不科学。具体原因有二：其一，在目前台湾社会的绝大部分民众在内心深处已经将“台湾”和“中华民国”等同起来的情况下，“台独”与“独台”的界分与使用有时不完全成立。在目前岛内“中华民国日渐成为台湾社会最大公约数”，且日渐向“事实台独”靠拢的情势下，继续使用“独台”这一概念，很多政治论述会被表象所掩盖或迷惑。其二，“独台”和“台独”并非两个相斥的并列概念，而是两个相互交叉的概念。故将“独台”跟“台独”并列起来使用在逻辑上存在着问题，这必定会引起相关论述的混乱。此外，单单从形式上来区分“独台”和“台独”是有问题的。

第三，在考察台湾社会“统独”光谱的基础上，揭示了民进党放弃“台独”并非意味着接受“九二共识”。因为放弃“台独”和接受“九二共识”之间并非“非此即彼”的二元论关系。由于在“九二共识”和“台独”之间存在着广阔的中间地带，所以，放弃“台独”并不意味着一定会接受“九二共识”，可能出现既反对“台独”也反对“九二共识”的情形。过去，有些人之所以将放弃“台独”视为民共政治互动的前提条件，就是因为他们不经意地陷入了一个误区，将放弃“台独”与接受“九二共识”之间理解成“非此即彼”关系，误认为只要放弃“台独”，就会接受“九二共识”。接受“九二共识”，必定意味着放弃“台独”；但放弃“台独”，并非意味着一定接受“九二共识”。

第四，在剖析“主权—治权”分析框架缺陷的基础上，提出以“主权所有权—主权行使权——般治权”分析框架（简称“三分法”分析框架）作为替代方案。该分析框架将国家权力整体按照权力的位阶和性质，从高到低依次划分为三个组成部分：主权所有权、主权行使权和一般治权。与“二分法”分析框架相比较，该分析框架在逻辑结构上更加严谨与科学，用其对两岸政治关系的研究会更加具体和深入，对两岸分裂现状的解释更具说服力。相较于“主权—主权权力”分析框架，该分析框架具有更广泛的适用性，有助于更好地防范“一个中国”被虚体化。

第五，主张将未统一前的两岸政治关系定位表述为“一国两府一中央”，是“一个中国，两个政府体系，一个中央政府”的简称。如何在表述上既能清晰地表达目前“一个中国内部存在着暂时互不隶属的两个政府体系”，又能与台湾方面的“一国两府”区隔开来，成为一个技术上亟待突破和解决的问题，为此笔者提出“一国两府一中央”论述。“一国两府一中央”的完整意思表述是：“世界上只有一个中国，一个中国内部存在着暂时互不隶属的两个政府体系，中华人民共和国政府是代表中国的唯一中央政府”。该论述简洁明快、通俗易懂，不易产生歧义。

第六，将台湾当局定位为“区域性特别自治政府”。从政权地域范围的视角，可称其为“区域性政府”（相对于“全国性政府而言”）；从权力运行及隶属关系的视角，可称其为“特别自治政府”。该政治定位的完整意思表述是：“台湾当局是一个基于历史上内战原因造成的、由一部分中国人在中国领土上先后通过割据和民选改造而建立起来的、与中央政府暂时互不隶属的区域性特别自治政府”。台湾特别自治政府既非中央政府，亦非地方政府，而是两岸未统一前的特殊政治安排，这样的安排无法用传统的单一制理论来界定。

第七，肯定了“一中各表”在两岸统一前的特殊价值。分析了“一中各表”的奥妙在于只可体认而不能承认，否则就会导致“两个中国”。由于大陆不承认“一中各表”，故大陆研究界都对“一中各表”秉持负面的评价，事实上，自 1949 年以来两岸双方一直都在“各表”。“一中各表”是在特定历史阶段的特定条件下，两岸双方一时无法达成共识而又必须将两岸关系向前推进时不得不采取的一种策略，是“求同存异”的一种特殊方式。在两岸尚未达到“一中共表”的情况下，“一中各表”有不可替代的特殊价值。

第八，提出了两岸政治关系定位的分解式定位法。所谓分解式定位法是一种从“化整为零”到“积零为整”的定位方法。面对两岸政治关系定位这种复杂的政治难题，只能先分场合、分阶段、分层次地针对当时的具体情势作出部分定位，然后再将部分定位累加起来，最后构成“总体定位”。分解式定位坚持循序渐进的原则，坚持先易后难、先低阶后高阶、先间接后直接、先各表后共表、先低度敏感后高度敏感、先外围后中心、先学界后官方的基本思路与次序。企图通过单一的、具体的、一次性的政治关系定位来一劳永逸地解决问题，那是不可能做到的。

第九，对两岸关系研究中的一些容易混淆的概念进行了比较和界分。这些概念主要有：“一中不表”“一中各表”“一中共表”“一中同表”“一中新表”“各表一中”“各表一国”“一中两区”“一中两宪”“一中三宪”“一中两岸”“一中两国”“两宪一中”“宪法一中”“两岸一中”“两国一中”“两岸一国”“一国两区”“一国两府”“一国两治”“一国良制”等等。除此之外，还有以下概念组合：主权所有权与主权行使权、国家继承与政府继承、国家承认与政府承认、人民主权与民主形式、自决与公决、国家与国度、国度与国际法意义上国家、国家与政府、国名与国号、法理状态与事实状态、法律承认与事实承认、法律人格平等与政治地位平等、形式平等与实质平等、政治问题与学术问题、政治问题与法律问题、国际政治上的主权与国内政治上的主权、实体“一中”和虚体“一中”、法理拥有与事实行使，等等。对以上概念的比较和界分有助于学界更准确地使用这些概念。

第十，剖析了台湾“2300 万人决定论”的错误所在。长期以来，台湾方面打着自决、民主、公投等旗号来从事分离或拒统。由于其“台独”活动所借藉的上述理论工具似乎符合目前西方国家的主流政治价值，因而具有很强的迷惑性。本著作从解析国家主权、人民主权、民主、公民投票之间区别与联系入手，揭示了“住民自决论”“民主分离论”和“民主拒统论”究竟为何在理论和法理上是站不住脚的。通过对公民投票进行更为细化的类型和层次划分，可以看清楚台湾利用公民投票制度来从事分离或拒统的错误所在。

第十一，续建了复合式“一国两制”台湾模式新构想。在原来建构“一国两制”台湾模式研究的基础上，继续探讨了以下问题：台湾政权名称问题、两岸统一后的国号问题、“中华民国宪政体制”问题、台湾“国际活动空间”问题的安排、中央与台湾地区产生冲突后的解决机制、台湾民意在中央政权的体现问题。两岸关系的复杂性决定了未来解决两岸关系的理论一定是混合理论。实际上，“一国两制”理论就是一种混合理论。唯有混合理论及体制才能解决两岸统一问题，因为它具有更大的弹性和更宽松的架构，如此方能包容两岸差异，共同走向统一。

第十二，对台湾学者有关重要论述进行了系统而深入的解析。近些年来，台湾学者提出了诸多两岸政治关系定位论述，究竟如何看待和评价这些论述，大陆内部观点不一。本著作选取谢长廷的“宪法各表”、张亚中的“一中三宪”、国民党的“一国两区”和蔡英文的“宪政”论述作为典型个案进行深入解析，并得出研究结论。该研究的贡献在于给人们观察、分析和判断这些政治关系定位论述提供新的视角和思路，帮助人们理解这些论述对于两岸关系（特别是对于大陆）的利弊得失，从而研判这些论述的现实可行性。

五、问题厘清与概念界定

何谓两岸政治关系定位？这是一个看似简单，却非常含混的问题。就目前表述两岸政治关系定位的概念来说，可谓多元而混乱，如两岸定位、两岸政治定位、两岸政治关系定位、两岸关系政治定位、两岸关系法律定位等等。在上述众多表述中，究竟哪一种表述更科学、更严谨？

经过研究和甄别，笔者主张采用“两岸政治关系定位”。因为“两岸定位”的提法过于笼统，不适合用作分析概念。“两岸政治定位”的提法其实是也很笼统的，譬如它究竟是指对两岸政治关系的定位，还是通过政治文件对两岸政治关系作出的定位？涵义模糊，容易导致研究者常常并不就同一个问题来展开讨论。其他几个概念也均存在着问题或不足，在此不再展开分析。

两岸政治关系定位要解决什么问题？笔者认为，主要应解决以下三个方面的问题：一是大陆政权的性质和位阶如何？二是台湾政权的性质和位阶如何？三是大陆政权和台湾政权是什么关系？这三个方面的问题，主要是就问题内容而言的，是相对于两岸经济关系、文化关系而言的。

那么，采取什么手段来解决上述三个方面的问题呢？主要有两种，一是法律手段，二是政治手段，前者是指通过法律文件的形式来进行定位，如通过宪法、反分裂国家法等形式；后者主要通过政治文件的方式来进行定位，如通过党的政治报告、政府工作报告、领导人重要讲话等形式。故对两岸政治关系的定位分为对两岸政治关系的法律定位和对两岸政治关系的政治定位。分析至此，笔者认为，所谓两岸政治关系定位就是用政治和法律语言对两岸的公权力机构的性质和位阶，以及它们之间的关系作出界定。在两岸统一之前，通过政治文件定位和通过法律文件定位并存的现象将是长期的，因为有些问题目前并不具备上升到通过法律文件来定位的条件，只能通过政治文件形式来定位，况且政治文件定位有其灵活性。只有到了统一之后，两岸政治关系定位就完全采用法律（宪法）形式来定位了。从发展链条看，通过政治文件来定位→法律文件来定位→宪法文件来定位，其稳定性呈现逐步增强的趋势。

从两岸政治关系定位的方式来看，主要有三种：自我定位、给对方定位和共同定位。在目前阶段，主要是自我定位和给对方定位，这两种定位方式基本上是“各自表述”式，由于不是基于双方共识，所以它通常不能解决问题。只有向着双方“共同表述”的方向发展，才能有效化解彼此分歧。目前之所以强调要探讨解决两岸政治关系定位问题，是因为原来法律文件和政治文件的形式所作出的定位，有些已经不能适应两岸关系发展的需要，有些当时就是暂时搁置的权宜之计，这些定位大都是单方面通过政治宣示作出的。今后要通过两岸协商谈判，设计出能让双方均可接受（至少部分共同接受）的定位方案。

第二章 “一中”论述中的两岸政治关系定位

“一个中国”是两岸关系发展的主轴，也是两岸政治关系定位的主轴，偏离了这一主轴的任何定位方案均不具有可行性。在两岸存在的众多分歧中，关于“一个中国”问题的分歧是根本分歧，其他分歧均由该分歧所派生和延伸而来。该分歧直接影响到台海地区的和平与稳定，影响到未来的国家统一大业。为此，有必要梳理两岸在“一个中国”问题上所作的各种论述，探明两岸在该问题的哪些部分有交集，哪些部分没有交集；哪些部分过去有交集，现在仍有或者没有了交集；哪些部分过去没有交集，现在却有了交集。在此基础上，探讨何种表述方式更容易被双方共同接受。[①]

一、大陆方面“一个中国”政策及其演变

纵观大陆六十多年来的对台工作，其“一个中国”政策的根本立场没有发生任何变化，但“一个中国”政策的前后表述却有所调整。

（一）20 世纪 50 至 90 年代初的“一个中国”政策

从 20 世纪 50 年代到 90 年代初，大陆的“一个中国”政策仅有一种表述，

① 黄嘉树著:《大棋局》，香港，中国评论学术出版社，2013 年，第 202 页。

即世界上只有一个中国，台湾是中国神圣领土不可分割的一部分，中华人民共和国政府是代表全中国的唯一合法政府。此表述最早于20世纪50年代初期被大陆提出，旨在反对以美国为首的西方国家在国际社会制造“两个中国”的企图。

1950年美国太平洋第七舰队入侵台湾海峡，阻挠大陆军队解放台湾。美国为了给自己入侵台湾海峡提供合法性依据，抛出了“台湾地位未定论”。为此，中国政府发表声明，严厉谴责美国干涉中国内政的行为，郑重声明“台湾是中国领土不可分割的一部分，这不仅是举世公认的历史事实，而且也是开罗宣言、波茨坦公告及日本投降后的现状所肯定的”。①

1956年6月28日，时任国务院总理周恩来在第一届全国人大第三次会议上针对美国在国际社会搞“两个中国”指出，有些人“妄想把台湾说成是另外一个中国或者是独立存在的一个国家”，“企图在国际组织中和国际会议上预先造成‘两个中国’的形势。中国人民早就看穿了这种阴谋，希望中国陷入这种圈套是徒然的”，“世界上只有一个中国，唯一能够代表中国人民的只有中华人民共和国政府。”②

1958年2月10日，周恩来在第一届全国人大第五次会议上发表讲话，在谈到国际形势时指出：“中国政府和中国人民坚决反对制造‘两个中国’的阴谋。不管这个阴谋在什么场合，以什么方式出现，我们绝不容许这个阴谋得逞。中国只有一个，那就是中华人民共和国……台湾是中国领土不可分割的一部分，中国人民一定要解放台湾。”③

1958年10月6日由毛泽东主席起草，以国防部长彭德怀的名义发表的《告台湾同胞书》强调：“台、澎、金、马是中国领土，这一点你们是同意的，见之于你们领导人的文告，确实不是美国人的领土。台、澎、金、马是中国的一部分，不是另一个国家。世界上只有一个中国，没有两个中国。这一点，也是你们同意的，见之于你们领导人的文告。”④是年10月25日，由毛泽东主席亲自起草，以国防部长彭德怀的名义发表的《再告台湾同胞书》重申：“中国人的事只能由我们中国人自己解决，一时难以解决，可以从长商议”，“世

① 国务院台湾事务办公室研究局编：《台湾问题研究资料》，北京，人民出版社，1994年版，第4页。
② 国务院台湾事务办公室研究局编：《台湾问题研究资料》，北京，人民出版社，1994年版，第90页。
③ 国务院台湾事务办公室研究局编：《台湾问题研究资料》，北京，人民出版社，1994年版，第96页。
④ 《人民日报》，1958年10月6日版。

界上只有一个中国，没有两个中国。这一点我们是一致的。美国人强迫制造两个中国的伎俩，全中国人民，包括你们和海外侨胞在内，是绝对不容许其实现的。”①

20 世纪六、七十年代，是两岸在外交领域激烈斗争的重要时期，其中在联合国的“中国代表权”问题始终是斗争的焦点。美国先是竭力阻挠恢复中华人民共和国在联合国的代表权，后来随着两岸“外交”实力的消长和国际形势的变化，其对中华人民共和国要求恢复联合国席位的态度发生了变化，不再一味阻挠，而是提出了“双重代表权”方案，即在不得排除“中华民国”在联合国继续拥有席位的前提下，同意中华人民共和国参加联合国。在美国等西方国家的鼓动下，至 20 世纪 60 年代中期时，联合国里弥漫着浓厚的“两个中国”气氛。对此，大陆方面反复重申世界上只有一个中国，中国就是中华人民共和国，台湾是中国领土不可分割的一部分，台湾是中国的一个省。“双重代表权”方案最终因两岸一致反对而破产。以上史实表明，大陆方面当时对“两岸同属一个中国”的反复强调，主要是针对当时以美国为首的西方国家在国际社会制造“两个中国”的企图。

（二）20 世纪 90 年代初至今的“一个中国”政策

20 世纪 80 年代末，台湾当局开始解除“党禁”“报禁”，开启了民主转型的历史进程。伴随着台湾民主化的逐步推进，民进党政治诉求的重心开始发生转移，即由早期的“民主诉求”转移到了“主权诉求”。至 1991 年时，民进党出台了第一个关于“台独”的纲领性文件——“台独党纲”；与此同时，李登辉也开始推动“台独”活动，使得一个中国原则在岛内受到严峻挑战。针对岛内日益猖獗的“台独”活动，大陆官方不断重申和捍卫一个中国原则。

尽管“一中”原则于 1992 年由两会暂且达成共识，并促成了 1993 年的“汪辜会谈”，但两岸仍为“一中”问题争论不休。1993 年 9 月 1 日大陆方面发布《台湾问题与中国的统一》白皮书指出：“世界上只有一个中国，台湾是中国不可分割的一部分，中央政府在北京。这是举世公认的事实，也是和平

① 《人民日报》，1958 年 10 月 25 日版。

解决台湾问题的前提。”[①] 该白皮书对“一中”政策的表述在台湾遭到了强烈的排斥和抵制。此后，“一中”政策在台湾逐渐被污名化，不仅将它视同为“中华人民共和国”的同义词，而且将大陆的这一立场视为刻意矮化台湾的策略。[②] 为了避免因“一中”内涵之争而影响两岸和谈进程，大陆方面针对岛内政局和两岸关系出现的新变化，特别是台湾当局背离“一个中国”政策、公开从事“台独”活动情况，开始对“一中”原则的表述进行了策略性调整。具体参见下表：

表 2-1：20 世纪 90 年代末以来大陆“一中”政策的策略性表述简表

时间	发布机关 / 领导人	场合 / 文件	对“一个中国”政策的论述
1998.1.26	钱其琛	纪念江泽民《为促进祖国统一大业的完成而继续奋斗》发表三周年座谈会上的讲话	在统一之前，在处理两岸关系事务中，特别是在两岸谈判中，坚持一个中国的原则，就是坚持世界上只有一个中国，台湾是中国的一部分，中国的主权和领土完整不能分割。
1998.10.24	汪道涵	汪道涵在上海与来访的台湾海基会董事长辜振甫会面时的谈话	“一个中国”内涵的 86 个字：“世界上只有一个中国，台湾是中国的一部分，目前尚未统一，双方应共同努力，在一个中国的原则下，平等协商，共议统一。一个国家的主权和领土是不可分割的，台湾的政治地位应该在一个中国的前提下进行讨论。
2000.7.13	钱其琛	接见台湾媒体代表团时的讲话	大陆和台湾同属一个中国，一个中国并不是非彼即此。两岸只要坚持一个中国即可，而不必在一个中国到底是“中华人民共和国”或是“中华民国”上打转。

① 中国社会科学院台湾研究所编：《新时期对台方针政策重要文献选编》（修订本），北京，2009 年 12 月（内部发行），第 490—491 页。

② 邵宗海著：《新形势下的两岸政治关系》，台北，台湾五南图书出版股份有限公司，2011 年版，第 202 页。

续表

时间	发布机关/领导人	场合/文件	对“一个中国”政策的论述
2000.7.25	钱其琛	会见亲民党及联合报新闻访问团时的谈话	世界上只有一个中国，大陆和台湾同属一个中国，中国的主权和领土不容分裂。
2005.3.4	胡锦涛	关于新形势下发展两岸关系的四点意见	1949年以来，尽管两岸尚未统一，但大陆和台湾同属一个中国的事实从未改变。这就是两岸关系的现状。
2007.10.15	胡锦涛	中共十七大政治报告	坚持一个中国原则，是两岸关系和平发展的政治基础。尽管两岸尚未统一，但大陆和台湾同属一个中国的事实从未改变。
2008.12.31	胡锦涛	纪念《告台湾同胞书》发表30周年讲话	世界上只有一个中国，中国主权和领土完整不容分割；1949年以来，大陆和台湾尽管尚未统一，但两岸复归统一，不是中国领土和主权的再造。
2012.11.8	胡锦涛	中共十八大政治报告	我们始终坚持一个中国原则。大陆和台湾虽然尚未统一，但两岸同属一个中国的事实从未改变，国家领土和主权从未分割、也不容分割。
2013.2.25	习近平	“习连会”	两岸同胞同属中华民族，这种天然的血缘纽带任何力量都切割不断；两岸同属一个中国，这一基本事实任何力量都无法改变。
2013.6.13	习近平	“习吴会”	大陆和台湾虽然尚未统一，但同属一个中国，是不可分割的整体。国共两党理应坚持一个中国立场、共同维护一个中国框架。
2014.2.18	习近平	“习连会”	两岸虽然尚未统一，但我们同属一个国家、同属一个民族从来没有改变，也不可能改变。

续表

时间	发布机关/领导人	场合/文件	对“一个中国”政策的论述
2015.11.7	习近平	“习马会”	大陆和台湾同属一个中国，两岸关系不是国与国关系，也不是“一中一台”。虽然两岸迄今尚未统一，但中国的主权和领土完整从未分裂。两岸同属一个国家、两岸同胞同属一个民族，这一历史事实和法理基础从未改变，也不可能改变。

上述回顾表明，大陆方面的“一个中国”政策表述经历了一个策略性调整的过程，其中20世纪90年代末期是重要分水岭。众所周知，20世纪90年代中期台湾当局关于“一个中国”政策的立场发生了重大变化。在此之前，两岸均坚持一个中国原则，主张中国统一，分歧在于何者代表中国行使主权、何者主导中国统一的问题。因此两岸互不承认对方政权的合法性，均在国际社会秉持“汉贼不两立”的“零和”政策。然而，90年代中期以后，李登辉当局开始背离“一个中国”政策，并大力推动“台独”分裂活动。随着台湾当局在“一个中国”立场上出现的新变化，大陆强调“一个中国”政策所针对的对象也随之发生了变化，即由早期主要针对美国等西方国家在国际社会制造“两个中国”（主要反对“台湾地位未定”“双重代表权”“双重承认”等企图和行径），变化为主要针对来自岛内的“台独”分裂活动（主要反对岛内的“台湾独立”“一中一台”“两个中国”“一国两府”“分裂分治”“平行外交”等企图和行径）。

基于以上变化，自20世纪90年代末期开始，大陆开始对“一个中国”政策的表述进行策略性调整，将“台湾是中国领土不可分割的一部分”改为“大陆和台湾同属一个中国”，旨在给台湾在一个中国框架内预留出必要的政治空间；同时，为了有力地遏制“台独”，维护国家主权和领土的完整，大陆对“一个中国”内涵的表述开始向“反独”方向作出调整，着重强调中国的领土和主权不容分割，而且在两岸之间的场合不再刻意强调“中华人民共和国政府是中国唯一合法政府”。这一变化，使大陆“一个中国”政策表述出现以下两个特点：其一，“一个中国”意涵开始日趋抽象和模糊。为了避免让台湾方面将“一个中国”等同于中华人民共和国，大陆方面只强调“一中”原则，而不对“一中”涵义作具体解释，即使提到“一个中国”必须与其意涵有所关联，大陆对这个意涵的解释也力求抽象与模糊。[①]其二，“一个中国”意涵出现内外有别的两个版本，即在国际场合将“一中”原则表述为“世界上只有一个中国，而台湾是中国的一部分，中华人民共和国政府是代表中国的唯一合法政府”，此为“一中”表述的国际版本；而在两岸之间则将“一中”原则表述为“世界上只有一个中国，大陆和台湾同属于一个中国，中国的领土和主权不容分割”，此为“一中”表述的两岸版本。

“一个中国”政策表述的调整，仅仅是针对两岸关系发展的具体情势，不同时期的论述有不同侧重而已，甚至在某一时期回避谈及某一具体内涵，但那是策略的需要，并不意味着大陆对这些内涵的更改或放弃。在这个过程中，大陆一个中国原则的总体精神和基本立场没有变化，可为我们把握大陆“一个中国”政策的基本要义提供基础。概括起来，“一个中国”政策的要义主要包括以下五点：①世界上只有一个中国；②台湾是中国领土不可分割的一部分；③两岸尚未统一只是暂时现象，未来两岸必将实现统一；④反对任何形式的“台独”；⑤中华人民共和国政府是在国际社会代表中国的唯一合法政府。以上五个方面的内容是大陆一个中国原则的基本内涵。

二、台湾方面“一个中国”政策及其演变

（一）两蒋当局对“一个中国”政策的坚守

20 世纪 50 至 80 年代末的两蒋时期，台湾当局出于不甘失败、妄图“光复大陆”的目的，始终坚持“一个中国”立场，坚决反对“两个中国”。50 年代中期，以美国为首的西方国家针对台海问题曾提出过将台湾从中国分离出去的“划峡而治”方案，建议蒋介石放弃金门、马祖等沿海岛屿，以切断与大陆的连结。但蒋介石认为，金门为台湾门户，放弃金马，台湾本岛将朝夕不保，并且蒋介石反对这种分裂中国的阴谋活动。大陆方面从两岸统一的

① 邵宗海著:《新形势下的两岸政治关系》，台北，五南图书出版股份有限公司，2011 版，第 167 页。

长远考虑，对国民党守军采取“打而不攻”策略，两岸在这个问题上长时间保持着默契，进行了长达二十多年的“政治炮战”，这就是“金门炮战”。至20世纪六七十年代，美国等西方国家在恢复中华人民共和国在联合国的合法代表权问题上提出了所谓的“双重代表制”方案。对此，不仅大陆方面坚决反对，而且蒋介石政权出于奉行“汉贼不两立”的“一个中国”政策也同样反对，使得美国在国际社会制造“两个中国”的图谋始终未能得逞。

需要指出的是，两蒋时期的两岸之争主要是两个政权之间的“法统之争”，即中华人民共和国政府和“中华民国政府”谁有资格在国际社会代表中国的问题。① 台湾当局所坚持的“一个中国”是指“中华民国”，主张“中华民国代表全中国”。当时台湾当局坚持“一个中国”政策是出于与大陆争夺“法统”地位的需要，也是为了维护岛内政治社会稳定的需要。

（二）李登辉当局对“一个中国”政策的背离

李登辉主政之初，继续坚持两蒋时期延续下来的“一个中国”政策。然而，随着政治地位的不断巩固，李登辉渐渐背离一个中国原则。以1991年2月台湾“国统会”推出“国家统一纲领”为标志，台湾当局的“一个中国”概念出现了明显变化。该纲领虽未明确否定一个中国原则及其内涵，但字里行间都充斥着两岸为“一个国家、两个对等政治实体”的政治理念，隐含着对“一个中国”的回避和否定，亦即要求“两岸互不否定对方为政治实体，在国际间上相互尊重，互不排斥”。事实上，该纲领“预设了‘两个中国’和分裂固定化、长期化的前提”。②

1992年7月31日，为贯彻“国家统一纲领”的精神，台湾当局“行政院”颁布了“两岸人民关系条例”，将两岸界定为“中华民国”下辖的台湾地区和大陆地区，③ 并以国际私法上的“法律冲突”理论来处理两岸法律事务，将“一个中国、两个对等政治实体”的理念法律化。该条例将中国大陆视为

① 但加拿大华裔学者萧元恺认为，蒋经国“解严”，废止“动员戡乱时期临时条款”，这些都是预备“承认”大陆政权的动作，但大陆方面当时担心可能形成任何背离一个中国原则的情势，拒绝承认台湾当局的合法性。正因台湾当局不能得到大陆方面的承认，也就必须“在法理上不承认”对方，以维持一个向内外交代的“对等关系”。参见萧元恺著:《台湾问题：政治解决策论》，香港，三联书店有限公司，2010年版，第77页。

② 姜殿铭主编:《台湾：一九九一》，北京，中国友谊出版社公司，1992年版，第248—250页。

③ 陈志奇主编:《台海两岸关系实录》（上册），台北，财团法人“国家”建设文教基金会台海两岸关系研究中心，1998年版，第189页。

与台湾不同的地区，台湾地区的法律和公权力不及于大陆，在某种程度上将中国大陆视同为“外国”，这种精神和做法是台湾方面在一个中国原则上的初步变化。

1992 年两岸两会在香港会谈时，大陆提出双方应先确定一个中国原则，于是台湾方面不得不开始着手研究“一个中国”的涵义问题。1992 年 8 月台湾当局“国统会”第八次会议通过了“关于‘一个中国’的涵义”，该文件对“一个中国”的界定是:“海峡两岸均坚持‘一个中国’之原则，但双方所赋予之涵义有所不同。……一个中国应指一九一二年成立迄今之‘中华民国’，其主权及于整个中国，但目前之治权，则仅及于台澎金马。台湾固为中国的一部分，但大陆亦为中国之一部分”；“公元一九四九年起，中国处于暂时分裂之状态，由两个政治实体，分治海峡两岸。”①

1993 年 9 月 16 日，台湾当局发表“只有‘中国问题’、‘没有台湾问题”的声明，旨在强调两岸“分裂分治”的现状。自此之后，台湾当局对“一个中国”的涵义相继做出大幅调整，否定一个中国原则的目的更加显现。

1993 年 11 月 21 日，出席美国西雅图亚太经合组织会议的台当局“经济部长”江丙坤根据“外交部”提供的文件发表书面声明:“中国为一个历史、地理及文化之中性名词。台湾固为中国的一部分，如同中国大陆也是中国的一部分，中国并不等于中华人民共和国，台湾也不是中华人民共和国的一部分或一个省。……中华民国及中华人民共和国实为历史、地理或文化含义的一个中国下，互不隶属的两个主权国家”。②

1994 年 7 月 5 日，台湾陆委会发布“台海两岸关系说明书”，该文件全面吸收了江丙坤西雅图讲话的要点，重申“一个中国是指历史上、地理上、文化上、血缘上的中国”，③ 从而将“中国”虚体化。该说明书对“一个中国”的解释，显然与“国统会”在 1992 年对“一个中国”解释（“一个中国”应指 1912 年成立至今之“中华民国”，其“主权及于整个中国”）有很大偏离。“一个中国”从此开始由政治法律意涵上的中国演变为民族意涵上的中国。④

---

① 《国统会对“一个中国”的涵义做成的结论》，台湾《中央日报》，1992 年 8 月 2 日版。

② 《江丙坤谈“两个主权国家”讲话全文》，台湾《联合报》，1993 年 11 月 22 日版。

③ 陈志奇主编:《台海两岸关系实录》(上册)，台北，财团法人“国家”建设文教基金会台海两岸关系研究中心，1998 年版，第 360—361 页。

④ 张亚中著:《统合论》，香港，中国评论学术出版社，2014 年版，第 325 页。

1997 年 2 月 22 日，台当局“行政院”发布《透视“一个中国”问题》的说帖，在有关“一个中国”问题上进一步提出：“中华民国”自一九一二年建国以来即为一个主权国家。而自一九四九年中共政权成立起，中国即处于分治的状态。其后由于台北与北京均未统治过对方，所以谁也不能代表对方，当然，谁也不能代表全中国，而只能代表各自有效统治的一部分。据此，我们认为，与其去说‘一个中国’，不如说‘一个分治的中国’(One divided China)，就像现在的韩国、过去的德国或越南一样。”①

1999 年 7 月 9 日，李登辉在接受“德国之声”专访时抛出了“两国论”，即“1991 年修宪以来，已将两岸关系定位在国家与国家，至少是特殊的国与国关系，而非一合法政府、一叛乱团体，或一中央政府、一地方政府的‘一个中国’内部关系。”② 至此，李登辉完全背离一个中国原则，其两岸关系定位的实质是“一族两国”，即两岸同属一个民族，但为两个相互不隶属的“主权独立国家”。

通过以上回顾和考察可以发现，李登辉当局在“一个中国”的问题上，经历了一个模糊、回避和否定的过程。把两蒋时期的现在式“一个中国”，及“一个中国”就是“中华民国”的内涵逐渐蜕变为过去式和未来式的“一个中国”，并将“一个中国”的内涵蜕化为“历史上、地理上、文化上、血缘上的一个中国”，从而将“一个中国”虚体化。从表面上看，李登辉当局提出两岸“分裂分治”并未排斥两岸的最终统一，③ 但事实上已经放弃两岸统一的目标。

通过对上述台湾官方文件的梳理，可以清晰地看出李登辉当局在“一个中国”问题上蜕变的轨迹，即“一国一府”→“一国两区”→“一国两体”→“一中两国”→“特殊国与国”。尽管李登辉时期的“一个中国”政策前后有所不同，但从总体来看，其“一个中国”政策可概括为以下三点：①“一个中国”指的是历史上、地理上、文化上、血缘上的中国，大陆和台湾都是此意义上中国的一部分；②“中华民国”和中华人民共和国都不等于中国，任何一方也不能代表全中国，台湾不是中华人民共和国的一部分或一个省；③两岸目前处于“事实上的分裂状态”，在大陆的中华人民共和国和在

① 台当局“新闻局”：《透视“一个中国”问题》，台湾《中央日报》，1997 年 2 月 23 日版。

② 台湾《中国时报》，1999 年 7 月 9 日版。

③ 从总体上来说，尽管李登辉时期已经偏离了“一个中国”政策，但在台湾官方文件上还保留着追求国家统一的文字，至少在形式上如此。

台湾的“中华民国”目前是两个互不隶属的“主权国家”。①

与两蒋时期相比较，李登辉时期“一个中国”政策的变化，主要体现在以下三个方面：其一，两蒋时期的台湾当局认为“中华民国是一个主权独立的国家”，其领土所辖范围包括大陆、外蒙古和台澎金马；李登辉当局虽然声称“中华民国为一个主权国家”，其领土范围涵盖外蒙古、大陆和台澎金马，但强调其治权范围仅限台澎金马，旨在凸显“台湾是一个主权国家”，只是没有直接说出而已，这与蒋经国时期的“中华民国”概念有很大差异。其二，两蒋时期的台湾当局不承认中华人民共和国政府的合法性，并视其为“叛乱团体”，坚持“中华民国政府”是全中国“唯一合法政府”；李登辉时期则提出了“一国两区”“一国两府”“一国两体（一个中国，两个对等政治实体）”等政治关系论述，坚持“中华民国政府”与中华人民共和国政府的“对等分治”“互不隶属”，实际上开始承认大陆政权的合法性。② 其三，两蒋时期的台湾当局在处理国际社会涉及两岸关系的事务时采用“零和”规则，以杜绝“两个中国”的出现；而李登辉则抛弃了一个中国原则，在国际社会谋求“双重承认”，并竭力凸显台湾当局的“主体性”。

（三）陈水扁当局对“一个中国”政策的抛弃

2000 年陈水扁上台初始，其权力根基未稳，为避免过度刺激大陆，他在 2000 年的“5·20 就职演说”中作了“四不一没有”的承诺，表示在他的任期内“没有废除国统纲领和国统会的问题”，但对一个中国原则却采取回避、否认的态度，声称“在既有的基础上”，双方共同处理“未来一个中国”的问题，坚持认为“一个中国”是议题而非前提。至其执政地位稳固后，陈水扁便于 2002 年公开宣称“台湾是一个主权独立的国家”，否定一个中国原则和“九二共识”，并抛出“一边一国”论述，并声称要以所谓“公民投票”方式决定“台湾前途、命运和现状”。事实上，陈水扁的“一边一国”论是将李登

① 台湾学者邵宗海教授将李登辉对“一个中国”的总体立场概括为以下几个要点：其一，“一个中国”中的“中国”是未来目标，但目前并不存在。其二，“中华民国”是“分治的中国”之下的一个“国家”。其三，倘若“一个中国”是指中华人民共和国，那它就不包括台湾在内。参见邵宗海著：《新形势下的两岸政治关系》，台北，五南图书出版股份有限公司，2011 年版，第 164 页。

② 两蒋统治时期，台湾方面一直坚持“一个中国”政策，“一个中国”即“中华民国”，其认为己方是包括台湾和大陆在内的全中国范围内的唯一合法政府，并一直宣称要光复大陆。此立场自李登辉时期开始渐渐发生变化，台湾当局不再否认大陆政权的合法性，并逐步放弃以武力收复大陆。不过，台湾当局并未通过修改“宪法”或“法律”的方式正式放弃对大陆地区的主权。

辉“两国论”和民进党的“台湾前途决议文”[①]加以糅合而形成的产物，在两岸政治关系定位上并无特别之处，无非是将李登辉时期的“两个中国”变成了“一中一台”。

从总体上看，陈水扁当局不仅在政策上完全抛弃了“一个中国”，而且在实际行动中四处破坏台湾当局原有“一个中国”政策，坚持“台湾就是主权独立的国家”，只是暂时的“国号”为“中华民国”，最终目标指向是建立“台湾共和国”。这与过去两蒋时期对台湾当局的政治定位相比较，已发生了根本性变化，因为两蒋时期从未公开称“台湾为一个主权独立的国家”，也从未表示同意以“台湾”名义参与国际活动。需要指出的是，陈水扁当局尽管在政策层面坚持“一中一台”，但（迫于大陆的威慑和岛内各方的压力）并未在法理层面变更“中华民国”的一系列“宪政符号”。

（四）马英九当局对“一个中国”政策的有限复归

马英九当局坚持“宪法一中”，坚持认为“中华民国主权”没有因为“政府迁台”而有所分割，“两岸关系是台湾地区与大陆地区的关系”。不过，台湾地区与大陆地区是“中华民国作为一个主权国家”架构之下的两个地区，两岸关系是“非国与国的特殊关系”。[②]需要注意的是，马英九当局对“一个中国”的解释具有两面性，其政治宣示与现实操作存在巨大落差。其一方面在法理上坚持“大中国”意义上的“一个中国”，另一方面在现实中坚持“两岸对等”“互不否认治权”等可能导致“一国两府”的政治操作。倘若将马英九当局的“一个中国”政策与两蒋时期的“一个中国”政策相比较，可发现两者存有重大不同，具体表现在：其一，两蒋时期是战略性一个中国原则，而马英九时期则是策略性一个中国原则。所谓战略性一个中国原则就是在战略上将“一个中国”作为最终实现目标；所谓策略性一个中国原则就是将一个中国原则作为手段或工具来处理，未必将“一个中国”作为最终目标。这是两岸实力对比发生巨大变化后，处于弱势一方的台湾所作的消极因应。其二，两蒋时期的“一个中国”具有一面性、与“台独”没有融通的空间；而

---

① 民进党于 1999 年通过的“台湾前途决议文”中明确载明：“台湾是一主权独立国家，其主权领域仅及于台澎金马及其附属岛屿，以及符合国际法规定之领海与邻接水域。台湾，固然依目前宪法称为中华民国，但与中华人民共和国互不隶属。”

② 邵宗海著：《新形势下的两岸政治关系》，台北，五南图书出版股份有限公司，2011 版，第 206 页。

马英九时期的“一个中国”则带有某种程度的两面性，这决定了其“一个中国”的立场并非刚性且有些摇摆，在某些方面与“台独”有融通的空间（如“中华民国是一个主权独立国家”，实质上会导致“事实台独”）。其三，两蒋时期的“一个中国”政策是主动性的，强调“反攻大陆”，实现两岸统一；而马英九时期的“一个中国”政策则是被动性的，是以守为攻、以退为进的策略，强调“不统不独不武”。

三、两岸“一个中国”论述的共识与分歧

此处两岸关于“一个中国”的共识与分歧主要是就大陆与国民党关于“一个中国”的论述而言的，由于双方均认同“一个中国”，所以才有“一个中国”涵义之争。民进党不认同“一个中国”，也就无所谓与大陆存有“一个中国”涵义之争。

根据前面的梳理，可以将以一个中国原则为主轴的两岸关系史划分为以下两个阶段：

第一阶段，“一个中国”在两岸之间不是“问题”阶段。如果没有美国等西方国家在国际社会制造“两个中国”问题，也就没有必要强调“一个中国”。台湾当局当年之所以采用“一个中国”的提法，也是出于同样的思维逻辑。[①] 尽管美国是“两个中国”的最早炮制者，但并未导致“一个中国”在两岸之间成为“问题”。两蒋时期不存在挑战一个中国原则的“台独”问题。在这种情况下，倘若承认对方政权的合法性，自然就意味着否定己方政权的合法性。所以，大陆一直不承认“中华民国”的合法性，并且以解放台湾，彻底消灭“残余政权”为很长一段历史时期的政治和军事任务。当时两岸官方关于“一个中国”的意涵主要有以下三个要点：①均维护中国主权的完整性，强调两岸同属一个中国；②均认为台湾是中国的一个省而非一个“主权国家”；③均认为在国际上只能有一个政府（且是己方政府）代表中国行使主权。[②]

① 黄嘉树著:《大棋局》，香港，中国评论学术出版社，2013 年版，第 202 页。
② 黄嘉树著:《大棋局》，香港，中国评论学术出版社，2013 年版，第 203 页。

第二阶段，“一个中国”在两岸之间成为“问题”阶段。李登辉主政后，开始推行“两个中国”政策，提出“分治的中国”“阶段性两个中国”来定位两岸关系，并多次通过“修宪”，实现“中华民国台湾化”，“一个中国”逐渐变成“问题”。事实上，就字面意思而言，大陆对一个中国原则的强调已经暗含着“一个中国”成为“问题”；否则，根本就不用反复强调一个中国原则，就好像现在没有人提出“一个德国”“一个越南”，更不可能有“一个美国”或“一个日本”的问题。①

通过以上分析，可以发现两岸在“一个中国”政策上的演变存在着很大的不同，具体说来就是：大陆方面的“一个中国”政策在战略层面上始终没有任何改变，其出现的变化仅仅是策略上的调整；而台湾当局在“一个中国”政策上的变化则是战略上的根本改变。这是两岸“一个中国”政策演变的最大不同。这个变化以20世纪90年代为分水岭，在此之前两岸均坚持“一个中国”，只是对“一个中国”是中华人民共和国抑或“中华民国”的问题存在分歧。两岸都主张中国应当统一，统一的标志是产生出一个两岸均服从的中央政府，至于何者有资格组织或主导这样的中央政府，双方存有争议。②然而，90年代以后，随着大陆综合实力的日渐壮大，台湾方面已基本丧失与大陆争夺中国代表权的实力。于是，台湾方面逐渐放弃与大陆争夺“法统”地位，改行分离主义，企图“另起炉灶”“独立建国”。

研究两岸官方（特别是台湾当局）在“一个中国”问题上的立场之演变，单单从名称“一个中国”上并不能完全看得清楚，需要结合两岸官方（特别是台湾当局）在政府层面上对两岸政治关系的定位来进行分析。倘若借用“国家—政府”分析框架来分析，可以将两岸官方六十余年来“一个中国”政策的演变概括为下表所列：

---

① 邵宗海著：《两岸关系》，台北，五南图书出版股份有限公司，2007版，第328—329页。
② 黄嘉树著：《大棋局》，香港，中国评论学术出版社，2013年版，第202页。

表 2-2：两岸官方“一个中国”政策演变比较表

<table>
<tr><td rowspan="3">台湾方面</td><td rowspan="2">时期</td><td rowspan="2">两蒋时期</td><td colspan="3">李登辉时期</td><td rowspan="2">陈水扁时期</td><td rowspan="2">马英九时期</td></tr>
<tr><td>前期</td><td>中期</td><td>后期</td></tr>
<tr><td>政策</td><td>“一国一府”</td><td>“一国一府”</td><td>“一国两体”“一国两府”</td><td>“两国两府”</td><td>“两国两府”</td><td>“一国一府”（法理上）、“一国两府”（事实上）</td></tr>
<tr><td rowspan="2">大陆方面</td><td>时期</td><td colspan="6">1949 年中华人民共和国成立迄今</td></tr>
<tr><td>政策</td><td colspan="6">一国一府</td></tr>
</table>

（图表来源：作者自制）

四、“一个中国”论述中的相关问题辨析

（一）实体“一中”和虚体“一中”

两岸对于“一中”涵义的不同解释，有实体“一中”和虚体“一中”之分。实体“一中”是指国家主权意义上的“一中”。该“一中”有着明确而具体的意涵，强调中国是单一国际法主体，单一中央政府，台湾是中国的一部分。只有将“一中”解释为实体意义上的一个中国时，才符合一个中国原则。虚体“一中”是指一个“历史上、地理上、文化上、血缘上的一个中国”，大陆和台湾都是此意义下的中国之一部分。虚体“一中”仅是一个形式上的屋顶架构，其下的两个主权实体（即“中华民国”和中华人民共和国）才是实质部分，虚体“一中”本身就意味着“一国两府”“一国两体”或“一中两国”。那么，在何种情形下会产生虚体“一中”呢？在坚持己方为主权国家或合法中央政权的前提下，同时承认对方为主权国家或合法中央政权，就会导致“一中”虚体化。对于大陆来说，在坚持自身政权为主权国家的情况下，倘若承认台湾当局是一个“主权国家”，则会导致“两个中国”；即使仅承认台湾当局是一个“中央政府”而非“国家”，也会导致“一国两府”，并最终导致“两个中国”，只是上面架构了一个“虚体中国”的屋顶而已。所以，大

陆只有将“一中”表述为实体“一中”，才符合一个中国原则，方可保证“一个中国”不被演化为“两个中国”。在实体“一中”架构之下，即使存在两个政治实体，也仅有其中之一是合法的主权政府，故两者之间存在着“法统之争”。两者之所以要“争夺”，就是因为这个“法统”具有唯一性。一旦出现两个“法统”，“一中”性质就会立即发生质变而成为虚体架构。

在现实政治中，有一种观点认为，“中华民国政府”坚决主张“一个中国”，反对“两个中国”与“一中一台”，同时也主张在两岸“分裂分治”的历史和政治现实下，双方应充分认识到各自享有统治权，以及在国际社会为并存之两个国际法人的事实，至于其相互间之关系，则为一个中国原则下“分裂分治”之两区，是属于“一国内部”或“中国内部”的性质。[①] 该观点看似实体“一中”，实则虚体“一中”，不符合大陆方面关于“一中”原则的意涵。

（二）“一中”之过去式、现在式和未来式

根据台湾方面切割时间序列的“一中”论述，可以将“一个中国”分为过去式、现在式和未来式。所谓“一个中国”过去式是指两岸在历史上曾同属一个中国，但 1949 年后却分属于“两个中国”（即“中华民国”和中华人民共和国），即“一个中国”是历史上的“过去”。所谓“一个中国”现在式是指自 1949 年以来，虽然两岸处于未统一状态，但“两岸同属于一个中国”的事实从未改变，“世界上只有一个中国”是两岸关系的最大现状。所谓“一个中国”未来式即指未来两岸统一之后会形成一个民主、自由、均富的新中国，但目前两岸是“分裂分治的两个对等政治实体”，即所谓的“阶段性两个中国”。

倘若“一个中国”是现在式，则表明中国为一个实体意义上的国家。因中国与中华人民共和国具有同一性，故这种情形符合大陆方面的政治认知，但台湾方面不予承认。倘若“一个中国”是未来式，则表明中国是历史上、地理上、文化上、血缘上的虚体中国，在台湾方面的对等诉求面前，倘若中华人民共和国与“中华民国”为对等的“中央政府”或“主权国家”，其实质是“一国两府”或“两个中国”，这虽符合台湾方面的诉求和期待，但大陆方

① 邵宗海著：《新形势下的两岸政治关系》，台北，五南图书出版股份有限公司，2011 版，第 163 页。

面坚决反对。法理、历史和事实均表明“一个中国”不仅是过去式，也是现在式，“中国的主权没有分裂”，尽管大陆方面在两岸之间不再公开强调“一个中国即中华人民共和国”，但在国际场合仍坚持“世界上只有一个中国”，“中华人民共和国政府是国际上代表中国的唯一合法政府”，事实上，主流国际社会也认为“世界上只有一个中国”。

分析至此，我们该如何看待马英九当局在这一问题上的相关论述呢？马英九当局依台湾现行规定，坚持“中华民国是一个主权独立的国家”，声称“中华民国政府是代表中国的唯一合法政府”，在法理上不承认中华人民共和国的合法性，所以从表面上看，马英九当局的“一个中国”是现在式。然而，进一步分析后就会发现，马英九当局的“一个中国”是未来式。这是因为，在中华人民共和国是一个主权独立国家的情况下，如果台湾方面硬要坚持“中华民国”也是一个“主权独立的国家”，那么两岸在事实上就变成了“两个中国”，笔者将其概括为“形式上一个中国，实质上两个中国”或“貌似一个中国的两个中国”，这就是大陆有学者之所以将“独台”在实质上界定为“台独”的主因。“独台”与“台独”虽有形式上的区别，但没有实质上的不同，故有学者将“独台”描述为“柔性台独”或“阴性台独”。按照台湾方面的理论逻辑来推理，未来两岸的统一是指中华人民共和国与“中华民国”的统一。换句话说，两岸双方应先承认“两个中央政府”或“两个中国”，然后在此基础上再追求统一。不难看出，这一政策思维和立场有制造“两国论”之嫌，且在两岸长期隔绝、缺乏互信的条件下根本没有可行性。

（三）“一中”原则与“一中”涵义

在台湾方面看来，1971 年台湾当局被逐出联合国之后，主流国际社会所谓的“中国”，意指中华人民共和国，如果台湾方面简单地接受一个中国原则，容易给外界留下默认自己为中华人民共和国一部分的观感。所以，台湾方面即使在承认一个中国原则的情况下，也通常声称“海峡两岸均坚持一个中国之原则，但双方所赋予之涵义有所不同”；“1949 年以后，中国处于暂时分裂的状态，由两个政治实体分治海峡两岸”；“台湾固为中国之一部分，但大陆亦为中国之一部分”。台湾当局的这些表述，旨在通过强调两岸对等、互不隶属来凸显“中华民国的主权地位”。

为继续推动两岸关系向前发展，避免两岸关系被“一中”涵义之争所绑架，大陆方面把"一中"原则与"一中"涵义区分为两个层次的问题，主张两岸政治谈判前，双方先共同将"一中"原则确认下来，这是两岸谈判的政治基础，而"一中"涵义则可以先搁置起来，留待以后再讨论。搁置"一中"内涵争议是针对当时具体的国内外环境和两岸关系的实际以及特定历史阶段而提出的策略之举，是针对一时无法解决的问题而采取的权宜之计，是对无法解决的矛盾的一种暂时回避。事实表明，在"一中"原则基础上，搁置"一中"内涵争议，为两岸和谈营造了政治空间，促进了两岸关系的发展。但是，搁置争议不等于解决了争议，更不意味着达成了共识。所以，搁置"一中"内涵争议虽是富有智慧的策略选择，但亦有其局限性，即不能永久地回避"一中"内涵。那么，大陆今后应继续回避"一中"意涵的争议，还是应对其作出明确解释？如果要作出解释，那么，它是主权意义上抑或文化意义上的一个中国？如果是前者，中国、中华人民共和国和台湾当局（即"中华民国"）三者的关系该如何表述，在中华人民共和国是代表中国的唯一合法政府的情况下，如何表述台湾当局与中华人民共和国的关系，以及与中国的关系，才能既能符合一个中国框架的要求，又能被台湾方面所接受？如果是后者，则会虚化"一个中国"，进而导致"两个中国"。对于大陆方面来说，今后该如何明确表述"一个中国"的涵义，着实为一个挑战性的任务，因为大陆是促统方，台湾是被促统方。作为促统方的大陆，未来应适时地、主动地向被促统方提出系统、清晰、严谨的"一中"论述，否则，促统力度会减弱、进程会减缓。

（四）"旧三句"与"新三句"

所谓"旧三句"（亦称"本政府代表说"），即"世界上只有一个中国，台湾是中国的一部分，中华人民共和国政府是代表中国的唯一合法政府"。该论述是大陆方面自 1949 年至 20 世纪 90 年代一直坚持的"一中"论述。所谓"新三句"（亦称"同属中国说"），即"世界上只有一个中国，大陆和台湾同属一个中国，中国的主权和领土完整不容分割"。[①] 该论述是大陆方面为打破两岸关系的僵局，对"一个中国"内涵所作的富有弹性的调整。

① 钱其琛：《在江泽民主席〈为促进祖国统一大业的完成而继续奋斗〉发表三周年座谈会上的讲话》，载《人民日报》，1998 年 1 月 27 日版。

1. “新三句”较“旧三句”的变化

大陆学者黄嘉树教授认为，“新三句”相较于“旧三句”的主要变化是将政府承认和国家承认区分开来，使台湾方面尽管可以暂时对政府承认保留看法，但对国家承认则必须坚持，即可以暂时不承认中华人民共和国政府，但必须承认两岸同属一个中国。①

从国家要素学说来分析，“新三句”较“旧三句”的变化在于对国家构成要素论述的侧重有所不同。众所周知，在国家的四要素中，政府和主权是最敏感的要素，领土和人民是次敏感的要素。“旧三句”的“一个中国”表述侧重于政府和主权要素；而“新三句”的“一个中国”表述则侧重于土地、人口和主权要素。通过比较不难发现，“旧三句”和“新三句”共同点是一致强调主权要素（如“旧三句”中的“中华人民共和国政府是代表中国行使主权的唯一合法政府”，“新三句”中的“中国的领土和主权不容分割”）。

如果说，“旧三句”侧重于属政府主义来表述一个中国，那么“新三句”则侧重于属地主义来表述一个中国。②“旧三句”在表述方式上较为直接，是冷战格局下内战思维的产物；但到了和平发展和统一时期，倘若继续采用属政府主义的表述方式，则容易刺激对方的敏感政治神经，不利于两岸的互动、交流与合作，所以应在一个中国框架下适度地回避、模糊和淡化使用“中央政府”等双方存有争议的字眼，而代之以相对中性的“领土”、“人口”要素来表述，不失为一种策略之举。需要指出的是，无论在“旧三句”还是“新三句”中，国家的四个要素都是一应俱全的，但在不同阶段对四个要素的表述侧重却有明显不同，这是根据两岸情势的发展变化而作出的策略性调整。

“新三句”主要适用于两岸之间的场合，但就国际场合（亦即中国对外主权行使权场合）而言，“旧三句”依然有效，所以“新三句”的出台，并非要完全取代“旧三句”。这样一来，“旧三句”就成为人们通常所说的一个中国原则的国际版，而“新三句”则成为一个中国原则的两岸版。大陆方面对“一个中国”在内外两个场合的不同表述，在被台湾方面称为“一个中国、内外有别”。

---

① 黄嘉树著:《大棋局》，香港，中国评论学术出版社，2013 年版，第 140—141 页。
② 黄嘉树著:《大棋局》，香港，中国评论学术出版社，2013 年版，第 140 页。

2. 从“旧三句”到“新三句”的意义

大陆将“旧三句”发展为“新三句”，较好地适应了当时特定历史阶段发展的需要，因而具有重要的政策和现实意义。

早期双方各自的政治宣示和两岸政治关系定位均不给对方预留任何合法性政治空间，企图单方面垄断“一个中国”，旨在为通过战争手段消灭对方、实现统一做理论准备。然而，当实现两岸统一的方式由以武力手段为主调整为以和平手段为主后，这种不给对方预留政治空间的作法，就日渐显示出其局限性。反思大陆这些年坚持“旧三句”表述，可谓得失参半。就其所失而言，不仅让台湾方面产生了一些被排挤出一个中国框架的感觉，而且容易被台湾方面借题发挥，进而影响两岸和平与稳定。为此，大陆因应两岸关系的新变化，适时地将“旧三句”发展为“新三句”，这实际上是从“未预留任何空间”到“预留适度空间”的调整，可避免让台湾（蓝营）产生大陆垄断“一中”的感觉，有助于扩大两岸关系发展的政治基础，有助于团结岛内坚持“一中”的力量共同反对“台独”。

由于中华人民共和国与中国具有同一性，所以在国际场合只要提及“中国”，自然会让人联想到中华人民共和国。但是，并非在任何场合中华人民共和国与中国均具有同一性且可以互换使用，至少在两岸之间不宜强调中华人民共和国等同于中国，否则容易作出如下推论：台湾是中国的一部分，而中华人民共和国等同于中国，故台湾是中华人民共和国的一部分。所以，“旧三句”因过分强调中华人民共和国等同于中国，不仅引起了台湾方面的抵触，而且影响了他们对中国的国家认同，从而不利于巩固“两岸同属一个中国”框架。相较“旧三句”，“新三句”强调两岸对等的意味有所增强，这有利于引导台湾方面坚持一个中国原则。

实践证明，后来两岸关系发展所取得的一系列成果，与“新三句”的提出密不可分。从“旧三句”到“新三句”，是大陆因应两岸情势的新变化而作出的与时俱进的调整，其中所体现出来的“退让”是策略性（而非战略性）、积极性（而非消极性）退让，目的是为了更好地“前进”。

3. 适时提出更新表述的必要性

“新三句”固然在特定历史条件下有助于反对“台独”、维护“一中”，但其仍是阶段性表述，不可能一劳永逸地解决问题，我们应适时地对“新三句”加以调整和发展，以适应未来国家统一的需要。

第一，"新三句"是在特定历史条件下重在"反独"的论述，而非重在"促统"的论述，其具有阶段性、过渡性的特点。从实践效果看，其已发挥了应有的积极功效，基本达到了预期目的。未来随着"台独"的逐渐式微，"促统"将成为大陆对台工作的重点，我们应结合"旧三句"和"新三句"，发展出"更新三句"，否则一味地强调"大陆和台湾同属一个中国"，会强化台湾方面的"对等感"，增强台湾方面的主体意识，进而会给未来的国家统一带来不利的影响。未来的"更新三句"该如何表述？表述的方向和着眼点在哪里？需要做前瞻性研究。

第二，相较于"旧三句"，"新三句"中的"一个中国"表述更加模糊和抽象，此时的模糊和抽象固然是政治智慧和艺术，但我们应意识到，模糊和抽象仅是权宜之计，但不可长久使用。目前大陆对"一中"的抽象化处理尚可勉强支撑两岸关系继续向前发展，但动力不足的问题已经显现。为此，我们应更新"一中"表述，为两岸关系发展注入更大动力。

经过研究，笔者将未来"一个中国"政策的更新表述设计为："世界上只有一个中国，大陆和台湾同属一个中国，中华人民共和国政府是代表中国的唯一中央政府"。该表述的要点有三：其一，此处"代表中国唯一中央政府"的新表述，较先前"代表中国的唯一合法政府"已蕴含着更为深层的时代意涵。其二，大陆给台湾预留适度的政治空间是必要的，但仍须理直气壮地声称己方政权为代表中国的唯一中央政府，两者并不矛盾，只有这样才能防止"一国两府"，更好地维护"一个中国"。其三，兼顾了"新三句"和"旧三句"之间的平衡。"旧三句"坚持"本政府代表说"，其问题是缺乏弹性和包容性，但有助于维护一个中国框架；"新三句"坚持"同属中国说"，固然给台湾方面预留了一定空间，却会助长"两岸对等论"的成长和蔓延，甚至在一定情况下会挑战一个中国框架。从"旧三句"到"新三句"，大陆方面的"一中"表述由具体走向宏观、抽象和模糊，难免会给台湾方面留下自我解释的空间。针对这种情况，未来的"一中"表述应向"旧三句"作适度回归，在"新三句"和"旧三句"之间寻求平衡。

（五）"一中"原则与"一中"框架

2008 年 12 月 31 日时任中共中央总书记胡锦涛在纪念《告台湾同胞书》发表 30 周年座谈会上的讲话中指出："两岸复归统一，不是主权和领土的再造，而是结束政治对立。两岸在事关维护一个中国框架这一原则问题上形成共同认知和一致立场，就有了构筑政治互信的基石，什么事情都好商量。”这是大陆官方在正式场合首次使用一个中国框架的提法。[①]2012年时任全国政协主席贾庆林在第八届两岸经贸论坛开幕式上进一步阐释称：“一个中国框架的核心是大陆和台湾同属一个国家，两岸关系不是国与国的关系。两岸从各自现行规定出发，确定这一客观事实，形成共同认知，就确立、维护和巩固了一个中国框架。”[②]对此，时任国民党主席吴伯雄在“习吴会”时代表国民党作出回应：“两岸各自的法律、体制都主张一个中国原则，都用一个中国架构来定位两岸关系，而非国与国关系。”在此，两岸尽管分别使用的是“框架”和“架构”，但只是在字面上不同，并无实质性差别，译成英文均是“frame”。[③]

那么，“一中”框架的涵义是什么？该框架是实体，还是虚体？倘若是实体框架，则如何将台湾包容其中？倘若是虚体框架，能否避免出现“两个中国”？这个“框架”下的“中国”是一个主权未分裂的中国？是一个未来式的中国？是一个历史上、地理上、文化上、血缘上的中国？是一个分治的中国？抑或其他什么样的中国？

尽管大陆官方没有对此直接作出界定和说明，但通过分析其整体论述及宗旨，不难推论出其论述的基本含义：其一，该框架是一个实体而非虚体。因为在国际社会，中国是一个主权独立国家，不仅是联合国的会员国，而且是五个常任理事国之一，中国在联合国的席位只有一个。从国际政治实践来看，世界上只有一个中国已经成为国际社会普遍接受的共识，一个中国原则也成为国际社会与中国发展关系的基本原则，或者说它已经外化为当今国际政治秩序的一部分。从两岸关系实践来看，大陆始终坚持认为“一个中国”是实体的，台湾当局虽然自20世纪90年代后逐渐背离一个中国原则，但迄今为止，其“宪法”所称的领土范围仍包括大陆地区，故中国不会也不可能是一个历史上、地理上、文化上、血缘上的虚体国家。其二，一个中国框架中的“中国”是现在式而非未来式。目前的中国并非“分治性两个中国”，将

---

① 胡锦涛：《携手推动两岸关系和平发展 同心实现中华民族伟大复兴——在纪念〈告台湾同胞书〉发表30周年座谈会上的讲话》，载《人民日报》，2009年1月1日版。

② 《贾庆林在第八届两岸经贸文化论坛开幕式上的致辞》，载《人民政协报》，2012年7月29日版。

③ 王升：《对务实探讨两岸政治关系的几点看法》，载香港《中国评论》，2014年8月号，第49页。

来再统一为“一个中国”。大陆方面认为，“世界上只有一个中国，大陆和台湾同属一个中国，中国的领土和主权不容分割”，这一表述坚持了中国的领土和主权的统一性。

1.“一中”原则与“一中”框架的不同之处

“一中”原则与“一中”框架是什么关系？两者有何不同？何者更具包容性？经过比较分析，笔者将两者的不同概括为以下四个方面：

第一，论述侧重不同。具体表现有三：其一，“一中”原则侧重于先建构一个基础、设定一个底线，然后在此基础和“底线”之上互动交往；而“一中”框架侧重先建构一个“屋顶”、设定一个上限，然后在此“屋顶”和上限之下互动交往。其二，“一中”原则侧重于主观立场，既可以指双方共识，也可以指单方认知；而“一中”框架则侧重于客观描述，通常指双方共识。其三，“一中”原则侧重于强调政治性内容；而“一中”框架则强调综合性内容，不仅包括政治性内容，也包括经济性、文化性或社会性的内容。[①] 其四，“一中”原则侧重于强调“世界上只有一个中国”，自然就会存在两岸哪一方是这个“中国”的争议；而“一中”框架则侧重于强调“大陆和台湾同属一个中国”，这在一定程度上可以减少“一中”争议。

第二，政治功效不同。“一中”原则既可用于“反独”，也可用于“促统”，尤其在“反独”阶段，其功效更加彰显。然而，“一中”框架属于建构性论述，更适合“促统”，众所周知，到了“促统”阶段，尽管“两个中国”或“一中一台”的论调并未消失，但此时过分强调“一中”原则，似乎显得不合时宜，于是“一中”框架便派上用场，其在“促统”阶段更能彰显自身意义。所以说，“一中”框架的提出适应了两岸关系和平发展的需要，更具时代性和阶段性。[②]

第三，政策特性不同。“一中”原则是处理两岸关系的根本政治原则，侧重于解决问题，是处理两岸关系时必须坚持的方向和准则，带有全局性、基础性和根本性。然而，“一中”框架则是在“一中”原则基础上重构“统一

---

① 陈桂清:《浅析“一个中国框架”》，载香港《中国评论》，2012 年 12 月号，第 29 页。

② 很显然，按照“一中”框架来“反独”，该说辞非常拗口，不符合汉语表达习惯；相反，按照“一中”框架来“促统”，则不仅在语义表达上准确、自然，而且在语法上也符合规范。然而，按照“一中”原则来“反独”，却十分符合汉语表达习惯；但是，在“促统”方面，“一中”原则就没有“一中”框架那么符合汉语表述习惯。

之中国”的具体步骤，是“促统”过程中的重大建构性举措，是“一中”原则的进一步落实和具体化。

2.“一中”框架的意义与限度

虽然“新三句”强调大陆和台湾同属一个中国，但仍存在属于哪一个中国的争议，所以，改为“两岸同属一个中国框架”，就可以在一定程度上（但并不能完全）回避“一中”是中华人民共和国抑或“中华民国”的争议，可以在一定程度上淡化两岸关于“一个中国，各自表述”的问题，可谓大陆方面积极探索两岸迈向“共表”之路的尝试和努力。“一中”框架不仅体现了“大陆和台湾同属一个中国的事实”，而且又同时符合双方各自的“法理”，是目前国共之间的最大共识。①

但是，这里也有一个问题，那就是，“一中”框架仅仅解决了“两岸同属一个中国”的问题，但仍未解决何者与“中国”具有同一性的问题。下面分两种情形来分析：其一，倘若“一中”框架是虚体架构，则可推知在大陆的中华人民共和国（政府）与在台湾的“中华民国（政府）”是同时并存、互不隶属的关系，会导致“一国两府”或“两个中国”。很显然，这违背了大陆“一中”原则的意涵。其二，倘若“一中”框架是实体，那么在这个实体框架下的两个政治实体就不可能是互不隶属的对等关系，其中必有一个政治实体与这个“一中”框架存在同一性，那么何者与该实体框架具有同一性呢？这必会引发争议。所以，从这一角度说，它仍未能从根本上解决“一中”涵义之争问题，只是在一定程度上对原来的问题有所回避。因此，“一中”框架相较“一中”原则，虽有所进步，但仍十分有限。两岸在“一中”框架问题上的共同认知，在一定程度上可以压缩“一中各表”的空间，但仍然不能完全避免出现“一中框架，各自表述”的可能。尽管国民党荣誉主席吴伯雄在与习近平总书记会谈时表示，两岸各自的法律、体制都主张一个中国原则，都用“一个中国”架构来定位两岸关系，但台湾陆委会在“习吴会”之后公开对外表示澄清这一论述，明确表示“一中”架构的“一中”就是“中华民国”。陆委会的理由是：吴伯雄强调依各自法律、体制主张一个中国原则，实际是认为台湾依“中华民国宪法”来确认一个中国框架，即一个中国框架的法理

① 王升：《对务实探讨两岸政治关系的几点看法》，载香港《中国评论》，2014年8月号，第49页。

基础是“中华民国宪法”，“一中”是指“中华民国”。[①] 由此可见，虽然两岸对“一中”框架形成了更为清晰的共同认知与一致立场，但仍不能完全避免“一中各表”。

3.“一中”框架是否可以取代“一中”原则

“一中”框架是由“一中”论述的“新三句”（特别是其中的“大陆和台湾同属一个中国”）进一步发展而来，那么，“一中”框架的提出是否意味着“一中”原则已被取代？实践表明，“一中”框架并非要推翻或取代“一中”原则，而是要在“一中”原则的基础上，在“两岸各自现行规定”的法理支撑下，为未来两岸关系发展搭建起新框架。[②] 所以，“一中”框架是对“一中”原则的继承和发展，并使“一中”原则更加具体化、更具可操作性。另外，从大陆使用两者的情况来看，“一中”原则和“一中”框架是交叉关系，而非同一关系。在有些情况下“一中”原则比“一中”框架的意涵更加宽泛，而在另一些情况下则反之。

4.“一中”框架的未来走向

两岸（国共）在“一中”框架问题上达成基本共识，这对于维护“两岸一中”具有积极意义，尤其在一定程度上有助于搁置两岸关于“一中”涵义之争，从强调“己方与一个中国的同一性”调整为在二者之间拉开一定的差距（“双方均为中国的一部分”），使“一中”原则屋顶化，在此屋顶下包容两岸政权互不隶属的现状。[③] 但是，我们也应看到，“一中”框架所体现的是侧重于两岸尚未统一特殊情况下的“一个中国”，是包含了两岸差异性的“一个中国”。[④] “一中”框架的宏观性和抽象性，则在客观上给台湾方面留下了一定自我发挥和解释的空间，这不利于维护和坚持“一个中国”，因此，“一中”框架也只是阶段性论述，应适时地向前推进和发展，并适时推出更新的论述。

诚然，基于目前两岸现状，对未来“一中”框架的调整方向作出准确的研判确实存在困难，但基于两岸关系发展的大势，也不难预估未来大陆“一中”框架的总体调整方向应是逐步向“国家统一”靠拢。为此，笔者认为，

---

① 文久：《“台湾共识”挑战中共》，载香港《广角镜》，2013 年 8 月号，第 17 页。
② 陈桂清：《浅析“一个中国框架”》，载香港《中国评论》，2012 年 12 月号，第 29 页。
③ 黄嘉树著：《大棋局》，香港，中国评论学术出版社，2013 年版，第 202 页。
④ 李秘：《探讨两岸政治问题应从讨论“一中框架”的内涵开始》，载香港《中国评论》，2013 年 4 月号，第 5—6 页。

大陆方面设计更新论述的方向应该是在“本政府代表说”与“同属中国说”之间寻找平衡点，既要坚持实体上的一个中国，又要给对方预留必要的政治空间。因此，未来更新论述应侧重于向“一个政府”框架（备注：具体名称有待于进一步研拟，暂时这样称谓）进行表述，力争使“一个政府”框架与未来“一国两制”框架相衔接。至于应走向“一个政府”框架的原因，以及“一个政府”框架与“一国两制”框架究竟有何异同、如何衔接等问题，笔者欲专文探讨，在此不展开论述。

关涉未来“一中”框架调整方向的另一个问题是：“一个中国”在台湾被污名化后，是否还有其他替代性表述？台湾学者邵宗海教授专门对此进行过探讨，曾提出“以领土和主权完整”说辞替代一个中国原则。① 邵教授这种敏锐的洞察力和前卫的思考力值得肯定，但大陆方面对该说辞也存有保留态度，一是因为该表述虽然对于“反独”具有积极意义，但对于“促统”的意义却非常有限；二是因为该表述体现的是“主权共用”的思路，② 在缺乏其他配套条件的情形下，容易被异化解读。

（六）“一中”框架与“大一中”架构

1.“大一中”架构的基本主张

2014 年 5 月 27 日，台湾蓝绿知名人士包括民进党前主席施明德、“国安会前秘书长”苏起、前“驻美代表”程建人、海基会前副董事长焦仁和与洪奇昌，陆委会前主委陈明通与淡江大学大陆研究所所长张五岳七人（前“行政院长”郝柏村退出），召开记者会，共同宣布他们所提出的“处理两岸关系问题的五原则”，即“大一中”架构论述。主要内容包括：①尊重现状，不改变现状。②现状是“中华民国”与中华人民共和国自 1949 年起，即已并存于世，而且双方政府已从“交战政府”转为“分治政府”。③“一中”原则已被部分人士窄化、僵化成中华人民共和国的代名词；既无法呈现两岸现状，也愈来愈难被“中华民国”2300 万人民所接受，建议用“大一中”架构取代，才能符合现状，迈向和解之路。④“大一中”架构意在“中华民国”与中华人民共和国之上共组一个不完整的国际法人，以共识处理双方关切事务，作为两岸现阶段的过渡方案。⑤在“大一中”架构之下双方应消除敌对，共同

① 邵宗海著：《新形势下的两岸政治关系》，台北，五南图书出版公司，2011 年版，第 201—213 页。
② 邵宗海著：《新形势下的两岸政治关系》，台北，五南图书出版公司，2011 年版，第 212 页。

维护本地区之和平与安全。双方承诺互不使用武力，且不得与任何国家签订不利于另一方的军事攻防协议，双方均享有参加联合国等国际组织，以及与其他国家建立正常关系的原则。对于以上五个方面的内容，“大一中”架构的提出者反复强调，它们是一个整体，是“套餐”，倘若大陆要接受就要全盘接受，不能“单点”，即不能只接受其中的部分内容。

2. 对“大一中”架构的解析

第一，是“捍卫台湾主体性”的架构。“大一中”架构旨在凝聚台湾社会共识，共同“捍卫台湾主体性”。提出“大一中”架构的七位人士均是长期从事两岸关系研究和实务工作的官员或学者，并非不清楚大陆处理两岸关系的底线，那为何他们还要提出如此背离一个中国原则的论述呢？这自然引申出一个问题，即他们提出“大一中”架构的意旨何在？是意欲推进两岸关系和平发展，还是凝聚岛内共识、捍卫台湾“主体性”？笔者认为，“醉翁”之意不在前者，而在后者。众所周知，当时（即2014年）两岸关系正处于和平发展时期，这五点主张似乎与当时两岸之间的矛盾和问题存在落差，可见其并非旨在推动两岸关系发展。进一步说，“大一中”架构论述其实只是以两岸问题做导引，其根本目的是在“中华民国”的基础上凝聚蓝绿共识，“捍卫台湾主体性”，以此拯救台湾。如果说，谢长廷的“宪法各表”是以打开民共互动为主要考量，以凝聚岛内共识为次要考量；那么，“大一中”架构则相反，其以凝聚台湾共识为主要考量，而以推动两岸互动为次要考量。

第二，是虚化、否定“一中”的架构。“大一中”架构要求先确定“中华民国”与中华人民共和国的对等地位，然后在此基础上建构一个跨两岸的“大一中”屋顶，该屋顶是一个不完整国际法人。换言之，“大一中”架构其实是希望在两岸之上建构一个松散的超国家机构。与作为一个完整国际法人的欧盟相比，作为不完整国际法人的“大一中”架构显得相对松散；而与并非国际法人的邦联相比，“大一中”则显得相对紧密。据此可以推知，“大一中”架构是一个介于欧盟[①]与邦联之间的超国家机构。该架构在名义上要求

① 根据政治学的通常定义，联邦是具有国家性质与职能的政治体制，而邦联只是国家间松散的联合，其本身并不具有实质性的国家职能。如果以这些基本标准来衡量，欧盟同时具有两者的某种特性，但至少在现阶段又很难将其划入两者的哪一类。应该说，它是介于联邦与邦联之间，且偏于联邦的一种体制。参加王英津著：《国家统一模式研究》，北京，九州出版社，2008年版，第210页。

大陆方面承认中华人民共和国与“中华民国”的对等地位，实质上要求大陆承认“中华民国”。该架构的问题在于其处理两岸关系的逻辑基点是先确定“中华民国”与中华人民共和国的对等地位，然后再以此为基础来构建“一个中国”，那么以此建构起的“一中”必定是虚体中国，与大陆的“一中”表述有本质不同。

第三，是“曲线救国（中华民国）”的架构。“大一中”架构的提出是台湾社会在面对自身“主权”式微的情势下所采取的“被动抵抗”，企图通过主张“主权共存”来凸显“中华民国”与中华人民共和国的对等地位。该架构把“中华民国”与中华人民共和国并列，认为“所谓现状是中华民国与中华人民共和国自一九四九年起并存于世，双方政府已从‘交战政府’转为‘分治政府’”。整个论述旨在凸显两岸的现状是“中华民国与中华人民共和国分立、分治、互不隶属”。在“中国屋顶”之下，存在“两个中国”，一个是“中华民国”，另一个是中华人民共和国，其实质是要大陆承认“中华民国”。该架构旨在“维持现状”，而“现状”就是两岸当局从“交战政府”变成“分治政府”，其实质是维持台湾“事实独立”的局面。

第四，是“独台”与“台独”汇流的架构。五原则自始至终没有提到“统”字，虽有“一中”二字，却背离“一中”原则，属于“事实台独”论述。① 正如台湾大学政治学系张麟徵教授所指出，“大一中”架构旨在虚化“一中”，实化“台独”或“独台”，是“台独”与“独台”的汇流。首先，从民进党来看，其拒不接受“两岸一中”，倘若民进党接受“大一中”架构，意味着其从不接受“一中”到接受一个虚体“一中”，表面上看这是民进党的进步，但实际上这是“以退为进”的策略，旨在以仅接受近乎虚体“一中”的低廉代价换取大陆对“中华民国”的承认。其次，从国民党来看，倘若其接受“大一中”架构，即意味着其从实体“一中”立场倒退至近乎虚体“一中”的立场，从不承认大陆政权的合法性到承认大陆政权的合法性，从“一中”论述倒退至“不统不独”的“事实台独”论述，这等于偏离了国民党长期坚持的“中华民国”政治立场。

① 七位台湾人士的“大一中”架构，仅仅是社会民间人士的观点，并不代表官方和政党。在学术自由、言论自由、表达自由的台湾社会，有可以理解的一面。但倘若是台湾官方主张这样的“大一中”框架，问题的性质就有所不同，想必两岸关系就要退回到李登辉时代。这次大陆之所以未予以批判，或许与七位人士是民间人士有直接关系。

3. “一中”框架与“大一中”架构的比较

第一，论述基点不同。“一中”框架先处理“一（一个中国）”，后处理“二”（两个政治实体）；而“大一中”架构则是先处理“二”，后处理“一”。换言之，“一中”框架是在“一”的基础上处理“二”，“大一中”架构是在“二”的基础上处理“一”。

第二，“一中”虚实不同。大陆“一中”框架下的“一中”是实体意义上的中国，而“大一中”架构下的“一中”是近乎虚体的中国。后者主张“中国为不完整国际法人”，相较于李登辉时期的“历史上、地理上、文化上、血缘上的中国”，带有某些实体成分；但相较于大陆的实体“一中”，其实体成分又微乎其微。这表明“大一中”架构既不是实体架构，亦并非完全的虚体架构，而是“实中带虚、虚中带实”的“半实半虚”架构。

第三，论述实质不同。大陆“一中”框架的实质是一国一府，而台湾“大一中”架构的实质则是“一国两府”或“一中两国”。“大一中”架构使用了“分治政府”代替“分治国家”，虽然没有直接使用“国家”一词，但并不表明其不是“国与国”定位。

第四，论述性质不同。大陆“一中”框架强调大陆和台湾同属一个中国，是“一中”论述；而台湾“大一中”架构则是强调“一中”屋顶之下“中华民国”和中华人民共和国的对等并存，旨在凸显“中华民国主体性”，是“事实台独”论述。

第五，国际法主体不同。大陆“一中”框架是单一国际法主体；而台湾“大一中”架构则是一个不完整国际法人，该架构之下的“中华民国”与中华人民共和国却是完整的国际法人（根据施明德的解释，“完整的国际法人”就是“国家”，“不完整国际法人”是指“享有部分主权组织”，例如，欧盟、联合国、邦联或国协）。

第六，“一中”时态不同。大陆“一中”框架下的“一个中国”是现在式，强调目前世界上只有一个中国，尽管中国内部存在着分治，但其主权是统一的；而台湾“大一中”架构下的“一个中国”则是不确定的未来式，即未来两岸是否走向统一，并非确定不移，统一仅仅是未来的一个选项。

表 2-3：大陆“一中”框架与台湾“大一中”架构对比表

	大陆“一中”框架	台湾“大一中”架构
论述基点	将“一个中国”作为分析问题的起点，然后在此前提下来处理两岸关系	将两个“分治政府”作为分析问题的起点，然后在此基础上来处理两者与“一个中国”的关系
“一中”虚实	实体“一中”	近乎虚体“一中”（带有某些实体成分）
论述实质	一国一府	“一国两府”或“一中两国”
论述性质	强调“两岸一中”，是“一中”论述	暗含“一边一国”的意蕴，是“一中”名义下的“事实台独”论述
国际法主体	单一完整国际法人	两个完整国际法人＋一个不完整国际法人
“一中”时态	现在式	不确定的未来式

（图表来源：作者自制）

从上述比较可以看出，“大一中”架构与大陆的“一中”框架有着本质区别，其中所谓的“两岸分治”“‘中华民国’与中华人民共和国共组一个不完整的国际法人”等内容包含有“台独”“两个中国”和“一边一国”的意涵，因此不可能被大陆方面所接受。

4.“大一中”架构的可能影响

第一，有助于凝聚台湾社会共识，以达至化解内部分歧，共同“捍卫中华民国主权”的目的。可以说，“大一中”架构在凝聚和强化台湾社会“中华民国共识”的方向上迈出了第一步。台湾蓝绿两大阵营的两岸政策立场日渐靠拢，“中华民国台湾化”逐渐成为台湾社会的新共识。[①] 该共识一旦形成，将对大陆涉台政策形成巨大挑战。倘若大陆接受这一共识，可能会造成“两个中国”或“一中一台”的局面；倘若不接受，则可能面临岛内蓝绿阵营与社会各界的普遍不满，未来两岸政治谈判将难以启动。如何因应“中华民国共识”，将成为大陆需要面对的新课题。

① 文久：《“新台独认同”日趋普遍化》，载香港《广角镜》，2014 年 7 月号，第 28—29 页。

第二，无助于两岸关系的和平发展。从短期来看，“大一中”架构将直接影响到蓝营对“九二共识”的承认，以及以此为基础的两岸互动。一旦“大一中”架构在台湾社会变成全民共识，政治精英和政党迫于选票的考量，就会倾向于这个共识性表述，进而对“九二共识”造成冲击，动摇国共合作的政治基础。从长远来看，一旦台湾社会在“中华民国”问题上达成共识，“不统不独”的局面将长期存在。对此，大陆方面应作审慎考虑。

五、余　论

通过以上分析可以发现，台湾方面两岸政治关系论述的主轴是，“中华民国”是一个与大陆对等、互不隶属的“主权国家或中央政府”，大陆方面两岸政治关系论述的主轴则是台湾是中国的一部分。可见，双方的两岸政治关系定位尚存在着巨大落差，这决定了两岸政治分歧的化解需要一个长期过程。回顾两岸关系曲折发展的六十余年，对“一个中国”的态度变成“问题”的过程就是对中国的国家认同在台湾被逐步解构的过程；而今后“一个中国”不再是“问题”（或“问题”严重性逐步减弱）的过程，就是“两岸同属一个国家”的国家认同逐步在台湾建立的过程，也是两岸逐步迈向统一的过程。可喜的是，两岸经过这么多年的博弈，双方的两岸政策均日趋务实。从大陆方面来看，其已认识到两岸统一并不是一件很容易的事情，具有长期性、复杂性和艰巨性。从台湾方面来看，早期“台独”势力对“独立建国”抱有幻想，经过这么多年的“碰壁”，他们终于认识到大陆反对“台独”的坚定决心，意识到“台独”之路走不通。这些挫折后的反思对于双方稳健地处理两岸关系具有积极意义。

第三章　台湾统“独”谱系中的两岸政治关系定位

何谓“台独”？两岸官方迄今均没有给出具体的定义，这并不是因为两岸在技术上没有能力完成对“台独”的界定，而是因为这是一个政治概念，在有些情况下无须将其界定清楚，即便需要界定，也只需进行策略性、工具性界定，并预留充分的解释空间，以便掌握对该问题的主动权。然而，这只是站在两岸官方立场上的考量，但作为研究者，我们必须对“台独”保持清晰的认知，否则研究便无法精准地切入和推进。只有对“台独”涵义作精细的界定，才能辨别有关“台独”的主张、观点和论述，从而制定反对和遏止“台独”的有效对策。

一、如何准确理解“台独”

目前，两岸学界对“台独”的表述及分类可谓五花八门。这种研究状一方面况拓展了学界研究“台独”问题和两岸关系的视角，另一方面也会让初入研究门槛者感觉有些“雾里看花”，甚至给他们研究问题带来困扰。面对如此情形，并针对目前“台独”研究中存在的问题，笔者在此对既有“台独”表述进行系统的梳理和归纳，并运用国际法理论澄清相关观点，以便于学界今后准确理解和使用。

（一）“台独”：习惯用语，而非规范用语

要准确、具体地理解“台独”的涵义，首先要厘清“独立”“分立”和“分离”这三个在日常生活中容易混淆的概念。

第一，独立（independence）。即指在国际关系中不依附其他任何政治实体，通常特指包括殖民地在内的非自治领土、托管地领土及其附属领土实现自主。譬如，二战后亚非拉的殖民地半殖民地获得独立而成为新兴民族国家。独立是符合国际法、得到国际社会支持的正义行为。独立与分离既有联系又有区别，从两者的联系上看，分离的结果可能是独立，正因如此，人们才容易将这两个概念混淆。另外，在汉语中“独立”的含义有时与分离相同。譬如，平时说某国的一部分“闹独立”，实际上就是“闹分离”的意思。[①] 分离和独立在一定程度上能够构成因果联系，但两者不能相互替代。分离可以用来说明独立的原因，但不足以表达独立的含义；独立可以用来描述分离后的状态，但不能用来描述分离本身。

第二，分立（dismemberment）。亦即解体，是指一个国家分裂为两个或两个以上部分，各部分分别成为独立国家或并入他国，原有国家因分裂而不复存在。[②] 如一战后，奥匈帝国分裂为奥地利、匈牙利和捷克斯洛伐克；1960年西非的马里联邦分裂为马里共和国和塞内加尔共和国；1961年阿拉伯联合共和国分裂为埃及和叙利亚；1991年苏联分裂为十五个独立的主权国家。严格说来，分立是主权国家内部的事情，国际法不加干预。在通常情况下，国际法仅涉及分立的结果而不关心其行为本身。分立发生后，母国的国际人格完全消失，因此也就不存在与母国领土完整发生冲突的问题。

第三，分离（secession）。即指某一个主权国家一部分或几部分脱离原来的母国。譬如，1945年外蒙古从中国脱离出去成为独立国家；1903年巴拿马从哥伦比亚脱离出去成为独立国家；1971年属于巴基斯坦的东巴基斯坦宣布独立，成立孟加拉国。分离的部分可能成立独立国家，也可能成为另一个国家的一部分，还可能与另一个国家合并。分离的重要前提是，分离部分在分离前是母国的组成部分。分离是发生在一个主权国家内部的事项，属于国家

① 白桂梅著：《国际法上的自决》，北京，中国华侨出版社1999年版，第181—183页。

② ［英］詹宁斯、瓦茨修订：《奥本海国际法》第一卷（第一分册），王铁崖等译，北京，中国大百科全书出版社，1995年版，第143页。

内政范畴，国际法一般不予干涉。分离成功后，原来的母国仍然存在。需要指出的是，虽然国际法常常触及“分离”这个概念，但那只是国际法具体领域所涉及的国际社会中的政治现象，而且仅涉及这种现象的结果，国际法对“分离”行为本身并不触及。到目前为止，国际法上尚不存在任何规范分离行为的规则。[①]

在厘清了上述三个概念的确切内涵之后，我们需要进一步界分独立与分离的不同。从表面上看，两者均是一个主权国家的组成部分从国家整体中脱离出去而独立建国；但从深层次看，所脱离出来的这部分领土在独立和分离的语境下所揭示的意义并不相同。从它们与被脱离国家的关系来看，因分离而脱离出来的这一部分原来就是被脱离国家的组成部分，但因独立而脱离出来的这一部分原本就不属于被脱离国家，只是后来因殖民侵略而将其纳入了被脱离国家。所以，由分离引发的独立建国会直接破坏母国的国家主权和领土完整，而由独立引发的独立建国却不会损害到宗主国的国家主权和领土完整。[②]许多学者将独立与分离混同起来，主要是只看到了两者的相似之处，而忽视了两者的差异之处。

由于独立、分立和分离三个概念具有相似性，致使很多学者将三者混用，从而导致他们研究“台独”时会误用理论工具。譬如，“台独”属于上述三个概念中的分离，而非独立或分立，所以我们应该用分离理论，而非其他理论来分析“台独”。倘若用独立理论来分析“台独”，就会得出支持“台独”的结论，因为独立是得到国际法支持的正义行为。所以，此处区分独立、分立和分离三个概念的不同，对于我们研究“台独”问题具有重要意义。

（二）“台独”的类型和形式

尽管目前两岸对“台独”没有一个具体而统一的界定，且存在着不同的认知，但这并不影响人们对“台独”涵义的一般性理解。概而言之，所谓“台独”就是指“台湾独立”，是指“台湾要成为一个主权独立的国家”，由此导致两岸成为“两个中国”或“一中一台”的关系。根据不同的标准，可以将目前的“台独”论述划分为不同类型或形式。概括起来，主要有：“激进台独”VS“渐进台独”，“显性台独”VS“隐性台独”，“刚性台独”VS“柔性

① 王英津著：《自决权理论与公民投票》，北京，九州出版社，2007年版，第182—183页。
② 王英津著：《自决权理论与公民投票》，北京，九州出版社，2007年版，第184页。

台独”，“攻势台独”VS“守势台独”，“分离式台独”VS“固守式台独”，“法理台独”VS“事实台独”，“A型台独”与“B型台独”，等等。

在上述分类中，最常用的是“法理台独”和“事实台独”的分类方法。“法理台独”是指在“宪政”体制上彻底实现“台湾独立”，其标志有二：其一，通过修改“宪法”，切断“中华民国”与大陆的连结；其二，通过制定台湾“新宪法”，建立“台湾共和国”。“法理台独”与“激进台独”“显性台独”“刚性台独”“攻势台独”和“分离式台独”等一脉相承，它们之间具有很大的相似性。就民进党来说，其“台独党纲”的核心目标就是要建立“台湾共和国”，是典型的“法理台独”。在陈水扁主政时期，大陆反对任何形式的“台独”，但重点反对与防止“法理台独”。马英九上台后，多次表示国民党执政期间不仅不会追求“法理台独”，而且反对“法理台独”。“台独”势力在建立“台湾共和国”逐渐无望的情况下，将诉求重点转向了“事实台独”。所谓“事实台独”是指强调两岸现状就是“一边一国”，强调台湾是一个与对岸的中华人民共和国（即中国）互不隶属的主权独立的国家，其（暂时）国号是“中华民国”。“事实台独”与“渐进台独”“隐性台独”“柔性台独”“守势台独”和“固守式台独”等一脉相承，它们的表意非常接近。在“事实台独”论述中，最为典型的是民进党1999年通过的“台湾前途决议文”。事实上，上述“台独”类型划分仅仅是粗线条式的素描，台湾社会的政治现实极为复杂，“法理台独”与“事实台独”并非泾渭分明，两者之间存在着很大的“灰色区域”。这些“灰色区域”经常被“台独”势力利用，他们有时不直接推动建立“台湾共和国”，而借“中华民国”的名义，通过“切香肠”式的手法，步步向“法理台独”逼近，但又不直接触碰“法理台独”底线。[①]这种“打擦边球”式的“台独”策略，是大陆方面需要积极应对的新挑战。

需要指出的是，不仅两岸对于“台独”的理解有所不同，台湾社会内部对于“台独”的理解也不尽相同。大陆所反对的“台独”既包括“事实台独”，也包括“法理台独”；但台湾社会的中间力量所反对的“台独”主要是“法理台独”，他们并不反对“事实台独”。譬如，台湾中间力量从不反对“台湾是一个主权独立的国家，这个国家叫‘中华民国’”这样的理念，甚至还固守这样的理念，事实上，这种理念就是“事实台独”。他们之所以反对“法理台

① 力军：《从“冻独”看“台独”真相》，载香港《广角镜》，2014年8月号，第50—51页。

独”，是因为“法理台独”会引发台海战争，给台湾带来灾难性后果。可见，尽管大陆与台湾中间力量均反对“台独”，但两者所反对的“台独”意涵并不相同。

（三）制宪与修宪的区别及其在界定“台独”中的应用

制宪与国家政权的性质具有密不可分的联系，制宪将奠定一国制度的根基，是国家政权建构的重要内容，是一个国家政权合法性、权威性的基础。重新制宪意味着原有国家政权的性质发生了根本改变，即原有国家政权被推翻或改变。修宪是指依成文宪法规定的宪法修订程序，将某些宪法条文予以变更、追加、补正或废除，而不改变宪法的基本原则。在国家性质没有发生根本变化的情况下，无论宪法怎样变化（修改、解释或变迁），都不会发生制宪的问题，而只会发生修宪的问题。从权力特性角度说，制宪权是一种原生性权力，它不依赖于任何其他权力而存在；而修宪权是一种派生性权力，通常由宪法规定其行使主体及程序。[①] 区分制宪与修宪对于我们准确判断“台独”的性质和类型具有重要的指导意义。

从关于修宪和制宪的法理来分析，只要台湾方面启动“制宪”程序，不论“制宪”的内容是什么，即被认定为“法理台独”。至于“修宪”是否为“台独”动作，就要看“修宪”的内容是什么，如果打着“修宪”旗号，却对实质性内容条款进行修改，譬如将目前“中华民国宪法”所宣示的疆界范围（包括外蒙古、大陆和台澎金马）修改为“仅及台澎金马”，虽然没有启动“制宪”程序，或直接宣布“台湾独立”，但却为不折不扣的“法理台独”。

对大陆方面来说，应谨防“台独”势力借“修宪”之名行“制宪”之实。若民进党重新上台执政，可能不会走陈水扁“公投”的老路（但也不排除未来会发生），全面、彻底地推动“去中国化”的社会政治工程，而很可能会进一步将“中华民国”台湾化，以达到“借壳上市”的目的，这样的“台独”策略是未来大陆方面需要防范的重点。[②]

那么，修改了“宪法”的哪些条款即可被界定为“法理台独”？这是一个很复杂的问题。笔者认为如下：

一是变更“领土范围”。即将“中华民国宪法”所规定的固有疆域范围

① 周叶中主编:《宪法》，北京，高等教育出版社、北京大学出版社，2000 年版，第 384 页。
② 力军:《从“冻独”看“台独”真相》，载香港《广角镜》，2014 年 8 月号，第 50—51 页。

由目前所包括的“外蒙古、大陆和台澎金马”，通过“修宪”改为“仅及台澎金马”，这实际上等于切断了台湾与中国的主权连结。

二是变更“国名”“国号”。目前台湾当局所使用的“国名”是“中国”，“国号”是“中华民国”。台湾当局一旦将“国名”或“国号”改为“台湾”或“台湾共和国”之类的名称，就意味着台湾脱离了一个中国框架，而成为一个“新国家”。

三是通过“修宪”界定台湾主权属于台湾 2300 万人民。“中华民国宪法”第二条明确规定“中华民国之主权属于国民全体”，此处的“国民全体”是指全体中国人民。台湾的领土主权属于海峡两岸的全体中国人民（包括大陆 13 亿人民和台湾 2300 万人民）。倘若通过“修宪”将台湾的领土主权改为“属于台湾 2300 万人民”，就等于否定了大陆对台湾的主权。

四是变更“国旗”“国徽”。台湾当局现在的“国旗”和“国徽”是沿用了历史上“中华民国”的“国旗”和“国徽”，这些政治符号具有“两岸同属一个中国”的特殊象征意义。倘若通过“修宪”改变了它们，则意味着切断了台湾与中国的历史连结。

五是变更“中央政府机构”名称。台湾当局的有些机构带有明显的“两岸一中”意味，一旦通过“修宪”对其加以变更，则意味着“法理台独”。譬如，将“行政院”下辖的“大陆事务委员会”改为“中国事务委员会”；再如，从台湾当局的机构设置中去掉“蒙藏事务委员会”；等等。

六是作出“独立”或“分离”的决议。即相关公权力机关对“两岸一中”条款加以修改，并作出“一边一国”“台湾独立”“台湾与中国互不隶属”等旨在切断台湾与中国主权联系的规范性文件。

七是将大陆定位为“外国”。通过“修宪”将中华人民共和国定位为外国，将大陆人界定为外国人，并按照国际法来处理两岸关系，这等于在宪法上否定“大陆和台湾同属一个中国”的事实，明确作出“台湾独立”的意思表示。

以上情形仅仅是粗线条式的分析，实际情况远比上述假设要复杂得多，未来台湾社会很可能会出现一些我们意想不到的“法理台独”情形。况且，该问题并非一个纯粹的法律问题，因其关涉主权问题而高度敏感，在此不便公开探讨，故仅作以上简要分析。

二、厘而不清的“台独”与“独台”

“独台”概念的出现，使得“台独”概念更加混乱。至于何时“独台”这一概念开始被两岸关系学者所使用，笔者未作考证。但一个不争的事实是，由于“独台”概念尚未被具体界定，因此两岸使用“独台”概念的涵义不尽相同。

（一）两岸对“独台”的不同界定

在大陆方面关于“独台”的界定中，比较典型者当属齐晓靖的观点：“独台”是指坚持“分裂分治”立场，推行“一个中国，两个对等政治实体”或“阶段性两个中国”政策的台湾当局所奉行的路线，亦被称为“B 型台独”“国独”。“独台”的表现是，台湾当局在国家观念上，坚持自 1949 年 10 月以后就不复存在的“中华民国法统”，但又以“目前治权不及于中国大陆”，两岸处于“分裂分治”状态为借口，以台澎金马地区为“中华民国”的统辖区域，声称“中华民国在台湾是一个主权独立的国家”。“独台”对内通过“修宪”、直接民选“总统”、废除台湾省建制、实行单一“国会”等手法，凸显台湾的“主权”和“国家”形态；对外在国际上大肆进行“务实外交”活动，谋求“双重承认”“重返联合国”，企图使台湾获得独立的、完整的“国际人格”，成为与大陆平起平坐并受国际承认的“对等政治实体”，从而使两岸的暂时分离状态固定化、“合法化”、永久化。“独台”实际上是一种由台湾当局推进的经过包装的分裂路线，与“台独”没有本质区别。①

在台湾方面关于“独台”的界定中，张亚中教授的观点颇具代表性。其认为，“独台”是指“中华民国主权独立在台湾”，“国家”名称为“中华民国”。“台独”论者以建立一个“主权独立”的“台湾共和国”为最终目标，其主权范围仅及台澎金马。此处所称的“主权独立”，是特指独立于中国大陆而言的。② 张亚中还通过比较国民党与民进党的相关论述来进一步说明“独台”与“台独”的不同，参见下表：

① 齐晓靖：《“台独”与“独台”》，载中国台湾网，2001 年 4 月 9 日。
② 张亚中著：《论统合》，香港，中国评论学术出版社，2014 年版，第 320 页。

表 3–1：国、民两党四种论述的类型与异同对比表

定性	隐性“独台”	显性“独台”	隐性“台独”	显性“台独”
史观	偏安史观 1949 年后“中华民国”不属于中国史，属台湾史	被殖民史观 1949 年后“中华民国”不属于中国史，属台湾史	被殖民史观 1992 或 1996 年前均为外来政权（流亡政府）	被殖民史观 “正名建国”前均为外来政权（流亡政府）
宪法	“一中宪法”	①“一宪各表”“宪法共识”； ②以“中华民国第二共和”自我定位	不放弃“制宪”	“正名制宪”
主权	相互矛盾的主张:“中华民国是主权独立的国家”，“主权”涵盖全中国，不承认大陆主权	“中华民国主权”仅及台澎金马	台湾已经是“主权独立的国家”，目前的“国号”为“中华民国”	追求主权，建立“台湾民主共和国”
未来	改变现状须台湾 2300 万人民公投	改变现状须台湾 2300 万人民公投	改变现状须台湾 2300 万人民公投	“住民自决”“公投制宪”
相近表述	“一国两区”“特殊国与国”	“特殊国与国”“一边一国”“两个中国”	“一边一国”“一中一台”	“一边一国”“一中一台”

（图表来源：张亚中著:《剥复之间：两岸核心问题探讨》，台北，生智文化事业有限公司，2012 年版，第 109 页。）

（二）两岸“独台”界定之评析

齐晓靖关于“独台”的界定比较笼统，用其来观察台湾社会的“统独”现象，难免会出现“图像不清”问题。譬如，其关于“‘独台’是坚持‘分裂分治’立场，推行‘一个中国，两个对等政治实体’”的说辞，在总体上能够成立，但缺乏对问题的细化界定。从当年李登辉时期的“国家统一纲领”（1991 年）、“关于‘一个中国’的涵义”（1992 年）和“台海两岸关系说明书”（1994 年）这三个法律文件来看，虽然三者均程度不同地存有“一个中

国，两个对等政治实体”的意涵表达，但前两者与后一者的“一中”涵义有所不同。前两者是指“中华民国”，而后一者是指“历史上、地理上、文化上、血缘上的中国”。显然，齐晓靖的论述没有兼顾到这些细微差别，难免其“独台”界定显得有些粗糙。相比而言，张亚中的论述则比较细化和具体，其注意到了三个法律文件关于“一中”涵义的不同，[①]故其将“独台”划分为隐性“独台”和显性“独台”。从总体论述来看，张亚中是以何种名义实现“台湾独立”作为区分“台独”和“独台”的标准，凡是强调以“中华民国”名义来实现“台湾独立”的即为“独台”，凡是强调以“台湾共和国”名义来实现“台湾独立”的即为“独台”。这样的界分容易导致以“独台”掩盖“台独”。譬如，张亚中指出：“‘中华民国是台湾’意指中华民国的主权范围仅及台澎金马，这种说法就是标准的‘独台’”。[②]事实上，“中华民国是台湾”就是不折不扣的“台独”，倘若硬将这种说辞界定为“独台”，就会掩盖“中华民国”名义下“台独”。

为了进一步说明两位学者对于“独台”界定的差异，下面以“中华民国主体性”论述为例作进一步分析。目前台湾社会关于“中华民国”名义的“主体性”论述有四种情形：一是坚持“中华民国主体性”，拒不承认大陆政权的任何合法性，该情形主要存在于两蒋时期；二是坚持“中华民国主体性”，仅在治权层面上承认大陆政权的合法性，譬如，李登辉时期“国家统一纲领”（1991 年）和“关于‘一个中国’的涵义”（1992 年）所体现的就是该情形；三是在虚体“一中”屋顶下，坚持“中华民国主体性”，同时含蓄地在主权和治权两个层面上承认大陆政权的合法性，譬如“台海两岸关系说明书”（1994 年）所体现的就是该情形；四是完全抛弃虚体“一中”屋顶，坚持“中华民国”是一个独立于中华人民共和国（或中国）之外的另一个主权独立国家，主张两岸“一边一国”，譬如民进党“台湾前途决议文”(1999 年)，以及目前蔡英文的两岸政治关系定位论述，均属这种情形。

按照齐晓靖的观点，上述四种情形中，只有第二、三两种情形属于“独台”；而按照张亚中的观点，第二、三、四三种情形均属于“独台”。齐晓靖的界定尽管不会导致“独台”概念的泛化和滥用，但却对问题缺乏精准解释；

① 张亚中著：《统合方略》，台北，生智文化事业有限公司，2010 年版，第 189—194 页。
② 张亚中著：《论统合》，香港，中国评论学术出版社，2014 年版，第 321 页。

而张亚中的界定尽管细化，但其将上述第四种情形也界定为“台独”，容易将“台独”与“独台”混为一谈。当然，“独台”在本质上也是“台独”，诚如张亚中所说：“‘台独’和‘独台’虽有名称上的差异，但在‘主权独立’这个核心意涵上，两者完全一致。”①

那么，究竟如何区分“独台”和“台独”，以及如何对“独台”作更细化的分类？结合上述两位学者的界分及其标准，笔者主张在以下两个层面上来界分：其一，界分“独台”和“台独”。二者的区分依据是，“独台”在坚持“中华民国主体性”的同时，在形式上尚坚持“一个中国”（要么是“一个中国即中华民国”，② 要么是“一个中国即历史上、地理上、文化上、血缘上的中国），即坚持认为两岸之间尚存在“一中”连结。但是，“台独”在坚持“中华民国（或台湾）主体性”时，则竭力切断台湾与中国大陆的连结，不承认“两岸同属一中”。其二，界分隐性“独台”和显性“独台”。“独台”并非一个均质的整体，从“一中”论述到“独台”论述并非一步到位就可实现，而是有一个过渡。倘若将这个过渡也视为“独台”，那么这个过渡型的“独台”就可以被界定为隐性“独台”，这就有了隐性“独台”与显现“独台”的区分。两者的具体界分标准是，其坚持的“一中”是指“中华民国”，抑或是历史上、地理上、文化上、血缘上的中国。若是前者，即为隐性“独台”；若是后者，即为显性“独台”。前者如“国家统一纲领”（1991 年）、“关于‘一个中国’的涵义”（1992 年）所展现的“独台”论述，后者“台海两岸关系说明书”（1994 年）所展现的“独台”论述。需要指出的是，此处只是借鉴而非照搬张亚中界分“独台”的思路，因为此处界分隐性“独台”与显性“独台”的标准与张亚中教授的标准并不相同（具体参见表 3-1），所得结论也不相同。

按照新的区分标准，在上述四种情形中，第一种属于“一中”论述，第四种属于“台独”论述，只有第二、三种属于“独台”论述。但第二与第三种论述不完全相同，第二种是隐性“独台”，其“一中”是实体的“中华民国”；而第三种是“显性独台”，其“一中”则是虚体的“中国”。“显性独台”

---

① 张亚中著:《论统合》，香港，中国评论学术出版社，2014 年版，第 320 页。

② 坚持“中华民国主体性”的论述并非一定是“独台”论述。譬如，“中华民国是一个领土范围仅及台澎金马的主权国家”论述，就是典型的“事实台独”，但不是通常所谓的“独台”。再如，两蒋时期的台湾当局也主张“中华民国是一个（领土范围涵盖外蒙古、大陆和台澎金马的）主权独立国家”，但没有人将此论述界定为“独台”，恰恰相反，两蒋时期的论述是“一中”论述。

与“台独”仅存在形式上的不同，即其在“中华民国”上面搭建了一个虚体“一中”屋顶，以表明两岸在这个屋顶下仍存在微弱的历史连结。

通过上述分析，可得出以下两个结论：一是台湾社会的“中华民国主体性”论述并非全部是“独台”论述，除此之外，还有“一中”或“台独”论述。二是“独台”和“台独”虽有形式上的不同，但本质上是相同的，均强调台湾当局是一个“主权独立国家”。

分析至此，想必有人会追问，1999 年李登辉抛出的“两国论”究竟是“台独”，还是“独台”？从李登辉主政早期的两岸政策论述来看，其尚属“一中”论述。而至中后期，李登辉当局的论述已变为“独台”论述。这是因为，此时的台湾当局尽管认为“两岸同属一个中国”，但通过主权与治权的区分，淡化“中华民国”的唯一法统地位，以承认“两个对等政治实体”的形式间接承认大陆政权的合法性，旨在以“治权”掏空“主权”，以“两个对等政治实体”架空“一中”，其实质是“一国两府”。李登辉主政后期，其论述继续从“独台”滑向“台独”。1999 年 7 月 9 日，李登辉接受德国之声记者采访时抛出“两国论”，即“1991 年修宪以来，已将两岸关系定位在国家与国家，至少是特殊的国与国的关系，而非一合法政府、一叛乱团体，或一中央政府、一地方政府的‘一个中国’的内部关系。所以北京政府将台湾视为‘叛乱的一个省’，完全昧于历史与法律上的事实。也由于两岸关系定位在特殊的国与国关系，因此并没有再宣布台湾独立的必要”[①]。从“两国论”的内容不难看出，其将台湾定位为“主权国家”，认为其“主权”和治权（备注：非仅仅是治权）均不及于大陆，台湾有效支配的区域是台澎金马；不接受大陆关于“一个中国”的看法，也不接受国民党版“一个中国”的看法，连带对“一个中国，各自表述”“一个中国即中华民国”“一个分治的中国”“一个中国，两个对等政治实体”等也均不接受。[②] 从上述说辞来看，两岸是“国与国”关系，已经抽离了“一个中国”的政治基础，实质是“两个中国”。因此，李登辉的“两国论”尽管在台湾社会被有些人称为“独台”论述，但在大陆看来就是不折不扣的“台独”论述。李登辉的“两国论”究竟属于“独台”还是“台独”的争论，其实是源于“独台”和“台独”概念的混乱。

---

① 苏起著:《两岸波涛二十年纪实》，台北，远见天下文化出版股份有限公司，2014 年版，第 89 页。

② 苏起著:《两岸波涛二十年纪实》，台北，远见天下文化出版股份有限公司，2014 年版，第 167 页。

（四）“独台”概念的取消或慎用

尽管学界对“独台”与“台独”作了上述区分，但从大陆角度来看，两者均是分裂国家领土，搞“两个中国”或“一中一台”的行径，两者所产生的效果和造成的危害并无多大差别，无非“独台”比“台独”在手法上更柔和、更隐蔽一些而已。所以，大陆学者通常将“独台”称为“柔性台独”“隐性台独”或“B 型台独”。正因如此，大陆方面并不过分强调“独台”和“台独”的区别，有时以“台独”概念统称“独台”和“台独”。

“独台”最早是台湾社会创制的概念，后被大陆学界引入并使用。该概念是特定历史条件下的产物，其在 20 世纪 90 年代反映了当时台湾内部不同政治力量对“中华民国”及两岸关系的看法和态度。譬如，学界普遍将“独台”和“台独”对“中华民国”所持的不同态度概括为，前者要捍卫“中华民国”，而后者要消灭“中华民国”。这一概括在当时无疑反映了台湾社会的政治现实，对台湾社会的某些政治现象也具有一定解释力，但随着岛内局势变迁，该概念的理论价值和现实意义已大打折扣。具体原因有二：其一，在当下的台湾社会，民进党基本上回归“宪政”体制，其“台独”策略也从“推翻中华民国”逐步转向“接受中华民国”，其手法是借助“中华民国”框架来从事“事实台独”。这样一来，“中华民国是一个主权独立的国家，其领土范围是台澎金马”，日渐成为台湾蓝绿两大阵营的最大公约数。在这种情况下，继续区分和并列使用“台独”和“独台”这两个概念，不仅已经失去了实际意义，而且很容易被某些政治论述的表象所迷惑。其二，目前学界将“独台”与“台独”概念并列使用的作法并不科学。两者并不是相斥的概念，而是相互交叉的概念，将两者并列使用在逻辑上存在问题，必定会引起相关论述的混乱。事实上，“独台”与“台独”的关系有些微妙而复杂。“独台”在实质就是“事实台独”，但“事实台独”并非一定是“独台”。

事实上，直接使用“台独”概念足以描述岛内民众的“统独”状况及其走向，不需要借助于“独台”这一概念。“独台”概念的引入，在总体上不仅无助于问题的解释，反而增加了问题的困扰。从问题研究的角度来讲，应以简驭繁，把复杂问题简单化，不应因引入不必要的概念而使简单问题复杂化。据此，笔者不主张今后在两岸关系研究中继续使用“独台”概念。

但是，鉴于“独台”这一概念已经在两岸关系中被广泛使用，立即停止使用似乎有些难度，故笔者建议，即便将来在某些特定情况下继续使用，也要慎之又慎，且使用前务必廓清其涵义，否则，就无法避免出现论述混乱的现象。

三、“中华民国”在岛内的不同意涵

谢长廷在其《未来：不一样的台湾》中曾引述过台湾学者罗致政的一个概括：蒋介石时代是“中华民国‘到’台湾”，因为他随时要反攻回去，“到台湾”仅仅是暂时“过站”；到了蒋经国时代，他知道反攻大陆已经无望，所以“中华民国‘在’台湾”①；李登辉时代接纳了台湾，也承认“中华民国是我们的国家主体”，因此提出“中华民国‘是’台湾”；②到了陈水扁时代，改为“台湾‘是’中华民国”，意思是“台湾是我们的主体，但目前国号是中华民国”；到了马英九时代，成了“台湾是中华民国的一部分”。③尽管上述总结与台湾社会的主流认知和事实有所出入，但却形象地概括出了每一个时代中，台湾当局对“中华民国”定位的纠葛与错乱。

两蒋时期，“中华民国”在岛内的涵义是清晰而具体的，即指“大中国”意义上的“中华民国”，同时坚持“唯一法统论”。自1991年“宪政”改革以来，台湾当局通过废除“国大”“精省”改革、直接选举等举措实现了政权本土化，④从而使得台湾不同政治力量对“中华民国”有不同的解释。

---

① 从蒋经国时期对两岸关系的政治定位和法理论述来看，与蒋介石时期并无二致，均主张统一大陆，只是统一的手段由军事反攻转为和平统一。罗致政教授的表述主要是就事实而言的。

② 李登辉时期对于“中华民国”定位的论述，前后并非完全一致，后期的论述在形式上是强调“中华民国在台湾”，而其目的是凸显“中华民国是台湾”。罗致政教授的这一概括与李登辉时期关于“中华民国”定位的表述不尽一致，其可能主要是就李登辉主政后期的论述目的而言的。

③ 谢长廷著:《未来：不一样的台湾》，台北，新文化教室，2012年版，第81页。

④ 台湾政权本土化固然有出于“台独”考量而人为促进的因素，但也必须注意到，即使没有李登辉时期人为促进的因素，其逐步走向本土化也带有一定必然性。首先，从客观角度看，象征着“大中国”意义的政权代表人士不断离世，为了填充空缺岗位，必然要选举台湾本土（或在台湾出生的第二代外省人）人士来继任，政权人员构成趋于本土化是一个必然的过程。其次，从主观角度看，随着“老国代”的离世，台湾当局的“法统”地位受到严峻挑战，其所谓代表中国的合法性渐近虚无。在这种情况下，台湾当局不得不通过政权本土化来获得部分“合法性”支撑。

（一）“中华民国到台湾”

“中华民国到台湾”是学界对两蒋时期关于“中华民国”定位的概括，当时国民党政权坚持“一个中国即中华民国”，其领土涵盖台湾和大陆，坚持“中华民国政府是代表全中国的唯一合法政府”，不承认中华人民共和国政府的合法性。虽然该论述的“一中”意涵与大陆的“一中”意涵存在着根本分歧，但从国家主权的角度来审视，其所体现出的两岸争议是两个政权之间的“法统”之争，即由两岸哪一个政权来代表中国行使主权的争议，这对中国领土主权的完整性不会造成破坏，故其为“一中”论述。马英九当局的“一国两区”，接近于该论述。由于主张两岸之间仅存在单一主权主体，世界上只有一个中国（即“中华民国”），故马英九的这一论述虽与大陆方面的期许有些距离，但毕竟主张“两岸同属一个中国”，使两岸之争回归到“政权之争”。所以，该论述相较于李登辉时期的“独台”论述和民进党的“台独”论述，有一定进步性。当然，由于其主张的“一中”是指“中华民国”，从长远来看，也会对中国的国家主权造成伤害。

（二）“中华民国在台湾”

李登辉主政后，台湾当局先后于 1991 年、1992 年和 1994 年通过了“国家统一纲领”“关于‘一个中国’的涵义”和“台海两岸关系说明书”，逐步提出了关于“中华民国”定位的新论述。主要内容是：其一，坚持“同属一中说”。该说辞认为台湾和大陆都是中国的一部分，中国既不是中华人民共和国，也不是“中华民国”，两者均不与中国具有同一性。该论述借着两岸“分裂分治”之现实，以治权模糊主权，强调两岸政权互不隶属、彼此对等。此处“一中”为历史上、地理上、文化上、血缘上的虚体架构[①]，仅具象征意义，而非具有主权意涵的国家。其二，坚持“分别治理说”。譬如，“台海两岸关系说明书”指出：“中华民国政府认为，就政治现实而言，中国目前暂时分裂为两个地区，分别存在着中华民国政府与中共政权两个本质上完全对等的政治实体。虽然双方所管辖的土地、人口与所推行的制度不同，但两者在互动

① 这较先前“一个中国即中华民国”表述已有明显的变化。“一个中国”在“国家统一纲领”和“关于‘一个中国’的涵义”之中仍是指“中华民国”，而到“台海两岸关系说明书”中，就明确界定为“一个中国”是指历史上、地理上、文化上、血缘上的中国。这样一来，“一个中国”逐渐由“实”变“虚”，至此成为一个虚体架构。

过程中自应平等对待，并各自在其所管辖的区域内享有排他的管辖权，任何一方并无法在对方地区内行使治权，也不应该将其意志假主权之名强加于另一方”[①]。该说辞虽然表面上坚持“一个中国”,但强调两岸“分裂分治”是两岸双方必须承认的事实；表面上坚持“中华民国政府”与大陆政权分治对等，实质上是含蓄地承认中华人民共和国政权的合法性。[②]其三，坚持“分别代表说”。该说辞认为世界上只有一个中国，但台湾和大陆都是中国的一部分，“中共”不等于中国，在中国尚未达成最后的统一以前，两者既处于“分治”局面，理应各自有平行参与国际社会的权利。“中华民国政府”不再在国际上与大陆政权竞争“中国代表权”。[③]“中华民国政府同时也主张在两岸分裂分治的历史和政治现实下，双方应充分体认各自享有统治权，以及在国际间为并存之两个国际法人的事实，至于其相互之关系则为一个中国原则下分裂分治之两区，是属于‘一国内部’或‘中国内部’的性质。我们的主张极其务实，这些主张亦与‘两个中国’或‘一中一台’的意涵完全不同”[④]。

在“中华民国在台湾”论述中，“国号”是“中华民国”，“国名”是“中国”。该论述最终会导致“两个中国”的结果，这是因为:“中华民国在台湾”虽未直接表达，但隐含着的另一半表述是“中华人民共和国在大陆”，该表述意味着台湾当局放弃了对大陆地区统治权的诉求，而承认了中华人民共和国对大陆地区的实际统治权，故为“独台”论述。在这样的框架下，中华人民共和国与中华民国虽在名义上属于一个中国，但实际上为两个互不隶属的实体架构，这其实是“一国两府”的另一种形态，其指向是“两国两府”，只是多了一层遮羞布而已。从形式上看，“中华民国在台湾”仍坚持“两岸一中”，但与前述“全中国代表说”“大中国”相比，此“一中”涵义已发生变化，是指历史上、地理上、文化上、血缘上的虚体中国。所以，该论述表面上坚持“一个中国”，但实质上是“一国两府”，与“两国论”并没有实质差别。

---

① 陈志奇主编:《台海两岸关系实录》(上册)，台北，财团法人“国家”建设文教基金会台海两岸关系研究中心，1998年版，第362页。

② 1991年5月1日废止“动员戡乱时期临时条款”，在宪政层次上的意涵是不再将大陆政权视为叛乱组织，这对两岸关系产生的重大影响是，它表明台湾当局正式而且率先片面放弃以武力方式追求国家统一。

③ 陈志奇主编:《台海两岸关系实录》(上册)，台北，财团法人“国家”建设文教基金会台海两岸关系研究中心，1998年版，第359页。

④ 陈志奇主编:《台海两岸关系实录》(上册)，台北，财团法人“国家”建设文教基金会台海两岸关系研究中心，1998年版，第362页。

分析至此，笔者将“中华民国到台湾”与“中华民国在台湾”的不同概括如下：其一，“一中”虚实不同。前者“一中”为实体架构，是指“中华民国”；后者“一中”为虚体架构，是指历史上、地理上、文化上、血缘上的中国。其二，统一诉求不同。前者具有强烈的国家统一诉求，主张通过军事手段反攻大陆，统一中国；后者明确表示放弃武力统一方式，虽然仍主张两岸通过和平谈判方式实现国家统一，但实质上已放弃统一诉求，主张维持“不统不独”的“事实独立”局面。其三，对大陆政权的定性不同。前者将大陆政权定性为非法的叛乱团体；后者将大陆政权界定为具有部分合法性的中共当局或大陆当局。

（三）“中华民国是台湾”

该论述坚持“中华民国”是独立于中华人民共和国（或中国）之外的一个主权国家，其领土范围是台澎金马，其与中华人民共和国（或中国）互不隶属。该论述将“中华民国”与台湾简单地等同起来，不接受“两岸同属一个中国”的事实，竭力切断台湾与大陆的主权连结。[①] 在该论述中，“国号”（暂时）是“中华民国”，“国名”是“台湾共和国”。与“隐性台独”相比，其“台独”的本质愈加赤裸，故为“显性台独”。在这样的框架下，中华人民共和国与“中华民国”分别拥有大陆和台湾的主权，是两个互不隶属的主权国家，“一个中国”不复存在。

分析至此，笔者将“中华民国在台湾”与“中华民国是台湾”作一比较，概括起来，两者的不同在于：其一，承认大陆政权的方式和内容不同。前者在治权层次上以隐晦含蓄的方式承认大陆政权在大陆地区的合法性，但没有明确作国家承认或政府承认；而后者则在主权层次通过明确直白的方式承认大陆政权为主权国家。其二，领土范围不同。前者的疆域范围包括台湾地区与大陆地区，而后者的疆域范围仅及台澎金马地区。其三，“一中”屋顶有无不同。前者接受虚体“一中”屋顶，而后者即使虚体“一中”屋顶也不接受，竭力切断与“一个中国”的所有连结。其四，两岸对等名义不同。前者是“一个中国”屋顶下两个政治实体之间的对等，该政治实体的含义是广泛的，可以是国家 / 政府 / 政治组织；后者是指两个主权国家

---

① 有两种情况，一种情况是在两岸之上搭建了一个虚体“一中”屋顶（如一个中华民族，两个国家，即“一族两国”）；另一种情况是连虚体“一中”屋顶也被拆除。

（即“中华民国”与中华人民共和国）之间的对等。其五，“国名国号”不同。前者的“国名”是中国，国号是“中华民国”；而后者的“国名”是“台湾”或“台湾共和国”，暂时“国号”是“中华民国”。其六，论述性质略有不同。前者坚持“一个中国，两个对等政治实体”，是“独台”论述；后者则坚持两岸“一边一国”，是“台独”论述。由以上比较不难得知：“中华民国在台湾”与“中华民国是台湾”是台湾社会国、民两大政党对“中华民国”持有不同态度的体现。总体上可以将这一现象概括为“一个中华民国，两党各自表述”。

综合以上“中华民国”在岛内的三种意涵，可以将三者的不同列表如下：

表 3–2：“中华民国”在岛内不同意涵比较表

表述 比较	**“中华民国到台湾”**	**“中华民国在台湾”**	**“中华民国是台湾”**
观点综述	①坚持“一中即中华民国”，其领土主权涵盖台湾和大陆；②不承认大陆政权的合法性；③先视大陆政权为“叛乱团体”，后为中共当局或大陆当局；④坚持“一国两区”定位；前期强烈主张统一，后期逐渐淡化，但从“宪法”规范看，仍没有放弃统一目标。	①虽在法理上不承认对方合法性，坚持单一主权，但现实中已有所松动；②虽不承认对方主权，但不否认对方治权；③坚持“一个中国，两个对等政治实体”；④“一个中国”未来式；⑤“阶段性两个中国”。	①“两岸是两个互不隶属的主权国家”，“对岸是‘中国’，我们是台湾”，暂时国号叫“中华民国”；②放弃“一中”，认为“两岸关系是两国关系”；③反对两岸走向统一，追求“独立建国”。
主张“国名”	中国	前后有变化，先为中国，后为“中华民国”。	“台湾共和国”
主张“国号”	“中华民国”	“中华民国”	“中华民国”（暂时“国号”）
对大陆政权的承认情况	不承认大陆政权的合法性	通过主权与治权相区分的方式，含蓄地承认中共政权在大陆地区的合法性	明确承认中华人民共和国是一个与“中华民国”互不隶属的主权独立国家

续表

对大陆政权的定位和称谓	1949—1991 年视中共为“叛乱团体”，称为“共匪”；1991 年后称为“大陆当局”或“中共当局”。	1991 年 5 月 1 日后视中共为“控制大陆地区的政治实体”，称为“大陆当局”或“中共当局”。	将大陆定性为主权国家，称为“中国”或“中华人民共和国”。
主权立场	①坚持单一主权；②无论在法理上还是在事实上均不承认中华人民共和国对大陆地区的主权。	①法理上坚持单一主权，事实上坚持“双重主权”；②虽未明确承认中共政权对大陆地区的主权，但承认中共政权对大陆地区的治权。	①坚持“双重主权”；②无论在法理上还是在事实上，均承认中华人民共和国对大陆地区的主权。
两岸政治关系定位	①“中华民国”主权管辖下内的垂直关系；②“一国一府”；③“一国两区”。	①“一个中国”屋顶下的平行关系；②“一个中国，两个对等政治实体”；③“一国两府”。	①国家与国家之间的平行关系；②“一边一国”；③“两个中国”或“一中一台”。
统“独”取向	两蒋时期强烈主张统一大陆；马英九当局在法理上主张统一，但事实上无统一诉求。	口头上主张统一，实质上意欲“维持现状”，使“分裂分治”状况合法化和永久化。	没有“统一”诉求，只有“独立”诉求。
“一中”表述	大陆和台湾同属一个中国，“一个中国即中华民国”。	“一个分治的中国”（阶段性“两个中国”）	没有“一中”表述，只有“台独”表述。
“一中”状态	①实体架构；②“一个中国”过去式和现在式。	①虚体架构；②“一个中国”未来式。	①“一个中国”不复存在；②“一个中国”过去式。
“一中”属性	一中属性较强（后变弱）	一中属性较弱	无一中属性
	“一中”属性的强弱由左向右依次递减。		
论述实质	“一中”或“准一中”论述	“独台”论述	“台独”论述

（图表来源：作者自制）

综合上述（一）、（二）和（三）的分析，可以将台湾岛内关于“中华民国”的论述概括为以下三种：其一，“中华民国”名义下的“一中”论述，强调“中华民国”是“大中国”意义上的中国，坚持“中华民国”政权的唯一“法统”地位，不承认中华人民共和国政权的合法性。其二，“中华民国”名义下的“独台”论述，通过对主权与治权的区分及对应使用，来强调“一个中国”屋顶下存在“中华民国”与中华人民共和国两个互不隶属的政治实体，含蓄地承认中华人民共和国政权的合法性。其三，“中华民国”名义下的“台独”论述，虽接受“中华民国”为“国号”，但将其疆界范围仅及台澎金马，认为“中华民国是一个与中华人民共和国（即中国）互不隶属的主权国家”。该论述具体分为两种情形：一是通过“修宪”将疆界范围限定于台澎金马地区，此为“法理台独”；二是并未“修宪”，仅在事实上（即实际政治生活中）坚持“中华民国是一个疆界范围仅限于台澎金马地区的一个主权国家”，此为“事实台独”。

通过以上分析，我们可以得出以下结论：研判台湾社会中的两岸政治关系论述，不能只考察单一要素，需要考察以下八个要素：主权范围，主权归属，是否承认大陆政权，如何定位大陆政权，是否主张“一中”，“一中”虚实，“一中”涵义，影响结果。否则，就难以准确判断某个两岸政治关系论述的性质。

（四）“台独”的两种情形：另一种分析

从假借名义看，“台独”主要有两种情形。第一种情形是“中华民国”名义下的“台独”，即通过缩限“中华民国”领土主权范围来表明“中华民国”放弃自己对大陆地区的主权宣示，转而声称自己的领土范围仅限于台澎金马地区，从而成为一个新国家，这种情况下，一个中国就分裂为中华人民共和国和“中华民国”两个新的国家。第二种情形是“台湾”名义下的“台独”，即坚持“台湾是一个领土范围仅及台澎金马的主权独立国家”，该情形主张通过制定“新宪法”、修改“国号”等方式实现“独立建国”。

在第一种情形下探讨两岸政治关系定位是在“中华民国”基础上展开的。据台湾方面的论述，“中华民国”与大陆政权尽管在实力、规模、人口和面积等要素方面存在着巨大的悬殊，但两个政权在性质和地位上是对等的。因为在台湾方面看来，虽然“中华民国”的有效统治范围仅限于台湾地区，但依

"宪法"，其为全国性政权，因为"宪法"明确规定了其疆域包括大陆地区。

在第二种情形下探讨两岸政治关系定位是在"台湾"基础上展开的。台湾本来不是一个政权称谓，更不是一个国家。在法律上台湾是中国的一个省，是一个地方行政区域名称，在这个区域内，台湾当局以"中华民国"名义实施着有效管辖，为了达到建立"台湾共和国"的目的，他们主张重新制定"宪法"，修改"国号"，此即所谓的"制宪台独"。这种情形是陈水扁主政时期的重要论述，由于其根本不具有可行性，目前已基本失去政治市场，影响力大大式微，即使"台独"基本教义派人士也基本放弃这一"台独"路径（但他们也并未完全放弃，目前民进党的两岸政策在文本上并未有任何改动。其后续如何演化，尚待进一步观察）。

目前，台湾社会有一种颇有市场的说辞，那就是"已是主权国家论"。该说辞声称："台湾已是一个主权独立的国家"，不存在要独立或应独立的问题。该说辞主要依据是，"台湾有自己的政府、土地、人民，并与他国进行国际往来，尤其自 1949 年以来一直独立于中国之外，而且持续过去本土化政策的民主改革可以说已达到顶峰"，甚至第十任"中华民国总统"已由主张"台湾独立"的人士担任，所以"台湾已经是一个主权独立的国家"。[①] 该说辞是典型的"事实台独"论述，意欲通过固守"分裂分治"现状来达到事实"台湾独立"的目的。该说辞虽具有一定的迷惑性，但其最大的问题是，不能解释台湾何时、经何程序成为一个"主权独立的国家"。[②] 史实表明，台湾从来就不是一个主权国家。1662 年，郑成功从荷兰人手中收复台湾，台湾回归中国；1683 年清军打败郑克塽，随后台湾隶属于福建省台湾府管辖；1885 年，台湾建省；1895 年中国被迫签订《马关条约》割让台湾给日本；1945 年中国抗战胜利，台湾光复，台湾恢复行省。虽经李登辉"冻省"改革，但台湾省政府至今仍在。[③] 如今"台独"人士主张"台湾已是一个主权独立的国家"，是将"诉求"当作"事实"。

---

① 胡庆山著：《台湾地位与公法学》（下册），台北，稻乡出版社，2008 年版，第 3 页。
② 胡庆山著：《台湾地位与公法学》（下册），台北，稻乡出版社，2008 年版，第 4 页。
③ 《马政府应扬弃李扁的台独思维》，载台湾《海峡评论》，2013 年第 1 期，第 6 页。

四、国民党"主体性"论述：回顾与动向

国民党是从中国大陆战败退踞台湾的一个政党，迄今有120多年的历史，正式名字叫"中国国民党"。过去在追求国家统一的对抗过程中，国民党政权不承认大陆政权的合法性，反对"两个中国"，坚决打击"台独"分裂活动。但李登辉出任国民党主席并当选台湾地区领导人之后，逐渐放弃了一个中国原则；李登辉主政后期开始虚化"一个中国"，着力凸显台湾化的"中华民国"，提出"中华民国在台湾"的说辞；最后公开抛出了两岸是"特殊国与国关系"而引发了台海局势的高度紧张。

国民党在2000年"大选"中丢掉政权以后，连战曾带领国民党反思和检讨自己的政治路线和"国家认同"问题（即台湾定位、"中华民国"定位以及两岸关系定位问题）。当时国民党内部曾有人建议把"中华民国"的"领土主权范围"从"中华民国固有疆域"缩限为"1949年后实际统治的领土"。2003年12月20日，时任国民党主席连战也曾表示，"中华民国与中华人民共和国都是主权独立的国家"，"一边一国"只是简化了的论述形式。该论述虽然是国民党政治人物在面临选举时所做的策略性阐述，而非国民党的整体论述和指导原则，但却显示出国民党在这一问题上所面临的困境。2004年"大选"再次失败后，国民党对"中华民国"的价值进行了重新审视和评估。半年之后，时任国民党副主席萧万长带领的"国民党论述小组"提出了一套国民党政策新论述，其中最引人瞩目的是对"中华民国"的诠释及台湾的定位问题，其要点有三：一是"坚持宪法主张的中华民国主权"；二是"在目前国际政治环境下，中华民国是台湾人民利益的最大公约数"，不接受大陆提出的"一国两制"，也反对民进党更改"国号"；三是"今天的中华民国已经和台湾合为一体，中华民国就是台湾民主、和平的最大保

证"。[1]不过，"今天的中华民国已经与台湾合为一体"之表述仍逃脱不了国民党向现实妥协的事实，已接近"中华民国是台湾"的概念。可见，国民党仍走不出既要坚持"中华民国宪政"体制下一个"抽象的中国"，又要顾及"中华民国"的管辖权仅及于台澎金马的事实困境。[2]

马英九出任党主席后，一直高举"中华民国"大旗，坚持与认同"九二共识"，基本上维持了"两岸一中"格局。但也要看到，尽管其坚持"中华民国是一个主权独立的国家"，但由于其所坚持"中华民国"的主权范围涵盖台湾和大陆，并坚持"单一主权""单一宪法"，不承认中华人民共和国政府的法统地位，故仍能将两岸争议维持在一个中国框架之内，所以其论述接近"一中"论述。然而，需要注意的是，马英九当局的法理宣示与实际操作存在落差，其在"互不承认主权"的"屋顶"之下，借着互不否认含有主权内容的"治权"来凸显两岸对等和相互承认。所以，从实际操作层面看，马英九当局的论述是"独台"论述。但这与民进党的论述又有区别，尽管民进党也主张"中华民国是一个主权独立国家"，但其主张"中华民国领土主权不及于大陆，与中华人民共和国互不隶属"，这实际上是坚持"双重主权"，故为"台独"论述。

本来，台湾是中国的一个省或地区，这是公认的事实，但国民党却不接受这一现实，常常抗议国际社会或有关国家将台湾视为中国的一个省或地区的作法。当下的国民党已经走上了"中华民国台湾化"道路。尽管在法理上没有放弃追求两岸统一，但强调"台湾前途依宪法由 2300 万台湾人决定"，事实上是以民主抗拒统一，维持所谓的"不统"。台湾大学张亚中教授多次指出国民党的"独台化"倾向。2014 年 7 月，新党主席郁慕明曾公开指责过马英九是"广义独派"，我们尽管不能完全认同郁慕明主席的说法，但马英九确实曾公开表示过"台独"是选项。虽然马英九反对"法理台独"，但这不等于

---

① 据资料论述，该论述小组提出的核心论述原本为"中华民国就是台湾"。这一极具敏感的诠释，引起了国民党内部的极大争议。这一论述不仅与李登辉过去一直主张的"中华民国在台湾"和民进党主张的"中华民国是台湾"基本趋同，而且违背国民党过去一贯的政治主张，找不到国民党的发展方向，可能引起泛蓝群众的反弹，进而影响该年底的"立委"选举。在关键时刻，时任国民党主席连战颇具智慧地将"中华民国就是台湾"改为"中华民国就是台湾民主、和平的最大保证"，不仅避免了"中华民国"台湾化的困境，而且还大大提升了"中华民国"在现阶段对台湾岛内与海峡两岸的最大价值。参见文久:《"中华民国"：中国最大政治悬案》，载香港《广角镜》2004 年 10 月号，第 8 页。

② 文久:《"中华民国"：中国最大政治悬案》，载香港《广角镜》，2004 年 10 月号，第 8 页。

他反对“事实台独”的诉求。可以肯定的是，国民党“独台化”趋势日益明显。国民党又是大陆在台湾社会的主要依靠力量，这一走势，对大陆来说无疑是一个挑战。[①]

随着台湾社会政治生态的变化，国民党的政治主张与台湾社会的政治现实愈来愈矛盾，国民党需要在“连接中国”与本土化问题上寻找平衡点，于是陷入两难。倘若放弃“中国连接”，彻底本土化，就会与民进党的主张趋于一致，这样就会失去原有的具有大中国情结的民众的支持；如果坚持与“中国连接”，主张“两岸一中”，又会失去当今台湾日益本土化的民众的支持。这让国民党在两岸政治关系定位问题上变得十分尴尬。于是，国民党为了赢得选举，不得不向现实妥协，不敢公开主张“两岸一中”，更不敢主张“两岸和平统一”，仅强调“九二共识，一中各表”“中华民国在台湾”，等等。[②]国民党的政治立场及主张的变化，加剧了党内认识的混乱与分歧，在新的时代背景下，国民党的未来走势值得观察。

那么，我们如何看待和评价国民党的“一个中国”论述呢？其论述表面上是维护了一个中国框架，但它强调与大陆对等，最后会导致“两个中国”。这是因为：中华人民共和国是一个主权独立的国家，这已经是不容否认的事实，在这种情况下，倘若台湾方面（国民党）硬要坚持与大陆政权对等，则在逻辑上会推理出“中华民国也是一个主权独立的国家”。正因如此，大陆反对任何形式和内涵的“中华民国主体性”论述。但如前所述，“中华民国”已被台湾社会所广泛接受，在这种情况下，大陆在面对“中华民国是一个主权独立国家”的论述中，坚持“退而求其次”原则，只对接近“一中”论述、且对“一中”框架冲击较小的论述予以适度的回应。在大陆方面看来，在“中华民国是一个主权独立国家”的论述中，台湾方面必须坚持“唯一法统论”，不承认大陆政权的合法性，若一旦承认大陆政权的合法性，就变成“两国论”了。在这种情势下，大陆方面默认台湾方面（国民党）不承认大陆政权（除非台湾当局承认自己为大陆政权下辖的地方政权）的客观效果，即将两岸之争框定在“政权之争”或“法统之争”的范围内，只有这样才能维持一个中国框架。但这样的做法，则给台湾方面

① 力军：《从“冻独”看“台独”真相》，载香港《广角镜》，2014 年 8 月号，第 52 页。
② 文久：《台湾蓝绿板块移动》，载香港《广角镜》，2015 年 1 月号，第 67 页。

（国民党）带来一定尴尬，即倘若台湾方面不承认大陆政权的合法性，则只能说大陆地区是“中华民国”的一部分，这不免带有痴人说梦、掩耳盗铃的意味；倘若承认大陆政权的合法性，又有两种情形值得注意：一是倘若继续坚持一个中国框架，则否定了自己的合法性；二是倘若放弃一个中国框架，则违背目前台湾地区的所谓“宪法”，进而陷入“两国论”，同时必会引发大陆方面的强烈反对。在这种情况下，台湾方面很容易（甚至只好）将“一中”作虚化处理，而这一作法又是大陆所坚决反对的。这正是台湾当局（特别是国民党）的尴尬之处。

五、冻结“台独党纲”与民共互动

2013 年 12 月 26 日，民进党“立法院”党团总召柯建铭提出了冻结“台独党纲”（有人将其简称为“冻独”）动议，以图为民进党的两岸政策塑造新格局。2014 年 7 月初，民进党务实派人士将冻结“台独党纲”提案交由民进党党代会讨论审议。2014 年 7 月 20 日，在民进党的全代会上，主席蔡英文以时间不足为由将冻结“台独党纲”提案交由民进党中执会处理，实际上将冻结“台独党纲”提案束之高阁。尽管目前冻结“台独党纲”动议仅仅是部分民进党人士的主张，并未获得民进党官方的审议和通过，但这种主张并未销声匿迹，至今仍有为数不菲的政治人士和学者对其抱有很高期待。那么，今后民进党通过该动议的可能性究竟有多大？后退一步说，即便能够通过，是否可藉此打开民共互动交流的大门？对于这些问题（尤其后者），目前民进党尚缺乏深刻的认识，低估大陆对“两岸一中”底线的坚守，认为只要冻结“台独党纲”即可有希望打开民共互动交流的大门。从大陆方面来看，许多学者对冻结“台独党纲”评价过高，主张大陆可藉民进党这一模糊性“让步”，顺势与民进党展开互动交流。那么，我们该如何研判冻结“台独党纲”主张？冻结“台独党纲”与接受“九二共识”之间究竟还有多大距离？其能否奠定民共互动的政治基础？基于上述问题，特作如下探讨。

（一）民共互动的制约瓶颈

长期以来，民进党坚持“一边一国”的“台独”立场，是民共两党无法进行党际互动交流的根本原因。事实上，民共两党均有互动交流的愿望，但问题就卡在了民进党不接受“九二共识”。

在大陆方面看来，要实现两岸和平统一，双方的互动与互信非常重要。只有通过互动交流，双方建立了政治互信，和平统一才有可能。倘若缺乏起码的政治互信，和平统一就无从实现。在与台湾社会建立政治互信的过程中，民进党不能缺席，仅有国共两党之间的政治互信是不够的，这不足以支撑两岸关系和平发展行稳致远，并最终迈向和平统一。所以，适时开启民共互动交流的大门，增进彼此的政治互信，是未来两岸关系和平发展的应有之义。为此，大陆领导人曾先后呼吁民进党放弃“台独”立场，接受一个中国框架。2008 年 12 月 31 日时任中共中央总书记胡锦涛在纪念《告台湾同胞书》发表 30 周年重要讲话时指出，“对于那些曾主张过、从事过、追随过‘台独’的人，我们也热诚欢迎他们回到推动两岸关系和平发展的正确方向上来。我们希望民进党认清时势，停止‘台独’分裂活动，不要再与全民族的共同意愿背道而驰。只要民进党改变‘台独’分裂立场，我们愿意作出正面回应。”2013 年大陆全国政协主席俞正声出席第五届海峡论坛时，强调“即使那些曾经支持过、追随过、从事过‘台独’的人，只要他们有改善和发展两岸关系的意愿，我们也欢迎他们来大陆走走看看。”中共中央总书记习近平在 2014 年 9 月 26 日会见台湾和平统一团体联合参访团时强调，“我愿再次重申，我们对台湾同胞一视同仁，无论是谁，不管以前有过什么主张，只要现在愿意参与推动两岸关系和平发展，我们都欢迎。”大陆领导人的上述呼吁，实际上是向民进党释放和传递互动交流的愿望和信息。

从民进党来看，也有与大陆互动交流的意愿，因为不与大陆互动交流，台湾经济就无法取得应有的发展，这会影响到民进党在台湾“大选”中的选票。退一步讲，即便能够上台执政，也难以保证下届继续执政。然而，民进党的政治诉求始终处于矛盾之中。一方面有与大陆互动的现实利益需求；另一方面又刻意与大陆保持距离，担心与大陆走得太近而导致自身主体性丧失。这种矛盾的心态，便决定了民进党在两岸关系发展上难以迈出实质性步伐。但台湾民调显示，多数台湾民众支持民共互动交流，希望两党能够跨越障碍，共同促进两岸关系和平发展。近几年来，一些务实派的民进党人士开始积极探索打开民共交流大门的途径，提出了一些新论述。以谢长廷为代表的“宪法各表”论述就是其中之一，该论述是民进党内唯一模糊地接受“(虚体)一中”(准确地说，是给大陆以接受“一中”想象)的论述，属于民进党内部的新思维派。除谢长廷外，近几年赖清德、陈菊等重量级人物曾先后登陆，这显示了民进党内部存在着一股要求加强两岸交流的积极力量，尝试探索民共互动的新路径和新模式。2014 年 11 月底，民进党赢得“九合一”选举拿到 13 个县市的执政权后，随即释放信息，将在其执政县市建立两岸事务机制，扩大两岸县市层面的交流。另外，民共之间的智库交流、学者交流、民间对话此前也曾出现，但这些交流均无法取得实质性进展，也不能解决两党之间的根本分歧。其原因就在于民进党拒不接受“九二共识”，使两党缺乏基本的互动交流基础。

(二)部分民进党人士为突破瓶颈的探索：冻结“台独党纲”

为了清晰地理解民进党人士的冻结“台独党纲”动议，我们须先厘清“台独党纲”的来龙去脉和目前状况。为此，我们不能孤立地研究“台独党纲”，须将“台独党纲”与民进党的其他两个纲领性文件(即 1999 年的“台湾前途决议文”和 2007 年的“正常国家决议文”)结合起来进行考察，才能看出冻结“台独党纲”的深层意涵。

民进党原初是以民主为政治诉求而成立的政党，但成立后不久，民进党的政治诉求开始发生变化，由“民主诉求”转向“主权诉求”(即追求“独立建国”)。以 1991 年 10 月民进党全代会通过“台独党纲”为标志，民进党开始诉求建立“台湾共和国”[①]。所谓建立“台湾共和国”，就是要将台湾从“中华民国”分裂出去，这自然就不会承认“中华民国”。“台独党纲”内含的“激进台独”主张，增加了台湾民众的顾虑，影响了台湾民众的支持，民进党在接下来的多次选举中接连败北，一时无法扭转困局。在这种情势下，民进党不得不向现实妥协，以施明德、许信良等为首的民进党中央进行了一次重大改革，于 1999 年出台了“台湾前途决议文”，正式承认台湾现行政治体制即是“中华民国”，使得民进党完成了一次由推翻“中华民国”到接受“中华

① 民进党“台独党纲”中载明：“基于国民主权原理，建立主权独立自主的台湾共和国及制定宪法的主张，应交由台湾全体住民以公民投票方式选择决定。”

民国”的转型。根据该决议文，“台湾是主权独立国家，”“目前国号为中华民国”，这一说辞表明“中华民国”只是暂时“国号”，最终目标仍是“台湾共和国”。可以说，民进党接受“中华民国”是迫于选举的无奈，故其总是回避“中华民国”，经常以“台湾”偷换“中华民国”的概念，实施“去中华民国”的变相“台独”政策。①2007年，在“台独”激进派党主席游锡堃主导下，民进党通过了“正常国家决议文”。该决议文主张“正名制宪”，落实“法理台独”。所谓“正名制宪”就是废除“中华民国宪法”，重新制定“台湾共和国宪法”，并将“国号”由“中华民国”改为“台湾共和国”。此决议文在民进党的三个“台独”纲领性文件中最为激进，但随着陈水扁主政时期的结束，该决议文基本上没有了政治市场。

在以上三个“决议文”中，“台独党纲”和“正常国家决议文”是以“法理台独”为诉求的论述。“法理台独”论述盛行于陈水扁时期，目前已经成为边缘论述，不代表民进党的主流意见。而“台湾前途决议文”是以“务实台独”为诉求的论述，这是民进党现行大陆政策的主要理论基础。为了应对岛内外要求其调整两岸政策的压力，“务实台独”派人士主张采取“原则不变，方法灵活”的策略。所谓“原则不变”，就是坚持和维护台湾的“主体性”，坚持两岸是“一边一国”；所谓“方法灵活”，就是主张跟大陆和解，并展开互动交流，对大陆采取善意的态度和弹性务实的政策。

通过以上对民进党两岸政策的梳理，可以得出以下两个结论：其一，自1986年民进党成立以来，其两岸政策经历了两次调整，一是由“非台独”调整为“台独”，二是由“激进台独”调整为“务实台独”。其中由“非台独”调整为“台独”体现的是民进党两岸政策“质”的变化，是根本性调整；而由“激进台独”调整为“务实台独”体现的是“量”的变化，是策略性调整而非战略性调整。未来民进党两岸政策调整的方向是“务实台独”，这应是目前民进党内的主流共识。蔡英文也强调“台湾前途决议文”是当前党内的主要共识及其与大陆互动的政治基础。其二，“法理台独”论述已经没有市场，尽管其在形式上仍存在，但在事实上已为民进党主流派所抛弃（因为其根本没有可行性）。从大陆方面看，虽然反对任何形式的“台独”分裂活动，但重点反对与防止“法理台独”。为此，2005年3月14日出台了《反分裂国家

① 文久：《“中华民国”：中国最大政治悬案》，载香港《广角镜》，2004年10月号，第8—9页。

法》。从国民党方面看，马英九曾多次表示国民党不仅反对“法理台独”，而且也不会追求“法理台独”。从民进党方面看，虽有旨在“法理台独”的“台独党纲”，而且党内激进势力仍坚持“台独党纲”，但“台独党纲”存在引发战争的政治风险，建立“台湾共和国”的目标不可能实现，也不符合台湾主流民意与两岸现状。虽然过去没有明确宣示冻结“台独党纲”，但这早已是众人皆知的事实。从过去到现在，民进党没有落实“台独党纲”的行为能力。[①] 长期以来，“台独党纲”成为民共互动交流的严重障碍，使得民共交流始终无法迈出关键一步。

在上述背景下，部分民进党务实派人士认识到，“台独党纲”已经发挥其阶段性历史作用，民进党要考虑正式宣告冻结“台独党纲”，才能为民进党的发展找到出路。[②] 于是，冻结“台独党纲”的呼声在民进党内部日渐高涨。

（三）大陆底线：接受“九二共识”，而非单单“放弃台独”

国共两党之所以建立了互动交流的平台，就是因为国民党坚持“九二共识”。倘若民进党意欲打开与大陆互动交流的大门，条件也必须是坚持“九二共识”。所谓坚持“九二共识”就是双方均坚持“两岸同属一个中国”。但长期以来，许多学者在这个问题上存有模糊（甚至错误）的认识，将民共互动交流的前提条件表述为民进党必须放弃“台独”，认为只要民进党放弃“台独”，大陆就会与之展开互动交流。事实上，这种理解有问题，因为大陆的底线是民进党必须接受“九二共识”，而非单单放弃“台独”。为更好地理解大陆方面所设定的跟台湾当局及各政党互动交流的前提条件，我们有必要进一步厘清接受“九二共识”与放弃“台独”之间的关系。为此，笔者在此稍作进一步分析。

我们通常用“统独光谱”来描述台湾社会不同政治势力的政治立场和态度。“九二共识”和“台独”应是这个光谱的两个端点，在这两个端点之间是一个“颜色”深浅不一的中间地带。在这个地带中，有些政治力量偏统，有些政治力量偏“独”，有些政治力量主张“不统不独”。所以，用二元论思维来分析统“独”问题存在严重偏差，这不同于我们通常用蓝绿二分法来分析

① 童振源等：《民进党的冻独与民共交流及执政前景》（思想者论坛二），载香港《中国评论》，2014 年 3 月号，第 79—82 页。

② 文久：《新台独认同日趋普遍化》，载香港《广角镜》，2014 年 7 月号，第 31 页。

台湾社会（用蓝绿二分法来分析台湾社会之所以可行，是因为蓝绿两大阵营是从社会对抗角度来讲的）。由于在“九二共识”和“台独”之间存在广阔的中间地带，所以，放弃“台独”，并不意味着一定会接受“九二共识”，可能出现既反对“台独”也反对“九二共识”的情形，譬如，中间力量就是既反统又反“独”的政治力量。过去，有些人之所以将放弃“台独”视为民共政治互动的前提条件，就是因为他们不经意地陷入了一个误区，将放弃“台独”与接受“九二共识”之间理解成“非此即彼”的关系，误认为只要放弃“台独”，就会接受“九二共识”。但从台湾社会现实来看，既反统又反“独”的中间力量不仅存在，而且有日渐壮大之势。因此，在民共互动的前提条件方面，大陆的底线是民进党必须接受“九二共识”，而非单单放弃“台独”。从台湾社会的“统独光谱”来看，倘若民进党接受离大陆底线最近的一个端点（即“九二共识”），必定意味着放弃了离大陆底线最远的一个端点（即“台独”）；但放弃离大陆底线最远的一个端点，并非意味着接受离大陆底线最近的一个端点。从台湾岛内的现实情况来看也是如此，接受“九二共识”，必定意味着放弃“台独”；但放弃“台独”，并非一定接受“九二共识”。

当然，从现实主义的眼光来看，倘若民进党果真能放弃“台独”，虽然这与大陆所要求的前提条件（即接受“九二共识”）相比尚有一定差距，但毫无疑问，这是与大陆相向而行的积极动作，是一个值得肯定的巨大进步。

（四）即便“放弃”尚且不够，何况“冻结”

单单放弃“台独”尚且不够，那么冻结“台独党纲”就更不足以奠定民共互动的政治基础。这是因为：所谓冻结“台独党纲”，并非在战略上放弃或终止“台独党纲”，而仅仅是在战术上中止“台独党纲”，是维护台湾“主体性”的策略调整，是“务实台独”的新形式。从法律上说，“中止”与“终止”有着显著的差异，两者引发的法律效果迥然不同。

冻结“台独党纲”仅仅表明民进党的“台独”立场和态度有所松动或软化，而没有从根本上改变“台独”立场。检测这一立场是否改变的最好方法是民进党必须清楚地回答，台湾当局与对岸大陆政权究竟是什么关系，即一个中国内部的关系，抑或“国与国”的关系？从民进党对两岸政治关系的定位来看，民进党仍然坚持“一边一国”。“九二共识”之所以能成为国共两党互动交流的政治基础，就是因为它从正面回答了“两岸同属一个中国”，才使得双方在一个中国原则基础上建立了互动平台，并开启了国共党际交流。大陆方面不会因为民进党提出冻结“台独党纲”主张，就与其展开党际互动交流，这是因为：其一，民进党冻结“台独党纲”后的两岸论述仍缺乏“一中”连结，因而无法建立双方互动的政治基础。其二，避免向外界传递错误的信息。国民党坚持“九二共识”，而民进党不承认“九二共识”，如果大陆方面不区分对待的话，容易给外界传递一个错误的信息，即台湾政党无论承认或不承认“九二共识”都会得到大陆的同等对待。倘若这样，则意味着变相地鼓励“台独”。为了避免传递不必要的错误信息，必须区别对待坚持“九二共识”的国民党与不接受“九二共识”的民进党。倘若民进党果真冻结“台独党纲”，大陆应会有正面表示，但正如前面阐述，不意味着会有正式的政党交流。

民进党（即便）冻结“台独党纲”不等于放弃“台独”，更不等于民进党主张和平统一。民进党务实派人士提出冻结“台独党纲”主张，只是政治策略的运用，是为了消除台湾民众对民进党的顾虑，便于其在各类选举中获得更多选票，而不是为了两岸关系和平发展，更不是为了实现两岸和平统一。众所周知，民进党“台独党纲”的核心目标是要“建立台湾共和国”，是典型的“法理台独”，民进党务实派人士提出冻结“台独党纲”，也是要暂时中止建立“台湾共和国”的“法理台独”目标，维持“台湾已独立的现状”。可以肯定的是，不论冻结与否，民进党不会放弃对“台独”的诉求，尽管暂时不会宣布建立“台湾共和国”，不会立即搞“法理台独”，但“务实台独”的作法会使两岸“一边一国”永久化、凝固化。这显然与大陆方面追求两岸和平统一的目标相冲突。①

民进党的“台独”主张，并非仅仅体现在1991年“台独党纲”这一个政党文件。除此之外，1999年的“台湾前途决议文”和2007年的“正常国家决议文”均是具有“台独”内容的政党文件。从这两个文件性质和效力来看，其与“台独党纲”具有同等位阶。一般认为，“台湾前途决议文”是对“台独党纲”进一步诠释，“正常国家决议文”的“法理台独”色彩在三个决议文中首屈一指。大陆方面要求民进党放弃的是所有“台独”文件，包括“台湾前途决议文”和“正常国家决议文”，并不仅仅是“台独党纲”。在这一意义上

① 文久：《新台独认同日趋普遍化》，载香港《广角镜》，2014年7月号，第31页。

说，民进党不处理“台独党纲”问题，也就无法开启民共的互动交流，但处理了“台独党纲”问题，仅仅能在民共互动交流的道路上迈出了第一步，并不足以开启民共党际互动交流的大门。

分析至此，我们得出结论：大陆跟民进党互动交流的前提条件是民进党必须接受“九二共识”。单单放弃“台独”而不接受“九二共识”不足以奠定民共互动交流的政治基础。那么，连放弃“台独”尚且不及的冻结“台独”就更不足以发挥这样的作用。更需要注意是，主张冻结的也仅仅是三个“台独”纲领性文件的其中之一，即便冻结了“台独党纲”，仍有1999年的“台湾前途决议文”和2007年的“正常国家决议文”在为民进党的“台独”活动做理论支撑，况且“台独党纲”在民进党内部已没有多大的影响力（备注：“台湾前途决议文”可能是未来一段时期内在民进党内部发挥主要作用的纲领性文件）。

（五）不宜过高评价冻结“台独党纲”主张

尽管冻结“台独党纲”不等于放弃“台独党纲”，更不等于放弃“台独”，但毕竟原有的“台独”立场有所松动或软化，这是与大陆相向而行的主张，是善意的释放。虽然大陆方面不可能藉此就开启与民进党互动交流的大门，但冻结“台独党纲”主张值得肯定和鼓励。对此，大陆国台办发言人范丽青在接受记者采访时表示，“民进党内一些有识之士提出冻结‘台独党纲’的主张，是一个积极的信号”，“如果冻结‘台独党纲’能成为民进党的共识，将是民进党朝正确方向迈出的重要一步。我们希望民进党成为一个对台湾同胞、对两岸关系负责任的政党，成为推动两岸关系和平发展的正能量”。这表明，大陆官方对民进党务实派人士的冻结“台独党纲”主张持以肯定态度。对于大陆方面来说，在领悟到民进党的“微弱善意”后，应积极面对民进党务实派人士在发展两岸关系上的这个主张，需要加以鼓励和引导，使其继续与我方相向而行，不必急于让民进党“一步到位”式地去面对一个中国框架。冻结“台独党纲”已朝着解决问题的方向迈出了第一步，接下来由冻结“台独党纲”→冻结三个“台独”文件→放弃“台独”→主张“不统不独”→接受“一中”框架。如果民进党能沿循这样的路径渐进地与大陆方面相向而行，应是大陆方面热切期待的。早在2005年3月4日胡锦涛同志两会期间讲话：“对于台湾任何人、任何政党朝着一个中国原则方向所作的努力，我们都欢迎。”这一论述闪耀着唯物辩证法的光芒，对于指导对台工作具体实践具有重要意义。民进党两岸政策调整是一个渐进、量变的过程，对此大陆该如何应对，胡锦涛同志的这一论述提供了很好的方法论，可以用一个中国原则标准来检视民进党政策调整的诚意与真伪。

大陆方面对于冻结“台独党纲”主张作出正面回应尚属预料之中，但很难让其对冻结“台独党纲”主张作出过高的评价。众所周知，冻结“台独党纲”仍强调在确保台湾“主体性”的前提下，以对等方式扩大与大陆的交流。冻结“台独纲领”其实让“台独”进入一种暂时“休眠”状态，这本身只是民进党的“权宜之计”，是策略的调整而非战略的转型，未来随时可以“解冻”，恢复“台独党纲”。因此，民进党作为一个“台独”政党的性质并没有改变。[①] 事实上，冻结“台独党纲”主张的背后，隐含着民进党对“法理台独”行之不通的一种无奈，也反映出民进党务实派人士对自身长期谋求“法理台独”无望的一种默认。民进党在“台独”之路走不通，但又无法放弃“台独”的情况下开始陷入了困境：一方面，倘若不与大陆展开互动交流，则很难赢得选票支持而上台执政，即便将来能够上台执政，也会因两岸互动交流不畅而使政绩不佳，从而难以继续执政；另一方面，倘若与大陆展开互动交流，则必须符合大陆提出的条件，即接受“九二共识”，而一旦接受“九二共识”，就意味着放弃“台独”，这又是民进党短期内难以完成的“华丽转身”。多年来，民进党就处于这样一种相互矛盾的格局和状态之中。

需要指出的是，在某种意义上讲，冻结“台独党纲”具有很大的隐蔽性，大陆方面应引起注意。就岛内政治斗争与权力争夺而言，不冻结“台独党纲”，民进党会有“台独党”这个咒骂缠身，对其发展较为不利。若冻结“台独党纲”，表面上看民进党迈向转型、实施“法理台独”的可能性降低，会赢得更多选民（尤其是中间选民）的支持，民进党将获得新的发展，重新上台执政的机会大增。在这种情况下，大陆将会更为被动，无法再继续主打民进党“台独党纲”这张王牌。[②] 在民进党没有接受“九二共识”，且大陆方面充

---

① 力军:《从“冻独”看“台独”真相》，载香港《广角镜》，2014 年 8 月号，第 52 页。
② 文久:《新台独认同日趋普遍化》，载香港《广角镜》，2014 年 7 月号，第 31 页。

分掌握两岸关系发展主导权的情况下，大陆方面不会贸然地接受民进党抛出的各种“试探气球”，否则将留有“后遗症”。

（六）不宜过高期待冻结“台独党纲”结果

从民进党内部来观察，冻结“台独党纲”会阻力重重，缺乏可行性。目前冻结“台独党纲”主张，也仅仅是部分民进党务实派人士的个人动议，无法进入民进党中央的议事日程。“台独”是民进党的“神主牌”，是民进党内部的共识性灵魂。民进党内部虽有不同派系，但持有共同的“台独”立场。对于冻结“台独党纲”问题，党内各派系存有不同声音，特别是基本教义派视“台独党纲”为“党魂”，对冻结“台独党纲”主张极力反对。2014 年 7 月有党内四十多位民进党人士提出冻结“台独党纲”提案的同时，也有许多人反对冻结“台独党纲”，而且要求实践“台独党纲”。尤其是 2014 年 7 月 17 日在民进党全代会召开前，嘉义县民进党党部召开第十四届执委会，一致通过捍卫创党精神、守护“台独党纲”的决议。[①] 蔡英文出于选举的政治考量，不会去触碰这根高度敏感的神经。台湾《联合报》社论认为，蔡英文之所以在 2014 年 7 月 20 日的民进党全代会上搁置冻结“台独党纲”提案，是出于选举考量。

未来民进党冻结“台独党纲”的可能性并不大，这不仅仅是民进党内部顽固“台独”势力庞大，而且主要取决于民进党的战略考量。尽管外界尤其是大陆方面认为“台独”主张或两岸政策是导致民进党输掉 2012 年“大选”的主要原因，是影响民进党重新上台执政的“拦路虎”，但民进党内部的主流观点并不这样认为，蔡英文也不这样认为。在民进党全代会召开前，蔡英文在网络平台发文指出，最近“冻独”成为一个话题，理由不外是“民进党若不放弃台独，就无法处理好两岸关系”，这是一个迷思。很显然，她并不认同外界的看法。她指出，“大家必须思考，‘台独’究竟由谁定义？”“我们难道不是主权独立的？而强化主权、争取实质的国际参与，难道不是绝大多数台湾人民的期待？”“台独党纲”是民进党 1991 年设定的目标，也是这一代民进党人的追求与理想。随着台湾民主化，建构深厚的“台湾意识”，这个认同台湾，坚守“独立自主”的价值，已变成年轻世代的“天然成份”。显然，在

---

① 力军:《从“冻独”看“台独”真相》，载香港《广角镜》，2014 年 8 月号，第 52 页。

蔡英文与民进党内部的主流派看来，所谓“最后一里路”或两岸问题是一个迷思，是一个假议题，台湾意识（实为“台独”意识）已经成为台湾社会的主流民意，是台湾社会的共识，因此有利民进党的未来发展与重新上台执政，自然没有“冻独”或调整两岸政策的必要。[①]蔡英文2014年7月1日还表示，民进党已有“台湾前途决议文”，这就是对“台独党纲”的诠释，任何党纲修正都需先建立党内共识，这需漫长的时间。以上便是蔡英文对冻结“台独党纲”的基本态度。通过以上分析，我们不难发现，冻结“台独党纲”在民进党内部短期内无法达成共识。但问题是，民进党总得要迈出转型步伐，才能逐步完成自身两岸政策的最终转型。否则，大陆方面不可能与其建立正式的互动交流。对此，大陆方面反复强调过。

事实上，倘若民进党冻结“台独党纲”，仅仅是解决问题的一方面，另一方面更要看民进党的实际行动，所以，大陆既要“听其言”，更要“观其行”。倘若民进党秉持积极地与大陆相向而行的态度，真正抱有跟大陆互动交流的诚意，仅仅为了“面子”而采用“冻结”而非“废除”，那么，大陆方面是否可以在体谅的基础上与民进党进行一些非正式的“务实交流”？这是一个值得研究的新课题。2014年6月26日大陆国台办张志军主任在高雄与台湾学者座谈时，被问及民进党若冻结“台独党纲”是否有助于双方交流，他强调大陆不会只看冻结“台独党纲”，而会更注意民进党的实际作为是否具有正能量。[②]倘若民进党继续从事“实质台独”，双方就没有互动交流的政治基础，任何形式的党际交流都不可能。

六、结　语

由于特殊历史与李登辉、陈水扁当局推动“去中国化”教育等原因，台湾社会的政治认同尤其是政治身份认同发生了根本性的变化。而这种政治认同的变化必然在选举中逐渐体现出来。对于出现这种结果，我们应从历史角度来作全面分析。1949年后，国民党退据台湾，尽管主张“一个中国”，反

① 力军:《从“冻独”看“台独”真相》，载香港《广角镜》，2014年8月号，第52页。

② 《张志军：民共交流需正向》，载台湾《中时电子报》，2014年6月27日。

对与打击"台独"，但强烈的"反共"意识与教育以及后期蒋经国的"本土化"政策，客观上造成日后台湾的"反华意识"或"反陆意识"，造成"中华民国台湾化"的政治危机，造成台湾政治本土化发展。[①]李登辉、陈水扁当局二十多年的"去中国化"教育，进一步强化了今天台湾社会的"独立政治意识""去中国化意识"与"台湾主体意识"。[②]三十多年来两岸关系的改善以及经济交流与合作，并没有能够阻止台湾社会的政治认同发生重大改变，中国人身份认同大幅下滑，台湾人身份认同大幅上升，台湾社会内部关于两岸同属一个中国的认识日渐消弱，台湾主体意识逐步内化为岛内普通民众的主流共识。[③]

① 文久:《台湾蓝绿板块移动》载香港《广角镜》，2015 年 1 月号，第 66 页。
② 文久:《台湾蓝绿板块移动》载香港《广角镜》，2015 年 1 月号，第 66 页。
③ 文久:《台湾蓝绿板块移动》载香港《广角镜》，2015 年 1 月号，第 66 页。

第四章 “主权—治权”分析框架下的两岸政治关系定位

众所周知，两岸政治关系的核心问题是主权问题，所有两岸之争无不以主权之争为核心。这既是两岸关系60多年来发展变化的主轴，也是我们研究两岸关系必须把握的主线。研究两岸政治关系定位不应该、也无法回避主权问题。反观既有的两岸政治关系（尤其两岸政治关系定位）研究中，主权和治权两个概念可以说是最常用的一组概念。对于这组概念，学界一直将其作为公理式的分析工具不加怀疑地使用，很少有学者质疑其科学性和严谨性。然而，这一概念组合中有些问题相当模糊不清，甚至充满争议。譬如，如何理解“主权统一，治权分裂”以及马英九提出的“互不承认主权，互不否认治权”？两岸关于“治权”的涵义究竟有何异同？如何看待“主权—治权”分析框架适用于两岸政治关系研究的意义和缺陷？如何界定两岸分裂的现状和性质，方既能维护一个中国框架，又能更容易地为两岸人民所共同接受？等等。为进一步厘清诸如此类的一系列问题，本章特作如下探讨。

一、“主权—治权”分析框架下的既有两岸政治关系论述

从两岸既有研究成果来看，“主权—治权”分析框架下的两岸政治关系

论述，不外乎是运用“主权”和“治权”这两个概念进行的四个组合，即“主权统一，治权统一”“主权统一，治权分裂”“主权分裂、治权统一”和“主权分裂，治权分裂”，具体参见表 4-1：

表 4–1：“主权”与“治权”概念组合下的两岸政治关系论述简表

治权 主权	治权统一	治权分裂
主权统一	“主权统一，治权统一”，其近义表述是“一国一府”，是正常统一国家的形态。	“主权统一，治权分裂”，其近义表述是“一国两区”“一国两府”或“一国两治”等。
主权分裂	“主权分裂，治权统一”，该现象在主权国家内部并不存在，仅在邦联制国家和个别国际组织中存在。	“主权分裂，治权分裂”，其近义表述是“两个中国”或“一中一台”。

（图表来源：作者自制）

以上四个组合着重于从主权和治权的存在状态来界定和描述两岸政治关系。其中，“主权统一，治权统一”是正常统一国家的形态，无法用来界定和描述两岸尚未统一的现状，事实上当前也没有学者用其定位两岸政治关系，故不将其列入讨论的范围。下面重点讨论上述其他三个组合：

（一）“主权统一，治权分裂”

此可谓一个颇为流行的两岸政治关系论述，其影响范围亦甚为广泛。不仅有相当一部分台湾人士（尤其蓝营人士），也有为数不菲的大陆学者用其界定和描述目前两岸尚未统一的性质和状况。该论述的主要观点是：“一个中国”是两岸现行法律规定的最大公约数，依据各自现行规定，彼此在法理上互不承认在对方所在地区（大陆地区或台湾地区）尚有一个主权国家存在，大陆地区和台湾地区均为中华人民共和国或“中华民国”“主权”所覆盖，呈现重叠状态，故“主权统一”；对于两岸目前在现实中存在的“分裂分治”，该论述将其界定为治权层次上的、而非主权层次上的“分裂分治”，此即“主权统一，治权分裂”的主要意涵。在现实政治中，“主权统一，治权分裂”还有几种变相论述，如：“主权重叠，治权分立”“主权统一，治权分立”“主权共享、治权分享”等。

“主权统一、治权分裂”论述的正向意义在于坚持中国主权（至少在形式上）的统一性和唯一性，认为被分裂的只是主权之外的权力——治权。较之“主权分裂”论，该论述坚持两岸同属一中，这对于维护中国领土和主权的完整、反对“台独”，具有一定的积极意义。但是，尚须注意到，两岸出于各自的政治立场和用意而对于“主权统一，治权分裂”的理解和解释存在一定落差。大陆方面侧重于将“治权”理解和解释为地方性权力，并以此为支点来进一步论证中国的主权并未分裂；而台湾方面则侧重于将“治权”理解和解释为涵盖中央和地方两个层级的权力，具体而言，包括两种情形：一是坚持实体“一中”的解释，强调“中华民国”的独立存在和“主权地位”，认为“一中即中华民国”，其“主权”涵盖大陆，而其“治权”仅及台澎金马，如“一国两区”；二是坚持虚体“一中”的解释，坚持“一中”框架下存在着中华人民共和国和“中华民国”两个“对等分治、互不隶属的中央政府”，如“一国两治”“一国两府”等。以上分析表明，“主权统一，治权分裂”论述存在较大的模糊空间，其既可向“一国两区”方向解释，也可向“一国两府”方向解释。

（二）“主权分裂，治权分裂”

该论述的提出者往往简单套用西方学界的分裂国家理论[①]，主张依照两德关系模式或朝韩关系模式来定位与处理两岸关系，声称两岸之间是“国与国关系”。该论述坚持“中华民国主权”仅及台澎金马，同时承认中华人民共和国的合法性，且认为中华人民共和国的主权仅及大陆；否认“两岸同属一中”这一基本事实，坚持“一边一国”，认为中华人民共和国即中国，“中华民国”是独立于中华人民共和国或中国之外的另一“主权国家”。该论述的实质是主张“两个中国”或“一中一台”，是典型的“台独”论述。该论述的最大问题是，将两岸分裂与两德、朝韩分裂混为一谈，无视两岸分裂与两德、朝韩分裂在性质上的不同和程度上的差别。众所周知，两岸分裂在实质上是一个中国内部两个政权的政治对立，故两岸关系是一个中国内部的关系，迥异于两德或两韩之间的国与国关系。就实质而论，两岸之争属于政权之争而非主权

① Gregory Henderson, Richard Ned Lebow and John G. Stoessinger, eds., *Divided Nations in a Divided World* New York: David Mckay Company, Inc, 1974, pp.438-442.

之争，李登辉、陈水扁时期台湾当局将两岸之争由政权之争上升为主权之争，是对一个中国原则的挑战和破坏。

（三）“主权分裂，治权统一”

严格说来，此种情形在一个主权国家内部并不存在，其仅存在于邦联或个别区域性国际组织（如欧盟等）之类的政治共同体之中。于这些政治共同体，无所谓主权分裂可言，因为它们原本即非一个主权统一的国家；所谓治权统一也仅仅是部分（而非全部）治权统一，即成员国家间的“共治”。众所周知，欧洲统合模式下，各个成员单位均为主权独立国家，原本即不存在统一主权，唯各成员国为了追求本国利益的最大化，在某些领域里进行治权让渡，实施共同治理，此即所谓的“部分治权统一”。邦联模式是指由两个或两个以上国家组成的政治联合体，其成员国的主权状态亦无所谓严格意义上的“主权分裂”，但的确存在着共同行使“部分治权”的现象。台湾学者主张借用欧洲统合模式①、邦联模式②来定位两岸关系，主张两岸应沿循“治权合作→治权统一→主权统一”的路径（即通过治权的合作与统一来结束“主权分裂”），最后实现两岸统一。尽管该论述极力主张两岸朝“合”的方向靠拢，但其所设计的路线图并非一定能使两岸走向统一，其所界定和描述的两岸分裂情形并不符合法理和事实，已超越了“两岸同属一中”这一基本架构，仍可视作“分裂国家理论”思维模式下的产物。

二、“主权—治权”分析框架及其在两岸关系研究中的缺陷

毋庸置疑，“主权—治权”分析框架对于我们探讨和解决两岸政治关系中的相关问题具有重要意义，尤其那些主张两岸应在“主权统一”框架下界定两岸关系性质的论述，既尊重了“两岸同属一中”的历史与事实，又兼顾了两岸尚未统一的现实状况，并在此基础上力求对两岸政治关系作出较具说服力的解释，其立场和出发点值得肯定。在一定意义上说，“主权—治权”分

① 张亚中著：《两岸统合论》，台北，生智文化事业有限公司，2000年版，第258页。

② 张富美主编：《台湾问题论文集：台湾现状与台湾前途》，台北，前卫出版社，1988年版，第29页。

析框架简洁明了，且在某些层面上对两岸“分裂分治”现状也具有一定解释力，因而有其值得肯定的一面，但也存在若干不足，具体表现在以下四个方面。

（一）“治权”是一个学术上欠规范的概念

在学术史上，究竟是何人何时最早将“治权”与主权对应起来使用的？经过考证后发现，“治权”概念的最早使用者首推孙中山先生，其在“五权宪法”学说中将“政权”与“治权”作了界定和区分，认为人民有权，政府有能，此即所谓“权能区分”理论①。目前两岸学界（尤其台湾学界）使用“治权”概念与孙中山的“治权”学说有直接关联。随着1949年国民党败退台湾，“治权”概念在大陆的话语表述体系中几乎销声匿迹，但至20世纪80年代初期，在中英关于香港问题的谈判中，英国政府为了在将香港交还中国后继续管治香港，提出了“主权换治权”方案，即将香港主权交还中国，但仍由英国人继续管治香港。②自此，在大陆沉寂了三十多年的“治权”概念再度“泛起”并被广泛使用，特别是在论及“一国两制”的场合，“治权”一词经常被使用，并与“主权”相对称（即对应起来称呼）。随着大陆方面主张将“一国两制”适用于台湾问题的解决，“主权”和“治权”概念也被延伸、应用于两岸关系研究领域。有必要指出，尽管台湾方面（无论官方还是学界）均广泛使用“治权”概念，但大陆官方迄今尚未在其正式规范性文件中使用过“治权”一词，只是部分学者在使用这一概念。

必须指出的是，尽管时下“治权”概念为两岸所广泛使用，但从严格意义上说，其并非一个规范性的学术概念。考察西方研究文献即可发现，无论在西方政治学术语抑或法学术语中，均找不到一个贴切的词汇与中文的“治权”概念相对应。西方法学界在表达相近涵义时通常使用“jurisdiction”（管辖权），西方政治学界在表达相近涵义时通常使用“government”（统治）和“governance”（治理）。在中国大陆，法学界不使用“治权”概念，在表达相近涵义时通常使用“管辖权”（jurisdiction）；政治学界也不使

---

① 广东省社会科学院历史研究室等合编：《孙中山全集》第九卷，北京，中华书局，2006年版，第351—352页。

② 张春生、许煜编著：《周南解密港澳回归——中英及中葡谈判台前幕后》，北京，新华出版社，2012年版，第122—126页。

用“治权”概念，在表达相近涵义时通常使用“统治”（government）、“治理”（governance）、“管治”（governance）和“自治”（autonomy）等。这些概念表面上非常相似，但其涵义差别甚大①。那么，与“主权”对应起来使用的“治权”，究竟是指上述法学术语或政治学术语中何种意义上的权力？含义并不清晰。在台湾地区，尽管宪法学界和政治学界均广泛使用“治权”概念，但其涵义亦非相同。在“五权宪法”中，与“政权”（political rights）相对称的“治权”，其涵义具体明确，是指政府的统治权力，对应于英文中的“political power”“governmental rule”“political rule”等词汇，其可分为五权（five-power system），分别为行政权（executive power）、立法权（legislative power）、司法权（judicial power）、考试权（power of examination）和监察权（power of supervision/control）。相比较而言，跟“主权”对应起来使用的“治权”，其涵义则显得有些模糊。从台湾方面用来表达“治权”概念的英文词汇看，现在大多用“jurisdiction”（该词汇亦即法律用语上的管辖权）。譬如，台湾张亚中教授通过中英文对照方式编写的《两岸统合与和平发展：一条互利双赢的稳健道路》（Cross Strait Integration and Peaceful Development:The Sure Road to A Win-Win Situation for Both Sides of The Taiwan Strait）一书中用的即“jurisdiction”一词②；中国国民党官方网站上对“互不承认主权，互不否认治权”的英译“mutual non-recognition of sovereignty，mutual non-denial of jurisdiction”，用的也是“jurisdiction”一词；另外，台湾的英文报纸在报道中通常也用“jurisdiction”一词。不过，也有不少学者用其他英文词汇来表达“治权”概念，如“governing authority”“authority to govern”等等。

为何对于同一“治权”概念，两岸学界以及在各自内部的不同学科之间有着如此不同的理解和使用呢？原因即在于“治权”的涵义是模糊不清的。从规范、科学的角度来说，用以作为分析工具的概念，其涵义必须满足三个特性，即具体性、明确性和客观性。倘若以此标准来衡量和检视，不难发现，

① 譬如，就“统治”与“治理”两个概念而言，表面上看仅一字之差，但内涵差异甚大。从时间上说，统治是一个古老的概念，其伴随着阶级社会的产生而产生，而治理则是一个从20世纪80年代才从西方国家开始兴起的新概念；就主体而言，统治的主体一定是社会的公共机构，而治理的主体既可以是公共机构，也可以是私人机构，还可以是公共机构与私人机构的结合；从权力运行方向来看，统治是自上而下的过程，而治理则是自上而下和自下而上的双向互动过程。

② 张亚中主编：《两岸统合与和平发展：一条互利双赢的稳健道路》，台北，远东集团—财团法人徐元智先生纪念基金会，2011年出版，第30页。

"治权"概念并不符合上述三个指标。可见，"治权"并非一个正式的、规范的学术概念，仅是两岸学界长期以来"约定俗成"的一个习惯用语。

（二）两岸对"治权"涵义的理解不尽相同

尽管目前两岸均在使用"治权"概念，但从目前两岸双方的相关表述来看，其实各自均对"治权"概念有着不同的理解和运用。具体表现如下：

从大陆方面使用"治权"的语境和场合看，其理解的"治权"仅指地方性权力。这与大陆方面"治权"概念的渊源有关。如前所述，大陆方面的"治权"概念源自"一国两制"香港模式中的"中央—地方"安排，认为"一国两制"是主权与治权的有机结合，中央政府享有主权，香港特区政府享有高度自治权。① 所以，"一国两制"下的"治权"尽管在内容上属于高度自治权，但在权力位阶上却是地方性权力。倘若转换为中央与地方关系的视角来看，"一国两制"框架下的主权与治权关系蕴含着中央对地方的垂直管治关系。"治权"概念在被引入两岸关系研究后，大陆方面基本上沿用了其早期的涵义。② 尽管迄今大陆方面并未出台一个专门规范性文件对"治权"的涵义加以规定和解释，但依其来历，以及大陆方面使用该概念的语境和场合，不难推断，其仅仅指涉地方性权力，而非中央性权力。

从台湾方面使用"治权"的语境和场合看，其理解的治权不仅仅指涉地方性权力③，还包括中央性权力。这与台湾方面"治权"概念的渊源有直接关系。如前所述，将"治权"作为与"政权"相对应的概念，来源于孙中山的"五权宪法"学说。依照"治权"概念在台湾的引入和演变，以及台湾方面使用该概念的语境和场合，不难推断出其不仅仅指涉地方性权力，还包括中央性权力，具体表现有三个方面：其一，依照孙中山先生"五权宪法"所设计

① 王邦佐、王沪宁：《从"一国两制"看主权与治权的关系》，载《政治学研究》，1985 年第 2 期，第 13—14 页。

② 对于"一国两制"下的两岸政治关系，台湾学者包宗和教授认为，大陆方面声称"一国两制"是"主权"与"治权"的结合。他们特别强调"一个中国"之下的"两种制度"并非平等。其中一种制度（即社会主义制度）是具有主权性质，而另一种制度（即中共所谓的资本主义制度）则仅享有治权。换言之，即社会主义之运作者，对包括台湾在内之全中国拥有主权，并对中国大陆兼具治权。而资本主义制度之运作者，则仅具对台湾有治权而已，全无主权可言。参见包宗和著：《台海两岸互动的理论与政策面向》（1950-1989），台北，三民书局股份有限公司，1990 年版，第 78 页。

③ 尽管台湾"各级地方政府"所享有的自治权与台湾"政府五院"所行使的治权在权源、性质、效能等方面存在着诸多差异，但从单一制结构之法理和地方自治之实践两个层面来看，各级地方自治政府所享有的自治权应是"中央性权力"的派生和延伸，无疑应均属于治权范畴。

的中华民国体制框架中，治权包括立法、行政、司法、考试、监察五权，这五权均为中央性权力；尽管作为政权机关的“国民大会”随着2005年第七次“宪法改革”走入历史，但对应于“政权”的“治权”并未改变其原有涵义。根据台湾方面的有关解释，此处的“治权”包括中央性的主权权力。其二，台湾方面在两岸关系论述中但凡使用“治权”概念的场合，往往要强调“两岸分治”“互不隶属”，以凸显“两岸对等”，进而捍卫“台湾主体性”。譬如，沈君山在20世纪80年代提出“一国两治”论述时，明确指出其所说的“治权”包括“外交权和国防权”[①]。由此亦可推断，台湾方面关于“治权”的涵义并非单指地方性权力，还包括中央性权力。其三，马英九在论述其“互不承认主权，互不否认治权”的有效性时，曾援引1972年东德和西德签订“两德基础关系协定”（Basis of Relations Agreement between the Federal Republic of Germany and the Democratic Republic of Germany）时的作法，即两德在相互承认对方时，为回避“主权承认”而采用“最高权力”（supreme power）替代“主权”（sovereignty），且达到了解决主权问题的效果。[②]言下之意，两岸之间应用“互不否认治权”来解决因“互不承认主权”所产生的问题。众所周知，尽管两德之间用“最高权力”代替主权，但两德之间“最高权力”之相互承认就是主权承认，只是回避了“主权”字眼而已，这已被后来的历史事实所证明。依此逻辑不难推知，马英九在相关论述中提及的“治权”也包括最高权力（当然涵盖中央性权力）的涵义。

上述分析表明，“治权”概念在两岸各自的使用中均预设了带有某种政治用意的价值判断，具有浓厚的实用主义色彩。正因如此，“治权”概念的引入和使用从一开始便注定了两岸必将围绕其涵义发生争议（即必定会因两岸之研究者或使用者的不同政治立场和价值判断而难以就其涵义达成一致）。不难得知，大陆方面不会在没有弄清台湾方面“治权”涵义的情况下就贸然接受台湾方面提出“治权分立”、“治权独立”、“互不否认治权”等论述，台湾方面也同样不会在没有弄清大陆方面关于“治权”涵义的情况下就轻易接受大陆方面的“治权”安排。由上可见，两岸可以根据各自的政治需要对“治

① 沈君山著:《寻津集：从革新保台到一国两治》，台北，远流出版事业股份有限公司，1989版，第114—115页。

② 《“总统”出席“2011年世界国际法学会亚太区域会议”开幕典礼》，载台湾《中国时报》，2011年5月31日版。

权”概念进行不同的解读，这本身即是该概念存在问题的最有力佐证，为此，笔者不主张在两岸政治关系研究中采用“主权—治权”分析框架，必须探讨更科学的分析框架来取而代之。但倘若坚持运用“主权—治权”分析框架来探讨两岸政治关系，两岸双方须在探讨问题之前先就“治权”涵义达成共识，并在同一涵义上使用，这是运用“主权—治权”分析框架来探讨两岸政治关系的前提和基础。否则，讨论问题时各说各话，难免南辕北辙，达不到探讨和解决问题的目的和效果。当下这个问题之所以尚未凸显，很大一个原因即在于两岸政治谈判尚未开启。未来随着两岸关系的不断推进及政治谈判的开启，这一问题必将逐渐显现，两岸双方无从回避。

（三）该分析框架在逻辑上存在着结构性缺陷

“主权—治权”分析框架的根本缺陷在于，将本不具有对应关系的“主权”和“治权”作为对应性概念来使用，根源即在于将“主权”与“治权”原本的“相交关系”曲解为“相斥关系”。要厘清这一问题，尚得从主权理论入手。众所周知，一般意义上的主权包括两部分：抽象意义上的主权本体（即本源性主权）和实体意义上的主权权力（即衍生性主权）。所谓抽象意义的主权本体是指本源意义上的主权，如人民主权、国家主权等意义上的主权，是主权的最根本部分，不可分割、不可转让；所谓实体意义上的主权权力是指中央国家机构享有并行使的最高国家权力，如最高立法权、外交权、国防权等，是由本源性主权衍生出来的权力，是主权本体的进一步延伸，是本源性主权的具体体现，其可以分割、可以转让。两部分主权既相互区别，又相互依存，不可剥离，前者是后者存在的基础，后者是前者的延伸和派生，两者共同构成了主权整体。倘若离开了本源性主权本体，衍生性主权权力便成无源之水；倘若离开了主权权力，则主权本体便失去了实现或体现自己的载体。但人们通常将二者混为一谈，从而导致如下两种错误认知：其一，将主权本体误解为主权权力，从而导致“主权可分论”[①]“传统主权观念过时论”；其二，将主权权力误解为主权本体，[②]从而导致“主权权力不可分割论”，进而导致无法解释现实政治中最高国家权力可分（如三权分立体制下的立法、

① [荷]克拉勃著：《近代国家观念》，王检译，北京，商务印书馆，1957年版，第16页。
② 历史上政治思想家卢梭批评孟德斯鸠“把主权者弄成是一个支离破碎拼凑起来的怪物”，即为由此产生的误解。参见[法]卢梭著：《社会契约论》，何兆武译，北京，商务印书馆，2001年版，第37页。

行政和司法权之分）这一不争事实。

正确理解主权本体与主权权力的关系，有助于我们正确认识和科学理解主权与治权的关系。事实表明，主权与治权的真正关系是相交关系，主权与治权在内容上既有相异部分，又有重叠部分。一般说来，治权可以分为两部分，一部分是最高治权，即中央政府所行使的最高统治权（通常称"最高中央治权"）；另一部分是一般治权，包括中央政府所行使的除最高治权之外的治权（通常称"一般中央治权"）和地方政府所行使的治权（通常称"地方治权"）两部分；①其中，最高治权的内容即主权权力。②换言之，主权中的"主权权力"与治权中的"最高治权"在内容上是相同的。由于最高治权实则主权权力，故其属于主权范畴；同时由于最高治权也是治权的组成部分，故其也属于治权范畴。可见，最高治权既属于主权范畴，也属于治权范畴，是主权和治权的交叉地带或共同部分，只是其在不同范畴中称谓不同（即在主权范畴中被称为主权权力，在治权范畴中被称为最高治权）。

既然主权与治权是相交关系，（严格说来）就不应该将二者作为对应性概念来使用。"主权—治权"分析框架将二者作为对应性概念来使用，从逻辑上说，这本身就存在着问题。

需要澄清的是，尽管台湾方面的"主权—治权"分析框架来源于孙中山先生的"政权—治权"思想，但由于在孙中山先生的"五权宪法"架构中，"政权"与"治权"分别有其明确的涵义，且内容上互不重叠，故不存在逻辑上的问题。但由"政权"与"治权"的对应关系推演出"主权"与"治权"的对应关系，便产生了逻辑上的问题。因为通常意义上的"主权"与孙中山先生所指的"政权"具有不同的涵义。众所周知，在孙中山先生的"五权宪法"框架下，政权是指人民或国民大会行使的权力，治权是指中央政府五院所行使的权力。③倘若从主权理论的视角来分析，"五权宪法"框架下国民大

① 倘若从权力主体来划分，治权可以分为中央治权（即中央政府行使的治权）和地方治权（即地方政府行使的治权）；其中，中央治权又可分为最高中央治权和一般中央治权。这样治权在整体上就包括三个组成部分，即最高中央治权、一般中央治权和地方治权。在这三者中，只有最高中央治权（即通常所说的最高治权）才是主权权力，而一般中央治权和地方治权均不是主权权力。

② 当然，主权权力在单一制和联邦制下的划分与配置并非相同。在单一制下，它专指中央政府享有的最高权力（即最高治权）；而在联邦制下，它既包括联邦政府行使的主权权力，也包括联邦成员政府所行使的对地区内有关事务的最高决定权，也有人将此称为"剩余主权"。

③ 广东省社会科学院历史研究室等合编：《孙中山全集》第九卷，北京，中华书局，2006年版，第352页。

会所行使的四项政权和政府五院所行使的五项治权，均属于主权范畴。参见下图。

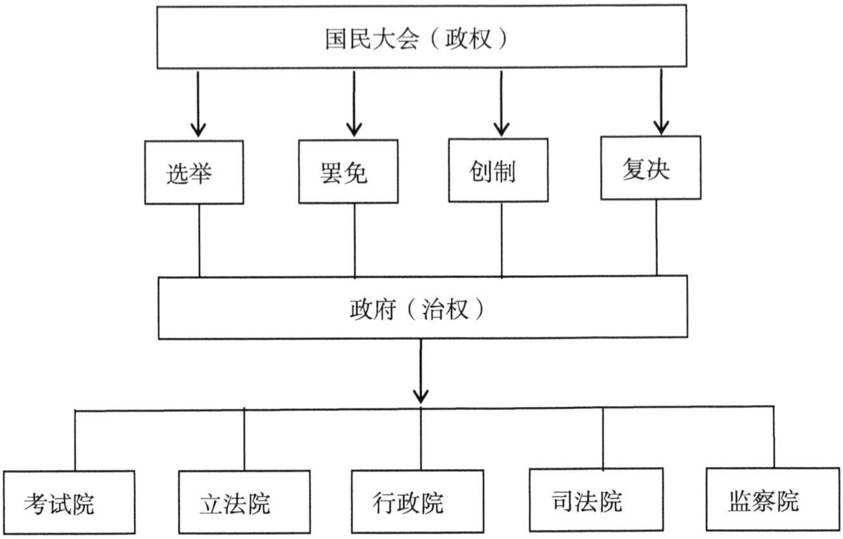

图 4–1：政权—治权关系示意图

（资料来源：广东省社会科学院历史研究室等合编:《孙中山全集》第九卷，中华书局，2006 年版，第 352 页。作者根据文意略加改造。）

（四）该分析框架对两岸分裂现状的解释欠缺说服力

既然“主权—治权”分析框架在逻辑上存在问题，那么运用该分析框架来研究两岸政治关系必然会带来更多问题。由于“主权—治权”分析框架把主权与治权视为相斥关系，故其只关注到主权和治权的差异而忽略两者的共同或相近之处。在这一思维模式的导引之下，只会作出“非此即彼”式分析，而不会作出“亦此亦彼”式分析，从而将本来既归属于主权范畴又归属于治权范畴的最高治权作了简单化处理，即要么将其归属于主权范畴，要么将其归属于治权范畴。显然，这既不能科学地反映最高治权的性质，也不能正确体现最高治权的归属。在“非此即彼”式思维模式的影响下，对于两岸分裂状况的界定，只能做出要么是“主权分裂”，要么是“治权分裂”的取舍。但事实上，两岸在主权权力（或最高治权）层面上分裂带有双重性质——既带有“主权分裂”的性质，也带有“治权分裂”的性质。故两岸分裂并非单纯的“主权分裂”或者“治权分裂”所能解释清楚；换言之，无论是“主权分裂”，还是“治权分裂”，均不能令人信服地解释目前两岸分裂的性质、现状和程度。

首先，就“主权分裂”而论，这一笼统的表述易给人以“整体主权”一分为二的感觉，正因如此，大陆方面一直反对任何关于两岸“主权分裂”的说辞。事实上，“整体主权分裂”并不符合两岸分裂的现状和法理。众所周知，两岸分裂不同于二战后两德或朝韩之“整体主权”的一分为二式分裂，仅为“统一之中的分裂”。所谓统一之中的分裂是指世界上只有一个中国，中国在联合国的席位只有一个，但中国内部又存在着两个互不隶属、隔海分治的政权。

其次，就“治权分裂”而论，可分两种情形论析：其一，倘若“治权”仅指地方性权力，那么，用“治权分裂”来描述和界定两岸分裂的性质和现状则欠缺解释力。在相斥性“主权—治权”分析框架下，“治权”是与“主权”相对称的概念，以此推理，其在内容上必定是主权之外的权力。但众所周知，无论在学理上抑或实践中，“主权之外的权力”并非仅是地方性权力，通常尚包括某些中央性权力，所以认为治权单指地方性权力的说辞在学理上是站不住脚的。诚然，在“一国两制”港澳模式下，“治权”仅指地方性权力，这是因为香港和澳门不论在回归前的英国和葡萄牙还是在回归后的中国，均为中央政府下辖的海外殖民地政府或地方政府。但台湾问题与港澳问题有所不同，尽管台湾当局也是中国的一个地方当局，但并非一般意义上的地方当局，其行使的权力难以用地方性权力来描述。因为台湾当局正在行使的有些权力并非简单地用“地方政权”或“地方治权”之类的概念可以表述清楚，诸如征兵、发行货币、司法终审之类的权力本来都是中央政府的职权，明显属于主权权力的范畴。[①] 其二，倘若“治权”泛指中央和地方两个层级的权力，“治权分裂”对两岸关系也同样欠缺解释力。这是因为：在治权包括中央性权力的情形下，“治权分裂”的实质即“一国两府”或“一国两治”，而“一国两府”或“一国两治”均是台湾方面为坚持其与大陆方面对等的主体性

① 黄嘉树、王英津:《主权构成研究及其在台湾问题上的应用》，载《台湾研究集刊》2002 年第 2 期，第 35 页。

身份而提出的政治诉求，并不符合两岸分裂的事实。为此，大陆方面当以警惕，包括中央性权力在内的“治权分裂”不仅易架空“主权统一”，亦易出现治权包装下的“主权图谋”。

三、“主权—治权”分析框架下的典型论述解析

近些年，台湾方面运用“主权—治权”分析框架提出了一系列关于两岸政治关系的论述，也有部分大陆学者跟着赞同。那么，究竟该如何看待这些两岸政治关系论述？根据前面的分析，下文结合两个典型论述个案试作分析，希冀一则可进一步印证“主权—治权”分析框架的缺陷，二则可看清这些论述的问题所在，以便于审慎地对待这些论述，避免在两岸政治互动中陷入被动局面。

（一）“主权重叠，治权分立”

“主权重叠，治权分立”是近些年来台湾学者和官方人士经常使用的一个两岸政治关系论述。从表面上看，“主权重叠，治权分立”是“主权统一，治权分裂”的另一种表述形式，二者意涵极为相近，但其实二者之间存有较大差异。所谓“主权重叠”是指两岸“宪法”所宣示的领土主权范围彼此涵盖对方，即中华人民共和国宣示其领土主权涵盖大陆和台湾，“中华民国”宣示其领土主权涵盖台湾和大陆，故双方的领土主权范围呈现重叠状态。尽管“主权重叠”表面上带有双方对于主权范围并无争议，领土主权尚未分裂、世界上只有一个中国的意味，但实质上暗含着承认目前中国（两岸）存有两个主权，只是这两个主权重叠在一起而已，这与前述“主权统一、治权分裂”论述中的“主权统一”相比较，其单一主权的意味更加淡化。所谓“治权分立”是指依照两岸现行规定，两岸当局分别统治中国的一部分领土，双方均主张对整个中国领土拥有法理上的管辖权，实际上仅有效管辖其中的一部分，即中华人民共和国仅管辖大陆，“中华民国”仅管辖台澎金马。尽管“治权分立”在形式上表明双方仅对治权归属或主权行使存有争议，均坚持己方政权为中国的唯一“合法政权”并在国际上代表中国，但其实质上更加凸显台湾

与大陆的“分治而立”“彼此对等”，这与前述“治权分裂”相比较，其更加凸显两岸分裂的凝固性、永久性和对等性，所以，其与一个中国原则的要求更有距离。因此，我们须对“主权重叠，治权分立”论述有清晰的理解和把握。

欲准确理解和把握“主权重叠，治权分立”的内涵，除了应清楚地认识到上述提及的“承认主权重叠有可能会导致承认两个主权”之外，还应进一步厘清该论述中“主权”和“治权”的各自涵义。在主权和治权的涵义尚处于游离不定的情况下，很难准确把握该论述的意涵和指向，而决定该论述意涵指向的关键要素是中央性权力在主权和治权两个范畴中如何归属。尽管两岸学界持“主权重叠，治权分立”论者均不乏其人，但对于“主权重叠，治权分立”的论述重心双方各有侧重，大陆方面个别学者侧重于强调“主权重叠”，而台湾方面则侧重于强调“治权分立”。

由于大陆方面个别学者侧重于强调“主权重叠”[①]，故其将中央性权力归于主权范畴，这样一来，“主权重叠，治权分立”论述中的“治权分立”即指地方性权力分立。大陆方面学者将两岸“治权分立”界定为地方性权力分立，在内容上排除了中央层级的外交权、国防权等权项，可以消除来自台湾方面（尤其是“台独”势力）对一个中国原则的冲击或挑战，这固然有助于维护“一个中国”架构，但将两岸分裂界定为“地方性权力分立”是否具有令人信服的解释力？两岸当局在自己的管辖区域内各自行使（事实上的）最高管辖权，这种（事实上的）最高管辖权并非地方性权力所能涵盖。所以当治权仅仅指涉地方性权力时，“治权分立”论不能令人信服地解释目前两岸“分裂分治”的现状、性质和程度。

由于台湾方面侧重于强调“治权分立”，故其将中央性权力归于治权范畴。将两岸“治权分立”界定为中央性权力分立，则存在着导致“一国两府”的政治风险。这是因为：若将中央性权力归于治权范畴，则会使“重叠的主权”因失去中央性权力这一具体载体或体现物而变成抽象的“存在物”。在这一情形下，“主权重叠”仅具有形式上的象征意义，而“治权分裂”却成为事实上的“主权权力分裂”，此与“台独”人士主张的“主权分

① 笔者认为，大陆个别学者主张“主权重叠论”，是出于对“主权重叠”缺乏深入研究和认知，想当然地认为“主权重叠”就是一个中国。导致这种肤浅认知的原因有二：一是其并未注意到该论述背后隐含着“两个主权”的意涵；二是没有充分理解台湾方面关于治权的涵义。

裂，治权分裂”论述并无实质性差别，只是在形式上加盖了一个虚体“一中”的屋顶而已。若依照台湾方面关于“治权”的涵义及“治权分立”论述来推理，大陆方面目前所行使的一切权力（包括外交权）均属于治权范畴，这会淹没或掩盖大陆方面所行使的主权。“主权重叠，治权分立”论述表面上主张“一中”，实则凸显“两府”。很显然，在两岸“治权分立”的名义下，潜伏着导致“一国两府”的政治风险。倘若大陆方面正面承认台湾方面所谓的“治权分立”，则暗含着承认“中华民国”与中华人民共和国并存，进而产生连带承认台湾当局统治台澎金马地区合法化的实际效果。该论述一方面反映出台湾当局在“一中”名义下积极寻求与大陆互动之连接点的努力，另一方面也反映出台湾当局旨在借用“治权分立”这样一个低度敏感的字眼来获取大陆方面的认可或默许，进而捍卫和凸显其与大陆对等之主体性身份的用意。

由上可见，尽管两岸现行规定所宣示的领土主权范围相互重叠，但这未必体现了一个中国原则。从法理上说，只有在互不承认对方、坚持单一主权的情况下，两岸“主权重叠”才能体现一个中国原则。若舍此条件，两岸双方共同承认“主权重叠”，则要么会导致承认“两个主权”，要么会导致“重叠的主权”空心化，进而使“一个中国”虚体化。这一情势下“主权重叠，治权分立”的政治意涵，与“一国两府”没有实质性区别，只是从另一个（即“国家权力”）角度换了一种表述而已。正因如此，对大陆方面而言，倘若贸然接受“主权重叠，治权分立”论述，着实潜含着一定的政治风险，如此一来，谨防台湾方面藉“治权分立”名义从事“主权分裂”的图谋，实为大陆方面应有之戒备。

需要指出的是，尽管“主权重叠，治权分立”论在台湾地区颇有市场，但该论述在大陆地区仅为个别学者的一种观点、主张或提法，并非官方论述。大陆官方一直不承认“中华民国”，自然也不会承认“中华民国”在台湾的“治权”，故大陆官方从未在其规范性文件中使用这一表述。

（二）“互不承认主权，互不否认治权”

马英九上台主政后，根据“中华民国宪法”，提出处理两岸政治关系的基本准则为“互不承认主权，互不否认治权”[①]。

所谓“互不承认主权”是主张在两岸之间坚持单一主权主体，双方都声称自己的领土主权涵盖对方，且双方都不允许在自己领土（全中国）内有另一主权国家存在。坚持认为两岸互不承认主权，只承认自己是唯一主权主体，只有这样才符合“一个中国”；反之，相互承认主权便打破了一个中国框架，从而导致“两个中国”。

所谓“互不否认治权”是指两岸双方不要否认彼此在自己有效管辖区域内的有效统治权，其实质是要大陆承认“中华民国”在台湾地区的统治权与合法性。因为在马英九当局看来，该论述既可维持台湾与大陆同属一个中国的“宪法一中”精神，又符合目前海峡两岸的现实状况：中华人民共和国在法理上拥有对大陆和台湾的主权，但实际上治权仅及于大陆；“中华民国”在法理上同样拥有对台湾和大陆的“主权”，但实际上“治权”仅及于台湾。[②]

由陈水扁时期“互相承认主权”到马英九时期“互不承认主权”的变化，其所折射出来的政治意涵是：台湾方面的政治诉求开始由“主权国家”降至“主权政府”。目前民进党人士亦有所松动，在“台湾主权独立”诉求无法实现的情况下，开始转向要求大陆方面承认台湾“治权独立”。对于这一回归“治权”层面来探讨两岸政治关系及其安排的主张，大陆方面应给予适度肯定；因为相较于陈水扁当局坚持在“主权分立”基础上处理两岸关系的做法，其毕竟有所松动，这无疑是朝“一个中国”方向挪进的可喜一步。就马英九当局的这一两岸政治关系论述而言，其前提是“互不承认对方的主权”，即台湾方面不承认中华人民共和国（政府）之合法性，而只承认“中华民国（政府）”之“合法性”；而大陆方面不承认“中华民国（政府）”之“合法性”，而只承认中华人民共和国（政府）之合法性。这与大陆方面的期许虽有些落差，但其毕竟主张“单一主权”，坚持两岸同属实体意义上的“一中”。或许

① 马英九在2007年竞选台湾地区领导人期间，曾提出两岸追求“互不否认”的观点；2011年5月30日马英九出席“2011年世界国际法学会亚太区域会议”开幕典礼致辞时，他又进一步提出“传统国际公法的承认制度无法适用于两岸关系”，“在中华民国宪法架构下，两岸关系不是国与国关系，而是一种特殊关系，我们无法也不会承认大陆的主权，但是我们不应也不会否认大陆当局在大陆有效行使治权的事实；简单地说，‘互不承认、互不否认’的涵义就是‘两岸互不承认对方的主权，但互不否认对方的治权’”。此即“互不承认主权，互不否认治权”的来历和基本意涵。参见《总统出席“2011年世界国际法学会亚太区域会议”开幕典礼》，载台湾《中国时报》，2011年5月31日版。

② 文久：《“台湾共识”挑战中共》，载香港《广角镜》，2013年8月号，第19页。

这是大陆方面对“互不承认主权，互不否认治权”论既未肯定也未否定的原因之一。需要特别指出的是，大陆方面未予否认的是马英九当局对待“一中”之相对进步的政治立场，而非认可其关于“一中”的内涵。

但是，“互不承认主权，互不否认治权”论是否为体现一个中国原则的论述？能否避免导致“两个中国”？要准确回答这些问题，尚得结合“主权”和“治权”的涵义作通盘分析。在治权仅指地方层级的权力（此时与“治权”相对称的“主权”包括主权本体和主权权力两部分）的情形下，双方“互不否认”不致导致“一国两府”。然而，在治权包括中央和地方两个层级的权力（此时与“治权”相对称的“主权”仅为主权本体而不包括主权权力）的情形下，双方“互不否认”则会导致“一国两府”，从而最终导致“两个中国”。譬如，按照台湾方面的“宪政”逻辑，其“政府五院”所行使的权力均属于治权范畴，那么，以此推知，作为“政府五院”之一的“行政院”及其下辖的“外交部”和“国防部”所行使的权力也均属于治权。但众所周知，外交权和国防权是主权国家特有的主权权力，属于主权范畴。由此不难得知，面对台湾方面包括“外交权”和“国防权”在内的“治权”，大陆方面怎能做到“互不否认”？

由上可见，马英九当局的“互不承认主权，互不否认治权”论述，既可向“一国两区”（实为“一国一府”）方向解释，也可向“一国两府”方向解释。有鉴于此，对于马英九当局的“互不否认治权”论，大陆方面慎重有加，一直未予明确回应，而是较为策略地采取了既不肯定也不否定的模糊作法。

笔者认为，即便大陆方面将来在一定条件下需要明确回应“互不否认治权”，抑或需要正面承认“治权分立”，届时也需要根据治权所指涉的具体内容及其性质来决定哪些治权“互不否认”，哪些“坚决否认”，而不会笼统地、全盘地接受“互不否认治权”论。笔者建议，随着两岸关系的深化，大陆方面对于台湾方面的“治权”应给予附条件的有限承认。所谓附条件是指必须在一个中国框架下才可考虑承认对方治权之事宜；所谓有限承认是指仅承认低度政治敏感性的那一部分治权。笔者认为，不妨将最高治权分为事务性最高治权与政治性最高治权；对于前者，可以在一个中国框架下予以承认，即使承认了也不构成对一个中国框架的挑战；对于后者，则不可以笼统地全盘承认，不然将直接冲撞一个中国框架，该问题的破解之道为通过双方的协商，运用列举法在双方的共同协议中将可以承认的政治性最高治权逐项予以列举，未予列举的权项一律排除。对于不能分享的外交权和国防权等政治性最高治权，两岸只能共享而不能分享。至于如何共享，届时有赖两岸双方通过协商谈判来寻找解决方案。

四、“主权—治权”分析框架的修正方案及其限度

针对“主权—治权”分析框架（亦称“二分法”分析框架）存在的缺陷或问题，我们无非有两种解决方案，一是通过修正来进一步完善原有分析框架，二是建构一个新的分析框架来替代原有分析框架。就这两种解决方案而言，既然两岸已习惯使用“主权—治权”分析框架，倘若能通过修正或完善就能解决其存在的不足或问题，解决问题成本相对较低，当为首选方案；倘若通过修正方案仍不能解决问题，只能寻求替代方案。沿循这一思路，在此展开如下分析。

针对相斥性“主权—治权”分析框架及其在两岸政治关系论述中的问题，我们应当将“主权”与“治权”的相斥关系修正为相交关系。在治权包括中央性权力的情况下，主权与治权本是相交关系，但以往的“主权—治权”分析框架却错误地将其当作相斥关系来看待，并以此来分析和研究两岸政治关系问题，这必会产生问题。倘若坚持用“主权—治权”分析框架来探讨两岸关系，必须将两者关系复原至原本的相交关系。

较之于相斥性“主权—治权”分析框架，相交性“主权—治权”分析框架有助于还原主权与治权的关系原貌，对两岸政治关系的解释力亦将有所增强；但是，由于该分析框架建基于“主权—治权”二元划分的基础之上，注定其存在自身无法克服的结构性缺陷。所以，试图通过将主权与治权的“相斥关系”修正为“相交关系”以完善“主权—治权”分析框架的作法，尽管有其重要意义，但效果非常有限；换言之，其只能做到局部完善，无法做到整体完善。具体表现在：

第一，相交性“主权—治权”分析框架在方法论上仍存在问题。从类型学上说，作为对应意义上使用的概念必须是相斥关系，而不能有相交或重叠关系。譬如，将人类分为男人和女人两种，那就不可以有人既是男人，

又是女人。在相交性“主权—治权”分析框架下，主权和治权两个概念并非相斥关系，而是相交关系；既然二者是相交关系，就不应该再将它们对应起来使用。倘若明知二者是相交关系，却仍将二者对应起来使用并以此作为一个分析框架来研究问题，这本身即存在问题。简言之，将主权与治权的关系由相斥关系修正为相交关系后，尽管解决了二者逻辑关系上的缺陷，但倘若将其作为方法论意义上的分析框架来研究问题，则仍存在着瑕疵或问题。

第二，相交性“主权—治权”分析框架在解释效果上仍存在欠缺。尽管相交性“主权—治权”分析框架能观察到主权和治权的重叠部分，可以作出“亦此亦彼”式分析，但由于其二元划分的简单化作法，注定其在研究思路上难以摆脱二分法的结构性局限，致使其对重叠部分的解释和分析难以取得清晰效果。就两岸关系而言，尽管相交性“主权—治权”分析框架能揭示出两岸之间既存在主权分裂又存在治权分裂，但不能准确、具体描述主权与治权的哪一部分出现了分裂。在这种情形下，鉴于担心“主权分裂”说辞为“台独”势力所利用，大陆方面坚决不承认两岸之间存在“主权分裂”，极力声称仅是“（地方性）治权分裂”。客观地说，大陆方面的“治权分裂”论述因其侧重强调地方性权力分裂，显然与两岸分裂现状不符。于大陆方面而言，承认“主权分裂”，有造成“两国论”之嫌；否认“主权分裂”，又难以令人信服地解释目前两岸分裂的现状和性质。故无论是承认“主权分裂”还是否认“主权分裂”，莫不使大陆方面陷入循环论证的尴尬境地。

第三，相交性“主权—治权”框架在防范“台独”上仍存在局限。运用相交性“主权—治权”分析框架可以观察到主权和治权的相交或重叠部分，这固然有助于更好地防范“治权包装主权”情形的出现，使得藉治权名义来“捍卫”所谓台湾“主权”或从事“台独”分裂活动的企图难以得逞，但由于修正后的分析框架仍难以准确、具体地描述主权的何者部分与治权的何者部分出现了相交或重叠，故仍不能从根本上完全防范治权掩盖下的“主权图谋”。另一方面，由于其使用的“主权”和“治权”概念过于笼统而不能准确、具体描述主权的何者部分出现了分裂，故而易导致两岸主权层面出现的“局部性分裂”作扩大化解释，将其异化解读为中国“整体主权”的分裂，进而为“台独”势力所利用。

以上表明，“主权—治权”二分法尽管可以进行部分的修正和完善，但即使修正和完善以后，其解释和解决问题的效能仍非常有限，即只能部分性地解决问题。由于其存在自身无法克服的结构性问题，故不可能通过简单的修正就可以达到完善的目的。欲解决这一问题，需要对主权和治权的“内在结构”进行解剖，以发现和揭示二者内部构成的基本要件。

五、替代性分析框架的建构：从“二分法”到“三分法”

在两岸正式开启相关谈判之前，相交性“主权—治权”分析框架及其相关论述尚可勉强满足两岸政治互动的需要，而一旦进入“深水区”的政治谈判阶段，涉及敏感的具体问题时，其在理论上难免捉襟见肘，不足以支撑两岸政治谈判的需要，故寻求替代性方案也就成为探讨和解决两岸政治关系定位的必然选择。

（一）“三分法”分析框架的意涵及其对两岸分裂现状的解释

从分析概念来说，在两岸关系研究中，既然“治权”概念不规范，我们自当舍弃这一概念，去努力寻找和积极建构具体、明确、客观、不易产生歧义的规范概念和分析框架来描述和界定两岸分裂的现状。那么，究竟什么样的分析框架既能更具体、更细致地解析“主权”和“治权”涵义，又能更清晰、更有说服力地解释两岸分裂现状呢？为此，笔者与黄嘉树教授曾提出过主权构成理论[①]，主张将主权在内部构成上划分为主权所有权和主权行使权，尝试以该理论来解释两岸分裂的性质和现状，且收到较好效果。不过，该理论主要针对主权而言，并未对“主权之外的国家权力”（即一般治权）作出分析，有鉴于此，笔者在既有主权构成理论的基础上，将“最高治权”和“一般治权”两个概念吸纳进来，构建一个由“主权所有权”“主权行使权”“最高治权”和“一般治权”四个核心概念为主轴的分析框架，但由于“主权行使权”在内容上涵盖“最高治权”，实际上这个分析框架由三个核心

① 黄嘉树、王英津：《主权构成研究及其在台湾问题上的应用》，载《台湾研究集刊》2002年第2期，第28—36页。

概念组成，即“主权所有权—主权行使权——般治权”分析框架（简称“三分法”分析框架）。该分析框架将国家权力整体按照权力的位阶和性质，从高到低依次划分为三个组成部分：主权所有权、主权行使权和一般治权。基于前述“主权—治权”分析框架存在的问题及其修复的有限性，笔者主张以“主权所有权—主权行使权——般治权”的分析框架替代“主权—治权”分析框架。如果说主权构成理论是针对主权而言的，那么“三分法”分析框架则是针对国家权力整体而言的，二者虽有所不同，但关联密切，“三分法”分析框架是对主权构成理论的进一步延展，其分析对象更具包容性。具体参见下表。

表 4–2：“三分法”与“二分法”分析框架比较表

分析框架 / 比较项目	“二分法”分析框架		“三分法”分析框架
	相斥性“二分法”	相交性“二分法”	
使用概念	主权、治权	主权、治权	主权所有权、主权行使权（含最高治权）、一般治权
基本观点	认为主权与治权是逻辑上的相斥关系	认为主权与治权是逻辑上的相交关系	在主权与治权相交关系的基础上，对主权内部构成和治权内部构成进行细化研究，提出更为细化的三个二级概念。
公式表达	主权 + 治权 = 国家权力整体	主权 + 治权 = 国家权力整体	主权所有权 + 主权行使权（含最高治权）+ 一般治权 = 国家权力整体
微观分解	无法细化分解	无法细化分解	①主权 = 主权所有权 + 主权行使权； ②主权行使权 = 主权权力（即最高治权）+ 主权权利； ③治权 = 最高治权 + 一般治权； ④最高治权 = 政治性最高治权 + 事务性最高治权； ⑤一般治权 = 一般中央治权 + 地方治权。

（图表来源：作者自制）

按照“三分法”分析框架，两岸目前分裂现状及性质可界定为：①中国（两岸）的领土主权所有权始终是统一的，目前两岸仅仅是主权行使权的分裂；②中国（两岸）领土主权行使权之分裂是事实上的分裂，而非法理上的分裂。需要说明的是，既然中国（两岸）在主权行使权层面上存在着分裂，那么在权力位阶上处于主权行使权之下的一般中央治权和地方治权（由于受单一制结构的影响）也必然存在分裂。由于一般中央治权和地方治权的分裂由中央层面的主权行使权分裂所决定，所以下面仅就领土主权所有权和领土主权行使权两个层面的权力状况来进行分析。

1. 中国领土主权所有权统一：“两岸一中”之体现

1945 年日本战败后，其依照《开罗宣言》和《波茨坦公告》的精神和要求将台湾归还了中国。由于当时的中华民国政府是代表中国的中央政府，故由中华民国政府代表中国从日本手中接管了台湾，自此台湾回归中国。尽管自 1949 年以来两岸之间一直存在主权行使权之争，但这是一个中国内部的政权之争，无论由哪一方（中华人民共和国抑或“中华民国”）来行使“主权”，均不能改变台湾的主权归属，台湾属于中国已经是一个毋庸置疑的事实。在两岸同属一个中国框架下，“大陆是包括 2300 万台湾同胞在内的 13 亿中国人民的大陆，台湾也是包括台湾 2300 万台湾同胞在内的 13 亿中国人民的台湾”，[①] 中国（两岸）领土主权所有权只能由两岸人民共同拥有，不容分割，也从未分割，“任何涉及中国主权和领土完整的问题，必须由包括台湾同胞在内的全中国人民共同决定”[②],此即对“两岸同属一中”最为根本的概括。以上表明，无论在国际法理上，还是在政治现实中，中国（两岸）在主权所有权层面上并未分裂，世界上只有一个中国。

2. 中国领土主权行使权事实上分裂：“两岸分治”之体现

从主权行使权（特别是对内主权行使权）层面上看，中国呈现分裂状态。尽管两岸当局均声称代表全中国，但中华人民共和国政府目前仅行使大陆地区的最高管辖权（即主权行使权），而台湾当局（即所谓“中华民国政府”）仅行使台湾地区的最高管辖权。1949 年以来，两岸之间一直存在着

---

① 《胡锦涛就新形势下发展两岸关系提出四点意见》，载《人民日报》，2005 年 3 月 5 日版。

② 胡锦涛：《高举中国特色社会主义伟大旗帜 为夺取全面建设小康社会新胜利而奋斗——在中国共产党第十七次全国代表大会上的报告》，北京，人民出版社，2007 年版，第 45 页。

何者为中国的中央政权之争，即两岸究竟该由中华人民共和国政府抑或“中华民国政府”来代表中国行使主权；换言之，台湾的主权行使权究竟应属于“中华民国”抑或中华人民共和国，及大陆的主权行使权应属中华人民共和国抑或“中华民国”？倘若从台湾领土主权所有权与主权行使权的关系来审视，台湾问题是台湾领土的主权行使权同其主权所有权的国内被动分离问题。[①]1949 年中华人民共和国完成了对中华民国的政府继承，[②]从法理上说，台湾当局没有任何资格再对台湾地区行使有效管辖权。但从现实角度看，由于两岸隔海对峙，台湾当局并未实际履行国际法的有关规定而向中华人民共和国政府“交还”它已无权继续行使的部分对台主权行使权。相反，台湾当局仍以先前“中华民国”的名义一直对台湾领土行使着实际的管辖权，从而使得中华人民共和国政府无法对台湾地区行使实际有效的管辖和治理。这样，就在台湾地区的管辖权问题上造成了法理上的行使者与事实上的行使者不能同一的现象，即法理上应该行使台湾管辖权的主体（中华人民共和国政府）却在事实上无法行使台湾的管辖权，而法理上不应该行使台湾管辖权的主体（台湾当局）却在事实上行使着台湾的管辖权，这对台湾领土主权法理拥有者（尤其是大陆人民）之权益造成严重损害，所以要通过两岸统一来结束这一被动分离状态，以更好地维护台湾领土主权法理拥有者的权益。

（二）“三分法”分析框架的意义与优长

1. 相较于“二分法”分析框架的意义

与“二分法”分析框架相比较，“三分法”分析框架具有以下积极意义：

第一，该分析框架在逻辑结构上更加严谨与科学。“三分法”分析框架

---

① 实际行使者行使的权力经过权力共同拥有者的委托或授权程序，使得权力在所有者与行使者之间产生的分离，并不损伤权力所有者的利益，是民主社会的常态，是人民主权的实现形式，属于国内主动分离形式；但台湾当局行使的权力并未经过权力所有者的委托或授权程序，是强行占据并行使，故属于被动分离形式。这种分离形式会损伤权力拥有者的利益。参见黄嘉树、王英津：《主权构成研究及其在台湾问题上的应用》，载《台湾研究集刊》2002 年第 2 期，第 33—34 页。

② 尽管 1949 年中华人民共和国成立时尚未推翻国民党政权在台澎金马地区的统治，但这并不影响中华人民共和国已完成对中华民国之政府继承的认定，因为根据国际法上的有效统治原则，某一个政治实体只要控制了这个国家的绝大部分领土，得到了该领土上居民的认同和支持，并长时间实行有效而稳定的管辖，这个政府就是合法有效的中央政府。所谓的“政府继承未完成论”“政府继承进行时”“未完成的政府继承”“不完全政府继承”“部分政府继承”等说辞，均在法理上不能成立，因为在国际法上，政府继承没有完全继承与不完全继承之分。

将主权区分为主权所有权和主权行使权，将治权区分为最高治权和一般治权，并认为主权行使权与最高治权在内容上具有重叠性，是主权和治权的“相交地带”或共同部分。“三分法”分析框架是在主权和治权相交关系的基础上分析问题，既能反映主权与治权概念的区别，也能反映主权与治权的联系。由于该分析框架在逻辑结构上更为科学和严谨，故在实践中有助于防范“二分法”对“主权权力（即最高治权）”的忽视或掩盖，有助于防范“治权”名义下的“主权”图谋，有助于正视和把握中国（两岸）主权的局部性分裂。

第二，该分析框架对两岸政治关系的研究更加具体和深入。“三分法”分析框架并非对“二分法”分析框架的全盘否定，而是对“二分法”分析框架的校正和细化。所谓校正是指将相斥关系修正为相交关系；所谓细化是指通过剖析主权和治权的内部构成来进行更加微观、更加具体的研究。与“二分法”分析框架不同，“三分法”分析框架对于主权、主权权力、最高统治权和一般治权之间的关系进行了深入、细致的探讨，尤其该分析框架下的“一般治权”，其作为与“最高治权”相对称的概念，其涵义具体明确，有较强的现实应用性。

第三，该分析框架对两岸分裂现状的解释更具说服力。由“主权所有权”“主权行使权”和“一般治权”三个核心概念组成的“三分法”，分际清晰，涵义明确，能更为细致地描述两岸分裂的现状。中国领土主权是统一的，同时统一之中又存在分裂，即主权所有权统一之下的主权行使权分裂。坚持中国的领土主权所有权的统一性，是“一中”原则的体现和要求；承认中国的领土主权行使权存在分裂，既符合两岸“分裂分治”的现实，也为两岸统一奠定合法性和正当性基础。“三分法”分析框架不仅能指出主权存在分裂，而且还能准确描述主权的哪一具体组成部分出现了分裂，哪一具体组成部分仍没有出现分裂，如此一来，既可对两岸的分裂现状进行合理解释，又可防止将主权局部性分裂作扩大解释。

2. 相较于“主权—主权权力”分析框架的意义

第一，该分析框架具有更广泛的适用性。尽管主权行使权与主权权力[①]

① 美国学者斯蒂芬斯最早提出“主权权力”这一概念，他认为应当将主权权力和主权本身区分开来，并认为主权权力是可分的。转引自吴大英等著：《比较立法制度》，北京，群众出版社，1992 年版，第 269 页。

（即最高治权）在国内场域的意涵是相同的，但主权行使权在内容上并不等同于主权权力或最高治权。通常而言，主权权力或最高治权仅适用于分析国内场合的关系，但一旦逾越国内场合，主权权力或最高治权便不适用，因为国际社会成员单位在法律人格上一律平等，无所谓何者最高；较之于主权权力或最高治权，主权行使权则具有更广泛的适用性，其不仅适用于分析国内场合的关系，而且适用于分析国际场合的关系。这是因为主权行使权不仅包含主权权力的涵义，且包含主权权利的涵义，用公式表示为：主权行使权 = 主权权力 + 主权权利。当主权行使权表示一种支配力量时，它就表现为人们通常所说的“主权权力”；当主权行使权表示一种法律资格时，它便表现为人们通常所说的“主权权利”。[①] 这正是笔者在此主张适用“主权行使权”，而不用“主权权力”概念的缘由。

第二，该分析框架有助于更好地防范“一个中国”虚体化。“主权—主权权力”分析框架将主权与主权权力对应起来使用，实际上是将主权权力视为主权之外的“存在物”，这样将导致主权“空心化”；然而，“主权所有权—主权行使权—一般治权”分析框架则不同，其将主权权力（和主权权利一起）视为主权的内在构成部分；并认为主权所有权不等同于主权，主权行使权不等同于主权权力。由于该分析框架下的主权所有权并非抽象意义上的权力，而是具有实在意义的权力，所以其与主权行使权对应起来使用，不必担心被主权行使权架空，有助于更好地防范“一个中国”虚体化。

六、防范替代性分析框架被误读的进一步阐释

分析至此，想必会有大陆学者质疑：承认台湾当局实际行使的权力为主权行使权，这不就意味着承认台湾拥有“主权”吗？“三分法”分析框架倾向于承认中国的对内主权行使权在两岸之间存在事实上分裂，这是否会被有些人用来作为“一国两府”的佐证？笔者认为，这种担心可以理解，但没有必要。因为笔者在建构替代性分析框架过程中始终隐含着对这一问题的防范。

① 黄嘉树、王英津：《主权构成研究及其在台湾问题上的应用》，载《台湾研究集刊》2002 年第 2 期，第 32 页。

为了消除人们的顾虑，也为了更好地防范或避免该替代性分析框架被别有用心地异化解读，笔者在此将该替代性分析框架所涉及的概念及其意涵，再作如下阐释：

（一）承认“事实行使”≠承认“法理拥有”

根据主权所有权与主权行使权之间的关系，主权所有权是主权行使权的基础，承认台湾当局目前正在实际行使的权力之性质是主权行使权范畴的权力，并非意味着承认台湾当局在法理上拥有主权行使权，更不意味着台湾拥有主权或是一个主权国家。欲准确地理解这一表述，必须注意区分“事实行使”与“法理拥有”的不同。事实表明，两岸分裂在法理状态和事实状态上并非一致（参见表 4-3）。

表 4–3：两岸主权之“法理拥有”与“事实行使”比较表

两岸双方 主权状态		大陆方面	台湾方面
中国的主权所有权		与台湾 2300 万人民共同拥有中国领土的主权所有权	与大陆 13 亿人民共同拥有中国领土的主权所有权
中国的主权行使权	对内主权行使权	虽完全“法理拥有”，但不完全“事实行使”（仅局限于大陆地区）。	虽并非“法理拥有”，但“事实行使”台澎金马地区的对内最高管辖权。
	对外主权行使权	虽完全“法理拥有”（为代表中国之唯一合法政府），但不完全“事实行使”（仅行使台湾地区的部分对外代表权）。	虽并非“法理拥有”，但“事实行使”部分对外主权行使权（台湾当局以“中华民国”名义与二十多个国家有“邦交”关系）。

（图表来源：作者自制）

只有行使在法理上拥有的权力，方属合法。强行行使在法理上并不拥有的权力则属非法。承认台湾方面的部分“主权行使权”，究竟是承认“法理拥有”，抑或承认“事实行使”，其法律后果迥然不同。承认台湾当局目前正在“事实行使”部分主权行使权，并非意味着承认其“法理拥有”该部分主权行使权。如若台湾方面藉“事实行使”而将之变成“法理拥有”，则属“偷梁换柱”之举。假设（事实不可能）大陆方面承认台湾当局在法理上拥有台湾领土的主权行使权，那就意味着承认了台湾当局管治台澎金马地区的合法化，进而可能导致两岸分裂状态凝固化。但倘若仅仅承认台湾当局“事实行使”而非“法理拥有”台湾领土的部分主权行使权，则不会产生承认台湾当局管治台湾合法化的效果；恰恰相反，台湾当局行使其在法理上并未拥有的权力，恰恰证明其缺乏行使这些权力的正当性、合法性基础。将“事实行使”和“法理拥有”加以区隔，可以在一定程度上防范“一国两府”趋向。

（二）承认“权力性质”≠承认“权力合法性”

要注意区分“权力性质”与“权力合法性”的不同。前者主要是针对权力的层次、位阶而言的，后者主要是针对权力的来源、归属和正当性而言的。承认台湾当局在事实上行使着台澎金马地区的部分主权行使权，是就实际行使的权力性质而言的，而非就权力合法性而言的。从法理上来说，领土主权行使权本该由代表中国的中央政府统一行使，但从事实上来看，中国的主权行使权分别由两岸当局各自行使。从权力合法性的角度来看，某一政治实体只有行使经过权力所有者依照法定程序，主动、合法地委托或授与的权力，才具有正当性与合法性；如若不然，权力便不具有合法性。台湾当局行使的权力，仅有部分中国人（即2300万台湾民众）的授权或委托，而缺乏全体中国人共同授权或委托，所以其仅具有部分合法性，而欠缺整体的合法性。①

承认台湾当局目前正在行使的权力在性质上属于主权行使权范畴的权力，以及承认中国（两岸）存在着主权行使权分裂，不仅不会导致“一国两府”或“两个中国”，反而这正是我们主张通过两岸统一来结束两岸分裂局面的正当性基础和合法性理由。在大陆方面看来，台湾领土的主权所有权归两岸人民所共有，由代表中国的中央政府来代表两岸共同行使，但却由台湾当局强行占据并单方面行使，这损害了另一部分主权所有者（即大陆人民）的权益，故为大陆方面所坚决反对。统一即是收回大陆方面基于法理上拥有但事实上却被台湾当局实际占有，因而导致大陆无法实际行使的那一部分主权

① 黄嘉树、王英津:《主权构成研究及其在台湾问题上的应用》，载《台湾研究集刊》2002年第2期，第35页。

行使权；统一就是结束两岸之间主权行使权同主权所有权被动分离所导致的主权行使权之“分别行使”的现状，然后按照民主委托或授权之法定程序，委托给一个共同的中央政府统一行使主权，使主权行使权由目前两岸当局“分别行使”，变为“共同行使”，即便仍有部分对内主权行使权可以继续分别行使，也要经过权力拥有者同意和主动授权或委托这一合法程序。[①] 在这一意义上说，所谓两岸统一，就是要结束主权行使权与主权所有权的被动分离状态，实现两岸主权行使权的合而为一，即变“分别行使”为“共同行使”。

（三）承认“主权之一部分”≠承认“主权整体”

根据主权构成理论，主权所有权与主权行使权在权能表现、所处地位、主体形式、内在规定等方面均存在不同。主权所有权是决定主权完整的“质”的规定性，具有绝对性、不可分割性和排他性，故主权的性质和完整主要取决于主权所有权的性质和完整。而主权行使权则是决定主权完整的“量”的规定性，它具有执行性、相对性，可以分立、分开。一般情况下，只要主权在其本源处即主权所有权处未受到分割，单单是主权行使权在一定限度内的部分分割，不会破坏主权所有权的完整性；只有当主权行使权的分割在“量”上超过了一定“度”的时候，才会引起主权所有权的质变，从而破坏主权所有权的完整性。[②] 中国领土主权所有权的统一性决定了中国主权在“本源之处”未被分裂，这在根本上决定了世界上只有一个中国，此不同于两德、两韩在“整体主权”上被一分为二。

首先，承认台湾当局正在行使部分主权行使权，并不意味着承认台湾是一个主权国家。因为拥有部分主权行使权（如联邦制国家里的成员单位政府）并不意味着拥有主权所有权，只有拥有主权所有权的政治实体才可能成为国家。过去我们有一个思维误区，认为承认其主权就意味着承认其为国家，所以在主权问题上表现得极为敏感和警觉。这主要是对主权理论的研究不够深

---

① 笔者认为，对于中国的领土所有权，两岸只能共享而不能分享，在这个问题上不存在任何协商的空间；但在领土主权行使权问题上，两岸经由协商谈判，达成统一共识后，可以分享，这与大陆方面提出的“一国两制”并不冲突。但即使将来需要分享，也要经过两岸人民的共同授权程序。可以探讨将来两岸统一后，能否在政治性主权行使权（如国防权、外交权等）共享的前提下，某些事务性主权行使权（如内政管辖权等）由两岸依照各自的“宪政”秩序彼此分享。

② 黄嘉树、王英津：《主权构成研究及其在台湾问题上的应用》，载《台湾研究集刊》2002 年第 2 期，第 31 页。

入所导致。事实上，主权、主权所有权、主权行使权、主权权力、主权权利、主权政府、主权国家等概念虽紧密相连，但颇具差异。只有深入研究，找到它们的区别和联系，准确把握它们之间的边际，就可以大胆地为我所用。以大陆方面视角观之，承认台湾当局对台澎金马地区实际行使的权力在性质上属于主权行使权范畴的权力，并非意味着承认台湾当局拥有台澎金马地区的领土主权所有权；如前所述，台澎金马地区的主权所有权为两岸人民所共有，两岸间的部分人民不能单独拥有，单独拥有就意味着变成两德、朝韩式主权所有权分裂了。中国（两岸）的分裂，既非主权所有权的分裂，亦非整体主权的分裂，仅仅是主权行使权的局部分裂。

其次，尽管中国（两岸）主权行使权分裂，但两岸分别“事实行使”的部分主权行使权并非对称。就大陆方面实际行使的权力状况而言，可从两个方面来分析：其一，在对外代表权方面，大陆方面是获得国际社会普遍承认的在联合国里代表中国的唯一合法政府，自然拥有对（作为中国一部分的）台湾地区的代表权，正因如此，但凡涉及台湾地区的事务，联合国及各当事国均会与大陆方面沟通协商，并尊重大陆方面的处理意见，这正是大陆方面对台湾地区行使主权的重要表现；事实上，大陆方面也一直在国际场合积极地、主动地行使着台湾地区的代表权，只不过通常是以否定方式（即大陆方面以否决台湾当局在国际社会从事与其身份不符的活动或行为的方式）来行使。但是，我们也必须注意到，大陆方面目前对台湾地区实际行使的代表权是不完整的，因为台湾当局与少数国家尚维持着所谓“邦交”关系，这在事实上限制了大陆方面在某些国际场合对台湾地区代表权的直接行使。相较于大陆方面，台湾当局则不具有在国际社会代表中国的资格，实践中也得不到国际社会的广泛承认，尽管有个别国家与台湾当局保持着“邦交”关系，这不过是藉中国代表权之争来维持其主体性的权宜策略，并非表明其在法理上拥有中国的代表权。其二，在对内管辖权方面，大陆目前尚不能对台湾地区行使实际管辖权，单单从国内（或两岸）场合的管辖权分布来看，大陆或台湾当局在事实上均为不完全主权政府，因为大陆的管辖权在现实意义上不及于台湾地区，而台湾当局的管辖权在现实意义上不及于大陆。

分析至此，需要强调的是，笔者主张以“主权所有权—主权行使权——一般治权”分析框架取代“主权—治权”分析框架，并认为目前中国（两岸）主权行使权在事实上存在分裂，并非单单为了更有说服力地诠释两岸分裂的现状，而是为了找到能更好地解决这一分裂状态的切入点和突破口。以往大陆方面不承认台湾当局正在行使的权力在性质上属于主权行使权范畴的权力，主要原因有二：其一，从台湾方面来看，台湾当局经常藉借其事实上行使着台湾地区的最高管辖权而与“主权权力”“主权”“中央政府”“主权国家”等相挂钩，进而论证其为“主权独立国家”，这自然不会为大陆方面所允许。其二，从大陆方面来看，存在着“三个忽略”，即忽略了主权权力、中央政府、主权国家之间的分际，忽略了“法理拥有”与“实际行使”的不同，忽略了“权力性质”与“权力归属”的区别。由于这“三个忽略”，使得大陆方面对主权与相关权力的分际难以有足够清晰的界定和把握；在此情况下，鉴于防范“台独”的考量，但凡看到台湾当局将管辖权与“主权”所作的任何挂钩，大陆方面均一律加以反对。

最后需要特别指出的是，“主权行使权分裂”之界定并非与大陆官方关于“大陆和台湾尽管尚未统一，但不是中国领土和主权的分裂”[①]、“两岸同属一个中国的事实从未改变，国家领土和主权从未分割，也不容分割”[②]说法相冲突。虽然大陆官方并未直接用主权所有权这个概念，但其实是针对中国的领土主权所有权而言的。根据其上下文的语境，其意指世界上只有一个中国，中国的领土主权属于两岸人民所共有，在此意义上说，未来中国统一要解决的问题不是领土主权所有权的统一，即“不是领土和主权的再造”[③]，仅仅是领土主权行使权的统一问题。

七、结　语

“主权—治权”分析框架的提出有其特殊的历史背景，是李登辉当局为提出“独台”和“台独”论述而做的精心理论准备。20 世纪 90 年代初，在

---

① 胡锦涛:《携手推动两岸关系和平发展 同心实现中华民族伟大复兴——在纪念“告台湾同胞书”发表 30 周年座谈会上的讲话》，载《人民日报》2009 年 1 月 1 日版。

② 胡锦涛:《坚定不移沿着中国特色社会主义道路前进 为全面建成小康社会而奋斗——在中国共产党第十八次全国代表大会上的报告》，北京，人民出版社，2012 年版，第 45 页。

③ 胡锦涛:《携手推动两岸关系和平发展 同心实现中华民族伟大复兴——在纪念“告台湾同胞书”发表 30 周年座谈会上的讲话》，载《人民日报》2009 年 1 月 1 日版。

台湾当局的主导下，台湾方面由“政权—治权”分析框架演化出“主权—治权”分析框架，并将该分析框架作为定位两岸政治关系的理论基石。回顾自20世纪90年代以来的台湾政治史不难发现，台湾当局（尤其国民党）的主体性论述无一不是以“主权—治权”分析框架为理论支撑的。

台湾方面借着孙中山“五权宪法”中“政权”概念与“主权”概念的相似性，将“政权—治权”分析框架中的“政权”巧妙地替换为“主权”，这在当时并未引起大陆方面的过分警觉，主要原因有二：一是孙中山的“政权”与人民主权的意涵十分接近，加之主权理论高度抽象，且不同学科领域里的主权涵义略有差异，故其“概念替换”具有很强的麻痹性和隐蔽性；二是20世纪80年代，中英两国在关于香港问题的谈判时，英国曾提出“主权换治权”方案，由于该方案中的治权指涉地方性权力，这也使得大陆方面想当然地认为台湾所谓的治权也指涉地方性权力，因而当台湾方面提出“主权—治权”分析框架时，大陆方面缺乏应有的警觉。但必须注意的是，政权与主权虽有相同或相通之处，但亦有不同之处（此不展开论述），将“政权”偷换为“主权”，且将主权与治权对应起来使用，是台湾方面的主体性论述由“一中”转向“独台”和“台独”的重要拐点，是自此以后台湾方面所谓“中华民国主体性”论述的理论基石。欲认清目前台湾社会各种“中华民国主体性”论述的实质，必须从学理和法理上彻底解构“主权—治权”分析框架，并代之以“主权所有权—主权行使权——般治权”分析框架。只有这样，批驳“独台”和“台独”论述方能收到釜底抽薪的效果。

第五章 “国家—政府”分析框架下的两岸政治关系定位

如果说，“主权—治权”分析框架是从国家权力的内容、性质及其配置来研究两岸政治关系定位，那么，“国家—政府”分析框架则是从国家权力的主体来研究两岸政治关系定位，两者分别从不同角度来研究同一个问题，既相互区别，又相互关联。众所周知，主权国家必须通过一些具体要素来支撑和体现，这些要素包括硬体要素（如政府、人口和领土）和软体要素（如主权），否则这个国家就是一个空壳。在这些要素当中，“政府”要素尤为重要。正因如此，“国家”与“政府”这两个概念有时候可以互换使用。在“国家—政府”分析框架下，涉及的问题是要不要承认台湾当局为一级政府，其意义何在？承认台湾当局为某级政府，其与大陆政府的关系该如何界定？怎样称呼该政府？“台湾政府”这一称谓有何不足？未来在“国家—政府”分析框架下解决两岸政治定位的空间何在？如何在“国家—政府”框架下来表述两岸政治关系，这个问题看似简单其实却蕴含着严重分歧。

一、“国家—政府”分析框架下的既有两岸政治关系论述

从理论上说，“国家—政府”分析框架下存有四个概念组合，即“一国

一府”“一国两府”“两国一府”和“两国两府”（参见表 5-1）。但是，其中的“两国一府”在两岸统一之前可谓一个虚假组合，在现实的两岸政治关系中并不存在，因而实际上只存在其他三个概念组合。下面重点分析这三个概念组合：

表 5-1：“国家—政府”概念组合下的两岸政治关系论述表

国家／政府	一个国家	两个国家
一个政府	“一个国家，一个政府”，简称“一国一府”	“两个国家，一个政府”，简称“两国一府”，这种情形属于两个国家，在一个主权国家内部并不存在[①]。
两个政府	“一个国家，两个政府”，简称“一国两府”	“两个国家，两个政府”，简称“两国两府”。

（图表来源：作者自制）

（一）“一国一府”

两岸双方均存在“一国一府”论述。从理论上说，“一国一府”包括统一状态下的“一国一府”和分裂状态下的“一国一府”，此处重点讨论的是后者。

其一，台湾方面的“一国一府”是指世界上只有一个中国（即“中华民国”），“中华民国政府”是代表全中国的唯一合法政府，大陆地区是“中华民国”疆域的一部分。在这一定位框架之下，台湾当局视大陆政权为非法政权，故常称其为“叛乱团体”“叛乱政权”等等。需要指出的是，从 1949 年迄今，台湾官方对于两岸政治关系的论述并非都是“一国一府”论述，只有两蒋时期、李登辉初期、马英九时期坚持“一国一府”论述，李登辉中后期、陈水扁时期已抛弃“一国一府”论述，而宣扬“两国两府”论述。即使台湾官方

① 从国家结构形式角度看，邦联带有两个国家共用一套政府的外在特征，但邦联不是一个主权国家，而是主权国家的联合。况且，邦联成员国分别有自己独立的政府体系。从历史上看，还出现过君合国、政合国等国家结构形式。君合国亦称人合国或身合国，指两个独立国家共同拥戴一个君主，但各有自己的政府和宪法，在国际交往中均是独立的国际法主体，如 1815 年至 1890 年荷兰与卢森堡的联合。政合国亦称物合国，指几个独立国家除共有一个国家元首外，还制定共同宪法，设立行使一定联盟政府职能的共同机构，在国际交往中是单一国际法主体，但各国内政独立，分别拥有自己的政府体系，如 1814 年至 1905 年瑞典与挪威的联合。很显然，上述几种情形与此处“两国一府”虽有相似之处，但也存在重大差异。

对于“一国一府”的论述，前后也并非一致。两蒋时期的“一国一府”是较为彻底的“一国一府”，李登辉早期虽然在法理层面仍坚持“一国一府”，但在现实层面已开始出现松动的迹象，而马英九时期的“一国一府”就比较微妙，尽管其在法理上坚持“一国一府”，但在实际行动中有时坚持以“一国两府”来处理两岸关系，显得“言行不一”、自我矛盾。台湾方面不仅提出了上述定位论述，且借用不同的学说、理论对上述论述进行诠释、解读和论证。这些学说或理论主要有“内战理论”“同一性理论”和“国家核心理论”等[①]。

其二，大陆方面的“一国一府”是指世界上只有一个中国（即中华人民共和国），中华人民共和国政府是代表全中国的唯一合法政府，台湾是中国领土的一部分（后调整为“大陆和台湾同属于一个中国”）。在这一定位框架下，大陆方面对台湾当局的定位有死亡政权、割据政权、非法政权、地方当局等，并且以国际法的政府继承理论加以论证。

上述“一国一府”论述的完整表述应是“一个国家，一个中央政府，一个非法政权”。两岸双方关于“一国”或“一府”的意涵在政治上是根本对立的。该定位论述的意旨是为武力消灭对方提供合法性依据。在两岸处于敌对状态的情形下，双方均坚持“内战”思维，奉行“零和”博弈规则，以消灭或吞并对方为最终目标。在这种情况下，双方只能否认对方政权的合法性，坚持己方政权的唯一法统地位。在当时的历史条件下，“一国一府”论述对于坚持和维护一个中国框架在客观上无疑具有重要意义。但是，随着时代的变迁，这种论述日益显现出局限性，因为既然要通过和平谈判实现两岸统一，就应该给对方预留必要的合法性空间，适度承认对方的合法性地位。但笔者认为，鉴于两岸关系尚有逆转的可能，或台湾仍存在“和平分裂”或“和平独立”的可能，虽然这一定位论述有些不合时宜的“成分”，但对于维护一个中国框架仍具有不可替代的积极意义，故可以对其作适当调整，不宜全盘抛弃。

（二）“一国两府”

“一国两府”是台湾方面在20世纪80年代末90年代初提出来的政治论

① 张亚中著：《两岸主权论》，台北，生智文化事业有限公司，1998年版，第79—84页。

述，其基本观点是将两岸政治关系定位为“一个中国，两个互不隶属的中央政府”，它的相近论述包括：“一国两体”（即“一个中国、两个对等政治实体”）“一国两治”“一国两府两制”“一国两府两区”“一国两区一体”“一国两权”“一国两席”“一中两宪”和“主权统一，治权分立”等等。“一国两府”论述的提出者主要援引“分裂国家理论”[①]“部分秩序理论”“屋顶理论”[②]等进行诠释和论证。台湾方面“一国两府”论述与其“一国一府”论述的不同在于，前者承认大陆政权的合法性，重点强调两岸政权对等，后者不承认大陆政权的合法性，坚持己方政权的唯一法统地位。

“一国两府”论者认为，两岸在“一个中国”屋顶之下，各自享有内部治理权。其实，“一国两府”论述中的“一国”并非真正实体意义上的“一个中国”，而是一个虚体架构，因此虽然该论述在形式上带有“一个中国”字样，但在实质上却会导致“两个中国”。“一国两府”论述旨在通过隐蔽性的策略和手法，借着“一中屋顶”的名义，达到“中华民国政府”与中华人民共和国政府的事实对等，以维护“中华民国主体性”（后面有详述，此不赘述）。因此可以说，“一国两府”论述的本质是隐性“两国论”。

（三）“两国两府”

“两国两府”是由台湾方面尤其是“台独”势力提出的两岸政治关系论述，较具代表性的有李登辉的“两国论”、陈水扁的“一边一国论”等。由于

---

① “分裂国家”理论的核心概念是“分裂国家”（Divided Nation）。“分裂国家”这个概念最早是由德国学者韩德逊（Henderson）、李鲍（Richard Ned Lebow）和史多辛（John G.Stoessinger）等人创制的。当时，三位德国学者基于二战后出现的东西德，朝韩，南北越，中国大陆与台湾等处于分裂状态的国家之情形，于1974年共同编著了《分裂世界中的分裂国家》（Divided Nation in a Divided World）一书，其中提出所谓的“分裂国家”理论。按照该理论，分裂国家复归统一的路径大致为：分裂双方从初期分裂阶段的高度敌意互不承认，动辄武力相向与敌意颠覆对方；到中期阶段的默认或正式接受共存，降低意识形态对抗抑制军事冲突，开始进行人员交流；进而到积极和平共存的和解阶段，双方经贸交流合作密切，政府间加强联系及共同援外合作；最终达到松散政治整合（如邦联）象征性统一的阶段。参见 Gregory Henderson, Richard Ned Lebow and John G. Stoessinger, eds., *Divided Nations in a Divided World*, New York: David Mckay Company, Inc, 1974, pp.438-442. 关于以上学者对“分裂国家”的论述，一般认为，“分裂国家系指一国之内产生两个法律或政治实体，各自有效控制并管辖一部分人口领土，互相争取正统之国家代表权。至于一方或另一方能否获得第三国承认其为正统之国家代表，则视国际政治与现实条件而定。例如二次战后的东西德、南北韩、南北越、中华民国与中华人民共和国均属分裂国家”。参见张亚中：《两岸主权论》，台北，生智文化事业有限公司，1998年版，第54—55页。

② 张亚中著：《两岸主权论》，台北，生智文化事业有限公司，1998年版，第65—66页。

“两国两府”论述赤裸裸地主张两岸是“国与国”关系，所以，它是显性“两国论”，其具体形式是“两个中国”和“一中一台”。

“两国两府”论者还援引一系列理论来论证两岸是两个彼此独立的“主权国家”，这些理论主要有“分解理论”“分割理论”“分裂国家理论”等，其中最主要的是“分裂国家理论”。从表面上看，两岸关系与统一前两德、当下朝韩的关系非常相似。但事实上，两岸分裂与统一前两德、当下朝韩的分裂有着十分不同的性质。中国虽然存在着分裂的事实，但并没有因此而形成国际社会通常所谓的具有特定内涵的“分裂国家”。具体言之，战后出现的两德和两韩，均属于完全分裂国家，即主权所有权分裂的国家，分裂双方均是完整的国际法主体，国际社会普遍承认它们的国家身份。[①]因此，两德的统一以及未来朝韩的统一，是国家与国家的统一，会引发国际法上的“国家继承”问题。而海峡两岸的中国则属于不完全分裂国家，即在主权所有权统一的前提下仅存在主权行使权分裂的国家，中国仍为单一的国际法主体，国际社会也都承认一个中国，未来两岸的统一也不会引发“国家继承”问题。以上分析表明，将“分裂国家理论”套用于两岸关系定位，不符合两岸分裂的历史和现实，两岸的分裂与两德、朝韩的分裂在性质和程度上是不同的，不能混为一谈。两岸之间的关系，并非国家与国家的关系，而纯属一个主权国家内部的被动分离关系。[②]此外，个别学者还运用“分割理论”进行论证，即认为在“中华民国”的版图中，首先分离出去了外蒙古，后来又分离出去了中华人民共和国，现在“中华民国”的领土只剩下台澎金马，两岸之间的关系是两个主权独立国家之间的关系。这一论述，表面上似乎有些道理，其实并站不住脚（该部分的详细分析，请参见本书第十章“两岸政治关系定位症结（一）：‘中华民国问题’”，此不赘述）。“两国两府”定位不符合两岸关系的历史、法理和现实。

---

① 《奥本海国际法》在解释“国家承认”概念时，涉及“国家承认”的“分裂国家”只包括朝鲜、德国和越南三个，而不包括中国，原因是中国的分裂只是政府或政权的分裂，而非国家的分裂（即一个国家分裂为两个国家），故不涉及国家承认的问题。由此证明，将两岸分裂的情形归入“分裂国家”行列并不适当。参见［英］詹宁斯、瓦茨修订:《奥本海国际法》第一卷（第一分册），王铁崖等译，北京，中国大百科全书出版社，1995 年版，第 99—102 页。

② 王英津著:《国家统一模式研究》，北京，九州出版社，2008 年版，第 119—121 页。

（四）上述三个政治论述之总体评析

以上三个概念组合中，“一国一府”论述是两岸官方的论述，均可以从两岸双方的现行规定中找到法律依据。单从台湾方面来说，20 世纪 90 年代以来，随着李登辉“台独”路线的推行，有些台湾政治力量已经放弃“一国一府”论述，开始主张“一国两府”或“两国两府”论述。不过，需要强调的是，台湾方面主张“一国两府”的目的比较复杂，有些是为了解决两岸争议，促使两岸走向统一；有些是企图借“一国”之名，行“两府”之实；还有些是意欲“以退为进”，维持“不统不独”局面。尽管“一国两府”和“两国两府”分别在李登辉主政中后期和陈水扁主政时期的施政层面得到了某些“落实”，但在法理层面并没有得到“落实”。在台湾官方的“法律文件”中，对两岸政治关系的定位依然是“一国一府”，只是其“一国”为“中华民国”，“一府”为“中华民国政府”而已。

上述分析表明，三个概念组合的核心问题是如何认定和对待“中华民国”问题。长期以来，两岸双方一直对该问题存在不同的认知，大陆方面的论述始终以维护一个中国框架、捍卫中国领土和主权完整为宗旨，而台湾方面自 20 世纪 90 年代以来的绝大多数论述旨在彰显“中华民国”是一个与中华人民共和国处于对等地位的“主权独立国家”。以上分析还表明，两岸双方的政治关系论述存在着根本分歧，短期内难以得到有效解决。如果用一个横向光谱来展示上述的三个序列组合，从左到右，依次是“一国一府”“一国两府”和“两国两府”。在这个光谱中，它们所包含的“一个中国”属性的强度依次递减，呈现出“一中”—“弱一中”—“非一中”的变化轨迹。

台湾当局在不同时期对两岸政治关系的定位及其表述不尽相同。两蒋时期坚持“一国（中华民国）一府”，旨在坚持“中华民国”的唯一“法统”地位，不承认中华人民共和国的合法性。李登辉主政早期，由于其继任不久、立足未稳，基本上延续了两蒋时期的“一国一府”论述；随着李登辉主政地位的日趋稳固，其通过“国家统一纲领”“关于‘一个中国’的涵义”“台海两岸关系说明书”等逐步将“一个中国”虚置化，坚持“一国两体”（即“一个中国、两个对等政治实体”），其实质是“一国两府”；至李登辉主政后期（1995—1999），其开始推动“两国论”，将两岸关系定位在“国家与国家，至少是特殊的国与国关系”，坚持“两国两府”。陈水扁主政时期，主张“一边一国”，竭力切断与对岸中华人民共和国的连结，强调彼此互不隶属，均为“主权独立国家”（实为“两国两府”）。马英九主政时期，重返“一中”轨道，承认“九二共识”，在法理上用“一国两区”来定位两岸政治关系，“一国两区”的完整表述应是“一国一府两区”，其实质是“一国一府”，但马英九当局在实际行动上却坚持以“一个中国、两个对等政治实体”（实质是“一国两府”）来处理两岸政治关系。

倘若转换一下视角，从三种论述分别体现出的思维模式来分析，那么，“一国一府”就是“内战”思维下的政治关系论述，“一国两府”是“独台”思维下的政治关系论述，“两国两府”则是“台独”思维下的政治关系论述。以上三种思维模式下的政治关系论述之间没有交集，只能是“各表式”定位，欲求有交集，就必须向“共表式”定位转化。具体参见表 5-2。

表 5–2：台湾方面三种定位论述的政治主张与思维模式比较表

内容 论述	时期	政治主张与思维模式
“一国一府”	①两蒋时期；②马英九时期（仅限于法理论述）。	①将己方政权定位为“中央政府”，将对方政权定位为“非法政权”；②“汉贼不两立”，主张通过吞并对方来完成两岸统一（两蒋时期）；③法理上没有放弃通过和平方式实现统一，但现实中坚持“不统不独不武”（马英九时期）；④“一个中国”现在式，为实体架构。
“一国两府”	李登辉时期	①“中华民国是主权独立国家”；②“中华民国主权”及于大中国（包括大陆、外蒙古和台湾），治权仅及于台澎金马；③“一个中国、两个对等政治实体”，实质是“一个中国，两个中央政府”；④“两个中央政权”并存分治，互不隶属，彼此对等；⑤“一个中国”未来式，是虚体架构。
“两国两府”	陈水扁时期	①“台湾是主权独立国家”；②领土主权范围仅及台澎金马；③两岸为“两个国家”，或“一边一国”，互不隶属，彼此对等。

（图表来源：作者自制）

二、要从“国家”与“政府”的具体涵义来理解相关论述

“国家”与“政府”在学理上均具有多重涵义，这些不同涵义为我们理解和把握“国家”和“政府”概念组合下的两岸政治关系论述带来了许多困难。譬如，国家和政府究竟是什么关系？两者在什么条件下可以等同使用？1949年建立的中华人民共和国究竟是国家，还是政府，抑或兼是二者？若是指国家，那么是指何种意义上国家？若是指政府，那么是指何种意义上的政府？“一国两府”论述中的“国”是什么意义上的“国家”？中华人民共和国与“中华民国”同属一个中国，此处的“一个中国”是一个何种意义上的“国家”？为此，我们应结合具体语境、场合和目的来综合研判这些政治关系论述的主旨和意涵，不能被一些貌似“一国”，实则“两国”的论述所迷惑。

（一）“国家”之“10+3”种涵义

1. 学理意义上的10种涵义

“国家”这个概念，在不同语境下有不同涵义，如果将不同涵义的国家概念到处生搬硬套，容易导致概念使用上的混乱，这需要我们在使用时倍加注意。从学理上看，国家的涵义是多重的，有地理意义上的国（家）、民族意义上的国（家）、主权国家意义上的国（家）、国际组织下的成员国、邦联制下的成员国和联邦制下的成员国（单一制下的成员单位通常不叫“国”）等。另外，在上述几种成员国中，国际组织下的成员国和邦联制下的成员国都是独立的主权国家，而联邦制下的成员国虽然名称叫“国”，但并非主权国家意义上的“国”。

按照国家构成要素说，国家是一个由人口、领土、政府和主权构成的实体组织。当“国家”的内涵侧重于其构成要素中的人口和领土两个要素时，国家就是指国度，这时的“国家”与“国度”可以互换使用。国度强调特定的地理文化意义，如“中国是一个伟大美丽的东方国家”。当国家侧重于其构成要素中的“政府”要素时，国家是指经济上占统治地位的阶级进行阶级统治的政治权力机关。这是马克思主义政治学的国家涵义。通常情况下，在论

及国家性质、国家政体、国家机构、国家职能和国家权力等问题时，所指的“国家”就是政府意义上的国家。当国家侧重于其构成要素中的“主权”要素时，国家指主权国家。国际法意义上的国家一般是指主权国家。一个国家只有拥有了主权，才能拥有完全的法律权利能力和行为能力，才能在国际社会中真正享有独立权、平等权、自卫权和管辖权等权利。当然，有些时候“国家”可能同时包含两重或多重具体含义，那么就需要在具体语境下，根据对国家四个要素的表述侧重，来具体判断国家的涵义。除此之外，国家还包含其他一些涵义，具体参见表5-3。

2. 两岸意义上的三种涵义

在两岸关系场合，“国家”具有三种涵义。

第一种涵义是指大陆方面所声称的中华人民共和国。此处的中华人民共和国具体包括以下意涵：主权意义上的国家；中央政府意义上的国家；国号意义上的国家；国名意义上的国家；实体意义上的国家。

第二种涵义是指台湾方面所声称的所谓“中华民国”。此处的“中华民国”具体包括以下意涵：“主权”意义上的国家；“中央政府”意义上的国家；“国号”意义上的国家；“国名”意义上的国家；实体意义上的国家；领土仅及台澎金马的“中华民国”；领土涵盖外蒙古、大陆和台澎金马的“中华民国”。

第三种涵义是指台湾方面所谓的驾乎于中华人民共和国和“中华民国”之上的中国。此处所谓“中国”具体包括以下意涵：历史上、地理上、文化上和血缘上的中国；虚体架构意义上的中国。

就以上三种“国家”涵义在目前两岸之间被接受情况来看，台湾方面不接受大陆方面所声称的第一种涵义，大陆方面也不接受台湾方面所谓的第二种涵义和第三种涵义。两岸双方在“中国”涵义上的分歧和对立，进一步表明两岸政治关系定位问题的复杂性。

（二）“政府”之“4+2”种涵义

从学理意义上说，“政府”主要有以下四种涵义：①狭义上的政府，即相对于立法和司法机关而言的行政机关；②广义上的政府，即政权意义上（包括立法、行政和司法）的政府；③国家（国号）意义上的政府，如国际政治术语中的华盛顿政府、北京政府；④作为国家四个构成要素之一的政府。

从两岸意义上说，双方所使用的“政府”涵义主要有以下两种：①政权意义上政府，即中央政府。具体包括两种情况：一是台湾方面所谓的“两个中央政府”，即“中华民国政府”和中华人民共和国政府；二是大陆方面和台湾部分蓝营人士声称的一个“中央政府”，一个地方政府。两岸两个政权均声称己方政权为中央政府，而视对方政权非法政权或地方政府。②国家意义上的政府，两岸两个政权均声称己方政权与中国（这个国家）具有同一性。具体参见表 5-3。

表 5-3：“国家”与“政府”多重涵义汇总表

<table>
<tr><th colspan="2">涵义
概念</th><th>具体涵义</th></tr>
<tr><td rowspan="2">国家</td><td>学理意义</td><td>①国度意义上国家（country），如英国、美国、法国等，如法国是大西洋东岸的一个国家；
②民族（国族）国家意义上意义上的国家（nation），如国际法意义上的国家；
③联邦成员单位意义上的国家（state），如苏联的十五个加盟共和国；
④中央政府意义上的国家，亦即政权意义上的国家，如中华苏维埃共和国，1949 年成立的中华人民共和国；
⑤主权意义上的国家，即实体架构意义上国家，如作为国际法主体的国家；
⑥虚体架构意义上的国家，如东德和西德同属于一个德国，此处的“德国”即为虚体意义上的国家；
⑦国号意义上的国家，如 1912 年至 1949 年期间的中华民国，1949 年至今的中华人民共和国；
⑧国名意义上的国家，如中国（China）；
⑨与“市民社会”相对应的国家，如政治国家；
⑩与“地方”相对应的国家，如“国家财政”“国家行为”中的国家。</td></tr>
<tr><td>两岸意义</td><td>①中华人民共和国；
②“中华民国”（包括领土仅及台澎金马的“中华民国”和领土涵盖外蒙古、大陆及台澎金马的“中华民国”两种含义）；
③历史、地理、文化、血缘意义上的中国。</td></tr>
</table>

续表

政府	学理意义	①狭义上的政府（administrative department），相对于立法和司法机关而言的政府，即行政机关； ②广义上的政府（government），即政权意义上（包括立法、行政和司法）的政府； ③国家（国号）意义上的政府，如国际政治术语中的华盛顿政府、北京政府； ④作为国家构成要素的政府。
	两岸意义	①政权意义上的政府，具体包括两种情形：一是台湾方面所谓的“两个中央政府”，二是大陆方面和台湾部分蓝营人士声称的“一个中央政府，一个地方政府”； ②国家意义上的政府，两个政权均声称己方政权与中国具有同一性。

（图表来源：作者自制）

上述（一）和（二）的分析表明，由于“国家”和“政府”分别具有多重涵义，因此由“国家”和“政府”组合而成的两岸政治关系论述就具有了很大的不确定性，这为我们准确理解和把握这些论述的涵义带来了很大的不便或困难。所以，意欲准确把握“国家—政府”分析框架下的某一两岸政治关系论述，需要结合其提出的时代背景、提出者的立场和目的以及不同语境下“国”与“府”的具体涵义来作具体判断，若单单从字面意义上理解，则难免会出现望文生义，甚至南辕北辙或张冠李戴的错误。同时，笔者认为，双方在“国家—政府”分析框架下讨论两岸政治关系时，要在同一含义上使用“国家”或“政府”概念，否则看似双方使用了同一概念，但实则内涵迥异。实际上，两岸也的确一直困扰于“国家”和“政府”的多元性和复杂性，而且这一特性还容易被“台独”人士所利用，故意作出似是而非的错误解释，以迷惑和误导两岸民众。譬如，1949 年中华人民共和国对“中华民国”的继承本属于国际法上的政府继承，但由于两者都带有“国”的字样，故有台湾学者将 1949 年的“政府继承”说成是“国家继承”。再如，有学者运用民族国家建构理论来分析 1949 年中华人民共和国的成立，事实上，新中国的成立仅仅中国内部新的中央政府（或中央政权）的成立，并不涉及学界通常所理解的国家建构问题。诸如以上问题，就要求我们在理解和分析台湾方面运用

“国家—政府”框架所作的论述时，必须结合具体语境来进行。当然，在另一方面，“国家”和“政府”概念的多重涵义也可以为我所用，大陆不妨积极引导“一国两府”逐步脱离其原来的涵义，向我们期待的一个中国框架方向来解释和转化，同时为我们未来处理“中华民国”及其一整套政治符号问题提供了理论空间和多元思路。

三、大陆方面不接受“一国两府”论述

20 世纪 80 年代末 90 年代初期，台湾为对抗大陆的“一国两制”、捍卫其所谓“主体性”提出了“一国两府”论述。在两岸关系中，“一国两府”有其特殊的政治意涵，即一个中国内部存在着两个互不隶属的“中央政府”（即“中华民国政府”与中华人民共和国政府）。李登辉时期，虽然台湾当局没有在官方文书中正式使用“一国两府”一词，但其“关于‘一个中国’的涵义”和“台海关系说明书”等文件中关于“一个国家，两个政治实体”的论述其实已包含“一国两府”的内涵。当时这一说辞遭到大陆的坚决反对，认为这是台湾当局在一个中国原则立场上的倒退。2000 年陈水扁上台主政后，时任国民党主席连战也曾在不同场合多次提出过“一国两府”的主张。马英九上台主政后，虽未明确主张“一国两府”，但其“互不承认主权，互不否认治权”①的论述也容易让人产生“一国两府”的想象。迄今，这一论述在台湾仍颇有政治市场，它是台湾当局（国民党）在要求大陆方面对“中华民国”作“国家承认”缺乏可能性的情况下，退而求其次，转而要求大陆方面对“中华民国”作“政府承认”（即承认“中华民国政府”是一个与中华人民共和国政府对等的“中央政府”），以期维持“不统不独”局面的产物。这是国民党方面为捍卫“中华民国主权”所作的策略调整，表面上是“退”，实质上是“进”，是“以退为进”的政治策略。种种迹象表明，随着台湾方面在两岸关系互动中日趋“被动”，以“两府”之名，求“两国”之实，有可能成为未来台湾方面“捍卫中华民国主体性”的策略调整方向。对此，大陆方面应有清

---

① 从国际法的承认理论来看，马英九当局的“互不承认主权”是就“国家承认”而言的，“互不否认治权”是就“政府承认”而言的。

醒的认知。

综上所述，“一国两府”与大陆的一个中国框架相差甚远，对于两岸关系和平发展乃至未来统一具有很大危害，这些危害可以概括为以下三个方面：

第一，会在事实上导致“两个中国”。大陆方面之所以反对“一国两府”，是因为该论述有违一个中国原则和精神，会导致“两个中国”。那么，“一国两府”为何会导致“两个中国”呢？原因有二：其一，台湾方面多年来一直坚持以“对等”原则来处理两岸关系。在大陆政权客观上为一个中央政府的情况下，倘若台湾方面坚持“对等”原则，自然可依逻辑推导出台湾当局也是一个“中央政府”的结论。其二，台湾当局一直坚持“内外一致”原则，不仅在两岸之间诉求对等，而且在国际社会也诉求对等，那么在这项原则下的“两府”事实上就等同于“两国”。可见，“一国两府”无非是在“一中屋顶”之下，借“两府”之名，行“两国”之实。大陆方面如果接受台湾方面的“一国两府”，就意味着间接接受和承认了“两个中国”。对此，大陆方面洞若观火，心知肚明，[①]故不会接受“一国两府”。

第二，会给未来两岸统一带来巨大风险。大陆方面是继续坚持“一国一府”，还是要接受“一国两府”？大陆方面在这个问题上作出选择的依据是，何者更有利于未来实现两岸统一。也就是说，大陆方面必须考虑哪一种定位方案给未来统一带来的风险更小、成本更低。倘若大陆方面继续坚持“一国一府”论述，虽然暂时难以有所突破，但随着时间的推移，两岸实力差距进一步拉大，以及中美实力对比的变化，两岸和平统一也未必行之不通，只是打开僵局的时间会往后推移。但倘若大陆方面接受“一国两府”，台湾方面很可能会长期固守“不统不独”的“事实独立”局面，会使得两岸“分裂分治”的现状合法化、凝固化。尤其台湾社会实行政党政治，一旦绿营政党上台执政，大陆方面会承担巨大的政治风险。很显然，台湾方面提出“一国两府”的意旨不是为了实现两岸统一，而是为了通过强调两岸“对等分治”，来扭转其“主体性”日渐式微的态势，以“捍卫中华民国主权”，这是台湾方面在两岸关系中处于被动劣势的情况下，迫于无奈而作出的一个策略调整。所以，

① 大陆方面不接受“一国两府”论述的原因，除了“一国两府”在实质上是“两国两府”之外，还因为它已被泛政治化、意识形态化，成为台湾方面对抗大陆“一国两制”的政治表述。随着大陆方面的“一国两制”在台湾被泛政治化，台湾方面的“一国两府”在大陆也被泛政治化。

倘若大陆方面接受“一国两府”，暂时可能会在两岸关系发展上取得某些突破性进展，但很可能会带来严重的后遗症，最终结果是，统一的进度未必加快，统一的风险很可能增大。

第三，会窄化未来两岸统一模式的选择。退一步讲，即便大陆接受“一国两府”后没有给统一带来风险，但这也一定影响到未来统一模式的选择。依目前台湾方面坚持的“对等论”不难推知，将来两岸统一谈判时，台湾方面极有可能会因该定位而将统一模式窄化为“AA 制”式，即双方在对等的基础上共同组建新的中央政府，同时更改国号。该统一模式的最大特点是双方“共同消亡”，然后重新组建一个新的中国。这种统一模式有两点值得注意：其一，两岸如何通过“AA 制”的方式共同走向统一？这个“共同政府”如何构筑？这实际上是统一模式的设计和选择问题。从国家结构形式的角度来看，统一模式无非有单一制、联邦制和邦联制三种类型，充其量还有对上述几种模式的改进或混合类型，但不会超出这几大类别。既然体现两岸对等，传统单一制肯定不被台湾方面所接受，因为它属于垂直统一模式，对此台湾方面已多次明确表示了反对意见。在剩余选项中，邦联制尽管能体现两岸对等，但它其实并非真正的统一（unification）模式，而是统合（integration）模式，这样，最后只剩下联邦制可供选择，然而，大陆与台湾通过联邦制来实现两岸统一，在技术上根本不具有可操作性。[①] 其二，根据台湾方面的既有论述和主张不难推知，它不可能同意作为 30 多个中国成员单位中的一员之地位，很可能坚持两岸在对等的基础上以“AA 制”方式共同走向统一。在目前的统一模式主张中，属于“AA 制”方式的只有两岸分别作为一个成员单位共同组建统一联邦政府，这样的联邦制模式固然满足了台湾方面的对等要求，但大陆与台湾在土地面积、人口规模和资源总量等方面存在着严重的不对称，大陆方面占据绝对优势，倘若按照“AA 制”的对等比例来组建政府和分配权力，那么就徒有形式上的平等，而失去了实质上的平等，大陆方面不会接受。[②] 基于以上分析，

① 关于联邦制不适于两岸统一的分析，详细请参见王英津著：《国家统一模式研究》，北京，九州出版社，2008 年版，第 195—200 页。

② 先前大陆领导人的确曾说过，国号可以协商。但那是在当时历史条件下的政治表态。况且，按照大陆领导人的说法，协商国号也只是一个可以商量的选项，而非一定采取。时过境迁，两岸力量对比发生了很大变化，过去领导人的表态是否适用于现在和未来，问题并非那么简单，这在更大程度上取决于两岸关系发展的程度和大陆民众的态度。

大陆方面若将目前两岸政治关系定位与未来统一模式选择结合起来通盘考量，便不会接受台湾方面的“一国两府”方案。

四、宜在“一国一府”与“一国两府”之间寻找平衡方案

上述分析表明，台湾方面的“一国两府”主张不会被大陆方面所接受。然而，从大陆方面的论述来看，其“一国一府”主张也不会被台湾方面所接受。虽然“一国一府”论述在很长一段时间内对于维护“两岸一中”发挥过积极而重要的功效，但必须指出的是，该论述是消灭对方的内战思维的延续，是“零和”博弈的产物，没有给对方预留出应有的政治生存空间。[①]这种论述固然在特定的历史条件下可以为消灭对方提供合法性基础，但在当下强调两岸关系和平发展、和平统一的新历史条件下，其局限性日渐凸显。

（一）探寻双方论述的交集和平衡点

从总体上来看，“一国一府”论述侧重强调两岸关系的法理状态，淡化两岸关系的现实状态；“一国两府”论述则侧重强调两岸关系的现实状态，淡化两岸关系的法理状态。因此说，“一国一府”论述和“一国两府”论述均未能兼顾两岸关系法理状态和现实状态的平衡，均未能妥善处理“一个中国”和“两个分治政权”之间的关系。

事实上，未来任何一个能被两岸双方共同接受的定位方案均须妥善处理“一个中国”与“两个分治政权”之间的关系。有大陆学者将这一关系加以提

① “一国一府”论述基于捍卫“一国”的需要，竭力强调“一府”。因为“国家”与“政府”有着非常特殊的关系，“一府”是“一国”的重要保障，在某些情况下两者可以互换使用，甚至可以等同；再加上内战思维的影响，所以“一国一府”论述坚持只有一个中国，一个中央政府，竭力排挤对方政权的合法性及生存空间。面对这种“合法性”危机和“空间排挤”，从实践层面看，台湾方面的应对办法先后有两种：一是早期跟大陆展开“法统”之争；二是后来争夺失利后企图“另立山头”（即主张“中华民国”是独立于中华人民共和国之外的另一个主权国家）。在某种意义上这种“空间排挤”在特定阶段具有积极意义，但发展到另一阶段后则有利亦有弊，大陆应与时俱进，适时作出调整。如何在一个中国框架下，给台湾当局预留出应有的政治空间，不至于使其在缺乏竞争力的情况下游离到“一个中国”之外，是大陆研究界今后应当重视和思考的一个重要问题。

炼和概括，形象地将其称作“一”与“二”的关系。[①] 所谓“一”即指“一个中国”，所谓“二”就是“两个分治政权”。综观所有两岸政治关系定位论述，无不围绕着“一”和“二”的关系设计而展开。

通过梳理二十余年来两岸双方的政治关系定位论述，笔者发现一个规律性的现象。但凡大陆方面的论述，均凸显和强调“一”，即使承认“二”，也是在确保“一”的前提下承认“二”。而但凡台湾方面的论述，均凸显和强调“二”，即使承认“一”，也是在大陆承认“二”的前提下才接受“一”，其表述大多是“一中两 X”模式。然而，若凸显“二”，则很容易掏空“一”，故大陆方面不会接受；若强调“一”，则很容易淹没“二”，故台湾方面不会接受。

有鉴于此，有些学者围绕着如何处理“一”和“二”的关系进行了十分有意义的探讨，以期设计出两岸双方均可接受的定位方案。截至目前，两岸学界主要有以下三种代表性观点：第一种观点考虑到“二”可能会破坏“一”的情况，主张在“一”的前提下关照到“二”，但又不能变成“二”，比如大陆学者黄嘉树教授提出的“1+X 府”论述。[②] 第二种观点针对强调“二”有可能掏空“一”的情况，提出了在“一”的前提下兼顾“二”的主张，比如台湾学者杨开煌教授将“二”拆分成“1+1”模式而形成的“一国一府一特区”论述。[③] 第三种观点针对大陆强调“一”与台湾强调“二”之间的张力与互不妥协，提出了通过在“一”和“二”之上建构“三”来寻找解决问题的思路，比如台湾学者张亚中教授的“一中三宪”论述。[④] 以上三种探索性论述，均是为突破两岸政治关系定位中的困局所做的尝试和努力，均具有积极意义。

---

① “一”与“二”的关系，即“同属一个中国”与“两岸互不隶属”这两个事实间的矛盾关系。众所周知，大陆的偏好是前者而台湾的偏好是后者。台方的主要顾虑就是：在全世界普遍认为中华人民共和国是一个中国的代表的情况下，如果承认两岸同属一中，“那台湾是什么”？“同属一中”的语境掩盖了两岸“互不隶属”的事实，这是台湾方面不愿意提“一”（一中）的根本原因，更准确地说，台方真正在意的是只提“一”（一中）不提“二”（两岸存在两个互不隶属的法政体系）的表述方式。如果既提“一”也提“二”，情况就另当别论。参见黄嘉树著：《大棋局》，香港，中国评论学术出版社，2013 年版，第 101—102 页。

② 黄嘉树著：《大棋局》，香港，中国评论学术出版社，2013 年版，第 110-111 页。

③ 杨开煌：《两岸“政治内战”时期的和平发展——“一国一府，互为特区”之设想》，载中国统一战线理论研究会两岸关系理论福建研究基地编：《第三届“和谐海峡”论坛论文集》，2010 年 12 月，第 119—120 页。

④ 张亚中著：《论统合》，香港，中国评论学术出版社，2014 年版，第 76—79 页。

就两岸政治关系定位来说，未来两岸只有在“一”和“二”之间找到一个平衡点，才有可能设计出被两岸双方共同接受的定位方案。目前的“一国一府”和“两国两府”方案均无法找到这样的平衡点，故无法被对方所接受。笔者认为，只有向“一国一府”和“两国两府”的中间地带靠拢，才可能找到双方的交集，然后在此基础上来设计两岸政治关系定位方案，应成为今后两岸学界共同努力的方向。

（二）大陆宜适时对台湾当局作政府承认

从理论上说，两岸政治关系定位包括自我定位和对对方的定位。其中，在对对方的定位中，既包括大陆方面对台湾当局的定位，也包括台湾方面对大陆政权的定位。从两岸关系的实际情况来看，在对对方的定位中，大陆方面对台湾当局的政治定位更为重要，而台湾方面对大陆政权的定位略显次要，因为大陆政权的地位和正当性已获得国内外的广泛承认，无论台湾方面对大陆政权作何定位，都不影响大陆的中华人民共和国作为中国唯一合法中央政府和唯一国际代表的地位。但反过来情况却迥然不同，大陆方面对台湾当局的政治定位会对台湾当局产生实质性影响。因此，两岸政治关系定位在很大程度上聚焦于大陆方面对台湾当局的政治定位。

就当前两岸关系发展的情势及未来和平统一的期盼来看，大陆方面应适时对台湾当局作政府承认。需要说明的是，此处的“政府承认”不同于国际法上的政府承认，国际法上的政府承认是指国际社会承认某一政权为主权国家的中央政府，而此处的政府承认是指大陆方面承认台湾当局是中国领土范围内的一个合法政权或政府。事实上，对台湾当局作政府承认，也是连带着对台湾当局作合法性承认，因为承认台湾当局为政府本身就意味着承认其政权的合法性。笔者认为，目前大陆对台湾当局作政府承认的必要性主要有以下几个方面：

第一，符合两岸关系和平发展乃至未来和平统一的需要。大陆先前不承认台湾当局为政府，主要基于两岸处于内战延续状态的考量，为最终消灭对方、完成统一奠定合法性基础。但是，随着大陆方面“和平统一、一国两制”政策的提出，尤其两岸步入了和平发展时期，大陆方面应适时承认台湾当局为政府，否则，在未有政府承认的情况下，两岸之间只能进行非政治或低政治的公权力互动与合作，这就限制了两岸公权力互动与合作的广度、高度和深度。从长远来看，这也会最终影响到和平统一的实现，因为要通过和平方式实现统一，双方必定要在友好的、自愿的基础上进行协商和谈判，如果不承认台湾当局为（合法）政府，那么就无法通过和平谈判来完成和平统一。

第二，对台湾当局作政府承认的风险已大为降低。大陆方面先前不承认台湾当局为政府，除了上述原因外，还有一个重要原因，即过去两岸的实力对比没有太大悬殊，在这种情势下，大陆方面一旦承认台湾当局为政府，很容易使两岸“分裂分治”状态凝固化、永久化。时至今日，情形已有所变化，随着两岸综合实力差距的日益扩大，两岸关系的主导权日益被大陆所掌握，即便大陆方面对台湾当局作出政府承认，也能将因此而可能对未来两岸关系发展乃至和平统一造成的负面影响降至最低。大陆应有这样的定力和自信。

第三，对台湾当局的原有定性表述有些不合时宜。虽然近些年大陆官方很少在正式场合使用“非法政权”的提法，但大陆也没有通过文件正式取消“非法政权”的定性。随着两岸关系的发展，这一定性表述有些不合时宜，原因有三：其一，实行政治转型以来，台湾当局经民主改造（尤其地区领导人直选）而成为民选政权，在很大程度上体现了台湾民众的意愿，至少获得了部分中国人（即台湾 2300 万人）的认可，说它完全不具有合法性，恐怕难以服众。其二，从国际政治实践来看，主流国际社会即便不认为“台湾为一个主权国家”，但通常也不会将其视为一个非法政权。即便不将其视为“中央政府”，但一般也不会将其视为地方政府（通常将其视为“事实上的政府”）。其三，两岸关系进入和平发展时期以后，两岸公权力部门在实际工作中已经就某些协议、文件和行为（如某些司法判决及其他文书等等）等开始相互承认，并在此基础上展开了合作，这实际上已经向承认台湾当局的合法性迈出了重要一步。

第四，“一个国家，两个政府体系”是两岸统一前的事实状态。自 1949 年以来，一个中国内部分裂为两个互不隶属的对立政权，分别有自己的政治、法律、司法和军事体系，分别以“中央政权”的名义对其所控制的地区实施有效管辖和治理，这是无法回避的事实。虽然两个互不隶属的对立政权均否认对方的合法性，仅互称对方政权为“当局”，[①] 但“当局”的称谓却含有不否定对方政权存在的意蕴，实质上暗含着承认对方政权为各自管辖地区“事实

① “当局”一词本是指执政者、主持者、负责者的意思，主要指的主管部门。

当局”的意味。而且，自2008年以来，两岸以“两会”名义签署了二十多项协议，大陆国台办和台湾陆委会的负责人定期会晤、互称官衔，这些均表明双方已经开始在一定行政层级、在一定领域范围内“默认”对方公权力的“合法性”了。[①] 尤其2016年11月7日“习马会”的登场，更加凸显了这一事实状态。

基于上述原因，大陆方面有必要在一个中国框架内对台湾当局作政府承认，承认两岸政治关系是“一个中国内部的两个政府体系之间的关系”。需要澄清的是，承认台湾当局为“政府”，并不意味着承认台湾当局是“国家”。从政府和国家的关系来看，这两个概念虽有着紧密的联系，但并非等同。在通常情况下，有国家，必有其（中央）政府，无政府状态只会在政权转移过程中偶尔存在，否则这个国家亦不复存在。而任何一个（中央）政府均会自称其是国家的代表，且是唯一的代表，但这并不表示（中央）政府等同于国家。国家在其生存发展的历史中均曾产生过不同形式的（中央）政府，新旧政府虽相继更迭，但国家却依存如故。比如，西方民主国家经常发生政府更迭，但国家却没有因此消亡；又比如，中国封建社会也曾频繁改朝换代，实际上也是政府更替，中国并没有因此而消失。[②] 通过对国家与政府关系的上述解析，笔者认为，对台湾当局作政府承认，并非意味着对台湾当局作“国家承认”，况且，这种政府承认并非承认其为“中央政府”，所以不会导致“两个中国”。以前总有学者将政府与国家混淆或等同起来，误认为承认台湾当局是政府，就意味着承认其为“国家”。事实上，这种认识并不正确。

另外，部分大陆人士在对台湾当局作政府承认这一问题上还存有一些顾虑，即担心台湾当局获得政府承认后，会将两岸政治关系演绎成“一国两府”，进而加剧从事“台独”活动。尤其是台湾地区实行政党竞争制度，一旦绿营政党上台执政，可能会利用获得的“政府”地位，进一步诉求在国际上的“主权国家”地位，造成大陆方面在国际上的困扰。[③] 笔者认为，这样的顾虑和担心并非没有道理，但只要我们考虑周全并作出相应防范设计，就可以避免这些问题。首先，台湾当局获得大陆的政府承认后，如果它从事的行为不符合一个中国原则，大陆方面即可视该行为非法无效，这需要把政府和

---

① 王升:《对务实探讨两岸政治关系的几点看法》，载香港《中国评论》2014年8月号，第49—50页。

② 谢庆奎主编:《当代中国政府》，沈阳，辽宁人民出版社，1991年版，第5—6页。

③ 陈孔立著:《走向和平发展的两岸关系》，北京，九州出版社，2010年版，第105页。

政府行为区别开来。大陆方面承认的是政府本身，而非政府的一切行为。况且，大陆对台湾当局作政府承认的涵义，也仅限于承认台湾当局为特别自治政府（下文有详述，此不赘述），其中没有多少空间可以被利用来从事“台独”活动。任何政府必须从事与其身份、地位相符的活动，凡是超越特别自治政府性质和职权的行为，均为非法无效。其次，需要双方明确“一个中国内部暂时互不隶属的两个政府体系”适用的前提性条件是一个中国原则，离开了“一个中国”这一共识性基础，也就不存在对台湾当局作政府承认的问题了。

（三）大陆可承认台湾当局为“区域性特别自治政府”

既然要对台湾当局作政府承认，那么有人必定会进一步追问，这个政府是什么性质和位阶的政府？是中央政府还是地方政府？该如何称谓这个政府？它与大陆的中华人民共和国政府是什么关系？事实上，倘若这些问题不能从理论上提前得到合理而恰当的解决，大陆也无法对台湾当局作政府承认。意欲解决这些问题，既必须与两岸关系的法理相衔接，又必须与两岸关系的现实相接轨。但问题是，两岸关系的法理与现实之间存在着巨大冲突，故需要在二者之间找到一个平衡点。

经过仔细研究和认真设计，笔者认为，未来可以承认台湾当局为“区域性特别自治政府”，在日常行文或话语表述中可以将其简称为“台湾特别自治政府”。具体分析如下：

1. 从政权地域范围的视角，可称其为“区域性政府”

“区域性政府”是一个较为中性的概念，既可指联邦制下的成员单位政府，也可指单一制下的地方政府。在联邦制下区域性政府可以享有主权权力，但其地方政府则不享有主权权力。区域性政府与地方政府的区别在于，前者是相对于全国性政府而言，后者则相对于中央政府而言。在事实层面，大陆政权和台湾当局均为一个中国内部的两个区域性政府。那么，两岸政权均为区域性政府，是否就意味着中国不存在或不需要一个全国性政府呢？当然不是。在法理层面，两岸均声称己方政权是中国的全国性政府①。必须指出，两个区域性政府的定位不能延伸至国际社会，也就是说，两个区域性政府的说

① 此处的两岸双方主要指大陆方面与国民党方面，由于民进党根本不认同“两岸一中”，也就不存在两岸何者为中国代表政府的争议。

辞仅限于两岸之间。众所周知，在国际社会，中国是一个不完全分裂国家，是单一国际法主体，只能由一个政府来代表。目前无论是从国际法的法理，还是从国际政治实践来看，主流国际社会一致公认大陆的中国人民共和国政府是代表中国的唯一合法政府。因此，在这一意义上，中华人民共和国政府是中国的全国性政府，而台湾只能是区域性政府。需要强调的是，大陆政府虽然在对外主权行使权方面是全国性政府，但在对内主权行使权方面则不尽然，具体说来，就是在对内行使主权方面，大陆政权在法理层面上是全国性政府，但在事实层面上是区域性政府，因为如果大陆政权在事实上和法理上都是全国性政府的话，就不存在“隔海分治”和未来统一的问题了。所谓统一，就是要消除法理上与事实上的落差，实现法理状态和事实状态的同一。

2. 从权力运行及隶属关系的视角，可称其为“特别自治政府”

按照由宽泛到具体的顺序，笔者将对台湾当局作政府承认的表述依次设计为以下几个选项：其一，“一个中国内部，与中央政府暂时隔海分治、互不隶属的一个区域性特别自治政府”；其二，“一部分中国人在中国领土上建造的一个与中央政府暂时隔海分治、互不隶属的区域性特别自治政府”；其三，“一个基于历史上内战原因造成的、由一部分中国人在中国领土上先后通过军事割据和民选改造而建立起来的、与中央政府暂时互不隶属的区域性特别自治政府”。对于以上表述，笔者建议将其简称为“台湾特别自治政府”（备注：不可称其为“台湾政府”，因为这一名称带有“台独”意味）。这一称谓的好处是：首先，承认当前台湾当局与大陆政权暂时（备注：仅仅是暂时，而非永久化，否则就会导致“事实台独”）互不隶属，相对于大陆政权而言，其为一个自治政治实体；其次，该称谓可以模糊处理两岸之间的“中央—地方”之争，有助于推动两岸关系继续向前发展；再次，有助于与未来统一后的“一国两制”安排相衔接（该问题在本书第十五章有详论，此不展开分析）。

以上表述是从大陆对台湾当局作政府承认的角度而言的，但从两岸关系的角度来看，大陆方面对台湾当局作政府承认后的两个政权之间究竟是什么关系？笔者认为，可以表述为：一个中国框架内暂时互不隶属的两个政府体系，两者既非简单的中央政府与地方政府的关系，亦非中央政府与中央政府的关系，而是一种（全国性）中央政府与（区域性）特别自治政府的关系。从台湾特别自治政府的实际管辖范围来看，它在事实上行使着台澎金马地区的部分对内主权行使权（即对内最高管辖权），但不具有国际上的对外代表权。[①] 为了清晰地说明两岸政权的性质和地位，特制作表 5-4 来进一步展示。

表 5–4：两岸政权的性质和地位比较表

主权视角 \ 两岸		大陆方面	台湾方面
中国对内主权行使权视角（两岸之间）	法理上	全国性中央政府	区域性特别自治政府
	事实上	区域性中央政府	区域性特别政治政府
中国对外主权行使权视角（国际社会）	法理上	全国性中央政府	区域性特别自治政府
	事实上	全国性中央政府	区域性特别自治政府

（图表来源：作者自制）

五、统一前的两岸政治关系定位表述：“一国两府一中央”

大陆方面一旦承认台湾当局为政府（不论是哪一层级的政府），必然会面临一个中国内部存在着暂时互不隶属的两个政府体系的现实（除非大陆永远不承认台湾当局为政府）。由于目前台湾方面的“一国两府”已在两岸之间成为一个具有特定内涵的专有名词（即“一个中国，两个中央政府”），在这种情况下，人们容易将此处“一个中国内部存在着暂时互不隶属的两个政府体系”与以往台湾方面的“一国两府”混同起来，并给外界以大陆接受了“一国两府”的错觉。为此，今后如何在表述上既能清晰地表达目前“一个中国内部存在着暂时互不隶属的两个政府体系”，又能与台湾方面的“一国两府”区隔开来，成为在表述技术上亟待突破和解决的一个问题。有鉴于此，笔者提出“一国两府一中央”论述。

（一）基本意涵和主张

“一国两府一中央”，即“一个中国（国家），两个政府体系，一个中央

① 此为对事实状态的描述，而非对法理状态的描述。倘若从法理层面来讲，它不应享有主权行使权。

政府”的简称。其基本涵义是：“世界上只有一个中国，一个中国内部目前存在着暂时互不隶属的两个政府体系，中华人民共和国政府是代表中国的唯一中央政府”。① 具体说来，它包括两个层次的内容：其一，在“国家”层次，“一国”是主权意义上的一个中国，而非历史、地理、文化和血缘意义上的一个中国，这是两岸政治关系定位的前提和基础。在这个层面，不存在任何讨价还价的空间。其二，在“政府”层次，承认台湾为政府，这个政府既不是中央政府，② 也不是地方政府，而是暂时与中央政府（大陆政府）在事实上（而非法理上）互不隶属的特别自治政府。相较于先前“非法政权”说辞，现在承认台湾当局为政府无疑是大陆的让步和善意。

该论述由本体论和方法论两大部分组成。本体论部分为“一国两府一中央”论述，是论述的实体部分，着重论述一个中国框架内存在着暂时互不隶属但又不可能完全对等的两个政府体系（由于本部分前有详述，此不赘述）。方法论部分为“各表 + 共表”，是论述的策略、技术和方法部分。对于“台湾特别自治政府”这个称谓，两岸可能存在分歧，那么，如何在坚持唯一中央政府的前提下实现双方的平等互动呢？笔者认为，在目前尚不具备“共表”条件的情况下，可以暂时借助于“各表”，各自声称自己为代表中国的唯一中央政府，将对方政权视为特别自治政府。在两岸未统一之前，“各表”具有不可替代的作用。当然，尽管我们为台湾方面另行表述“一国两府一中央”预留必要的空间，但大陆方面不能公开接受或承认台湾方面的“各表”，否则就等于间接承认了“一国两府”，这正是“各表”的奥妙之处（这一问题在本书第十三章有详细论述，此不赘述）。在“各表”的意义上，该论述可以变通表述为：“互不否认对方为政府，互不承认对方为中央”，或者“承认对方为政府，否认对方为中央”。

---

① 众所周知，政策性论述须有学理性论述为基础，如果一个政策性论述缺乏学理性论述的支撑，那么该政策性论述就会成为空中楼阁。上述论述即是一个学理性论述。学理性论述的优点是能从一个理论高度透视某一问题或现象，通过现象抓住本质，从而将把问题的脉络和逻辑表达清楚，但由于其是“形而上”的抽象性论述，不够通俗易懂，可能会影响其在实践中的可操作性。故需要通过中介环节将其转化为政策性论述。如果将上述学理性论述转化为政策性论述，那么，这个论述就是“一国两府一中央”。

② 倘若承认对方为整个中国（大陆 + 台湾）的中央政府，则否定了己方的中央政府地位；倘若承认对方为目前实际管辖地区的中央政府，就会出现台湾方面所主张的“一国两府”，最终会导致“两个中国”。

（二）价值和意义

“一国两府一中央”的完整表述是：“世界上只有一个中国，一个中国内部存在着暂时互不隶属的两个政府体系，中华人民共和国政府是代表中国的唯一中央政府”。该论述简洁明快、通俗易懂，不易产生歧义。与以往的相关论述相比，该论述有以下几个优点：

第一，既能承认台湾当局是政府，又能避免陷入“一国两府”的泥潭。该论述通过在“两府”之后加上“一中央”作限定，就堵死了将“两个政府体系”演绎为“两个中央政府”的解释空间。该论述是界于“一国一府”与“一国两府”之间的定位方案。“一国两府一中央”中的“两府”仅指两个政府体系，而不是“两个中央政府”，此处的“一中央”体现了“一个国家，只有一个中央政府”的原则，维护了“一中”框架，这与台湾方面的“一国两府”有根本区别。可以说，该论述既体现了实体“一中”，能确保“一中”不会被“两府”所架空，又体现了两岸相对平等、两个政府体系暂时互不隶属，还承认了台湾当局是一个相对独立的政府体系，是一个操作性较强的折中方案。

第二，既关照到了现实，又兼顾到了未来。该方案只是对未统一前的两岸政治关系定位所作的论述，它既关照到了目前两岸隔海分治的现状，又为未来两岸和平统一预留了空间，甚至能够与未来两岸统一后的“一国两制”安排直接相衔接（关于该问题的详细分析，请参见本书第十五章）。未来两岸统一的过程就是由“一国两府一中央”变为“一国一府一中央”的过程，[①]“两府”变“一府”的过程就是重组或配置两岸政治关系的过程，也就是两岸重组“一中央”的过程。

第三，既照顾到国内，又兼顾到国际。该表述的前提和基础是“一国”，有助于在两岸之间维护“一中”框架。尽管承认“两府”，但“两府”之中只有大陆政府是中央政府，这样就排除了台湾当局成为中央政府的可能。台湾当局既然不是中央政府，也就不能像大陆政府一样在国际社会从事外交活动，

① 香港和澳门在回归以前，与中华人民共和国政府分属于两个政府体系；回归后，就变成了一个政府体系。在一个政府体系内，中央政府通过授权让港澳特别行政区实施高度自治。尽管实行“一国两制”，但港澳与中央政府具有隶属关系，是一个政府体系框架内的中央与地方关系。而目前台湾当局与中华人民共和国政府尚不具有隶属关系，属于两个政府体系；未来通过“一国两制”统一之后，就会变成具有隶属关系或其他能体现国家统一关系的一个政府体系。

这样防止了将两岸平等延伸至国际社会。

第四，既体现法律人格意义上的平等，又体现事实上的不可能完全平等。两个政府体系之间的关系具有特殊性，既不是中央政府与中央政府关系，也不是中央政府与地方政府关系。该政治关系定位方案符合两岸现实状况，既避免了长期以来的“中央—地方”之争，又不抵触一个中国原则；既体现出两岸在法律人格意义上的平等，又体现出两岸在事实上的不可能完全平等，兼顾了“平等”与“不平等”的平衡。

（三）“一国两府一中央”论述中的“两府”之关系

被承认为“政府”之后的台湾当局与大陆政府是什么关系？“一国两府一中央”论述中的两府关系与“一国两府”论述中的两府关系有何不同？由于“一国两府一中央”论述只讨论两岸在和平过渡时期（即统一前）的关系，因此只能在此作原则性、框架性讨论，而无法进行更为细化的研究。概括起来，“一国两府一中央”论述中的“两府”关系，大致包括以下几个要义：

第一，同属实体“一中”。中国作为单一制国家，其主权行使权（包括对内和对外）均由中央政府来行使，但处理大陆与台湾的关系时，为了体现两岸平等，在理论上可以考虑突破单一制模式的框架，借鉴联邦制的某些原则和精神来处理台湾当局的法律身份、政治地位及“国际活动空间”问题。对内主权行使权暂时由两岸分享，但对外主权行使权只能共享。在这个问题上，大陆即使让步，也必须在主权所有权统一的框架内让步，以不破坏一个中国框架为政治底线。在国际社会普遍遵循一个中国原则的前提下，两岸可作为“平等政治实体”进行和平发展乃至统一的政治谈判。从法理上讲，一个中国内部两个政权的关系应根据双方签署的协议及内部法律（而不能根据国际法）来处理。基于中国领土内不同政权共存的事实，未来两岸关系既非国际关系，亦非通常的国内关系，而是一个中国内部两个特殊政府体系之间的府际关系。

第二，暂时互不隶属。两个政府体系暂时互不隶属状况是中国作为一个不完全分裂国家在统一前所呈现出来的一种特殊现象。从法理上说，一个国家内部只有一个政府体系，若一个国家里存在两个互不隶属的政府体系，那就是非正常现象，但正是由于存在非正常现象，两岸今后才存在统一的使命和任务。从这一意义上说，统一就是要使两个互不隶属的政府体系变为一个具有隶属关系或其他能体现国家统一关系的政府体系，[①] 这正是大陆要完成两岸统一的法理基础，否则就不存在两岸统一的问题了。需要指出的是，有大陆学者反对“台湾与大陆互不隶属”这个提法，理由是：承认台湾与大陆互不隶属，会固化“分裂分治”现状、凸显“台湾的主体性”。诚然，反对的初衷是好的，但现实不可回避。笔者认为，这些学者是用统一后的标准来裁量统一前的两岸政治关系状态。众所周知，在一个统一国家内，只存在一个政府体系，其主权权力的运行是畅通无阻的，不会在某些地区出现“运行塞梗”现象。只要出现主权权力“运行塞梗”现象，就表明这个国家内部出现了“地方割据”“分裂分治”“内部战争”等不正常现象。而且，正是由于有些国家出现了诸如此类的不正常现象，因此它们才有国家统一的历史任务。就两岸而言，我们否认两岸之间存在暂时互不隶属的两个政府体系，无异于否定了未来两岸统一的正当性基础。需要强调的是，目前两个政府体系之间的互不隶属是在一个中国内部的互不隶属，并且这种互不隶属现象是暂时的。

第三，法律人格平等。在两岸政治关系问题上，台湾方面一直强调两岸“对等”，而大陆方面多使用“平等”一词，且强调两岸之间不是中央与地方的关系。对等是指甲方怎样对待乙方，乙方就怎样对待甲方，一般适用于国家与国家之间。而两岸关系不是国家与国家的关系，故不能讲对等，只能讲平等。另外，台湾当局尽管对台澎金马地区行使实际管辖和治理，但它在人口、管辖面积等方面均远不及大陆，这在事实上决定了它与大陆不可能完全平等。综上所述，台湾与大陆的平等只能是一个中国框架下双方在法律人格上的平等。

第四，内外地位有别。台湾方面不仅要求台湾当局与大陆政府在两岸之间对等，还要求两者在国际社会对等，认为台湾当局应当参与所有的国际活动，[②] 这是大陆方面不能接受的。从国际法上看，一个主权国家只能有一个中央政府来代表其行使主权，两岸无法既维持实体“一中”，又在国际社会同时代表中国。中华人民共和国是国际上代表中国的唯一合法政府，其法理上的领土管辖范围包括台澎金马在内；台湾当局仅是在中国内政范围内与大陆中

---

① 此表述是就中国作为单一制国家而言的。倘若在联邦制国家，联邦政府与成员政府之间是全国性中央政府与区域性中央政府的关系，两者并无隶属关系可言。在通常情况下，两者通过宪法来划分和配置国家权力的分享和共享事宜，从而组建同一政府体系和同一主权国家。

② 陈孔立:《两岸政治定位的瓶颈》，载《台湾研究集刊》，2011 年第 3 期，第 1—2 页。

央政府保持相对独立性的特别自治政府。值得注意的是，两岸平等并非意味着两个政权分享的权力相等。即便两岸之间彼此平等，也不能在国际社会平等，[①]一旦如此，就会破坏一个中国框架。其实，结合两岸关系的历史及和平统一的战略，只要在一个中国框架内实施两岸平等而不扩散到国际社会，两岸平等相处就有利于两岸关系和平发展。

（四）不宜将“两府”关系界定为“中央—地方”关系

第一，理论解释有失严谨。笔者认为，将台湾当局界定为地方政府，有失妥当，因为中央政府与地方政府的划分，通常是就统一国家内部或同一政权体系内部具有隶属关系的政治实体而言的。目前两岸尚未统一，隔海分治，没有隶属关系，因此谈不上何者为中央政府，何者为地方政府。在一个统一的单一制国家内，如果一个政府不是中央政府，那它一定是地方政府，这种推理可以成立；但对于处于分裂、割据或内战等状态的单一制国家来说，上述推理就未必能够成立。另外，联邦制国家亦是如此，譬如美国的州政府，从政治学或宪法学角度看，其是区域性中央政府，但从国际法的角度看，其是中央政府抑或地方政府，恐怕就不容易说清楚。倘若简单地套用“中央—地方”二分法，则很难对某些政权的地位和性质作出清晰地描述和界定。就两岸来说，既然两个政府体系暂时互不隶属，就无所谓中央政府与地方政府之分，即便有，也只能是单方面的政治宣示。

第二，台湾方面不可能接受。倘若大陆方面将台湾当局界定为地方政府，不仅难以化解矛盾，还有可能激化矛盾。1949 年以来，由于两岸处于对峙状态，台湾当局仍然维持着“主权国家”外观，并且以“中国政府”的名义，对台湾内政范围内的事务实施有效统治。以地方性权力来界定台湾当局正在行使的权力性质，与其一贯的宣示和诉求存有差距，其短期内可能难以接受。既然如此，就很难达到化解分歧、解决问题的目的。

基于以上原因，笔者认为，今后在一个中国框架下定位两岸政治关系，应分两个阶段进行：第一阶段，首先在两岸关系和平发展阶段承认台湾当局是政府。至于这个政府与大陆政府的关系问题，只能作原则性、框架性描述，

① 笔者认为，大陆方面可以考虑以扩大两岸之间的平等来换取台湾诉求在国际社会对等的思路来解决台湾的“国际活动空间”问题，而台湾方面则以压缩或放弃诉求在国际社会对等的方式来扩大两岸之间的平等身份，这是一个值得进一步探讨的思路。

不宜做细化界定（当前没有必要做，事实上也无法做到）。第二阶段，至两岸和平统一阶段再解决两个政府体系的关系问题。目前不具备解决这一问题的条件，只有将来条件成熟时再加以解决。以上两个问题，应分阶段、分步骤地加以解决，不要“毕其功于一役”。

在这个问题上，学界当前陷入了一个误区，即硬要解决“何者为中央，何者为地方”，结果均于事无补。在统一之前采用“中央—地方”来定位两岸关系，是将两个不同阶段的问题混为一谈了，犯了“超越阶段”的错误。它用统一国家内部的权力关系和政治安排标准来界定尚未统一国家内部不同政治实体之间的关系。两岸何者为中央，何者为地方，那是将来统一谈判阶段需要面对和解决的政治问题，① 当前不需要解决这些问题，否则，问题会继续无解。在现阶段，两岸双方只要相互承认对方政权为合法政府（或合法政权）即可，如此便能为两岸公权力部门的对接与互动奠定法理基础。② 对此，大陆学者黄嘉树教授作过如下评析：“两岸关系在统一之前也不是传统的一国之内中央政府与地方政府之间的关系。台湾在历史上曾是中国中央政府管辖之下的一个省，这已经成为过去式。按照‘一国两制’方案统一之后，台湾将成为中国中央政府管辖下的一个特别行政区，但这还是有待实现的未来式。从现在式论，目前两岸并不存在能够主导两者关系的共同服从的权威机构，在法政架构上两岸互不隶属。虽然很长一段时期内，双方都自认自己是中央政府，互视对方为地方当局，但这些都属于单方面表述，对方并不接受。因此，在中国尚未统一的情况下，把两岸关系视为中央与地方的关系显然不妥当”。③

---

① 在两岸尚未统一的情况下，何者为中央，何者为地方，无从谈起。即使声称自己为中央，视对方为地方，也是自我定位，对对方不具有约束力；只有双方通过协商谈判，就何者为中央或地方，如何组建共同中央达成共识之后，方有中央与地方之分。当前各自所作的“中央—地方”定位，是各表式的政治定位；只有到了统一阶段，经由双方谈判达成共识的“中央—地方”定位才是最终以宪法形式确认的政治定位，并具有法律效力。

② 两岸和平协议可彼此以国台办和台湾陆委会的名义来直接协商并签署协议。承认台湾陆委会是否意味着承认了“中华民国政府”？不是的，因为台湾陆委会是台湾当局处理大陆事务的专责机构，其不是“外交部”，该部门本身就意味着两岸不是“国”与“国”的关系，其公权力也仅属于治理层面的公权力，所以，不会导致“两国论”。另外，可以考虑承认到一定的范围和层次，譬如到“部”一级，不涉及主权层次公权力的承认问题，只涉及公共治理层面公权力的承认问题。随着累积共识、增加互信，承认的层次逐步提升，直至统一。

③ 黄嘉树：《论两岸关系的性质与特点》，载华夏经纬网，2003 年 7 月 23 日。

六、"一国两府一中央"不同于台湾方面的"一国两府"

（一）"一国两府一中央"与"一国两府"的比较分析

从形式上看，"一国两府一中央"论述与台湾方面"一国两府"论述均有"一国两府"字眼，因而有着表面上的相似性，但两者在实质上存有根本差异，具体体现在以下几个方面（可参见表5-5）：

第一，理论依据不同。台湾方面"一国两府"论述的理论依据是所谓的"分裂国家理论"，将两岸政权视为"两个中央政府"或"两个主权国家"。而"一国两府一中央"却以"不完全分裂国家理论"为定位依据和论述基础，在坚持中国领土主权所有权统一的前提下，将两岸政治关系定位表述为"一个中国内部暂时互不隶属的两个政府体系"，虽然这两个政府体系暂时互不隶属，分别在自己控制的领土范围内直接行使有效管辖，但其前提是两岸政权同属一个中国。

第二，"一国"虚实不同。在台湾方面的"一国两府"论述中，"一国"是虚体架构，而"两府"才是实体架构，该论述的主旨在于通过凸显"两个中央政府"来掏空"一个中国"，使"一个中国"虚体化；而在"一国两府一中央"论述中，由于"一国"受到"一中央"的加持，"一国"并非虚体架构，而是实体意义上的中国，这样就能防止"两个中国"的出现。

第三，"两府"涵义不同。台湾方面"一国两府"论述中的"两府"是指"两个中央政府"，这会在终极上导致"两个中国"。事实上，在双方均坚持己方政权为中央政府的前提下，一旦承认对方政权为中央政府，必然导致出现"两个中央政府"。而"一国两府一中央"论述中的"两府"，仅仅是两个政府体系，而不是"两个中央政府"。大陆方面仅承认己方政权为中央政府，而不承认对方政权为中央政府。

第四，身份地位不同。台湾方面"一国两府"论述强调所谓"两岸对等"与"内外一致"，主张双方不仅在两岸之间"对等"，而且在国际社会也要"对等"，即主张台湾当局在国际上具有与中华人民共和国政府同等的代表权或国际地位，由它代表台湾地区独立地行使台湾的对外主权。而"一国两府一中央”则主张两岸平等，且平等也仅局限于内政治理层面，在国际场合则“内外有别”，坚持认为台湾当局在国际上不具有代表台湾的资格。国际上只有一个具有主权意义的中国，中华人民共和国政府是代表中国的唯一合法政府。在国际法意义上，世界上不存在“一个国家，两个代表政府”的情形[①]。

第五，表述方式不同。从技术和方法论的角度看，台湾方面的“一国两府”论述只能通过“共表”来达成，但一旦对其“共表”，就会导致“两个中国”，所以大陆方面坚决反对“一国两府”。而“一国两府一中央”论述在很大程度上要通过“共表＋各表”来实现，即在“一中”问题上要“共表”，在“一个中央政府”问题上只能“各表”，在设计该论述时已为台湾方面预留了充足的“各表”空间，因而较“一国两府”更具有可操作性。

第六，实质结果不同。台湾方面“一国两府”着重强调“两个中央政府”，会把“一个中国”变成抽象的虚体“一中”，在此架构之下，存在两个实体性“中央政府”（即“中华民国政府”与中华人民共和国政府），这样的定位会导致“两个中国”。说到底，“一国两府”实质上是在“两个中国”基础上来讨论两府关系。而“一国两府一中央”论述着重强调“一个中国”，其主张在一个中国框架下来讨论两个政府体系之间的关系，并主张在“一国一府”与“一国两府”之间探寻两岸的交集点。

表 5-5：“一国两府一中央”与台湾方面“一国两府”比较表

论述 / 内容比较	台湾方面的“一国两府”	“一国两府一中央”
理论依据	完全分裂国家理论	不完全分裂国家理论
“一国”虚实	“一国”是指“一个中国”屋顶，是虚体架构；	“一国”是指一个中国框架，是实体架构；

① 一个主权国家内部存在几个合法中央性政府（如联邦制下会有多个中央政府），那是国内政治范畴内的事务，由国内宪法加以调整和规范，国际法不加以调整，否则，有干涉内政之嫌。但国际法要求，一个主权国家只有一个代表该国家的中央政府，所以，从国际法的视角来看，目前两岸政治关系只能是“一国两府一中央”。既然是“一国两府一中央”，就不能在国际社会有两个平行代表权，这也是一个中国原则的根本要求。

续表

“两府”涵义	“两个中央政府”，即“中华民国政府”和中华人民共和国政府；	仅有一个中央政府（即中华人民共和国政府），而非“两个中央政府”；
身份地位	主张内外一致，不仅两岸之间平等，在国际社会也要平等；	坚持内外有别，仅主张两岸之间平等交往，但在国际社会不能平等，否则破坏一个中国框架；
表述方式	侧重于两岸“共表”	侧重于两岸“共表”+“各表”
实质结果	“两个中国”	一个中国

（图表来源：作者自制）

（二）问题的再阐释

1.“一国两府一中央”并非对“旧三句”的简单回归

大陆的“一中”论述已经由“旧三句”发展为“新三句”，其中的重要变化之一就是不再强调“中华人民共和国政府是代表中国的唯一合法政府”，而现在“一国两府一中央”论述又强调“中华人民共和国政府是代表中国的唯一中央政府”，这是否为一种倒退？笔者认为，“一国两府一中央”论述并不是对“旧三句”的简单回归。与“旧三句”相比，该论述有两点变化：其一，承认台湾当局为政府。其二，此处强调的是“唯一中央政府”，而非“唯一合法政府”，因为既然承认台湾当局为政府，自然也就连带承认了其合法性，倘若再表述为“唯一合法政府”就自相矛盾了。

与“新三句”相比，该论述强调中华人民共和国政府是代表中国的唯一中央政府，具体参见表5-6。“新三句”固然给台湾在一个中国框架内预留了必要的空间，但“大陆和台湾同属一个中国”的提法和在两岸场合回避“中华人民共和国政府作为中国的中央政府”的做法，使得“新三句”很容易被台湾“事实台独”人士所利用，甚至被台湾人士认为“新三句”与“分裂分治”“互不隶属”“一国两治”“一国两府”等在“外形上”具有相似性。这种说辞固然歪曲了“新三句”的用意，但也表明“新三句”有被异化解读的空间。为堵死这种空间，今后有必要在“新三句”的基础上对“一中”政策作收紧性表述。众所周知，“新三句”是特定历史条件下为遏制“分离式台独”

而在表述上所作的策略调整，适应了当时遏制“分离式台独”、维护“一中”框架的需要，但是随着岛内政治生态的变化，特别目前岛内“分离式台独”不断式微、“事实台独”日渐“昌盛”的情势下，大陆有必要与时俱进，适当地收紧政策表述，强调“中华人民共和国政府是代表中国的唯一中央政府”。

表 5–6：“一国两府一中央”论述与“旧三句”“新三句”比较表

论述	主要内容
“旧三句”	世界上只有一个中国，台湾是中国领土的一部分，中华人民共和国政府是代表全中国的唯一合法政府。
“新三句”	世界上只有一个中国，大陆和台湾同属于一个中国，中国的主权和领土完整不容分割。①
“一国两府一中央”	世界上只有一个中国，一个中国内部存在着暂时互不隶属的两个政府体系，中华人民共和国政府是代表中国的唯一中央政府。

（图表来源：作者自制）

因此可以说，“一国两府一中央”论述结合了时代特点和两岸关系发展的情势，是在“旧三句”和“新三句”基础上对两岸关系所作的新阐释，是新形势下遏制“事实台独”的新探索。

2. 台湾方面应务实接受“一国两府一中央”

“一国两府一中央”论述承认台湾当局为“区域性特别自治政府”，台湾方面是否会接受？这是设计该论述时必须要考虑的问题。笔者认为，“区域性特别自治政府”的定位主要表明大陆方面在“承认台湾当局为政府”这个问题上，能承认到什么程度，即承认的政治底线是什么。大陆方面当然期望台湾方面能够接受“区域性特别自治政府”的定位，但笔者也知道，目前让台湾社会接受“非中央政府”的定位，难度很大。从目前台湾社会的主流声音来判断，除了“两个中央政府”或“两个中国”的定位，其他定位都很难接受。但问题是，大陆方面不会为了让台湾方面顺利接受，就承认台湾当局是一个“中央政府”；否则，就会违背一个中国原则。“一国两府一中央”论述的提出在很大程度上表明了大陆方面在该问题上的政治底线，如果台湾方面

① 海峡两岸关系协会编：《两岸对话与谈判重要文献选编》，北京，九州出版社，2003 年，第 29 页。

拒不接受，大陆方面似乎也没有再让步的空间。

如果台湾方面不接受“区域性特别自治政府”的定位，那么是否表明台湾方面没有接受“一国两府一中央”论述的可能性？先前的实践经验告诉我们，情况也未必如此。故笔者在设计这一方案时，考虑到了可能会出现的种种情况，为台湾方面接受该论述预留了必要的空间，那就是各自表述“一国两府一中央”（前已论及，此不赘述）。至于该论述是否会被台湾方面所接受，除了论述本身的内容之外，还取决于论述之外的众多复杂因素。

七、结　语

“国家”和“政府”是两岸政治关系论述中最早使用的概念，运用这两个概念所作的论述也是目前所有论述中最直接、最敏感和最根本的，属于“神经中枢性”论述，然而由于这两个概念比较敏感，目前两岸官方和学界在界定两岸政治关系时似乎都在有意回避或淡化使用它们。不过，问题的最终解决却无法绕开这两个概念，其他论述也终将回归或落实到“国家—政府”分析框架之下来进行，所以在经过一段时期的淡化或“沉寂”之后，“国家”和“政府”概念必将重新被使用，“国家—政府”分析框架也将成为解决两岸政治关系定位的最终分析框架。因此，两岸官方和学界应该重新重视这一分析框架，并在运用时把握好“度”，做到恰如其分；因为若不用“国家”和“政府”概念来定位，则难以推动两岸关系继续向前发展；但若超过了适当的“度”，又会引发对方不必要的反弹，反而会阻碍两岸关系向前发展。就当前两岸关系来看，承认台湾当局为“区域性特别自治政府”，并将两岸政治关系界定为“一国两府一中央”，既不会损伤一个中国原则，又有助于推进两岸关系和平发展，是一个比较恰当的论述。

第六章　典型定位论述解析（一）：“宪法各表”

长期以来，谢长廷对两岸关系一直有自己的思考，并提出了“一国两市”[①]“宪法一中”“宪法共识”和“宪法各表”等一系列论述。2012年10月，他在首次大陆之行时又集中阐释了其“宪法各表”的内涵及主张，成为人们一时热议的焦点，迄今仍未尘埃落定，从而成为研究两岸关系的学者必须要研析的重要论述。那么，谢长廷的论述与国民党的论述究竟有何异同？我们该如何理解和看待谢长廷的两岸政治关系论述？其政治关系论述的正向意义何在？问题或局限何在？模糊性体现在何处？其有哪几种可能演绎解释的方向？与民进党的官方论述相比，谢长廷的论述与之有何不同？谢长廷论述的前后变化体现在何处？谢长廷的论述与大陆的“九二共识”“反对台独”是否相容？与大陆方面的“一中”底线还有多大的差距？今后如何进一步修正才有可能得到大陆方面较为积极的回应？为了回答以上问题，本章作如下探讨。

一、谢氏“宪法”论述的内容与基本主张

从整体构成上看，谢长廷的两岸政治关系论述主要包括三个分论述，即

① 即高雄与厦门是“两个城市，一个国家”。2000年，谢长廷为推动台湾高雄和大陆厦门之间的互动，便提出该论述，其因此而遭到民进党内部的质疑和批评。

“宪法一中”“宪法共识”和“宪法各表”；从这三个分论述的提出时序上看，“宪法一中”的提出时间最早，“宪法共识”次之，“宪法各表”是基于前两个分论述而提出的新论述。但“宪法共识”和“宪法各表”在提出时间上较为接近，两者可谓对其昔日“宪法一中”论述的进一步延展。①

（一）“宪法一中”

早在 2000 年 3 月，谢长廷为回应民进党内部对其“一国两市”的质疑，首次提出“中华民国宪法也是一种一中”的说法，此说法被简称为“宪法一中”；此后谢长廷不断重申该表述；2008 年后，谢长廷使用该表述的次数明显减少，但仍在使用。

1. 论述意旨和基本主张

针对民进党虽勉强接受“中华民国”这一“国号”②，但拒不接受含有“一中”意涵的“九二共识”这一现状，谢长廷认为，民进党不接受国民党的“九二共识”，而自己长期坚持的“一边一国”又行之不通，这对民进党的长远发展极其不利。为此，他主张“一中问题应回到中华民国宪法架构下来谈”，民进党不应回避和反对“宪法一中”。回归“宪法一中”是一个能够兼顾台湾主体性和两岸关系稳健发展的方案。针对社会各方（尤其绿营内部）的质疑，他在不同场合阐释过其主张“宪法一中”的理由。概括起来，主要如下：

第一，回归“宪法一中”可应对大陆的政治期待。谢长廷认为，民进党应该回归“中华民国宪法”，在“宪法一中”架构下，寻找一个最适合的模式与大陆方面开启正常化互动。反观国民党从“宪法一中”的立场出发，以“九二共识”为基础，坚持“一中各表”，与大陆方面开展了多领域、多

① 有一种观点认为，谢长廷主张的最早名称是“宪法一中”，因与马英九提出主张的名称相近，后改为“宪法共识”，又改为“宪法各表”。但考察谢长廷的前后论述可以发现，这种说法并不准确。虽然近几年谢长廷使用“宪法一中”概念的次数明显减少，但仍在不断使用；“宪法一中”“宪法共识”与“宪法各表”的内涵虽有些重叠，但彼此无法替代，事实上他也一直在交替使用这三个概念。所以，笔者认为，其整套论述在内容上包括“宪法一中”“宪法共识”和“宪法各表”三大板块。前台湾海峡交流基金会秘书长陈荣杰的观点与笔者的这一观点有些相似，他根据谢长廷论述的资讯，认为谢长廷的论述隐含三项元素：“宪法共识”“宪法一中”和“宪法各表”。参见陈荣杰：《平议谢长廷中国行》，载台湾《自由时报》，2012 年 10 月 15 日版。

② 根据 1999 年 5 月 8 日民进党第八届“全代会”第二次全体会议通过的“台湾前途决议文”，台湾是一个“主权独立的国家”，其目前的“国号是中华民国”，这样将台湾和“中华民国”嫁接起来，逐步形成“中华民国是台湾，台湾是中华民国”的论述。

渠道的交流与合作。近些年来，大陆方面未曾公开批评过国民党的“宪法一中”，“这点是很微妙”。马英九主政后，根据“中华民国宪法”来定位两岸关系，主张“宪法一中”①，从而开辟了两岸关系和平发展的新局。在谢长廷看来，国共两党之所以在“中华民国宪法”上达成默契，② 主要是因为“中华民国宪法”中含有“一中”架构，其条文载明了大陆和台湾同属一个中国。有鉴于此，谢长廷认为，民进党也应将承认“中华民国宪法”作为开启民共两党互动交流的突破口，并以“宪法一中”作民共互动交流的政治基础。

第二，回归“宪法一中”不会损伤台湾主体性。首先，“中华民国宪法”代表台湾主体性及“宪法”秩序，“每一个现代国家都有一部宪法，而宪法即是一个国家主权的象征”，③ “中华民国宪法本身就已凸显中华民国是主权独立国家，这部宪法也是朝野共识的最大公约数”，“回归宪法，我们就是主权国家”④。其次，“目前台湾所施行的宪法，虽然原本被认为深具‘大中国’意涵，但历经七次修宪，已逐渐让台湾要素极大化，另具时代意义。”⑤ 七次增修后的“宪法”，固然保持了“一中”架构，但其轮廓渐趋模糊。⑥ 故谢长廷希望借“宪法一中”的模糊空间搭起民共两党政治对话的平台。

---

① “宪法一中”是马英九在2008年3月所提出的政治论述，用以作为发展两岸关系的主轴，以及“九二共识”的补充。所谓“宪法一中”即依据“中华民国宪法”，“中华民国”的领土及于全中国，拥有中国的主权，是唯一可以合法统治中国的政权，但是目前的统治范围只及于台湾。马英九在2008年3月28日接受台湾《自由时报》专访时表示：“中华民国的有效统治区域是台澎金马，但根据宪法固有疆域还包括中国大陆，这就是宪法一中。”参见田世昊等：《马：92共识可反对但不能否定》，载台湾《自由时报》，2008年3月29日版。

② 谢长廷著：《未来：不一样的台湾》，台北，新文化教室，2012年版，第90页。

③ 谢长廷著：《未来：不一样的台湾》，台北，新文化教室，2012年版，第112页。

④ 谢长廷著：《未来：不一样的台湾》，台北，新文化教室，2012年版，第112页。

⑤ 谢长廷著：《未来：不一样的台湾》，台北，新文化教室，2012年版，第21页。

⑥ 在此架构下，可以对“宪法一中”作出两种不同解释：其一，迎合大陆的“一中”解释。“一中即中华民国”，领土主权涵盖大陆和台湾（即大中国），该解读接近国民党的“宪法一中”论述，主张“两岸一中”，该解读符合“宪法”本文和增修条文，其实质是“一中一宪”；但从其后续提出的“宪法各表”来看，这种解读不成立，其只是给大陆方面其接受“两岸一中”的幻觉或想象。其二，迎合绿营的“台独”解释。“一中即中华民国”，领土主权仅及于台湾，认为“中华人民共和国就是中国”，“中华民国”是独立于中华人民共和国之外的另一个主权国家，“中华民国”与中华人民共和国（或中国）没有隶属关系，这是对“宪法”增修条文的歪曲解读，是“台独”解释。

2. 与国民党版（马英九当局）“宪法一中”之比较分析

诚然，无论是谢长廷版“宪法一中”，还是国民党版“宪法一中”[①]，其“一中”均指“中华民国”，但倘若依此而推定两个版本的“宪法一中”相同或近似，那就有些“一叶障目”了。导致该错误推论的原因是仅从表面上分析谢长廷的“宪法一中”，没有看清谢长廷“宪法一中”的主旨和用意。倘若结合绿营人士的一贯主张以及谢长廷强调所谓的“模糊”、蓝绿双方对“中华民国宪法”的各表来进行综合、全面、深入地分析，便会发现：谢长廷版“宪法一中”与国民党版“宪法一中”在涵义解释、领土范围、两岸定位等方面均存在较大的差异（参见表 6-1），具体表现在：

第一，“宪法”内涵释义不同。七次增修后的“中华民国宪法”虽然仍具有“一中”的性质（即其主权范围涵盖大陆和台湾），但在许多地方呈现出“支离破碎”的模糊迹象。谢长廷版“宪法一中”预留了对“一中”作不同解释的空间，以迎合不同政治力量的政治需求；对于绿营人士来说，他们可能会侧重于对“宪法”增修条文的异化解释，借“一中”之模糊，强调“中华民国宪法”的本地化或台湾化，否认“中华民国宪法”的“一中”性质，进而得出“一边一宪”“两国两宪”的解释。而国民党版“宪法一中”仍坚持两岸同属一个中国，主张“一中一宪”，并坚持“中华民国宪法”是“一中宪法”。

第二，领土范围界定不同。两个版本的“宪法一中”之“一中”均指“中华民国”，但“中华民国”的领土范围是什么？是包括大陆和台湾，还是仅及台湾？对此，不同政治力量会根据自己的政治需要而做出不同的解读，故其解释弹性比较大。从谢长廷的前后论述不难得知，其“宪法一中”中所指的“中华民国”是所谓的本地化或台湾化的“中华民国”，其领土范围仅及台湾，诚如他所言：“历经六十年民主洗礼，以及台湾直选总统，现在中华民国政府已不再是个外来政权，是现在台湾的政府。”[②] 而国民党版“宪法一中”之“一中”，尽管亦指“中华民国”，但其指涉“大中国”意义上的“中华民国”，其领土范围包括大陆和台湾。

---

① 尽管国民党对于“宪法一中”的论述在总体上基本一致，但在具体某个时期（如“两蒋”时期、李登辉时期和马英九时期）并非完全一致。此处所谓“国民党的‘宪法一中’”主要指马英九时期的论述。为了行文上的上下统一，此处在表述上笼统地称之为“国民党版的‘宪法一中’”。

② 谢长廷著:《未来：不一样的台湾》，台北，新文化教室，2012 年版，第 84 页。

第三，两岸关系定位不同。谢长廷版“宪法一中”虽然主张回归“宪法”，给人以接受“一中”的假象，但并未真正接受“一中”；“我们是一个主权国家，而且这个国家的名称绝不是中华人民共和国，也全然没有兴趣跟中华人民共和国争‘谁才是代表中国的正统’。更多人希望的是以兄弟之邦、互相承认的方式，与对岸进行对等互惠的交流。”[①] 由于其主张“中华民国是一个主权独立国家”且领土主权范围不及于大陆，使得大陆和台湾之间失去了“一中”连结，两岸关系变成“国与国”的关系，进而使得两岸之间的政治争议超越了政权之争，而变成了主权之争，故其为“台独”论述。而国民党版“宪法一中”坚持两岸同属于“一个中国”，坚持用“一国两区”来定位两岸关系，使得两岸之间的政治争议被限定在“一中”框架内，是一个中国内部两个政权之间的“法统”之争，即政权而非主权之争，故其接近“一中”论述。

表 6–1：谢长廷“宪法一中”与国民党“宪法一中”比较表

内容 比较	谢长廷“宪法一中”	国民党“宪法一中”
宪法内涵释义	“中华民国宪法”为“非一中宪法”	“中华民国宪法”是“一中宪法”
领土范围界定	“一中”即台湾化的“中华民国”，领土范围仅及台湾。	“一中”即大中国，领土范围包括大陆和台湾
两岸关系定位	①“两个中国”“一边一国”；②使两岸之争成为“主权之争”；③是“台独”论述。	①“两岸一中”“一国两区”；②将两岸之争限定在“政权之争”；③接近“一中”论述。

（图表来源：作者自制）

由上可见，谢长廷版“宪法一中”与国民党版“宪法一中”形似神异，其与陈水扁主政时期主张在“中华民国宪法”架构下回应“一中”议题的思

① 谢长廷著：《未来：不一样的台湾》，台北，新文化教室，2012 年版，第 101 页。

路[①]可谓一脉相承、异曲同工，是“宪法版”的“台独”论述。众所周知，承认“中华民国”的论述有三种情形：一是“中华民国”是整个中国（亦称“大中国”），主权涵盖大陆和台湾，且坚持单一“法统”，这是依据“中华民国宪法”所作的“一中”论述，也是当下国民党的官方论述；二是“中华民国在台湾”，其坚持“中华民国是一个主权独立的国家”，但又强调“两岸对等，分裂分治”，借治权分立，模糊主权统一，此为“独台”论述；三是“中华民国是台湾”，其虽不接受“中华民国宪法”，但接受“中华民国”（为“国号”），并坚持“中华民国就是台湾，台湾就是中华民国”[②]，此为“台独”论述。在上述三种论述中，大陆方面仅仅对第一种论述秉持“虽不接受但可忍受”的态度，而对另外两种均秉持明确的反对态度。从谢长廷迄今为止的相关论述来看，其“宪法一中”已对“一中”内涵预留出不同解释的空间，故其属第三种情形，是“台独”论述。

因此，我们要准确研判谢长廷的“宪法一中”论述，只关注到其承认“中华民国”或“中华民国宪法”尚远远不够，还需分析其接受的是一个什么样的“中华民国”或“中华民国宪法”？其主权范围如何界定？其论述中的“中华民国宪法”与中华人民共和国宪法是什么样的关系？等等。这些问题正是近20年来“台独”或“独台”势力建构“台独”或“独台”论述的着力点。如果我们舍弃这些问题不去深入研究，仅看到其从过去不接受“中华民国宪法”到现在接受“中华民国宪法”的转变，很容易放大其正向意义，甚至得出“其与国民党的‘九二共识’内涵很近，只是形式或表述语词上的差异”等十分浅显且不正确的结论。

（二）“宪法共识”

依照谢长廷的解释，“宪法共识”主要是针对台湾社会内部的蓝绿两大

① 陈水扁上台主政后，接受智库人士的建议，采取依“宪法一中”回应大陆“一个中国”主张的办法，声称坚持“中华民国宪法”架构下的一个中国原则，以开启两岸接触对话、平等协商的契机；声称“两岸问题要进一步解决，一定要依‘中华民国宪法’的思维来定调，如此才能化解两岸歧见，这也是两岸政府与人民所能接受‘一个中国’的答案”。参见《陈“总统”：依“中华民国宪法”解决一中》，载台湾《中国时报》，2001年8月11日版。

② 谢长廷著：《未来：不一样的台湾》，台北，新文化教室，2012年版，第84页。

阵营（而非针对大陆）而提出的论述。[①]蓝绿双方应在“中华民国宪法”基础上寻求“重叠共识”（overlapping consensus），跨越纷争，稳定“国政”，[②]联手彰显和“捍卫台湾主权”。

1. 论述意旨和基本主张

为解决长期以来台湾社会内部蓝绿两大阵营的分歧和对抗，谢长廷主张在台湾内部以“宪法共识”取代“九二共识”。具体分析如下：

第一，“九二共识”成为台湾社会蓝绿恶斗的重要根源。谢长廷认为，“九二共识”本是国共在两岸之间的政治议题，后也逐步演化为台湾社会内部蓝绿争斗的议题。由于蓝绿两大阵营在该议题上多年来一直争斗不断，使其成为撕裂台湾社会的一个重要因素。“就台湾利益来讲，我们应该寻求替代性共识方案，才不会造成国共两党‘舍异求同’来切割民进党的窘境；况且，国共之间所谓的‘九二共识’和‘一中各表’是有争议的”，[③]既然台湾社会内部对“一中”存有争议，就不要沿用这个概念，应以“宪法”概念来替代“一中”概念，应以“宪法共识”取代“九二共识”，[④]这样可以减少不必要的政治纷争和内耗。为此，“我们应该以宪法为共同平台、作为不同政党之间竞争、解决政治纷争的准绳，回归到‘宪法是国家根本大法、基本规范’的既有实然地位，寻求宪法的‘重叠共识’。”[⑤]只要有重叠共识，即使不同政治势力之间，也可以摒除个别的特殊利益，共同维持政治的稳定性与正当性。[⑥]

第二，民进党不接受“宪法”难以自圆其说。首先，七次增修后的“中华民国宪法”，已是一部民主的“宪法”，有台湾民主改革的纪录；七次“修宪”，民进党均参与其中，凝聚着民进党人的心血、智慧和追求，民进党既然参与了“修宪”，就应接受这部“宪法”。其次，尽管民进党不承认、不接受“中华民国宪法”，但多年来其一直在该“宪法”规定的体制下运作，且已“推动了四次总统直选，当选者也都在就职时宣誓‘遵守宪法’。过去民进

① 提出“宪法共识”，主要是针对台湾社会内部的蓝绿对抗，但笔者注意到，自2012年底开始，该主张又慢慢地扩大应用到两岸关系领域，其适用范围有扩大趋势。该作法导致了许多混乱，是其论述不成熟、不严谨的表现。笔者另有详论，此不赘述。

② 谢长廷著:《未来：不一样的台湾》，台北，新文化教室，2012年版，第108页。

③ 谢长廷著:《未来：不一样的台湾》，台北，新文化教室，2012年版，第91页。

④ 谢长廷著:《未来：不一样的台湾》，台北，新文化教室，2012年版，第118—119页。

⑤ 谢长廷著:《未来：不一样的台湾》，台北，新文化教室，2012年版，第109页。

⑥ 谢长廷著:《未来：不一样的台湾》，台北，新文化教室，2012年版，第111页。

党多次提出释宪案，也是在此宪法架构下提出。假若‘依宪法规定参与选举，当选后又不愿意宣誓’，或者‘要求解释宪法，但又不承认宪法’，都将形成自相矛盾”。①

第三，蓝绿对抗不利于“捍卫台湾主权”。谢长廷认为“中华民国宪法”是凝聚各方共识的最大公约数，故主张国、民两大政党就“中华民国宪法”达成共识，结束两党对抗格局，实现蓝绿和解，一致对外。“一个分裂的台湾绝对不利于抵抗主权被消灭吞并的压力。因此，坚持‘台湾主体优先’的民进党，在共同守护宪法精神的重叠共识下，得以团结‘反统’力量；主张‘国家正常化’的人，应该去结合‘维持现状派’的人；主张‘台湾独立’的人,也必须去结合‘中华民国派’的人”。②唯有结合“台独派”“缓独派”“维持现状派”“中华民国派”，甚至连“先维持现状，未来再统一”等所有内部力量，一起反对“急统派”，才能确保现阶段的“台湾主权”，③“如果台湾社会内部可以团结一致,中国也会逐渐调整为尊重台湾坚持国家主权的民意。”④因此，蓝绿双方应先就“中华民国宪法”达成共识，暂时搁置“一中”争议，不能因为“一中”争议影响了蓝绿之间的和解与合作，否则为大陆“利诱分化”“各个击破”提供了机会。⑤“在‘宪法共识’下，无论哪一个政党执政，在面对中国时，都必须在中华民国宪法、国号、国旗之下，进行交流与对话。”⑥

2. 与国民党“九二共识”之比较分析

谢长廷主张以“宪法共识”取代“九二共识”，那么，二者之间究竟有多大的差别？概括起来，主要有以下几个方面：

第一，问题面向不同。“宪法共识”所解决问题的主要面向是台湾社会内部的蓝绿冲突与对抗问题，尤其是民进党不接受“中华民国宪法”的问题。而“九二共识”所解决问题的主要面向是两岸（特别是国共）之间对于“一中”的认同问题，尤其针对部分台湾人士不承认“两岸同属一个中国”的问题。

---

① 谢长廷著:《未来：不一样的台湾》，台北，新文化教室，2012 年版，第 113 页。
② 谢长廷著:《未来：不一样的台湾》，台北，新文化教室，2012 年版，第 117—118 页。
③ 谢长廷著:《未来：不一样的台湾》，台北，新文化教室，2012 年版，第 118 页。
④ 谢长廷著:《未来：不一样的台湾》，台北，新文化教室，2012 年版，第 93 页。
⑤ 谢长廷著:《未来：不一样的台湾》，台北，新文化教室，2012 年版，第 122 页。
⑥ 谢长廷著:《未来：不一样的台湾》，台北，新文化教室，2012 年版，第 120 页。

第二，主要观点不同。“宪法共识”论的主要观点是民进党要承认并接受“宪法”，台湾内部应就“宪法”中的制度、福利、民主、自由或人权保障等内容建立“重叠共识”，对“宪法”中关于“一中”“固有领土”的意涵等不同主张要“存异求同”；蓝绿两大阵营的各个政党应在“宪法”基础上实现和解。而国民党“九二共识”的主要观点是坚持“一个中国，各自表述”，“一国”即“中华民国”。

第三，“一中”态度不同。“宪法共识”论在是否要接受“中华民国”这一问题上，其态度是清晰的、肯定的；但在“中华民国”的涵义及领土范围问题上，其态度则略带模糊；尽管略带模糊，但仍依稀可见其“一中”是指“中华民国”，其领土范围仅及台湾。而“九二共识”论述对于“一中”的态度较为清晰，明确主张“两岸同属一中”，但国民党方面认为“一中即中华民国”，“中华民国是一个主权独立的国家”，其领土范围包括大陆和台湾。

第四，目标指向不同。“宪法共识”论述虽然主张民进党接受和承认“中华民国宪法”，但其目的并非为了接受“一中”，而是为了实现结束蓝绿对抗、联手应对来自大陆的挑战、防止被分化瓦解、共同“捍卫台湾主体性”的目标。而“九二共识”论述的目标指向则是实现两岸双方和解，建立两岸双方交流的政治基础，打开两岸双方交流的大门。具体参见表 6-2。

表 6–2：谢长廷“宪法共识”与国民党“九二共识”比较表

比较 \ 内容	谢长廷“宪法共识”	国民党“九二共识”
问题面向	①主要针对台湾社会内部蓝绿对于“九二共识”的歧见问题，特别是民进党不接受“中华民国宪法”问题；②后来也有向两岸关系领域延伸适用的迹象。	①主要针对两岸（特别是国共）之间对于“一中”的认同问题；②是两岸（国共）共识，主要针对台湾部分人士不承认两岸同属一个中国；③后亦演变为台湾社会内部蓝绿政治分歧。

续表

主要观点	①台湾内部应就“宪法”中的制度、福利、民主、自由或人权保障等内容建立“重叠共识”，对“宪法”中关于“一中”“固有领土”的意涵等不同主张要“存异求同”；②主张民进党要承认并接受“宪法”；③蓝绿政党在“宪法”基础上实现和解。	①国民党坚持“一个中国，各自表述”；②“一国”即“中华民国”。
“一中”态度	①其接受“中华民国”的态度是清晰的、肯定的，但其对“中华民国”涵义及领土范围的解释则略带模糊；②尽管略带模糊，但仍依稀可见，其“一中”是指“中华民国”，其领土范围仅及台湾。	①“一中”态度较为清晰；②主张“两岸一中”，“一中即中华民国”，“中华民国是一个主权独立的国家”，其主权涵盖大陆和台湾。
目标指向	承认“宪法”并非为接受“一中”，而是为了实现蓝绿和解，联手应对来自大陆的挑战，防止被分化瓦解，共同“捍卫台湾主体性”。	实现两岸双方和解，建立两岸双方交流的政治基础。

（图表来源：作者自制）

对于“宪法共识”论，我们应给予客观、公允的论定。从该论述的目的来看，其主张蓝绿和解并非仅仅是为了实现台湾社会的稳定，更主要的在于通过实现蓝绿和解，“团结内部、一致对外”，联手“捍卫”台湾主体性；从大陆方面来看，该论述的目的和主张无疑有悖逆两岸关系和平发展潮流的一面，但该论述也并非一无是处，其主张蓝绿结束对抗，实现和解，在现实中会有助于台湾社会的稳定、经济的发展和民生的改善。

（三）“宪法各表”

按照谢长廷先生的表述，可将其“宪法各表”的涵义概括为以下三个要点：“两岸两部宪法”（Two Sides, Two Constitutions），“中华民国宪法”治理台湾，中华人民共和国宪法治理大陆，两岸对等，互不隶属；两岸分别依自己“宪法”来表述已方的主权地位；两岸依“宪法”有特殊关系。

1. 论述意旨和基本主张

“宪法各表”论的根本意旨是，以“宪法各表”取代“一中各表”，并以此为基础，打开民共两党互动交流的大门。具体分析如下：

第一，探寻构建民共两党互动交流的政治基础。在谢长廷看来，国民党的“一中各表”坚持“一中即中华民国”，对此大陆方面虽没有接受，但也没有强烈批评，并用“九二共识”、搁置争议，开辟国共两党互动交往的新局。长期以来，民进党一直不承认“九二共识”，但又希冀在民共交流方面有所突破，就必须提出一个名虽不为“九二共识”但体现“九二共识”精神，且能被民共双方共同接受的替代性论述。于是，谢长廷提出以“宪法各表”取代“九二共识”的“一中各表”，希求以此为基础与大陆建立互动交流的平台。在谢长廷看来，“中华民国宪法”是1946年在南京制定，七次在台湾增修，既有大陆连结，又有深厚的台湾内涵，两岸经由宪法是特殊关系。[①] 由于“中华民国宪法”具有“一中”的背景，大陆可能会对民进党回归“宪法”的主张加以鼓励和肯定，这样双方通过“宪法各表”既可以建立互动的连接点，同时又能守住民进党不接受“九二共识”的立场，进而维护民进党的政治尊严，可谓“一石二鸟”的方案。

第二，彰显“台湾主权”及民主价值。“宪法各表”兼顾台湾主流民意非常关心的“对等、互不隶属、台湾主体性，且宪法本身即有高度的主权意涵”。[②]“台湾与中华人民共和国各自拥有足以表彰国家主权的宪法”，“双方均可各自在宪法基础上表述主权”。[③] 首先，按照“宪法各表”，台湾与大陆分别依照自己的“宪法”表达自己主张的国号。这种表达用词会比“一中各表”之于台湾更为有利，因为“一中各表”是指“一个中国，各自表述”，但目前国际社会普遍认为，“一个中国”就是中华人民共和国，这在国际上对台湾较为不利，但一旦转换成“宪法各表”，就能凸显两部“宪法”的并列地位，进而彰显“台湾主权”。[④] 其次，国民党以“一中各表”为两岸交流的前提，却无力捍卫“一中各表”的基本立场，造成国际社会普遍认为，“九二共

① 谢敏捷：《如何评估谢长廷访问大陆的影响——“宪法各表”正视历史与现状》，载香港《中国评论》，2012年12月号，第60页。

② 谢敏捷：《如何评估谢长廷访问大陆的影响——“宪法各表”正视历史与现状》，载香港《中国评论》，2012年12月号，第60页。

③ 谢长廷著：《未来：不一样的台湾》，台北，新文化教室，2012年版，第120页。

④ 《谢长廷：宪法各表对台湾较有利》，载香港中国评论新闻网，2012年10月13日。

识”等同于“一个中国”，台湾是中国的一部分。[①]“一中各表”的最后结果是只剩“一中”，不见“各表”；[②]而“宪法各表”则不然，它不仅能凸显“各表”，而且所“表”的“宪法”是指“中华民国宪法”，这有助于彰显和“捍卫台湾主权”。

第三，可以兼顾两岸三方不同的政治诉求。对于“宪法各表”，谢长廷希冀除了能让民共之间可以各自表述之外，也能让台湾内部可以各自表述，即蓝绿双方分别就“中华民国宪法”这同一客体来各自表述。为了减轻绿营的反弹，他尤其注意营造让绿营人士可以在“宪法各表”上找到自圆其说的空间。于是，刻意创造模糊空间，让绿营人士能把“宪法各表”解读为“特殊的国与国关系”，以减轻或化解来自绿营的压力。具体说来，其采取两种策略以便获得绿营人士的支持：一是通过强调七次增修后“宪法”中的“非一中”迹象，来展示“宪法各表”与“台独”立场并非冲突；二是通过“宪法各表”来体现台湾跟大陆的对等，进而彰显台湾的主体性。

2. 问题辨析：“一中两宪”架构

有学者认为，“宪法各表”的实质是“一中两宪”。笔者对此观点不予认同，这是因为：

第一，凡是主张“一中两宪”者，均是从事实角度来谈的，而非从法理角度来谈的，从法理（宪法）角度是推不出“一中两宪”的。“一中两宪”是指在“两宪”之上搭建“一中”，这个“一中”为虚体架构。众所周知，李登辉时期曾主张过“一中两宪”论，但其依据是“台海两岸关系说明书”，而非“中华民国宪法”，单单依据“中华民国宪法”是无法推出“一中两宪”结论的。谢长廷虽然主张两部“宪法”并存，但其坚持“中华民国”主权不及于大陆，这使得两部“宪法”缺乏“一中”连结，所以说，其“宪法各表”在实质上不是“一中两宪”，而是“两中两宪”。

第二，从迄今台湾接受“一中”的观点来看，主要有两种情形：一是接受实体“一中”，二是接受虚体“一中”；前者如当下国民党的“两岸一中”“一国两区”等；后者如“一个中国，两个中央政府”“一个中国，两个对等政治实体”等，该“一中”是形式上的“一中”，其实质是“两个中国”。

① 谢长廷著：《未来：不一样的台湾》，台北，新文化教室，2012 年 4 月版，第 118—119 页。
② 《谢长廷：“宪法各表”不同“一中各表”》，载香港中国评论新闻网，2012 年 11 月 9 日。

反观谢长廷的论述，其不属于上述两种情形中的任何一种，即便是虚体“一中”，他也没有明确表示接受。谢长廷登陆返台之后，基于让大陆接受其论述的考量，其对原有的不接受“一中”部分作了模糊化处理，即淡化原来“主权不及大陆”的表述，而侧重于强调“中华民国宪法治理台湾，中华人民共和国宪法治理大陆”，意欲回避领土主权范围、模糊“两岸一中”问题，但其“两中两宪”的本质仍依稀可见，故仍为“台独”论述。可见，“宪法各表”与“一中两宪”的最大不同在于，“一中两宪”尽管不接受实体“一中”，但还可以接受虚体“一中”，而“宪法各表”即便是虚体“一中”也没有接受，因此说谢长廷的论述并非“一中两宪”论述。

可见，意欲对谢长廷的“宪法各表”作出准确的判断，不仅要看其是否坚持“中华民国是一个主权独立的国家”，还要看其如何论述“中华民国”与中华人民共和国之间的关系，以及领主主权范围是否涵盖对方管辖区域。因此，单单看其是否坚持“中华民国是一个主权独立国家”，并不能完全区分其与马英九当局论述的不同，还应结合其宣示的领土主权范围是否涵盖对方、与大陆是否存在“一中”连结等要素来通盘分析；否则，就很难得出准确的判断和结论。

3. 与国民党“一中各表”之比较分析

大陆方面虽然没有正面接受国民党的“一中各表”，但并未影响其与国民党之间建立了互动交流的政治基础；那么，大陆方面不接受谢长廷的“宪法各表”，是否会影响其与民进党建立互动交流的政治基础呢？这需要分析“宪法各表”与“一中各表”究竟有何不同。

国民党的“一中各表”之所以被大陆所默认，主要因为其坚持实体“一中”，即在“一个中国”的内涵上，尽管主张“一中各表”，但其“一中”之主权范围包括大陆和台湾，与大陆的主权宣示几乎重叠，且坚持“单一主权”。故其将问题框定在一个中国内部“法统”之争的范围内，尚未造成“两个中国”或“一中一台”。但反观谢长廷的“宪法各表”便会发现，其与国民党的“一中各表”存在着以下重大差异：

第一，论述前提不同。“一中各表”的前提是坚持“单一宪法”；而“宪法各表”的前提则是坚持“双重宪法”。[①] 具体言之，“一中各表”坚持排他

① 《谢长廷：“宪法各表”不同“一中各表”》，载香港中国评论新闻网，2012年11月9日。

性承认，只承认己方政权及“宪法”的合法性，而不承认大陆宪法的合法性；而“宪法各表”则坚持兼容性承认，在坚持己方政权及宪法合法性的同时，也承认大陆宪法的合法性。

第二，基本涵义不同。“一中各表”的涵义是“一个中国，各自表述”；而“宪法各表”的涵义则是“两部宪法，各自表述”。“一中各表”坚持“一个中国”，并坚持“中华民国”与“一个中国”具有同一性；而“宪法各表”坚持两部“宪法”并存，其意涵为主张“中华民国宪法治理台湾”和“中华人民共和国宪法治理大陆”，[①] 实则强调两岸对等的政治地位，以彰显台湾平行于大陆的主体性身份。这是两岸对等思维的另一种表现形式，其背后隐含着要求大陆明确承认“中华民国”及其“宪法”的合法性之意蕴。

第三，两岸定位不同。“一中各表”论述框架下的两岸定位是“两岸一中”“一国两区”等，尽管其“一中”指“中华民国”，但仍坚持“大陆和台湾同属一个中国”。而根据“宪法各表”，两岸之间并非“一中关系”，而是“两中两宪”“两个中国”；正如张亚中教授所言，谢长廷非常技巧性地用“宪法各表”来取代“一中各表”和“九二共识”，其实是主张“一族两宪”；在“一族”为屋顶的条件下，“两宪”关系即是“两国”关系，而且是国际法上的外国关系。这与李登辉的“特殊国与国关系”没有太大差别。[②] 与民进党内“深绿”人士的两岸定位相较，其无非在形式上由“一中一台”变成了“两个中国”，其实它们并无实质性差异。

第四，“一中”内涵不同。“一中各表”主张“一中即中华民国”，其“中华民国”的主权范围涵盖大陆和台湾，是“大中国”；而“宪法各表”虽也主张“一中即中华民国”，但“中华民国”的主权范围仅及于台澎金马，是台湾化的“中华民国”，这样一来，就切断了台湾与大陆的主权连结，这表明其并未接受“两岸同属一个中国”，所以其主张的“一中”与我们通常所说的“一中”具有不同含义。尤其需要注意的是，接受“中华民国”并非意味着接受“一中”，因为“中华民国”在台湾内部有不同的涵义解释，其与“一中”并非是等同的概念。

---

① 谢敏捷:《民进党苏蔡谢的两岸关系思维——宪法各表的核心定义》，载香港《中国评论》，2013 年 8 月号，第 82 页。

② 张亚中:《如何评估谢长廷访问大陆的影响——谢长廷登陆表达出一族两宪概念》，载香港《中国评论》，2012 年 12 月号，第 76—77 页。

第五，实质结果不同。“一中各表”的关键在于其坚持“一个中国”，尽管其与大陆方面的表述存在着分歧，但在两岸同属“一个中国”问题上存在着共识，任何分歧和争议必须置于一个中国框架下来解决，故其接近于“一中”论述。而“宪法各表”的实质是“两中两宪”，其凸显的是“两个中国”，这无疑是一种“台独”主张。[①] 相较于国民党的“一中各表”，其与大陆“一中”底线的距离更远。具体参见表 6-3。

表 6-3：谢长廷“宪法各表”与国民党“一中各表”比较表

比较 \ 内容	谢长廷“宪法各表”	国民党“一中各表”
论述前提	坚持两岸两部“宪法”同时并存，即坚持“双重宪法”“两中两宪”。	只承认“中华民国宪法”的唯一合法性，不承认中华人民共和国宪法的合法性，坚持“单一宪法”，主张“一中一宪”。
基本涵义	“两部宪法，各自表述”，即双方各自就自己的宪法（两个不同对象）分别进行表述。	“一个中国，各自表述”，即双方均就“一个中国”（同一个对象）进行各自的表述。
两岸定位	①两岸政治关系定位：“两个中国”“一边一国”（不同于深绿人士的“一中一台”）；②在将“主权不及于大陆”修正为“中华民国宪法治理台湾，中华人民共和国宪法治理大陆”后，带有“一国两府”、“两个对等政治实体”“一中两国”色彩，但不明显。	①在法理上主张“一国一府”（在事实上也有“一国两府”的言论和操作，这在终极目标上也会导致“一国两府”）；②坚持两岸关系是一个中国内部的关系，主张“两岸一中”“一国两区”等。

① 马英九接受《亚洲周刊》专访时表示，谢长廷提的“宪法一中”“宪法各表”，两个加起来就是“一中各表”，此概念与他的想法一致。在马英九看来，谢长廷的两岸论述与国民党并无差距（参见马英九：《谢长廷两岸论述和国民党并无差距》，载香港中国评论新闻网，2012 年 11 月 9 日）。事实上，马英九的结论并不准确，他只注意到了谢长廷论述的具体内容，而忽视了谢长廷论述的前提（即承认两部“宪法”并存），这与国民党的论述前提是不同的；前提不同，所推导出的结论自然会大相径庭。

续表

“一中”内涵	①“一中即中华民国”，其主权范围仅及台湾，亦即“台湾化的中华民国”；②“中华民国是台湾，台湾是中华民国”；③不接受“两岸同属一中”。	①“一中即中华民国”，其主权范围涵盖大陆和台湾，亦即“大中国”；②接受“两岸同属一中”。
影响结果	坚持“双重主权”，坚持“一边一国”或“两个中国”，破坏了“一中”框架，故属于“台独”论述。	坚持“单一主权”，只承认“中华民国”的合法性，尽管与大陆主张存有分歧，但尚未破坏“一中”框架，故接近于“一中”论述。

（图表来源：作者自制）

通过以上比较，可以发现，谢长廷的“宪法各表”与国民党的“一中各表”尽管在表面上颇为相似，但事实上迥然不同。众所周知，尽管“九二共识”被国民党解读为“一中各表”，但由于其含有“两岸一中”的内容，因而能成为两岸互动交流的政治基础。但是，该论述在两岸之间存有不同版本的解读，这本身就表明该论述并非一个十全十美的论述，它只是特殊历史条件下为推动两岸关系发展的一个无奈选择，具有脆弱性；况且随着两岸关系迈入“深水区”，该论述明显“后劲”不足，出现了难以支撑两岸关系继续向前发展的迹象；从这一角度说，尽快打造“九二共识”的“升级版”或“替代版”已成为有志于推动两岸关系发展人士的共识。从这个意义上说，“九二共识”和“一中各表”应是被超越的对象；但比较谢长廷的“宪法各表”与国民党的“一中各表”可以发现，“宪法各表”不仅未能超越“一中各表”，反而比“一中各表”离大陆的立场和期待更远。

（四）三个分论述的内容侧重之比较分析

尽管谢长廷的三个分论述在总体目标上是一致的，即实现“一箭双雕”——既要与大陆建立互动交流的基础，又要彰显和“捍卫”台湾主体性，但三个分论述提出的主要面向和所要解决问题却各有侧重（参见表 6-4），具体如下：

“宪法一中”的提出，尽管在早期是基于对民进党内部对其“一国两市”

的质疑而作出的回应性解释，但从其后续发展来看，该论述的根本目的还是实现与大陆的连结。针对大陆对“两岸一中”的期许，谢长廷以“宪法”回应“一中”议题，拟通过“宪法一中”向大陆展示其回归“一中”的表象，进而建立民共互动交流的平台。

“宪法共识”主要是面向台湾社会内部蓝绿两大阵营而提出的论述。针对国民两大政党在“一中”“固有领土”之意涵等问题上存在的分歧，[①]“宪法共识”强调蓝绿双方搁置分歧。搁置的方法就是利用七次增修后“中华民国宪法”的模糊之处，蓝绿各自表述“宪法”的性质和内涵。蓝营人士可依“宪法”本文部分将其解释为“一中宪法”，绿营可强调“宪法”增修条文的“非一中”迹象，强调“宪法”的本地化或台湾化，这样通过各表方式来暂时搁置“一中”争议。在搁置“一中”争议和凝聚“宪法”重叠共识的基础上，努力实现蓝绿和解，共同“捍卫”台湾的主体性，防止台湾“主权”式微及边缘化的态势。

“宪法各表”包括两岸版“宪法各表”（即适用于两岸之间的“宪法各表”）和台湾内部版“宪法各表”（即适用于台湾内部的“宪法各表”）。前者的主要面向是大陆和台湾（特别是台湾绿营）。试图通过双方对两岸“宪法”的各自表述来减轻大陆直接承认“中华民国宪法”的政治压力，以扩大大陆接受“宪法各表”的基础。后者的主要面向是台湾社会内部蓝绿两大阵营（尤其是国民两大政党），蓝绿双方分别就“中华民国宪法”各自表述，通过彼此各表来搁置“一中”争议，一致对外，联手“捍卫台湾主权”。在这两种“宪法各表”中，前者为主要方面，后者为次要方面，提出后者是为了增加前者被岛内各方政治力量所共同接受的可能性。

由于其面向和旨意不同，所以三个分论述在论述侧重方面存在着诸多差异，具体参见下表：

---

① 谢长廷著：《未来：不一样的台湾》，台北，新文化教室，2012年版，第109—110页。

表 6–4：“宪法一中”“宪法共识”与“宪法各表”的论述侧重比较表

内容 比较	“宪法一中”	“宪法共识”	“宪法各表”
论述目的	①奠定与大陆互动的政治基础；②实现与大陆的政治连结。	实现台湾内部蓝绿和解，联手彰显和“捍卫台湾主权”。	①实现与大陆的连接；②通过各表来彰显和“捍卫台湾主权”。
针对事项	①针对大陆对“一中”的期待；②针对民进党不接受“中华民国”及其“宪法”。	①针对民进党不接受“九二共识”；②针对民进党不接受“宪法”。	针对“一中各表”
主要观点	①主张民进党接受“宪法”；②接受“宪法一中”；③实现与大陆的连结。	搁置“一中”争议，以“宪法”为基础建立“重叠共识”，即“存异求同”，联手彰显和“捍卫台湾主体性”。	①两岸之间：“两部宪法，各自表述”；②台湾社会内部：蓝绿对“中华民国宪法”各自表述。
彰显主权方式	通过依“宪法”主张“一中即中华民国”来彰显“台湾主体性”。	蓝绿搁置争议，联手彰显和“捍卫台湾主权”。	通过“两宪各表”来体现“两岸互不隶属、对等分治”。
处理“一中”方式	①模糊处理“一中”问题；②给大陆其接受“一中”的幻觉或想象。	暂时搁置“宪法”第四、五条关于“一中”涵义、领土范围等内容的争议。	①对大陆回避“一中”；②引导绿营依“宪法”增修条文将“一中”向“台独”方向解释。
实质剖析	①“两中两宪”；②并未接受“一中”；③表面上接近国民党论述，实质是“台独”论述。	①联手彰显和“捍卫台湾主权”；②团结内部（即蓝绿和解），一致对外（大陆）。	①“两中两宪”“两个中国”；②“台独”论述。

（图表来源：作者自制）

在谢长廷看来，“宪法具有主权国家的象征性”①。对于大陆方面而言，如

① 从学理上说，宪法并非是主权国家的标志。但在谢长廷两岸政治关系论述的语境下，“中华民国宪法”就是“中华民国”作为“主权国家”的标志性元素。参见谢长廷著：《未来：不一样的台湾》，台北，新文化教室，2012 年版，第 107 页。

何看待谢长廷的两岸政治关系论述，其实在更深层次意义上是如何看待“中华民国”及其“宪法”问题，因为按照现代国家建构的通例，一般是“先立国，后立宪”。倘若大陆方面接受谢长廷的“宪法一中”、“宪法各表”等论述，则意味着大陆方面承认“中华民国宪法”；而大陆方面承认“中华民国宪法”，则背后隐含大陆方面承认“中华民国”。虽然这样的逻辑逆推在学理上并不成立，但在谢长廷论述的语境下却是顺理成章的。诚如谢长廷所说：“一旦我们坚持‘宪法各表’、各拥主权，要如何面对‘中华民国’，势将成为中国当局必须严肃思考的问题”。[①]“讲‘一中’好像是台湾让步；但事实上，如果（大陆）承认中华民国宪法、承认中华民国，问题就很好解决了。”[②]因此，在谢长廷既未接受“一中”也未放弃“台独”的情况下，倘若大陆方面贸然肯定其以“宪法”为主轴的两岸政治关系论述，在政治上颇具风险。因此，大陆方面对谢长廷的论述一直持以谨慎的态度，也就实属情理之中。

二、谢氏“宪法”论述的总体分析与评价

（一）意义与肯定之处

谢长廷以“宪法”为主轴的两岸政治关系论述是其两岸政策主张的集中体现，是与大陆相向而行的政治主张，其中不乏有许多正向价值和积极元素，无疑会为两岸关系和平发展增添正能量。对此，我们应适当加以肯定。

第一，是民进党阵营中相对务实、理性的政治主张。从主张内容来看，谢长廷的两岸政治论述相较于民进党的主流两岸论述存在着明显的进步，主要体现在：其一，放弃重新“制宪”主张。主张回归“中华民国宪法”本身就蕴含着对“制宪”的否定。谢长廷的主张表明其已从先前的“台湾共和国”回归到“宪法”上的“中华民国”，尽管尚未放弃“台独”，但毕竟在形式上接受了“中华民国及其宪法”，这与大陆方面的政治期待相比，尽管尚有相当的距离，但毕竟也算是与大陆相向而行了一小步。其二，不再高昂“台独”论调。从谢长廷论述来看，他虽未放弃“台独”，但至少不再主张积极地、主

① 谢长廷著：《未来：不一样的台湾》，台北，新文化教室，2012 年版，第 121 页。
② 许文彬：《以“宪法一中”论述探寻两岸交集点》，载台湾《中国时报》，2005 年 5 月 27 日版。

动地高举“台独”大旗来推动“台独”。尽管并未直接承认“一中”，但也不再明确反对“一中”，这相对于民进党阵营内反对“一中”的主流声音而言，可谓一种进步。

长期以来，谢长廷务实地面对两岸关系发展的大势，为扭转民进党在两岸互动中日趋边缘化的态势，倡导“西进”路线，提出个人的两岸政策论述，并且不断根据形势的发展变化而调整、修正和完善自己的论述，这在民进党内实属凤毛麟角。尤其在当前民进党仍不愿对其大陆政策进行实质性反思和检讨的情势下，谢长廷正视现实，主张“民共和解”，其发展两岸关系的愿望、主张及思路展现了其独立思考的品格和大胆务实的风范；谢长廷积极推动民进党“西进”策略的努力所折射出来的现实主义精神，表明其属于民进党内在两岸政策方面相对开明、务实的政治人物，其也因此而被视作民进党内部“温和务实派的代表”。毋庸置疑，尽管谢长廷的论述是以“台湾优先”为出发点，[①] 但在客观上有助于推动两岸关系向前发展，这些论述是迄今民进党内出现的颇具前瞻性、建设性的政治主张。

第二，是其长期以来深度思考的心得汇整。谢长廷自称其两岸政策论述是“长年以来深思熟虑的累积”，[②] 这从其一贯论述中不难得到印证。回顾既往，早在2000年谢长廷担任高雄市长和民进党主席时，即提出以“中华民国宪法”回应两岸关系，此后多次公开发表肯定“宪法一中”的论述，主张台湾应该在“宪法一中”的架构下，与大陆建立正常化的关系。那时，民进党还在台“执政”，依然沉浸在“台独”幻想之中。谢长廷的这些论述虽遭到当时民进党内部激进人士的批评和打压，但他并未放弃建构其两岸政治关系论述的努力，仍不断调整和发展其个人的政治论述。2008年，谢长廷竞选民进党台湾地区领导人候选人时，又提出过类似主张，但没有取得民进党内部的多数支持。2011年1月，他在先前“宪法一中”论述的基础上又提出了“宪法共识”和“宪法各表”。2012年1月出版个人著作《未来：不一样的台湾》，较为完整地阐述了其个人的政治主张。2012年10月谢长廷登陆兜售其“宪法一中”和“宪法各表”，尽管在内容上有所调整和发展，但主要还是重申其先前的主张和观点。考察这一过程可以看出，谢长廷的论述并非纯粹是为了

① 谢长廷著:《未来：不一样的台湾》，台北，新文化教室，2012年版，第18页。
② 谢长廷著:《未来：不一样的台湾》，台北，新文化教室，2012年版，第19页。

摆脱2012年“大选”失败后的政治困境而倡导的新论述，而是长期以来他的一贯主张。对此，我们应给予客观公允地评价，不应简单地视其为选举功利主义的产物，或者冠之以“摆脱选举困境的权宜之计”的结论。谢长廷作为民进党红极一时的“天王”级政治人物，在当时民进党尚处于“执政”地位的情况下，能“居安思危”，积极主张“大胆西进”，努力寻求与大陆和解的连结点，并提出自己的论述，固然有其政党本位主义的考虑，但却显示出其非同于其他民进党“天王”的理性和远见。因此，谢长廷的论述是期待在两岸关系上有所作为的积极思维和主张，虽不甚成熟但尚属理性，应给予适当的肯定。

第三，是试图打开民共僵局的尝试和努力。与民进党内的基本教义派不同，谢长廷主张与大陆互动交流。多年来，由于民进党不接受“一中”，民共两党一直无法建立正常互动交流的政治基础。谢长廷以“宪法”回应“一中”议题，尝试建构既区别于国民党，又不同于民进党，同时还能兼顾大陆“一中”原则的两岸政治关系论述，这无疑有助于化解民共之间的分歧。众所周知，台湾地区现行“中华民国宪法”总体上还是一部“一中宪法”，其蕴含“两岸同属一个中国”的法理架构。谢长廷主张“宪法一中”，为今后民共两党在“两岸一中”问题上寻求共识铺垫了基础。谢长廷受民进党既定政治立场的局限，虽拒不承认“九二共识”，但主张民共和解，这较民进党内其他重要政治人物乃是一种进步。尽管目前还看不出谢长廷已放弃“台独”，但至少在某种程度上是对以前“台独”人士“制宪”主张的一种否定。[①]谢长廷的论述对今后打开民共交流的大门具有正向作用，具体表现在以下两个方面：首先，虽然谢长廷的主张目前仍受到民进党内部其他派系的掣肘，尚不能被上升为民进党的意识形态论述，但或多或少地反映出民进党的“台独”板块已开始有所松动，内部已有了调整两岸政策的推动力量，这有助于推动民共关系的正常化，具有政治生命力。现实表明，这种来自绿营内部的声音对民进党的现行大陆政策的确产生了相当大的冲击。其次，尽管谢长廷的论述目前尚不足以作为支撑民共两党对话的政治基础，但毕竟朝着正确方向迈出了可贵的一步。这是民进党人士务实面对中国大陆，为打破民共僵局寻找突破

① 谢长廷认为：“未来修宪必须经立委四分之三议决、公民过半数复决，宪法进入超稳定状态。因此，此后遇有争议，只能循宪法‘解释’处理，很难再修改，更别说是‘制宪’”。参见谢长廷著：《未来：不一样的台湾》，台北，新文化教室，2012年版，第21页。

口的尝试，是善意的释放。

第四，是化解台湾内部蓝绿对抗的有益探索。长期以来，民进党只接受“中华民国”（为“国号”），但拒绝承认“中华民国宪法”，这在逻辑上自相矛盾。尽管大多数民进党人士在口头上将台湾定位为与中国大陆互不隶属的“主权独立国家”，但在公权力运作与法理解释层面，他们还是没能将“中华民国”或“台湾”与明文规定两岸同属一中领土主权范围的“中华民国宪法”进行正式切割。[①] 国民两大政党在是否遵守“中华民国宪政体制”问题上的分歧与对抗，造成了岛内政局的持续混乱。谢长廷提出回归“宪法”，并以此作为解决政治纷争、累积社会互信的平台，[②] 主张蓝绿双方通过搁置分歧、“舍异求同”来实现蓝绿和解，这不仅是一种尊重“宪政”体制的法治精神，也为化解蓝绿纷争提供了可能。[③] 倘若“宪法共识”被接受，国民两大政党的两岸政策有趋近的可能，从而会减少甚至消除双方在每次“大选”中因统“独”争议而引发的蓝绿两大阵营的激烈对抗；届时国民两大政党的分歧和差异就会像西方民主国家的政治选举一样，仅囿于内政议题。而当“大选”的焦点从两岸议题变成内政议题时，民众自然会做出相对理性的抉择，这有助于岛内政局和台海情势的稳定。

第五，是摆脱绿营“逢中必反”思维的建设性主张。主要表现在以下三个方面：其一，过去民进党人士大多以“解构性”思维来对待两岸关系，注重批判和攻击，但自己却拿不出建设性的具体方案；对此，谢长廷认为，“民进党也应该有正面的对应，对国人有清楚交代、说明，不要再只是负面批评”。[④] 于是，谢长廷一改民进党过去批判性论述的传统，而提出两岸相向而行的建设性论述，并提出具体实施思路和方案，这相较于以前民进党人士的论述无疑是一种进步。其二，长期以来，在民进党内部形成了“逢中必反”的思维定式。谢长廷抛弃了这一旧思维，务实地、冷静地面对中国大陆，正确地看待两岸关系的新发展、新变化。谢长廷能够长期关注和思考两岸关系，主张蓝绿和解、民共互动，并提出发展两岸关系的个人论述，相较于民进党内“逢中必反”的政治人物，其做法无疑是富有建设性的，值得肯定。其三，

---

① 刘国深：《两岸关系和平发展新课题浅析》，载《台湾研究集刊》，2008年第4期，第2页。

② 谢长廷著：《未来：不一样的台湾》，台北，新文化教室，2012年版，第114页。

③ 李翌鹏：《谢长廷两岸政策论述的亮点与盲点》，载香港《中国评论》，2012年11月号，第12—15页。

④ 谢长廷著：《未来：不一样的台湾》，台北，新文化教室，2012年版，第104页。

谢长廷坚持从“宪法”角度来思考两岸关系，坚持现存“宪政”秩序，主张将问题和冲突重新置于现存秩序框架内来寻求化解分歧、增进共识的路径，这本身就是法治思维的表现。相较于那些主张另起炉灶、通过重新“制宪”来彻底否定“中华民国”及其“宪法”的颠覆性、解构性论述，其论述无疑有助于岛内政局稳定。

上述五个方面的分析表明，谢长廷的论述相较于民进党的“台独”党纲、吕秀莲的“九六共识”和蔡英文的“台湾共识”，无疑有助于缩小民共两党在“一中”认知上的差距；尽管其尚未接受“一中”，但毕竟有向“两岸一中”方向靠拢的迹象。毋庸置疑，谢长廷的“宪法一中”是目前绿营人士相关政治论述中与大陆“一中”原则距离最近的论述之一。

尽管谢长廷的论述仅仅是其个人的主张，但它的出现和存在，本身便是对民进党现行大陆政策的怀疑和反思，因而具有积极意义，所以不管它最后能否发展为民进党的官方论述，大陆方面都应给予足够的重视。为此，对于谢长廷的政治论述，即便其现在不符合“一中框架”的要求，大陆方面也应该给予适当的鼓励和引导，使其循序渐进地向“两岸一中”的方向继续调整。

谢长廷的论述表明，其本人具有较强的反思意识和勇气，其看到了两岸关系和平发展这一时代潮流给民进党带来的巨大冲击，故主张民进党应该积极面对中国大陆的崛起，应该正视与大陆的互动交流。固然，谢长廷的论述在客观上有助于推进两岸关系和平发展，但其在主观上是以增进民进党（甚至整个台湾）的利益为出发点的，[①] 其论述的主旨是为防止和挽救“未来民进党在两岸关系中持续被边缘化”。[②] 对于这一点，我们不容忽视，否则容易过分夸大其论述的正向意义。

（二）问题与局限之处

尽管谢长廷的论述中包含上述值得肯定的积极元素，但也存在着诸多问题与局限，因而使其难以撑起民共政治对话的空间。具体说来，问题和局限主要有以下四个方面：

1. 论述的逻辑有失严谨和规范

第一，“宪法各表”在逻辑上存有瑕疵。通常情况下，“各表”是针对同

---

① 谢长廷著：《未来：不一样的台湾》，台北，新文化教室，2012 年版，第 18 页。

② 《谢长廷愿意代表民进党建立与中国对话的平台》，载台湾《美丽岛电子报》，2012 年 7 月 3 日版。

一客体而言的，即针对同一客体各方持有不同的看法，进而有不同的表述，它通常以否认对方（即不承认对方的合法性）为前提，譬如“一中各表”，国共双方均认同“一中”，但对“一中”内涵的理解存有分歧，所以双方各自表述“一中”的内涵。反观谢长廷的“宪法各表”，其以承认对方（即其内含着相互承认对方的合法性）为前提，分别就两部“宪法”进行各表，这不能算是我们通常意义上所说的“各表”。对此，台湾民进党人士姚嘉文评论道，同一部“宪法”有不同的意见才叫“宪法各表”，“台湾与中国的宪法”根本就不同，不同的“宪法”怎么“各表”？①单从学术规范角度来审视，台湾民进党人士姚嘉文的批评并非没有道理。

第二，三个分论述中的“宪法”内涵并非同一。“宪法一中”“宪法共识”中的“宪法”涵义具体、明确，是指“中华民国宪法”；而“宪法各表”中的“宪法”涵义则宽泛、模糊，有时指“中华民国宪法”（台湾内部版“宪法各表”），有时指“中华民国宪法”和中华人民共和国宪法（两岸版“宪法各表”）。从学术上讲，在同一套理论体系中，其使用的概念涵义必须同一；否则，不仅会产生歧义，而且还会导致逻辑上的混乱。以此观之，谢长廷论述在这方面存在严重缺陷。笔者研究后发现，有关人士对谢长廷论述的很多质疑或指责大都根源于其“宪法”内涵不尽同一而导致的混乱。谢长廷意欲作为民共交流基础的政治论述属于基础性（或支柱性）的重要论述而非一般论述，存在这样的缺陷实属不该。

第三，缺乏一个统领三个分论述的中心概念。②从学术的角度来说，一个成熟的理论通常有一个中心思想、一个中心概念和一条论述主线；尽管有些理论由多个概念或分论述构成，但并不影响其上述要素的存在。而反观谢长廷的三个分论述，由于没有建立一个中心概念来统领这三个分论述，使得其整体论述成为一个由三个彼此孤立的论述板块组成的拼盘式的混合体。单

---

① 《姚嘉文批谢长廷违背民进党的制宪立场》，载香港中国评论新闻网，2012年10月7日。

② 如何称谓谢长廷的论述，成了一个难题。综观学界、媒体界对其论述的称谓，可谓莫衷一是、五花八门，有人称为“宪法一中论”，也有人称为“宪法共识论”，还有人称为“宪法各表论”；那么，到底该用哪个称谓更能体现谢长廷的观点和主张？事实上，三者之中的任何一个分论述都难以涵盖其他两个分论述的观点和内容，它们之间有联系，但也彼此不同。此表述困难本身就表明其论述存在着问题。笔者在称谓其论述时，一时也无法找到一个贴切的词汇，只好用“谢长廷的两岸政治关系论述”作概括性表达；但众所周知，著书立说可以这样概括性泛称，但作为一个重要政治论述却不能使用如此宽泛的用语，它必须有自己具体的名称。

从学术建构上说，这有失严谨、完整与科学。正由于其论述结构的失序和松散，导致整个论述漏洞百出，以致许多学者对其论述提出了批评和质疑。[①]

第四，三个分论述的逻辑关系存在诸多混乱。三个分论述之间究竟是何关系？从时序上说，新论述的提出是否表明新论述已经取代旧论述？是否意味着旧论述已经“失效”？谢长廷先生从未对此做出一个具体的说明和解释。就“宪法一中”来说，早期使用该概念比较多，后期使用频率明显减低，似乎“宪法共识”和“宪法各表”慢慢取代了“宪法一中”[②]，但事实上又并非如此，“宪法一中”概念仍在不断使用；从表达内容上说，三个概念之间虽各有侧重，但又有些交叉和重叠。就“宪法共识”来说，先前主要针对台湾社会内部的国民两大政党在“大选”时的统“独”争议或“九二共识”争议，认为应回归“宪法”去解释，但从2012年底开始，又将“宪法共识”的适用范围扩大至两岸之间。[③]这样一来，“宪法共识”和“宪法各表”均适用于两岸关系领域，两者势必会相互交叉或重叠，进而导致逻辑上的混乱。那么，三个分论述之间究竟是时间上的“先后继起”关系，还是内容上“同时并存”关系，抑或两者兼而有之？如果是第一种情况，“宪法各表”如何去覆盖“宪法共识”和“宪法一中”的内涵？如果是第二种情况，如何界定三者之间的分际和边界？如果是第三种情况，如何安排三者之间的层次关系才能保证在逻辑上不出现混乱，且在实践中不出现问题？这些问题尚有待于进一步厘清、界定和完善。

2. 并未接受“一中”框架

谢长廷主张以“宪法一中”，是否意味着其真正接受了“一中”？学界、媒体界可谓众说纷纭。要厘清问题，必须从以下三个方面来着手分析：

第一，从内外有别的表述来看，其并未接受“一中”框架。具体表现在：其一，为迎合大陆而提出“宪法一中”，却是模糊的“一中”，没有说明该“一中”的内涵。他希望让大陆方面自我想象性地认为，其主张的“宪法”

---

① 不仅蓝营人士指责其逻辑混乱，即使绿营大佬林浊水和姚嘉文也对其论述提出了批评。参见《林浊水指主张“宪法各表”很古怪》，载中国评论新闻网，2011年1月11日。参见《姚嘉文批谢长廷违背民进党的制宪立场》，载香港中国评论新闻网，2012年10月7日。

② 罗致政:《谢长廷路线对未来民进党发展的影响——谢长廷的提法有延续性也有调整和创新》，载香港《中国评论》，2013年9月号，第56页。

③ 郑运鹏:《谢长廷路线对未来民进党发展的影响——对谢宪法共识的理解》，载香港《中国评论》，2013年9月号，第56页。

所规范的国家名称就是“中华民国”，而且其主权范围涵盖大陆和台湾；但其在论述中又不直接这样表述，而是让大陆方面自己朝这一方向去理解。可见，其向大陆展示“宪法一中”仅仅是让大陆产生其接受“一中”之想象。其二，其向台湾社会内部，特别是向民进党推销其论述时，很少提及“一中”字眼，并反复强调其论述是为了更好地维护台湾的“主体性”。针对谢长廷 2012 年 10 月访问大陆时提出“宪法各表”在绿营内部所引发的强烈反弹，全程陪同谢长廷访问大陆的高雄市议员康裕成受访时解释说，“九二共识”是“一中各表”“一个中国”架构的原则，谢长廷明确表示不承认“九二共识”，也代表着不承认这个架构；因此，谢长廷的“宪法各表”并不是外界所讲的一中架构。[①] 这进一步表明，谢长廷的论述并非“一中”论述。

第二，从论述的整体内容来看，其并未接受“一中”框架。可从以下两个层面来观察：其一，是否接受“中华民国及其宪法”；其二，“中华民国及其宪法”涵义和领土范围是什么。在第一个层面上，其态度是清晰的，明确主张承认和接受“中华民国及其宪法”；但在第二个层面，即接受什么样的“中华民国及其宪法”（即“中华民国及其宪法”之涵义）问题上，其表述却是模糊的。众所周知，“中华民国”在“中华民国宪法”上之涵义本来是清晰的（即“大中国”），但岛内却有人对其进行异化解读，使得“中华民国宪法”在台湾具有不同的涵义。谢长廷主张的“中华民国”如果是“大中国”，那么则与其后续提出的“宪法各表”“两部宪法”并存之论述在理论上是自相矛盾的（事实上其已表明“中华民国”领土范围不及大陆）；如果其主张的“中华民国”之“主权”范围仅及于台澎金马，则是“台独”论述。可见，其事实上并未接受“两岸一中”意义上的“一中”。

第三，从其关于“一中”涵义上看，其并未接受“一中”框架。分析至此，一定会有人质疑：谢长廷明确主张“宪法一中”，怎么没有接受“一中”呢？要理解这个问题，需要区分谢长廷论述中的“一中”与我们通常所说的“两岸同属一中”意义上的“一中”之不同。我们通常意义上的“一中”，即两岸同属一个中国，两岸所争执的无非是何者（中华人民共和国抑或“中华民国”）与“中国”具有同一性的问题，此处之“一中”是涵盖大陆和台湾的“大中国”。谢长廷的“宪法一中”之“一中”是指“一个中华民国”，而非我们通

---

① 康裕成：《“宪法各表”并不是一中架构》，载香港中国评论新闻网，2012 年 10 月 13 日。

常意义上的“两岸同属于一中”意义上的“一中”。而“中华民国”的涵义是什么，这在台湾岛内是一个颇有争议的问题，有人主张“中华民国在台湾”，有人主张“中华民国是台湾”，有人主张“中华民国是‘大中国’”。因为谢长廷已经明确声称“中华民国”主权不及于大陆，因此，其所谓“中华民国”不会是“大中国”，而只能是“中华民国在台湾”或者“中华民国是台湾”。在谢长廷看来，“中华民国”与对岸的中华人民共和国（或“中国”）是互不隶属的两个国家。[①] 谢长廷的论述很显然是“台独”论述，而非“一中”论述。

通过以上三个方面的分析不难得知，尽管谢长廷在“一中”问题上模棱两可、含糊其辞，但其主张的真实意涵仍依稀可见。综合谢长廷的整套论述来看，其始终围绕着一个核心主旨：既能建立民进党与大陆互动的政治基础，又能彰显台湾主体性。研析谢长廷的论述，一定要紧紧把握这个核心，方可透析其主张的用意和内涵。至于有学者赞许其放弃了“台独”，回归了“一中”，那是只看表面，未看实质；只见局部，未见整体，犯了“瞎子摸象”的错误。需要进一步强调的是，研究谢长廷的两岸政治关系论述，不能孤立地就某一个分论述进行单方面研究，应将其三个分论述结合起来通盘研究，才能看清其论述的真实内涵和用意。倘若不是配套地看，单纯从其接受“中华民国宪法”来看，很容易得出以偏概全的错误结论。[②]

3. 并未放弃“台独”立场

是否接受“一中”与是否放弃“台独”是紧密相关的两个问题，但二者并非等同。所以，从“台独”立场有无变化的角度来考察其论述，自然也就具有不容忽视的必要性。谢长廷主张“宪法一中”，容易给人造成其放弃了“台独”立场的假象；但事实上，他并非放弃“台独”立场，主要体现在：

第一，仍坚持“一边一国”的两岸定位。倘若从大陆“一中”原则的角度来审视，谢长廷的论述可谓以“宪法”形式包装的“台独”论述。主要判断依据是：谢长廷主张与大陆和解，并非主张放弃“台独”，因为其实现与大陆和解的前提是坚持“台湾是一个主权独立的国家”。他对两岸的定位是互不

① 谢长廷著：《未来：不一样的台湾》，台北，新文化教室，2012年版，第107页。

② 譬如，有学者认为谢长廷接受了“一中”，并向国民党的两岸政策靠拢；也有学者认为“宪法各表”与“一中各表”具有高度的重叠性；等等。这些结论均是片面化的错误结论。倘若结合谢长廷论述的其他配套要件（如承认两岸“两部宪法”并存）来通盘研析，就不会贸然得出其接受“一中”的结论。

隶属、彼此对等的“两国关系”。他主张“在‘宪法各表’的前提下，双方应相互尊重彼此是主权国家，以‘兄弟之邦’相互对待，经贸文化交流持续扩大进行，前提是互不隶属、互相尊重主权。”① 谢长廷还指出，“从客观形式上看，台湾拥有自己的人民、领土、政府，以及对内有效、不受外国干预的统治权，可以说，台湾完全具备国家的要素，是一个不折不扣的国家。这个国家有自己的宪法，并依此实施统治权。虽然台湾内部对于这部宪法所规范的国名、国旗、领土范围仍有争议，但无损于国家主权独立的事实”。②

第二，预留了“台独”解释的空间。谢长廷主张“宪法一中”，很容易给人一种其放弃了“台独”的假象，因为接受“中华民国宪法”就好似接受“一个中国”（因为“中华民国宪法”中载明了其主权涵盖大陆和台湾，属于“一中宪法”），但忽视了 1991 年以来七次增修后的“宪法”，增加了很多模糊空间，这些模糊空间可能会被不同政治力量所利用，进而作出不同解释。谢长廷正是利用此模糊之处，为绿营人士预留了“台独”表述的空间。谢长廷认为，对“中华民国宪法”可以进行“蓝绿有别”“内外有别”的“各取所需”式解读，可以策略性地应对大陆的“一中”底线。正如谢长廷所言：“宪法”增修条文的前言中“因应国家统一前之需要，依照……之规定，增修本宪法条文……”的部分，固然可以解释为“统一的架构”；但对主张“台湾是主权国家”者而言，该条文并非必然意味着“国家要走向统一”，而是确立了当前“两国”是处于“未统一”的分立现状。“这样的模糊地带展现了高度的智慧，不仅提供了台湾内部不同意见各自解读的良性空间，缓和了对立与冲突；对于中国而言，这段前言文字，也让台湾的修宪行动看似未逾越‘法理台独’的范围，符合了他们‘可期待、可接受’的底线。”③

第三，“台独”策略的调整并非意味着“台独”立场的改变。谢长廷虽然主张民进党调整大陆政策，但仍坚持“台湾是一个主权独立的国家”，“我们不能自己降格，对外自称是台湾地区”。④ 这表明：其主张调整的是民进党的大陆政策，而非主张放弃“台独”立场。从其整套论述看，其“台独”立场并未发生变化，仅是其主张实现“台独”的方式、手段、技术等有所变化，

① 谢长廷著：《未来：不一样的台湾》，台北，新文化教室，2012 年版，第 120 页。
② 谢长廷著：《未来：不一样的台湾》，台北，新文化教室，2012 年版，第 95 页。
③ 谢长廷著：《未来：不一样的台湾》，台北，新文化教室，2012 年版，第 116—117 页。
④ 谢长廷著：《未来：不一样的台湾》，台北，新文化教室，2012 年版，第 22 页。

具体表现在：①将追求“显性台独”调整为追求“隐性台独”；②将追求“制宪台独”调整为追求“务实台独”。与原来“台独”势力主张重新“制宪”相比，其无非是不主张重新“制宪”而在“宪法”框架内坚持“务实台独”。战略目标并未变化，只是实现目标的战术作了调整。③将追求“台湾是一个主权独立的国家”调整为“‘中华民国’是一个主权独立的国家”。此可谓迈向“台湾共和国”之路被大陆堵死之后的无奈选择，只好“借壳上市”，但其实质未变，无非是由主张“一中一台”改行“两个中国”。④将“刚性台独”调整为“柔性台独”；⑤将“攻势台独”调整为“守势台独”。具体参见表 6-5。以上分析表明，谢长廷并未实现从“台独”向“一中”的转变，其与民进党官方的两岸政策之区别，也仅仅是政策的调整，而非立场和原则的改变。其做出这些改变和调整的目的是试图消除台湾民众对民进党大陆政策一直冲撞“一中”框架的疑虑，从而增加民进党对中间选民的吸引力。事实表明，其没有放弃“台独”立场的主观愿望，也没有与“台独”阵营划清界限的实际行动。

表 6–5：谢长廷个人论述与民进党官方论述比较表

比较＼主体		民进党官方论述	谢长廷个人论述
不同点	“台独”路径	①“制宪台独”；②“务实台独”。	“务实台独”
	诉求“国号”	①“台湾共和国”；②台湾是一个独立于中华人民共和国的“主权国家”。	①“中华民国”（“借壳上市”）；②“中华民国”是一个独立于中华人民共和国的“主权国家”。
	“台独”特点	①“显性台独”；②“刚性台独”；③“攻势台独”。	①“隐性台独”；②“柔性台独”；③“守势台独”。
	两岸关系定位	“一中一台”	“两个中国”
	对“宪法”态度	不接受“中华民国宪法”	接受“中华民国宪法”
相同点	对“一中”态度	均不接受“两岸一中”	
	“台独”立场	均不放弃“台独”，均主张“台湾是一个主权国家”。	

（图表来源：作者自制）

4. 带有折衷主义和模糊主义的双重色彩

谢长廷为使其论述能被红绿蓝三方所共同接受，其在建构论述过程中充分考虑了红绿蓝三方的政治立场，因而其论述带有兼顾各方、三面迎合的特点。具体表现在：首先，为了取得大陆方面的积极回应，其主张“宪法一中”，表面上要与大陆所主张的“一中框架”接轨，于是对大陆不谈“台独”，通过主张“宪法一中”，让大陆产生其接受“一中”的想象。其次，为了取得民进党的支持，其论述竭力向民进党多数人认同的“台湾前途决议文”相靠拢，向民进党表示其不接受“九二共识”、坚守其拒绝“一中”的承诺。再次，为了取得国民党的配合，其向台湾社会则表示要以具高度主权意涵的“宪法”与大陆交流，主张蓝绿政党在“宪法共识”的基础上和解共生。但同时为了凸显自身论述的特色，又要与国民党主张的“在中华民国宪法架构下发展两岸关系”有所区隔。总之，谢长廷希望在大陆的“九二共识”、国民党的“一中各表”、民进党的“一边一国”以及其他绿营人士的“台湾共识”“九六共识”等之间找到平衡点，然后以此为支点建构自己的论述体系。如此兼顾各方、三面迎合的追求，真可谓“夹缝中求生存”，其难度可想而知。从实践操作层面来看，实现这一追求的唯一可行办法就是最大限度地创造模糊。只有模糊，方可勉强周旋或游走于两岸三方之间。诚然，模糊有时是一种智慧和艺术，模糊有“效”，但亦有“度”，一旦超出一定的“度”，模糊就不再是一种艺术，而是一种消极规避。

通过以上分析可以发现，谢长廷的论述在整体上充满了模糊。在谢长廷看来，这些模糊之处是其开启民共互动交流的智慧所在。但笔者认为，固然模糊在有些情况下是一种智慧和艺术或权宜之计，模糊有“效”，但亦有“度”。倘若一旦超出一定的“度”，把问题表得“玄乎其玄”，让人琢磨不定，模糊就不再是一种艺术，而是一种消极规避。在大陆看来，谢长廷论述中的这些模糊之处蕴含着许多变数，无形之中让大陆倍增忧虑，担心一旦接受谢长廷的政治论述，其背后隐含着的许多深层次问题随即会浮上台面。众所周知，由于民进党长期以来不断冲撞一个中国框架，使得大陆方面对民进党及其人士缺乏基本的信任，在这种情况下，谢长廷的模糊策略只能增加大陆方面对其论述的疑虑，这些疑虑必会影响到大陆方面对其论述的积极回应。

从谢长廷的论述可以看出其在两岸关系特别是两岸政治定位问题上的复

杂心理和矛盾心态。虽然他发现了民进党“台独”路线行之不通，但又不愿抛弃；虽知晓了大陆“一中”的底线，但又不甘“台湾主权流失”；虽默认国民党的“九二共识”精神，但又不愿正面接受。具体就其两岸政策主张而言，一方面他看到了民进党两岸政策的困境和局限，力图有所突破和作为；另一方面他又瞻前顾后，不敢迈出实质性的一步，在最为关键的“两岸一中”问题上模棱两可，含混其词。本来拟以“宪法”回应“一中”，却又不敢直接面对“一中”，只好用模糊的概念来回避“一中”，使得其在（大陆最为关切的）“一中”问题上没有任何突破和进展。大陆方面固然也期待与民进党展开互动交流，但不可能放弃一个中国原则这一底线，对于名为“一中”、实则“两国”的论述，大陆不可能给予积极回应。事实证明，他低估了大陆对“一中”底线的坚守。

谢长廷作为台湾民进党的领袖人物之一，要在两岸关系方面建构其独树一帜的个人论述确有其困难之处，故其最大限度地采用模糊策略以迎合两岸三方，对此我们固然可以理解，但是在原则性、根本性问题上则模糊不得。否则，事与愿违。事实证明，谢长廷从“三面迎合”的良好愿望出发，最后却出现了“三面碰壁”的结局；其对自身论述特色的追求，最后却变成了自身论述特色的丧失。

三、未来期待与修正建议

为早日实现在一个中国框架内打开民共两党互动交流的大门，以进一步扩大和汇集推动两岸关系和平发展的政治力量，笔者基于谢长廷的两岸政治关系论述在逻辑上和内容上存在的上述问题或局限，有针对性地提出如下进一步修正、改进或完善的建议，以供谢长廷今后完善其个人论述时略作参考。

（一）论述逻辑方面的改进和完善建议

前面分析表明，谢长廷的论述在整个逻辑体系上尚存在一些“漏缺”或问题，有待于谢长廷对这项“未竟工程”进行进一步的修正和完善，使其论述更加系统化、完整化，从而使论述更加富有严谨性、逻辑性。主要有以下两个方面：

第一，统一三个分论述中的“宪法”内涵。针对前述的三个分论述中“宪法”概念涵义不尽同一的现象，必须统一其“宪法”内涵。倘若将“宪法各表”中的“宪法”界定为“中华民国宪法”，这样虽照顾到了整个逻辑上的缜密和严谨，但却没有留给大陆各表的空间（因为大陆决不会同意就“中华民国宪法”来各表）；倘若“宪法各表”中的“宪法”继续指代“两部宪法”，虽给大陆预留了各表的空间，但因概念前后不尽同一而在逻辑上说不通，且在实践中会出现混乱。今后谢长廷是否有意愿解决，以及如何解决其“宪法”内涵不尽同一的问题，我们尚不得而知；但必须肯定的是，倘若该问题得不到解决，则直接影响着其论述的严谨与科学，进而影响着其论述的实效性。依笔者之见，尽管解决这个问题的思路可谓多元，但最直接的办法是将“宪法各表”中的“宪法”由“两宪”解释为“一宪”，即双方均坚持两岸之间只存在一部合法“宪法”，彼此可就这“一宪”来各表（下文尚有详细分析，此不赘述）。这样一来，倘若从台湾社会的视角来看，三个分论述中的“宪法”涵义就能同一，均指涉“中华民国宪法”，这样在逻辑上也能严谨；但谢长廷及其团队是否有勇气作这样的调整或修正，考验着谢长廷的胆识和智慧。

第二，建立统领三个分论述的中心概念。从科研方法论的角度看，建构一个理论、论述或原理通常需要遵循下列规则：第一步骤是先建立自己的概念。众所周知，概念是建构论述的前提和基础，论述必须由概念来支撑。尽管概念有中心（或一级）概念和次心（或二级）概念之分，但它们均必须清晰、明确、具体和周延；倘若概念涵义不清，那么基于概念而建构起来的整个论述就必定存在问题。正如英国政治学者安德鲁·海伍德（Andrew Heywood）所言：“政治问题的争论往往归结为关于‘术语’真正意义的争辩”[①]。针对既往谢长廷论述存在着使用概念模糊的问题，今后应就某些概念做进一步的明确和界定。第二步骤是在概念基础上建构论述。论述建构的过程即是确立主概念与次概念、次概念与次概念之间相互关联的过程。借用几何学上“点”和“线”的关系来表达，概念是“点”，论述是“线”，建构论述便是将这些“点”连接成“线”，再组成“几何图形”；而反观谢长廷的论述，其虽建构了自己的“点”（即“宪法一中”“宪法共识”和“宪法各表”），

① ［英］安德鲁·海伍德著：《政治学核心概念》，吴勇译，天津，天津人民出版社，2008年版，第3页。

但没有将这些“点”连接成“线”并组成一个“几何图形”（即没能建立三个分论述之间的联系，使其成为一个浑然一体的理论分析框架）。所以，谢长廷先生今后完善自己论述的方向和着眼点应是将概念之“点”连接成论述之“线”，其中最为关键的是要在“宪法一中”“宪法共识”和“宪法各表”这三个概念之上建构一个统领这三个概念的中心概念，以形成一个浑然一体的统一论述。[①]

（二）论述内容方面的修正和补充建议

倘若谢长廷不将其论述中的那些灰色地带加以清晰化、具体化，则很难消除大陆方面的担心和疑虑；尤其是如何对待“一中”？如何与“台独”切割？在这些原则性问题上态度模糊，就很难得到大陆方面的积极回应。谢长廷作为一个有志于在两岸关系上有所作为的政治人物，不能为三面迎合而回避实质问题。所以，谢长廷欲诚心让大陆方面积极回应其论述，今后必须将其论述作“去灰化”“消独化”处理，明确表示接受“一中”，堵死那些可以演绎解释的空间。要让大陆方面相信，这是“台独”立场的真正转变，而非“曲线救‘独’”的权宜之计。

在谢长廷的三个分论述中，由于“宪法共识”主要是针对台湾社会内部而提出的，所以从发展两岸关系的角度来说，这一部分不是完善的重点。未来谢长廷努力的方向和重点应是“宪法一中”和“宪法各表”两部分。针对目前“宪法一中”和“宪法各表”中存在的、导致大陆方面不能做出积极回应的因素，笔者提出如下修正和完善建议：

第一，在“宪法一中”部分，要明确“一中”是指“大中国”。谢长廷的“宪法一中”表面上好像主张“一个中国”；但事实上，从其整套论述来分析，其并未接受“一个中国”，其接受的所谓“一中”仅仅是“中华民国”，且领土范围不及大陆。对此，需要谢长廷在“一中”立场上有一个明确的转变和表态，明确承认“一中”。那么，什么样的“一中”才是符合大陆需要的“一中”呢？从目前台湾各界对“一中”解释来看，主要有以下四种涵义：一是“一中即中华民国”，与对岸的中华人民共和国（或中国）是互不隶属的并

① 三个分论述是以“宪法”为主轴展开的论述，它们共同语词是“宪法”，为此，建议谢先生可考虑建立以“宪法某某论”为中心（或一级）概念的论述，形成“宪法某某论”，然后将“宪法一中”、“宪法共识”和“宪法各表”变为次心（或二级）概念。

列关系，即“国与国”关系；二是“一中即一个中华民国”，其领土涵盖大陆和台湾，坚持“单一主权”，不承认中华人民共和国的合法性；三是“中华民国政府”与中华人民共和国政府同属于“一中”，此“一中”为虚体架构，实质是“一国两府”；四是“中华民国”与中华人民共和国同属于“一中”，此“一中”为虚体架构，实质是“一中两国”。在上述四种涵义的“一中”解释之中，只有第二种涵义解释，接近于大陆的“一中”意涵，对此，大陆虽不满意，但可勉强接受；其他三种涵义解释则是“台独”或“独台”解释。因此，退一步说，即便谢长廷的“宪法一中”不正面接受大陆方面对于“一中”意涵的解释，至少应接近于国民党的解释，将“宪法一中”论述中的“一中”解释为“大中国”意义上的“中华民国”。

第二，在“宪法各表”部分，要坚持“单一宪法”。尽管事实上存在着两部互不隶属的“宪法”，但在法理上只有彼此互不承认，分别主张“一中一宪”，才能维持主权意义上的“一中”架构。倘若双方相互承认对方的“宪法”，就意味着彼此承认了对方“宪法”的合法性。众所周知，双方同时“彼此承认”的法律效果在事实上等同于“共同承认”。这样一来，共同承认“一中”内部存在两部合法性“宪法”，会使两岸分裂现状合法化、凝固化，导致“一国两府”。笔者认为，倘若谢长廷诚心让大陆接受其“宪法各表”，尚有待于将“两宪各表”修正为“一宪各表”，即坚持两岸之间只有一部合法性“宪法”，双方只是就“宪法”（不具体指明哪一部“宪法”）各表，而不是直接就两部“宪法”各表。具体操作方法是：台湾方面可将这部“宪法”表述为“中华民国宪法”，大陆方面可将这部“宪法”表述为中华人民共和国宪法（大陆方面虽不赞同各表，但台湾方面给大陆方面留出各表的空间倒也无妨）；台湾方面可根据“中华民国宪法”将“一中”表述为“中华民国”，需要特别指出的是，此时的“一中”是实体架构[①]，而非虚体架构；而大陆方面可根据中华人民共和国宪法将“一中”表述为中华人民共和国。可见，倘若将“宪法各表”由“两宪各表”修正为“一宪各表”，且不具体指明这“一宪”是哪

① 所谓的“中华民国”是一个实体架构，并非指“中华民国”是当下实际存在的一个政治实体，这里应注意区分“实体架构”与“事实存在”两个不同的概念，前者是指坚持己方的唯一“法统性”，认为“一个中国”不管由何者代表，它是现实存在的，是现在式而非未来式，属于价值判断；而后者则指目前是否存在着一个“中华民国”的问题，属于事实判断。不要将此处的“中华民国是一个实体架构”误读为“中华民国目前仍然存在”。

一部“宪法”，而将对该“一宪”进行具体表述的空间留给对方，这样所表述出来的效果便接近于国民党的“一中各表”。既然大陆方面能够与国民党的“一中各表”进行连结，进而建立了互动交流的政治基础。那么，倘若谢长廷的论述经过了上述修正和完善，无疑就会与“台独”论述区隔开来。届时即便大陆不会正面接受，想必也会像对待国民党的“一中各表”一样，做出默认的意思表示。①

四、结　语

一个成熟论述通常是在不断的争论和批评中走向成熟的，通过争论和批评，不断发现问题，然后加以修正和完善，最终可形成一个成熟的论述。谢长廷的论述亦不例外，必会经历一个由不成熟到成熟的过程。我们衷心期待谢长廷在自己的论述经过社会各界的争辩之后，能不断对其加以修正、调整和完善，使其最终成为一个能被两岸三方所共同接受、对于两岸关系和平发展有所裨益的成功论述。诚然，谢长廷作为在台湾成长起来的政治人物，难免会从台湾（尤其民进党）的立场出发来考虑问题，并得出不同于大陆官方和学界的观点，这固然可以理解，但必须尊重历史和事实，这个历史和事实就是“两岸同属于一个中国”，舍此事实而建构起来的任何政治论述，都将是空中楼阁，难免昙花一现的结局。谢长廷曾自我评价是一位“从现实出发的理想主义者”，②这尽管是其本人的自我谦抑之词，但倘若其真正意欲在两岸关系方面有所作为，必须尽快放弃“台独”，接受“一中”，适时完成从“从现实出发的理想主义者”到“从理想出发的现实主义者”的转变，谢长廷是否有能力和勇气完成这样的“华丽转身”，是他未来一段时期内所面临的重大政治考验。

---

① 大陆方面赞同“一中”而不赞同“各表”，故对于国民党“一中各表”没有正面接受，但如果谢长廷将“宪法各表”中的“宪法”由“两宪”解释为“一宪”，尽管大陆方面不可能正面接受，但想必会做出较为积极的回应，这无疑会缩短民共两党在两岸政策上的差距，进而有助于民共互动平台的建立。

② 谢长廷著:《未来：不一样的台湾》，台北，新文化教室，2012 年版，第 108 页。

第七章　典型定位论述解析（二）：“一中三宪”

由于“主权”“国家”和“政府”等词汇均比较敏感，暂时不适宜用来讨论两岸政治关系问题，故有台湾学者将敏感度较低的“宪法”一词适用于两岸政治关系研究，于是有了“一中N宪”定位模式下的两岸政治关系论述。虽然该定位模式的用词没有那么敏感，但从研究的问题来看，与其他分析框架并无多大不同。从目前“一中N宪”的具体论述来看，主要有“一中一宪”“一中两宪”和“一中三宪”三种，其中“一中三宪”论述最受瞩目，亦最具争议。

一、“一中三宪”论述的基本要义

欲准确理解“一中三宪”，首先要理解“一中两宪”，因为前者是在后者的基础上提出来的，是对后者的补缺和超越。“一中两宪”意即“一个中国，两部宪法”。在大陆看来，“一中两宪”背后的引申涵义就是“一国两府”或“一中两国”，故而拒不接受“一中两宪”。张亚中教授基于让大陆承认“中华民国宪法”，同时又减少大陆对“两国论”的担忧，在“两宪”之上建构了所谓“第三宪”以体现两岸同属一个中国。这样一来，在“整个中国”内部存在着三部“宪法”，故称“一中三宪”。“一中三宪”是一个包含着多项内容的两岸关系论述，我们不能单从字面上理解，而应深入到它的具体主张中来理解其涵义。根据张亚中教授的相关阐释，可以将“一中三宪”的基本要义概括为以下六个方面。

第一，“整个中国”。按照张亚中的解释，“整个中国”是对“整个德国”这一概念的借用，它与“一个中国”涵义有所不同。当人们提及“一个中国”时，自然就会出现“是否有两个中国”，或者“是指哪一个中国”的联想，因此易陷入“谁代表一个中国”或“谁属于谁”的争议。事实上，中国的主权属于两岸的全体中国人，不是由哪一个政权可以独占的。“中国”应该是指包括两岸在内的“整个中国”（China as Whole）。“整个中国”不是指“谁代表整个中国”，而是指“中国作为一个整体，主权和领土不容分割”，两岸在各自的领域内享有完整的管辖权，[①]但两岸都不能真正地代表“整个中国”。因此，两岸关系不是国际法上的国家间的“外国关系”，但也不是两岸各方“宪法”管辖权内的“内政关系”，而是“整个中国”内部“两个政权”之间的特殊关系。[②]尽管张亚中主张两岸同属一个中国，但在他的理论框架下，“整个中国”并非是我们通常所理解的“一个中国”，而是一个带有欧盟特点的半实半虚的架构。

第二，“三部宪法”。指两岸可存在着三部合法的“宪法”，即己方宪法为“一宪”，对方宪法为“另一宪”，双方在“两宪”的基础上共同组建“第三宪”（即“共同宪法”）。按照张亚中的阐释，所谓“第三宪”并非一部传统意义的宪法，而是由超乎“两宪”之上的、由一系列宪法性文件所组成的、类似于欧盟宪法的一部“宪法”。[③]他认为，两岸未来透过和平协议或其他协议所形成的共同规范、机制或政策，位阶一定高于两岸的“宪法”。虽然其在外表上没有传统宪法的外貌，但在本质上已具备了宪法的内涵。如果双方愿意立即统一，未来两岸的“第三宪”当然可以是一部传统的宪法，但是在目前的政治环境下，它更可能是一部包括一系列具有约束力的相关协议所组合而成的非成文宪法。[④]

第三，“主权对等”。两岸均是“整个中国”的一部分，或是“整个中国”

---

① 张亚中著：《两岸统合论》，台北，生智文化事业有限公司，2000 年版，第 102—105 页。
② 张亚中著：《论统合》，香港，中国评论学术出版社，2014 年版，第 26 页。
③ 张亚中著：《论统合》，香港，中国评论学术出版社，2014 年版，第 405 页。
④ 张亚中著：《论统合》，香港，中国评论学术出版社，2014 年版，第 78-79 页。

内部的“部分秩序主体”，虽然双方有大小之别，但却没有主从之分，两岸是“对等政治实体”，不存在“隶属”或“主从”关系，隔海而治。同时，张亚中将两岸对等直接延伸到了国际社会，主张两岸享有平行代表权。如果大陆不承认台湾当局为一个与大陆对等的政治实体，两岸统合便无从谈起。① 在“一中三宪”框架下，两岸当局实为两个互不隶属的“中央政府”。

第四，“两岸三席”。为了解决“一中两宪”境况下的“一中”虚化问题，也为了避免给国际社会留下“两个中国”的印象，张亚中认为，欧盟在国际社会作为其 N 个成员国之外的第“N+1”个国际法人的出现，对处理两岸关系有很大的启示，于是他提出了“整个中国”的概念，并主张“整个中国”可以以不完整国际法人的身份出现于国际社会。于是，他提出了“两岸三席”主张，所谓“两岸三席”意指在一个国际组织内，两岸有三个席位，一个代表大陆，一个代表台湾，一个代表“整个中国”（由两岸共同组成的代表团来代表）。这样一来，两岸以“对等的两个国际法人”的身份参与国际社会，并在国际社会共同组建第三国际法人，从而可以维护“两岸同属一个中国”。② “两岸三席”是两岸“共同国际参与”的一种建设性思维，其“第三席”要透过两岸第三个宪法性文件来创造。③

第五，和平共处。大陆应承诺放弃使用武力，台湾应承诺放弃“台独”，两岸透过承诺不分裂“整个中国”，来共创“整个中国”的国族认同。④ 两岸对等共存，和平共处，彼此承认对方政权的合法性，不再坚持己方政权的唯一法统地位。相较于“一中一宪”所反映的“零和对抗”思维，“一中三宪”所体现出来的是“互利双赢”思维，既不是大陆吃掉台湾，也不是台湾吃掉大陆。透过“一中三宪、两岸统合”，两岸应以相互尊重、关怀与共同治理的方式，共同缔造未来的中国。⑤

第六，走向统合。两岸在迈向未来的过程中，应先以“统合”作为必经的途径。在“一个中国”的基础上，两岸以“合中有分、分中有合”的共同体方案来建构双方的合作关系。张亚中主张两岸采用欧洲统合模式，在“一国两制”

---

① 张亚中著:《论统合》，香港，中国评论学术出版社，2014 年版，第 404 页。
② 张亚中著:《全球化与两岸统合》，台北，联经出版事业股份有限公司，2003 年版，第 283—285 页。
③ 张亚中著:《论统合》，香港，中国评论学术出版社，2014 年版，第 454 页。
④ 张亚中著:《论统合》，香港，中国评论学术出版社，2014 年版，第 228 页。
⑤ 张亚中著:《论统合》，香港，中国评论学术出版社，2014 年版，第 178 页。

与“国统纲领”之间寻找平衡点，使两岸找到一个以统合为目标的互动模式，并且他认为这种无时间表限制的循序渐进的发展方式，最能消除两岸人民的疑虑和满足两岸人民的利益。[①] 目前两岸是两个“对等政治实体”，应由“分”之结构走向“合”之结构，代表“整个中国”的“第三宪”本身即是一个促使两岸从现状迈向统合的“宪政”规范，是一种“统合式的宪法”。[②]

二、“一中三宪”与相关论述的比较分析

就“一中三宪”而言，只有厘清它与“一中一宪”和“一中两宪”的联系与区别，才能更全面地理解其涵义。

（一）“一中一宪”

从两岸关系史上看，两岸在法统之争时期均坚持“一中一宪”的定位模式。大陆方面一贯认为，“中华民国宪法”已随着“中华民国”被推翻而被废除，中华人民共和国宪法是中国的唯一合法宪法；而台湾方面并非任何一个时期均坚持“一中一宪”的定位模式，其政策前后不一，只有在两蒋时期、李登辉早期和马英九时期才坚持“一中一宪”。两蒋时期，台湾当局出于与大陆争夺“法统”的需要，一直坚持“单一宪法”，只承认“中华民国宪法”的唯一“法统”地位，不承认大陆中华人民共和国宪法的合法地位。李登辉早期也坚持“一中一宪”，但后来由于奉行“台独”路线而先后改行“一个中国，两个对等政治实体”和“两国论”，这些论述分别内含着“一中两宪”和“两中两宪”的意蕴。马英九上台主政后，重新回归“一中一宪”的轨道。

“一中一宪”是政权之争的产物，旨在为最后消灭或吞并对方政权、完成两岸统一提供合法性依据。从实质上看，“一中一宪”论述坚持“单一主权”“单一外交”和“一国一府”。两岸双方只有互不承认对方“宪法”的合法性，坚持“一中一宪”，方可将两岸争议维持在一个中国框架内。

---

① 张亚中著:《两岸主权论》，台北，生智文化事业有限公司 1998 年版，第 151 页。

② 张亚中著:《论统合》，香港，中国评论学术出版社，2014 年版，第 77 页。

（二）“一中两宪”

台湾学者黄光国教授2005年出版了《一中两宪——两岸和平的起点》一书，该书提出了“一中两宪”论述。[①]所谓“一中两宪”是指自从1949年（笔者注：实际上大陆颁布第一部宪法是1954年）国民党政权败退到台湾之后，海峡两岸便分别拥有一部“宪法”（即“中共在大陆实施中华人民共和国宪法，台湾在台澎金马地区实施‘中华民国宪法’”），这两部“宪法”各有其有效管辖范围，却都建立在“一个中国”的前提之上。[②]黄光国认为，“一中两宪”只是对当前海峡两岸客观政治现实的描述[③]，更清楚地说，就是两岸分别拥有“中华民国政府”及中华人民共和国政府。[④]唯有承认“一中两宪”的政治现实，海峡两岸才能以对等政治实体的地位展开协商和谈判，才能借鉴欧盟经验构筑两岸间稳定的和平关系架构[⑤]。黄光国还认为，两部“宪法”虽各有自己管辖的范围，但两部“宪法”所规定的领土主权范围呈现重叠状态，故坚持认为“一中两宪”不违背一个中国原则。

大陆如何回应“一中两宪”实际上是如何面对和处理“中华民国宪法”问题。台湾学者主张“一中两宪”，其实是希望大陆方面承认“中华民国宪法”。倘若大陆接受台湾方面的“一中两宪”方案，内含着对“中华民国宪法”的事实承认。而承认“中华民国宪法”，则隐含着承认“中华民国”的意蕴。因此，对大陆方面来说，在目前两岸尚未统一的情况下，简单地承认“一中两宪”无疑会冒巨大的政治风险。

尽管目前两岸均声称各自拥有“宪法”，并且双方“宪法”所主张的领土主权范围近乎重叠，但只有在法理上彼此互不承认，分别主张“一中一宪”，且坚持己方“宪法”的合法性，才能维持主权意义上的“一中”架构。倘若相互承认对方的“宪法”，且主张宪法的主权范围涵盖对方（即主权重叠），引发的法律后果是使“两宪”合法化，进而导致“一国两府”。这样一来，“一中”就会由原来具有主权意涵的实体架构，变成具有历史、地理、文

---

① 黄光国著:《一中两宪——两岸和平的起点》，台北，生智文化事业有限公司，2005年版，第288—292页。

② 黄光国:《亚投行正名与“一中两宪”》，载香港《中国评论》，2015年5月号，第15页。

③ 黄光国著:《一中两宪——两岸和平的起点》，台北，生智文化事业有限公司，2005年版，第289页。

④ 黄光国著:《一中两宪——两岸和平的起点》，台北，生智文化事业有限公司，2005年版，第289页。

⑤ 黄光国著:《一中两宪——两岸和平的起点》，台北，生智文化事业有限公司，2005年版，第291页。

化与血缘意义上的虚体架构。所以，大陆方面只有坚持历史和事实，拒不承认“中华民国宪法”，才能在未来的国家统一大业中不会陷入被动。

至于两岸“宪法”所宣示的“主权重叠”不会导致“两个中国”的说辞，其实并不成立。这是因为，既然“主权重叠”，那么就已经预设了“两个主权”的存在，因为“单一主权”无所谓重叠的问题，承认“主权重叠”本身就隐含着承认“两个主权”的意味。因此，大陆不会接受“一中两宪”。

（三）“一中三宪”与上述两种论述的比较

综合以上台湾方面的相关论述，可以发现，“一中三宪”与“一中一宪”“一中两宪”之间存在着显著不同，具体参见表 7-1。

表 7–1：台湾方面“一中 N 宪”定位模式下的三种论述比较表

内容 比较	“一中一宪”	“一中两宪”	“一中三宪”
论述主体	①台湾当局（两蒋时期、李登辉早期、马英九时期）；②国民党。	①台湾当局（李登辉中后期）；②国民党；③台湾学者，例如黄光国教授等。	台湾张亚中教授
基本观点	①坚持“单一宪法”；②坚持己方政权及“宪法”的唯一合法性。	①坚持“双重宪法”；②相互承认对方政权及“宪法”的合法性。	①坚持一个中国；②三部“宪法”；③相互承认对方“宪法”的合法性。④两岸三席。
“一中”虚实	实体架构	虚体架构	带部分实体内容的虚体架构
“一中”意涵	“一中即中华民国”	“一中”即未来统一后的中国，而非现在的中华人民共和国和“中华民国”。	“一中”即未来统一后的中国（亦即作为第三主体的“整个中国”），而非现在的中华人民共和国和“中华民国”。
“一中”时态	过去式、现在式、未来式	未来式	未来式

续表

“宪法”含义	“中华民国宪法”	“中华民国宪法”和中华人民共和国宪法	“中华民国宪法”、中华人民共国宪法和“第三宪法”（共同宪法）
论述前提	以否定中华人民共和国宪法为前提，两者不可同时并存。	以承认对方“宪法”为前提，两者可以同时并存。	以承认对方“宪法”为前提，两者可以同时并存。
论述意旨	①对现状作静态描述；②吞并式统一，为统一对方提供合法性说辞。	①对现状作静态描述；②维持现状，为两岸现状提供解释。	①不仅对现状作静态描述，而且对两岸走向一体化作动态设计；②尊重现状，走向统合。
“一中”属性	强	弱	次强
主权实质	坚持“单一主权”	坚持“双重主权”	坚持“双重主权”
对内定位	“一国一府”	“一国两府”	并未超出“一国两府”框架①
对外定位	单一国际法主体（中华人民共和国或“中华民国”）	两个国际法主体（“中华民国”和中华人民共和国）	三个国际法主体（“中华民国”、中华人民共和国和“整个中国”）

（资料来源：作者自制）

三、“一中三宪”论述的创新及价值

在目前的台湾政治生态下，“统”字是一个令人忌讳的字眼。在这种情势下，张亚中反对“台独”和“独台”而力主统合，相较于台湾社会内部的“反统”人士来说，无疑值得肯定。“一中三宪”论述对于促进两岸关系和平发展具有正面价值和意义，具体说来，主要有以下三个方面。

---

① 与通常所谓“一国两府”论述所不同的是，其更强调增设一些两岸协调机制，强调两岸共同朝着统合方向迈进。

（一）是对两岸由“分（治）”到“（统）合”的路径探索

主要体现在以下两个方面：其一，主张两岸借鉴欧洲统合的经验，由“分”之结构走向“合”之结构。①由于欧洲一体化的发展过程是从分散趋向集中的过程，所以“一中三宪”论述主张两岸应借鉴欧洲统合模式经验来处理双方的关系，在迈向未来的过程中，应先以“统合”作为必经途径，在“一个中国”基础上，以“合中有分、分中有合”的“共同体”方案来建构两岸合作关系。②“一中三宪、两岸统合”主张是对以往台湾当局虚化“一个中国”做法的超越，提出“整个中国”概念作为第三主体，并以此作为统合的目标，力图避免使“一个中国”沦为抽象概念的困境。其二，积极探讨两岸由“分”之结构到“合”之结构的具体路径。“一中三宪”论述不仅主张两岸应由“分”到“合”，还具体探讨两岸如何实现由“分”到“合”。相较于民进党人士不承认“两岸同属一个中国”来说，“一中三宪”论述是颇具积极性、建设性的正向思维；相较于台湾社会“不统不独”主张来说，该论述带有某种“促统”的成分。借用张亚中的话来说，就是“两岸以统合的方式来推动彼此的关系，最终目标是为两岸未来走向统一创造有利条件”③；“在两岸和平发展时期，需要为两岸在‘统一’与‘独台’之间找到一条出路；‘统合’是防止‘独台’成真的唯一方略，更是能够让两岸得以稳定和平发展，并有助于走向和平统一的最佳必由之路”。④尽管其主张的统合并不等于统一，但毕竟主张两岸朝着“合”的方向发展。在这一意义上说，“一中三宪、两岸统合”的积极意义必须予以肯定。

（二）是超越两岸现状静态描述而致力未来统合的动态设计

作为目前两岸政治关系定位与未来走向的方法与路径，“一中三宪”既包含了目前两岸关系和平发展时期应有的定位方案（“一中三宪”），也揭示了未来走向的路径（统合方式）与目标（当“第三宪”完全等于“一中”时）。⑤为此，张亚中论述道：“‘一中两宪’与‘一中三宪’的不同之处在于，‘一中

---

① 张亚中著：《论统合》，香港，中国评论学术出版社，2014年版，第405页。
② 张亚中著：《两岸主权论》，台北，生智文化事业有限公司，1998年版，第151页。
③ 张亚中著：《两岸统合论》，台北，生智文化事业有限公司，2000年版，第258页。
④ 张亚中著：《论统合》，香港，中国评论学术出版社，2014年版，第335页。
⑤ 张亚中著：《论统合》，香港，中国评论学术出版社，2014年版，第178页。

两宪’纯粹是对两岸现状定位的客观描述，是一个在法理上维持两岸不分裂的静态概念。而‘一中三宪’则不仅描述了两岸的法理现状，而且也提供了两岸走向和平统一的方向与规范，是一个既为静态、又为动态的架构”。[①]“一中三宪”主张建立一个两岸间的“第三主体”以化解彼此的政治分歧，主张建立“跨两岸机构”，以维护及增进彼此的利益，并重构或巩固彼此的认同。简言之，其主张两岸不伤害彼此目前现有政权权威的前提下，建构与巩固现有的两岸人民间的社会连带。[②]从两岸迈向一体化过程设计看，“一中三宪”主张先经后政，以经济互动带动政治互动。与一般设计不同，其不仅仅关注静态的制度设计，更关注走向一体化的动态路径设计。该论述受到欧洲一体化的启示，注重两岸统合架构的构筑，尤其是用作统合架构的“一中”屋顶，虽然在本质上仍是一个虚体架构，但的确具有了部分实体内容。这些均显示出该论述的积极价值。

（三）是处理两岸“一”与“二”关系问题的思路创新

所谓两岸“一”与“二”关系问题是指“一个中国”与“两个分治政权”之间的关系问题。大陆方面在论述两岸关系时侧重于强调“一”，即“一个中国”“唯一合法性”“唯一宪法”“唯一代表性政府”等，以维护一个中国框架；台湾方面在论述两岸关系时则侧重于强调“二”，即“两部宪法”“两个中央政府”“两个对等政治实体”“两个宪政体制”等，以凸显台湾当局与大陆政权互不隶属的对等地位。强调“一”，则容易掩盖“二”；凸显“二”，则很容易破坏“一”。于是，两岸长期以来在“一”和“二”的关系表述上存在严重的分歧和争议。大陆方面坚决反对台湾方面借着强调“二”而掏空“一”的论述。针对大陆方面反对台湾方面用“一中两 X”模式对两岸关系进行定位的情况，张亚中提出了“一中三宪”概念，力求消除大陆方面对主张“二”可能会导致“两个中国”的顾虑和担忧。“一中三宪”论述在处理“一”与“二”的关系方面有其独到之处。先前的做法都是将“一”与“二”的关系对立起来，要么强调“一”，要么强调“二”，而“一中三宪”则跳出了传统二元思维模式，力求找到“一”与“二”的平衡，在“一”与“二”之上建构了“三”。以上表明，“一中三宪”是兼顾两岸政治诉求的设计方案。一方面，“一中三宪”论述坚持

① 张亚中著:《论统合》，香港，中国评论学术出版社，2014 年版，第 77 页。

② 张亚中著:《全球化与两岸统合》，台北，联经出版事业股份有限公司，2003 年版，第 225—226 页。

两岸同属一个中国，并引导两岸向“统合”方向发展，这符合大陆方面的期待；另一方面，其坚持“中华民国宪法”的存在，强调两岸对等，有助于维护台湾主体性，这符合台湾方面的期待。所以，该方案是努力探索能被两岸中国同胞所共同接受的政治框架的新尝试。

由上可知，虽然“一中三宪”论述离大陆方面的“一个中国”论述尚有一定差距，却是目前台湾学界的两岸政治关系论述中离大陆政治立场较近的论述之一。尽管该论述旨在统合而非统一（当然也不排斥统一），但毕竟还是向“合”的方向发展。应该说，“一中三宪”设计体现了张亚中教授为两岸和平、合作而进行理论设计的努力，值得肯定。

四、大陆对“一中三宪”论述的保留态度

多年来，张亚中教授为两岸关系和平发展乃至走向统合奔走呼号，提出了结构完整、逻辑严密、自成一体、富有创新性的“一中三宪”论述。更可贵的是，他身体力行、力践统合，此为两岸有目共睹。然而，单就其“一中三宪”论述中的某些观点而言，大陆方面尚持保留态度。

（一）理论基础仍未脱出西方“分裂国家理论”

“一中三宪”兼具德国模式和欧盟模式的特点，尽管其没有直接援引“分裂国家（Divided Nation）理论”，但通过研究不难发现，其仍以“分裂国家理论”作为定位依据和分析框架。“分裂国家理论”的致命缺陷，就是它将两岸关系等同于两德或朝韩关系。众所周知，两德与朝韩都被国际社会认为是具有主权地位的独立国家，因此，在“分裂国家理论”中，不管分裂双方如何定位彼此之间的关系，但从国际法的角度来看，分裂双方的关系是国家与国家的关系，这种关系必须接受国际法调整。两个德国的统一以及将来朝鲜半岛的统一，是国家与国家的统一，会引发国际法上的“国家继承”问题。然而，海峡两岸的中国属于不完全分裂国家，即在主权所有权统一的前提下仅存在主权行使权分裂的国家，中国仍为单一国际法人，国际社会也大都承认一个中国，未来两岸的统一也不会引发“国家继承”问题。因此，无论是从国际法理论来看，还是从国际社会现实来看，中国都是统一的，尽管存在

着部分分裂，但这种分裂与两德和朝韩的分裂在性质上和程度上都不相同，是主权所有权统一之下的主权行使权分裂。

多年来，一直有为数不菲的台湾学者根据“分裂国家理论”来定位两岸关系，并为台湾当局是“主权独立国家”寻求理论依据，同时以两德与朝韩为例证来企图证明：“分裂国家在统一前，彼此平等共同参与国际社会，并不会妨碍统一的推展，反而可以缓和彼此间的紧张关系，为和平统一创造有利条件”，① 以便获取大陆对“中华民国”的承认。就“一中三宪”而言，虽然其声称、借鉴（而非照搬）“德国模式”来处理两岸关系，但在很大程度上仍将两岸的“分裂分治”与两德的分裂等同起来，无非是在“两国”之上搭建一个屋顶（“整个中国”）而已。从总体上看，其思维并没有跳出西方“分裂国家理论”框架。

（二）论述前提与大陆一个中国原则并不相符

首先，在“一中三宪”论述中，台湾所谓“中华民国”是一个与中华人民共和国对等的主权国家或中央政府，这与大陆方面自 1949 年以来一直认定的“中华民国”已经灭亡这一认知存有根本分歧。“中华民国”是否存在是两岸之间激烈争执的议题，而“一中三宪”却将“中华民国”仍然存在作为论述建构的前提和基础，依大陆观点看，这样的前提和基础既不符合历史，也不符合现实。其次，按照“一中三宪”论述，“中华民国宪法”与中华人民共和国宪法所宣示的“主权”近乎重叠，这是“两宪”之上设置“第三宪”的基础。然而，“主权重叠”之说辞不仅不能确保“一个中国”，反而容易导致“两个中国”，因为建构“第三宪”的前提是承认前“两宪”，而这前“两宪”是具有实质意义的，只要大陆方面接受了“一中三宪”，就意味着接受了“一中两宪”；而一旦承认了“两宪”，也就意味着承认了“中华民国政府”（或“中华民国”）。至于“两宪”之外的“第三宪”，其实只具有政治团结的象征意义而不具有实质意义。最后，如果用“一中三宪”主张来处理两岸关系，实际上就是先赋予台湾当局以“主权独立国家”或“中央政府”地位，再推动两岸形成一个比一般的国家间关系更为紧密的联盟。这样一来，两岸实际就变成了固定化的两个“中央政府”。也就是说，“一中三宪”论述有可能会导致目前两岸“分裂分

---

① 达理：《台湾当局图谋“参与联合国”就是制造“两个中国”》，载《人民日报》，1995 年 9 月 21 日版。

治”现状凝固化、永久化和合法化。总而言之，在与一个中国原则的差距方面，“一中三宪”与“一中两宪”“一国两府”“一国两治”等论述并无实质性不同，无非其在两岸之上搭建了一个“一中”屋顶，且“宪法”一词比“政府”和“国家”等词汇更隐晦、更不敏感而已。

（三）“整个中国”是仅带有部分实体成分的虚体架构

张亚中教授认为，两岸在分治的基础上建构“共同的屋顶”，“同一屋顶”下事实上存在着“两个中国”。对此，他在《两岸统合论》中作了详细的阐述和论证。他首先将“第三主体”作为其“统合论”的立论基础，然后主张在“中华民国”和中华人民共和国之外，再建构一个被称之为“整个中国”或“两岸共同体”的第三主体，台湾是整个中国的一部分，大陆也是“整个中国”的一部分。“整个中国”的主权属于两岸全体中国人民。① 他认为，两岸是“整个中国”内部的两个平等政治实体，须经由一项“基础协定”，即以文字形式相互承诺不分裂“整个中国”，再相互接受对方的“主体论”，同意共存于国际组织，如此就不会在法律意义上造成两岸的分裂。为了使“整个中国”不只停留在法律意义上的“法人”概念，两岸宜逐渐将“整个中国”实体化。② 然而，尽管“一中三宪”论述努力使“整个中国”实体化，该论述也的确比完全虚体的“一中”架构有所进步，但与大陆方面所希冀的实体“一中”框架仍有很大差距，其本质上还是一个仅带有部分实体成分的虚体架构。在大陆方面看来，目前两岸政治关系定位的方案设计必须与未来两岸统一相连结，需要有系统论的思维，站在两岸关系发展乃至未来统一的高度来观察、思考和评判这些方案设计。凡是仅在短期内对两岸关系发展有利、但对未来两岸统一不利的定位方案，大陆会慎之又慎。

（四）“由分到合”的路径设计并不能保证两岸走向统一

“一中三宪”论述的逻辑起点是，“中华民国”是主权国家，至少是中央政府，所以在张亚中看来，“一中三宪”设计是一个“由分到合”的发展路径。然而在大陆方面看来，上述逻辑起点并不成立。诚如大家所知，目前台湾当局不是一个“主权独立的国家”，而是中国的一部分。两岸现状是两岸同

① 张亚中著：《两岸统合论》，台北，生智文化事业有限公司，2000 年版，第 123 页。
② 张亚中著：《两岸统合论》，台北，生智文化事业有限公司，2000 年版，第 142 页。

属于一个国家，目前的分裂是局部分裂，是不完全分裂。尽管“一中三宪”论述声称既不改变台湾现状，也不改变大陆现状，但事实上这种设计本身就改变了台湾的现状和身份，使得台湾由“非主权实体”变成了“主权国家”或“中央政府”。因此，依大陆观点来看，“一中三宪”论述其实是“由合到分”或“先分后合”（即由“不完全分裂”→“完全分裂”→再共同走向“统合”）的路径。因为倘若按照“一中三宪”论述，两岸先变为两个独立的“主权国家”或“中央政府”，然后在此基础上实现统合，这在实质上是“先独后统”，是两岸统一道路上的倒退，而不是前进。

“一中三宪”论述主张两岸由“分裂”走向“统合”，但“统合”是否必定走向统一？其实并不一定。[①]“一中三宪”是一个统合架构，其未来走向是开放式的，“统一”仅仅是一个选项。尽管张亚中强调“一中三宪”不仅是两岸统一之前的政治关系安排，也可以是成为统一后的政治定位安排，[②]但仔细研究不难发现，其仅仅是在两岸统一之前就如何处理两岸政治关系及其定位问题所作的设计和安排。“统合”与“统一”是两个意涵不同的概念[③]，统

① 统合与统一的不同在于，两者走向集中的程度有所不同，当统合走向集中的程度达到能体现出主权所有权的唯一性时，统合就变成了统一。但是，统一并非统合的唯一结果。也就是说，国家统合虽然可以作为走向国家统一的过渡，但统合的发展趋向是开放的，其走向统一的系数是待定的，即国家统合并非必然地走向国家统一，历史上的大量事实已证明这一点。参见王英津著：《国家统一模式研究》，北京，九州出版社，2008年版，第223—224页。

② 张亚中著：《论统合》，香港，中国评论学术出版社，2014年版，第77页。

③ 关于“统合”与“统一”的不同，概括起来说，主要有以下几点：其一，涵义不同。“统一”一词在英文中是“Unification”，是指“统而合，且合而为一”；而“统合”一词在英文中是“Integration，牛津字典将其解释为各个部分结合成为一个总体（the combination of parts into a whole）。香港学者翁松燃将“统合”描述为“统而不一”及“分而不独”，且认为统合的主要精神在于求同存异，为共存共荣而对统辖之范围、方式或权限作部分的整合。统合既是一个过程，一种整理综合的程序方法，也可以是一种国家地区及人民之归宿状态。总之，“统合”的基本的内涵应该是虽然“统而合”，但“合而不为一”。其二，主体不同。实现国家统一的主体，既可以是独立的主权国家，如两德；也可以是独立主权国家内部的不同政权，如中国历史上的历次统一。而实现国家统合的主体，则只能是独立的主权国家，一个国家内部不同政权之间或不同地区之间的联合不能算是统合。简言之，统一既可以发生在主权国家之间的国际场合，也可以在主权国家内部；而统合只发生在主权国家之间的国际场合。其三，结果不同。统一的最终结果是一个国家，在主权上体现出来的特征是主权所有权的唯一性；而统合的结果却不是一个国家，仍是几个国家的联合体，在主权上所体现出来的特征是主权所有权的多元性，“统合后即使交出部分主权，但并不改变统合双方完整主权国家的地位”。“统合”与“统一”具有某种程度的相似性或关联性，它们都是由分散走向集中的制度模式安排。只是它们在走向集中的程度上有所不同。当统合走向集中的程度达到能体现出主权所有权的唯一性时，统合就变成了统一（参见王英津著：《国家统一模式研究》，北京，九州出版社，2008年版，第223—224页）。所以厘清“统合”与“统一”的异同及其关系，对于我们理解“一中三宪”论述及“统合论”具有重要意义。

合可以为走向统一创造条件，但未必一定走向统一，而“一中三宪”所能确保的仅仅是两岸走向统合而非统一。

（五）“第三宪”设计并不能防范和解决“两个中国”问题

相较于“一中两宪”，“一中三宪”提出了通过建构“第三主体”来防范“一个中国”虚置化问题，其探索的初衷和努力值得肯定，但是否可因此而消除大陆对“两国论”的隐忧呢？答案是否定的。这是因为，如果参照“一中三宪”方案来处理当下两岸政治关系，很可能的结果是，两岸不仅不能真正走向统一，反而容易被“台独”势力所利用。在当前“台独”势力仍存在的情势下，倘若大陆因接受“一中三宪”而导致间接承认“中华民国宪法”，这无疑于“放虎归山”。因为在目前两岸关系的特定语境下，“中华民国宪法”已成为台湾方面论证“中华民国”仍然存在的法律文件，况且该“宪法”中载有“中华民国是一个主权独立国家”的内容，因此承认“中华民国宪法”，就意味着承认“中华民国”仍然存在。在获得了“主体性”地位后，“台独”势力是否会将统一问题悬置起来，永久性地维持“不统不独”的状况，以达到“事实台独”的目的？“一中三宪”能否避免被“台独”势力所歪曲并用作“曲线救国（中华民国）”的权宜之计？尽管“一中三宪”论述主张在两岸未来可能签订的和平协议（“第三宪”的组成部分）中明确约束双方对“承诺不分裂整个中国”做出条文式的保证，但如何来界定“不分裂中国”？维持“不统不独”的“事实台独”是否是“不分裂中国”？两岸关系的“现状”是什么？这些问题在两岸之间本来就存有争议，双方各有自己的解读和认知。因此，对大陆来说，“一中三宪”是一种潜含“分裂风险”且又不能确保中国最终走向统一的方案。尽管“一中三宪”主张两岸向“合”的方向迈进，但“合中有分”的状况可能会因大陆接受“一中三宪”而变得凝固化和永久化；尽管“一中三宪”在两岸对等的基础之上，设计了一个“屋顶式”架构，但仍难以避免会陷入“一国两府”或“两个中国”境况。

（六）会压缩未来两岸统一模式的选择空间

尽管“一中三宪”论述并没有展开解释如何由统合迈向统一的问题，但结合整体论述不难推知，即便未来两岸统一走向统一，其过程就是“第一宪法”和“第二宪法”逐渐萎缩，“第三宪法”逐渐被充实，最后由“第三宪”取代“第一宪”和“第二宪”。在这个过程中，“第三主体”由不完整国际法人逐步演变为完整国际法人，最后的统一是通过“第一主体”和“第二主体”共同融入“第三主体”的方式来实现的，统一后的中国将以具有完整国际法人身份的“整个中国”为基础来建构。因此，按照“一中三宪”构想，两岸即便将来走向统一，很可能是“AA 制”式共同走向统一。然而，在两岸统一模式的可供选项中，单一制不属于“AA 制”模式，只有联邦制属于“AA 制”模式，但联邦制不适用于两岸统一[①]。这是因为，从技术层面上说，两个极其不对称的政治实体要想通过“AA 制”共同走向统一，就必须处理好形式平等与实质平等之间的关系，而这是一个很难平衡的关系，“AA 制”模式只能保证表面上的两岸平等，却会导致实质上的不平等。譬如，假设未来中国统一后的“共同议会”共拥有 100 个议席，大陆（包括香港和澳门）和台湾各分配 50 个议席，这样表面上实现了平等，但实质上并不平等，因为大陆（包括香港和澳门）13 亿人口仅有 50 个议席，而台湾 2300 万人口却也拥有 50 个议席。另外，就目前大陆的主流民意来看，“AA 制”模式不太可能会获得 13 亿民众的支持。本来，两岸统一模式具有很多选项，将来两岸可以通过谈判来协商解决，倘若大陆接受“一中三宪”的统合模式，势必会大大压缩大陆在未来两岸统一模式谈判中的选择空间，这是大陆所不愿意面对的结果。

（七）“两岸三席”的设计缺乏现实可行性

首先，大陆方面不会接受“两岸三席”。两岸关系不是国与国关系，既不同于欧盟成员国之间的关系，也不同于两德或两韩之间的关系。按照“一中三宪”论述，大陆在坚持已方是一个国际法人的同时，要承认“中华民国”是一个国际法人，还要承认中华人民共和国和“中华民国”之上的“第三个中国”。这样一来，“一个国际法人”变成“三个国际法人”，“一个中国”变成了“三个中国”，这与大陆的一个中国原则并不相符。“一中三宪”论述提出两岸构建“第三宪”或“第三国际法人”的主张，是以“中华民国”仍然存在为前提的，而按照大陆的一个中国原则，“中华民国”已不存在，且当下的台湾当局从来就不是一个国际法人，从来也不是与大陆对等的“第二主体”。

---

① 关于联邦制不适于两岸统一的分析，详细请参见王英津著:《国家统一模式研究》，北京，九州出版社，2008 年版，第 195—200 页。

所以，大陆不会接受所谓“第三主体”或“第三国际法人”的构想。[①]其次，国际社会不会接受。“两岸三席”方案既与国际法相冲突，也在国际政治实践中缺乏可操作性。其一，中国的崛起已经引发了国际社会某些国家的恐慌和不安，“中国威胁论”的出炉就是有力佐证，遏制中国崛起是这些西方国家的主流共识。在这种背景下，在联合国等国际组织里面给中国安排三个席位，无异于扩大中国在联合国等国际组织内的影响力，这不可能获得西方国家的支持和通过。其二，虽然历史上曾出现过苏联及其加盟共和国白俄罗斯和乌克兰在联合国共同拥有三个席位的情况，但那是特殊历史条件下的产物，该模式不可复制（关于该问题的详细分析，请参见本书第十二章）。

通过以上（一）至（七）的分析不难发现，“一中三宪”论述与大陆的“一中一宪”论述在表层与深层、形式与实质之间存在着很大差异，具体参见表 7-2。导致这些差异的原因是两岸讨论问题的前提不同。“一中三宪”论述的前提是“中华民国是一个主权独立的国家”，故其认为与大陆平等互动，建构第三国际法人，是“由分到合”，是与大陆相向而行；而大陆“一中一宪”论述的前提是“中华民国已经灭亡”，目前台湾当局仅是一个中国框架下的非主权实体，故大陆认为“一中三宪”是“先分后合”“先独后统”。

表 7-2：张亚中“一中三宪”论述与大陆“一中一宪”论述比较表

	张亚中“一中三宪”论述	大陆“一中一宪”论述
论述前提	“中华民国”是一个主权实体（张教授早期称其为“国家”，后改为“中央政府”）。	“中华民国”已被推翻，当下的台湾当局仅为一个非主权实体。
理论基础	分裂国家理论（尽管张教授未直接援引该理论，但却贯穿于其整个论述过程）	不完全分裂国家理论（官方尽管未直接使用该概念，但其意如此）
宪法状况	一个中国，三部宪法	一个中国，一部宪法
国际地位	三个国际法人（两岸三席）	单一国际法人（两岸一席）
“一中”虚实	带有部分实体成分的虚体架构	实体架构

① 王英津著:《国家统一模式研究》，北京，九州出版社，2008 年版，第 220 页。

续表

发展路径	先分后合（不完全分裂→完全分裂→一体化）	由分到统（不完全分裂→统一）
未来目标	统合（不一定走向统一）	统一

（图表来源：作者自制）

五、关于“一中三宪”论述的调适建议

鉴于“一中三宪”尚存有许多积极的正向价值，不妨将“一中三宪”加以调适、改进和完善，以增大其适用于两岸政治关系定位的可能性。为此，笔者提出如下建议。

（一）增加由“统合”走向“统一”的保障及路径设计

从整个过程来看，目前“一中三宪”论述仅探讨了两岸统一问题的“一半”，即探讨了由“分治”到“统合”的问题，但没有探讨由“统合”到“统一”的问题。故需要继续探讨后一部分。

第一，增加保证两岸必须走向统一的内容，提出确保两岸走向统一的动力、保障和路径。“一中三宪”方案的初衷是为两岸在未统一前的过渡时期设计架构安排，属于统合方案，而非最终的统一方案。至于两岸如何由统合走向统一，以及如何确保两岸最终“合而为一”，该方案并未探讨。这是其局限所在，也是大陆方面的主要顾虑。因此，如何将“统合”与“统一”结合起来通盘考虑，并设计出由“统合”走向“统一”的动力和保障机制，应是“一中三宪”论述今后需要进一步补强和完善的方向。当然，倘若补全了统一保障方面的内容，可能会增大2300台湾万民众接受“一中三宪”的困难，但是，让2300万台湾民众接受与让13亿大陆民众接受，何者更困难？答案不言而喻。很显然，增加统一保障内容后的“一中三宪”，适用于两岸关系的难度会降低，可操作性会更强。但即便如此，在大陆内部肯定也会遇到很大阻力，因为该方案预示着将来两岸必须通过“AA制”式共同走向统一。两岸的完全不对称结构和体量，很难让大陆民众接受这种“AA制”式方案，这

反过来又会影响到大陆对“一中三宪”的接受度。但不管怎样，倘若没有确保两岸走向统一的设计，“一中三宪”就很难被大陆方面所接受。

第二，取消内外一致、“两岸三席”的设计。如前所述，“两岸三席”不仅在法理上有悖一个中国原则，而且现实中也不具有可行性，故建议取消该设计。长期以来，大陆方面坚持“内外有别”，故“一中”论述有国际版和两岸版之分。在大陆方面看来，两岸平等不能延伸至国际社会，否则就会破坏“一中”框架，因为两岸平等意指两岸在法律人格意义上的平等，而非在一切权利上平分、等同或等值，中国的国家代表权具有唯一性，只能共享，而不能分享。换言之，两岸平等是一个中国内部的平等，而非对外代表权上的平等，国际社会中的中国只能由中华人民共和国政府来代表。

（二）“一中三宪”的另一种思路：或许更可行

笔者不主张用“两宪”或“三宪”这样的概念来描述和界定两岸政治关系。但后退一步讲，即便借用这些概念，也需要转换一个思路，故笔者在此提出从“一中两宪”到“一中三宪”的另一种思路构想（以下简称“新思路”）。

第一，新思路主张将己方“宪法”作为“第一宪”，将两岸共同签署的法律文件作为“第二宪”（相当于“一中三宪”的“第三宪”），将对方“宪法”作为“第三宪”（相当于“一中三宪法”的“第二宪”）。按照新思路，两岸双方先坚持己方宪法的唯一合法性，并共同承认两岸签署的法律文件（即“第二宪”）。通过“第二宪”阶段的累积互信、和平发展，条件成熟时渐次承认对方“宪法”（即“第三宪”）的合法性。具体而言，大陆方面先坚持中华人民共和国宪法的唯一合法性，并承认两岸共同签署的一系列法律文件；台湾方面先坚持“中华民国宪法”的唯一“合法性”，并承认两岸共同签署的一系列法律文件。但是，双方是否一定要承认对方宪法的合法性，则视未来两岸关系发展的程度和质量而定。

第二，从承认程序上说，“一中三宪”的路径安排是“第一宪”（己方宪法）→“第二宪”（对方宪法）→“第三宪”（共同签署的法律文件），即先承认“一中两宪”，在此基础上再承认“第三宪”。倘若借用“一中三宪”的术语来表达新思路的路径安排，那就是“第一宪”（己方宪法）→“第三宪”（共同签署的法律文件）→“第二宪”（对方宪法），亦即从己方宪法（“第一宪”）出发，先经过“一中三宪”的“第三宪”（即新思路的“第二宪”）到达其“第二宪”(即新思路的“第三宪”)。为了维护“一中”框架，新思路主张暂时不宜对对方宪法作出承认。随着两岸关系不断向前发展，当统一条件成熟且达成统一协议后，双方可根据具体情势来协商处理对方“宪法”问题。事实上，单就承认己方“宪法”和新思路的“第二宪”(亦即“一中三宪”的“第三宪”)来说，目前两岸事实上已经如此，只是没有采用笔者以上术语而已，该路径设计符合两岸政治关系定位之先易后难、循序渐进原则。

第三，主张对“第二宪”进行“共表”，但对“第一宪”进行“各表”。“一中三宪”主张两岸通过“共表”方式就“三部宪法”达成共识。按照其构想，两岸在对“一中三宪”进行“共表”的同时，大陆也就承认了“中华民国”及其“宪法”。就目前情况看，大陆不会与台湾作这样的“共表”。事实上，两岸很难在统一(至少在签署两岸统一协议)之前采用“共表”方式来处理“中华民国”及其“宪法”问题，因为此前不具备对问题进行“共表”的条件，双方只能“各表”或“各表+共表”。实践证明，倘若意欲在一个中国框架内与对方展开互动，“各表”就是不得不采取的权宜措施。为此，新思路建议，两岸双方除了共同表述“第二宪”之外，可以通过各自表述己方“宪法”为“第一宪”的方式来坚持己方“宪法”的唯一合法性，这样就可以避免导致“一中两宪”(实质是“两个中央政府”)，同时又可以通过“第二宪”来扩大两岸的连结。简言之，如果“一中三宪”主张的表述方式是全部“共表”，而新思路主张的则是“共表”+“各表”。参见下图：

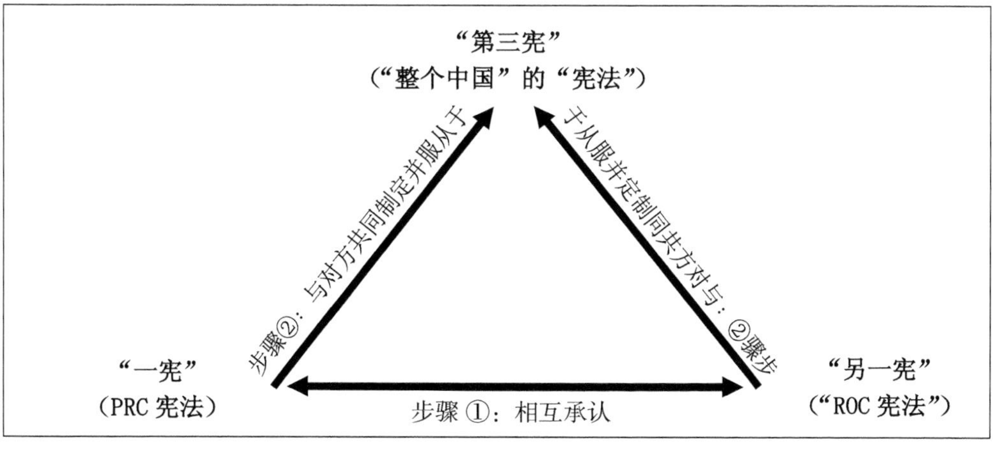

图 7-1：张亚中：“一中三宪”结构示意图

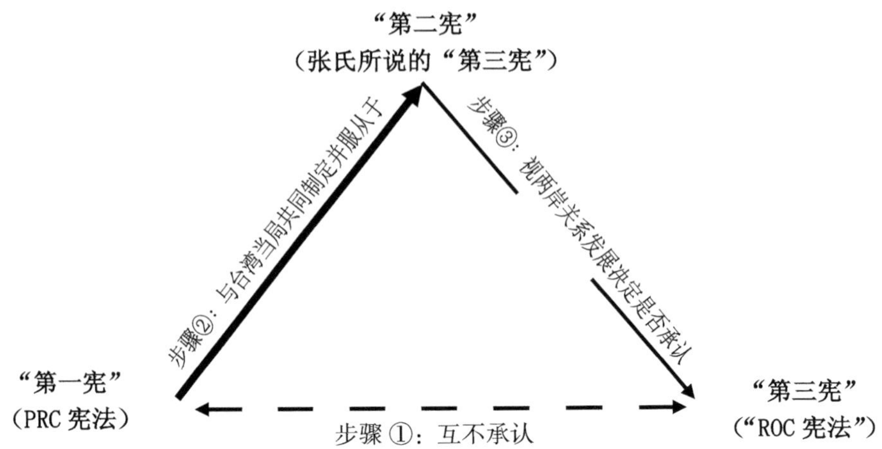

图 7-2-1：以大陆为基点的“一中三宪”方案

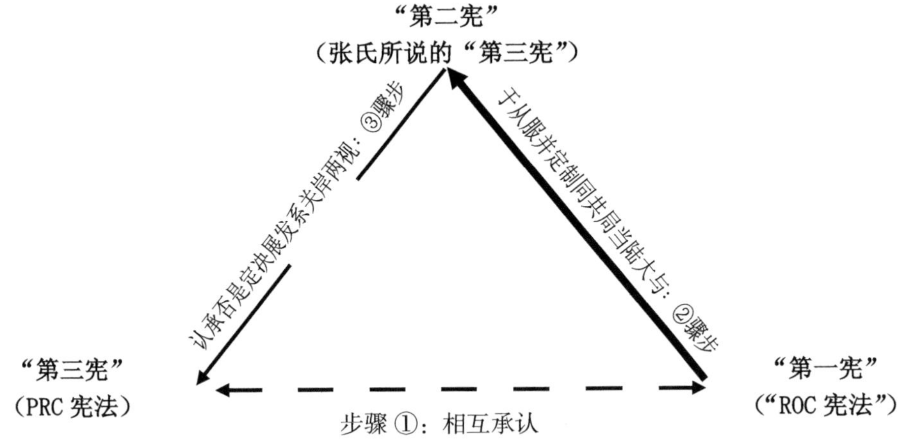

图 7-2-2：以台湾为基点的“一中三宪”方案

图 7–2：“一中三宪”新思路结构示意图

第八章　典型定位论述解析（三）:“一国两区”

2012 年 3 月 22 日，胡锦涛总书记在北京会见国民党荣誉主席吴伯雄时，吴伯雄提出了“一国两区”论述，[①] 随后马英九在“5·20”就职演说中再度重申了“一国两区”论述[②]。2012 年 7 月 28 日，中共中央政治局常委、全国政协主席贾庆林在出席第八届两岸经贸文化论坛开幕式并致辞时提出了“两岸一国”论述[③]。那么，对于台湾方面的“一国两区”论述与大陆方面的“两岸一国”论述该如何解读？该如何评价？二者有何重叠和差异之处？如何求同存异，将这两个论述融合成为让两岸均能接受的“第三论述”？基于回答以上问题，本章特作如下探讨。

一、“一国两区”：意涵与评析

（一）意涵解读与反应

台湾方面所谓“一国两区”，即一个中国，两个地区。具体来说，“一个中国”指“中华民国”，“两区”指“中华民国”下辖的大陆地区和台湾地区；

---

① 《会胡 吴提“一国两区”》，载台湾《联合报》，2012 年 3 月 23 日版。

② 《马提两岸宪法定位：一个中华民国两个地区》，载台湾《联合报》，2012 年 5 月 21 版。

③ 《贾庆林在第八届两岸经贸文化论坛开幕式上的致辞》，载《人民政协报》，2012 年 7 月 29 日版。

两岸关系不是国与国关系，而是特殊关系。“一国两区”有繁简程度不同的三个版本，分别是简要版、完整版和折衷版。具体说来，简要版是指“一国两区”；完整版是指“一个中华民国，两个地区：一是台湾地区，一是大陆地区”；折中版是指“一个中华民国，两个地区”。[①]这次吴伯雄所提“一国两区”，先是简要版，后改为完整版；马英九重申的“一国两区”则是折衷版。

事实上，“一国两区”并非一个新论述。早在20世纪90年代，台湾方面因反制大陆提出的“一国两制”即提出过“一国两区”。时任台湾当局“行政院长”郝柏村在向“立法院”提交的施政报告中，承认中共为统辖大陆地区的政府，并首次使用“一国两区”指称两岸当时的状态。在李登辉执政时期，“一国两区”和“一国两府”两个概念在台湾常常被互换使用，李登辉本人则更倾向于使用“一国两府”概念。

为便于理解和把握马英九当局今次提出的“一国两区”内涵，有必要将其与20世纪90年代台湾方面提出的“一国两区”论述作一比较。

根据“一国”的虚实来划分，20世纪90年代的“一国两区”论述有实体版和虚体版两个版本。实体版的主要观点是，世界上只存在一个实体意义上中国，这个中国是现在式而非将来式，在实体版中存在着“中国”究竟是中华人民共和国抑或“中华民国”的争议。在“一国”是实体的情形下，台湾方面必定坚持“一国”即“中华民国”，反对将“一国”作模糊化处理。虚体版的主要观点是，“一国”是历史上、地理上、文化上和血缘上的一个中国，其既非中华人民共和国，亦非“中华民国”；换言之，其强调“一个中国”是未来式而非现在式。在“一国”是虚体的情形下，尽管台湾方面坚持“一个中国”，但因同时坚持“两岸对等”“内外一致”，这样在事实上会导致“独台”。

若从上述实体版和虚体版划分的角度来分析，马英九当局重申的“一国两区”应属实体版，其在提出背景、动机、内容、大陆反应等方面均与20世纪90年代台湾方面提出的“一国两区”论述存在着很大不同，具体参见下表：

---

① 高辉:《我国“宪法”中的两岸关系：一个“中华民国”，两个地区》，载台湾《展望与探索》第10卷，第5期，2012年5月，第3页。

表 8-1：1990 年代“一国两区”论述与马当局“一国两区”论述比较表

版本 差异	1990 年代“一国两区”论述	马英九当局“一国两区”论述
提出背景	①两岸对立或对峙；②“内战零和”思维影响下的产物。	①两岸关系和平发展；②“和平共赢”思维影响下的产物。
提出动机	反制大陆方面提出的“一国两制”	①向大陆方面宣示其“一个中国”立场；②凸显“中华民国”之“存在”；等等。
具体内容	既包括实体版“一国两区”，也包括虚体版“一国两区”。	仅指实体版“一国两区”
大陆反应	正面强烈反对	既未正面接受，亦未正面反对，带有“默认”意味。

（图表来源：作者自制）

马英九当局重提“一国两区”论述之后，各方的解读和反应不一，不妨从以下两个角度来观察和分析：

第一，台湾内部的解读和反应。台湾内部对于“一国两区”论述的看法存在很大分歧。首先，蓝营内部普遍认同“一国两区”所表达的“两岸同属一个中国”内涵，认为它符合台湾现行“中华民国宪法增修条文”和“两岸人民关系条例”的规定，认为“一国两区”即一个“中华民国”，两个地区（即“中华民国”下辖的台湾地区与大陆地区），两岸关系即“中华民国”台湾地区与“中华民国”大陆地区之间的关系。这完全是依据“宪法”架构所作的表述，且从李登辉时期以来一直如此。其次，绿营内部对于“一国两区”论述意见纷纭，莫衷一是。由于“一国两区”依据“宪法”架构将台湾和大陆视为“中国”（亦即“中华民国”）下辖的“两个地区”，无异于否定了民进党的“一边一国论”，否定了民进党关于“台湾是一个主权独立国家”（暂时“国号”是“中华民国”）的政治论述，因此引起民进党主流势力的强烈不满，指责“一国两区”论述是矮化台湾的论述。虽然多数绿营人士反对“一国两区”论述，但也有不同声音，譬如有的绿营人士并未直接批判“一国两区”论述，而是强调马英九当局抛出“一国两区”论述的程序不当，认为其未经台湾社会内部讨论、形成共识，就贸然抛出“一国两区”，这违背了台湾社会的主流民意；也有绿营人士认为“一国两区”论述符合台湾现行“法律”规定。①

第二，大陆方面的解读和反应。大陆方面对“一国两区”论述抱持较为谨慎的态度，反应比较低调，既未正面接受，也未正面反对。唯2012年3月28日国台办发言人杨毅在新闻发布会上回答记者提问时表示：“一国两区”是长期以来台湾方面在法律层面对两岸关系所持的基本态度。这个说法代表台湾也认同一个中国原则，只要坚持“一个中国”，双方其他的问题都可以谈判。在杨毅答记者问之后，有人据此认为大陆官方接受了“一国两区”论述。笔者认为，杨毅的表述并非意味大陆方面正面接受了“一国两区”论述，不明确反对并非意味着全然接受。众所周知，“一国两区”与“九二共识、一中各表”是近似表述，既然大陆方面多年来并未对“九二共识、一中各表”表示强烈反对（未强烈反对的意思是，虽不满意，但基本上可以忍受），那么对于与之涵义相近的“一国两区”，自然也就没有必要抱持强烈反对态度。

（二）内容评析

我们对“一国两区”论述应一分为二地分析，辩证地看待，对其积极、正面的价值和意义，应给予充分肯定，但对于因其过分强调“台湾主体性”立场而引致的局限性，我们也必须予以正视。

概括起来，“一国两区”论述的积极价值主要表现在以下四个方面：

第一，有助于排斥“台独”和“独台”论述的表述空间。首先，有助于排斥“台独论”的表述空间。众所周知，李登辉和陈水扁的“两国”论述均停留在口头，所凸显的是一厢情愿的“两国呓语”，并未通过“修宪”来完成法理上的“建国”。由于依据台湾地区现行规定，马英九当局的“一国两区”论述坚持“两岸同属一个中国”，这本身便意味着对“两国论”和“一边一国论”的排斥和否定。其次，有助于排斥“独台论”的表述空间。“一国两区”论述将两岸关系定位为“中华民国”之下的两个地区之间的关系，尽管其仍强调“中华民国”的“独立存在及其主权”，但与部分国民党人士的“中华民国在台湾”“中华民国在台湾是一个主权独立的国家”等论述相比较，其仍坚

① 汪莨：《“胡吴会”与两岸关系的政治定位》，载香港《广角镜》，总第475期，2012年5月号，第25页。

持“主权”涵盖大陆，治权仅及于台澎金马，这等于排斥和否定了将“中华民国”台湾化的“独台”论述。为此，大陆方面须对“一国两区”论述所包含的积极信息和正面意涵应当给予首肯。

第二，有助于维护一个中国框架。“一国两区”论述坚持“宪法一中”，确立了“两岸同属一个中国”，尽管“一国两区”中的“一国”是指“中华民国”，对此大陆方面不可能接受，但它毕竟把“一国”表达了出来，这使得两岸之间的关系被限定在“一个国家内部两个地区之间”。应该说，这是近些年来台湾方面十分罕见的对两岸关系的政治属性、政治定位最清楚、最直接也是与大陆立场最接近的公开声明，① 这对于两岸共同维护一个中国框架无疑具有积极意义，尤其在目前台湾地区“独台”和“台独”思潮泛滥的政治生态下，该论述仍坚持“一个中国”立场实属难能可贵。这正是“一国两区”论述早在 20 世纪 90 年代提出之初曾一度为大陆方面极力反对，但在被搁置了二十多年后的今天被重新提起时，大陆方面未予以激烈反对的缘由之一。笔者坚信，“一国两区”论述将有助于强化两岸之间的政治互信，并为两岸政治对话创造良好氛围。

第三，有助于搭建两岸政治互动的平台。自李登辉主政后期尤其陈水扁主政以来，两岸之间在“一个中国”问题上一直缺乏共识。两岸之间“台独”与反“台独”的斗争此起彼伏，使得双方互相以审视和怀疑的眼光看待对方，长期缺乏互信，也因此而无法搭建双方互动的平台。“一国两区”论述可使两岸在“台独”与反“台独”问题上的“主权之争”回归到“政权之争”的框架内。从性质上说，“政权之争”是一个中国内部的“法统之争”，可望通过搁置争议、增加共识、求同存异、协商谈判的思路逐步解决。对于大陆方面来说，“一中各表”虽不尽令人满意但尚可勉强接受。与民进党不承认“两岸同属一个中国”相比，其至少在形式上维持了一个中国框架，这具有积极意义。大陆方面一直坚持两岸之间必须在一个中国原则基础上开展互动往来，只要台湾方面不承认一个中国原则，大陆方面便不与其开展往来。从这一角度看，“一国两区”论述为两岸互动奠定了一个基础平台。

第四，有助于增强两岸之间的相互包容和信任。一定意义上可以说，台

① 杨开煌：《有关两岸政治共识、政治互信之沉思》，载《两岸关系：共识累积与政策创新学术研讨会论文集》，全国台湾研究会，2012 年 8 月 31 日，第 44 页。

湾方面提出“一国两区”论述不无向大陆方面表明其“一个中国”政治立场的意图。在马英九当局看来，即便大陆方面不接受“一国两区”论述，亦可借此向大陆表明其尚坚持“一个中国”的立场。台湾学者张五岳认为，台湾方面重申“一国两区”论述，希望求“一国”之同，存“两区”之异，希望“各自表述”，台湾方面不是想要大陆方面接受此定位，而是让大陆方面知道，台湾的执政者与多数民众是持此看法的，至少不是要走向分裂的“两国”；台湾方面的目的并非要大陆公开承认接受该定位论述，也并非要大陆方面将该定位作为对台湾方面的定位，因为那不具有现实可能性，反之只要大陆官方没有作出负面的评价和反应，就有助于增强两岸之间的政治互信。[①] 按照张五岳的解读，台湾方面提出“一国两区”论述是向大陆方面释出善意。

分析和观察“一国两区”论述，切莫仅看其表象，关键要分析其实质层面的意涵。倘若从实质层面来分析，“一国两区”论述也存在某些局限性，主要表现在以下六个方面：

第一，仍然坚持“中华民国”的“法统”地位。“一国两区”论述仍坚持“一国即中华民国”，坚持己方的“法统”地位而排斥对方。这是大陆方面绝不能接受的，因为按照大陆方面的法理认知，“中华民国”于 1949 年已被中华人民共和国所继承。如果正面接受“一国两区”论述，不仅意味着承认了“中华民国还存在”，而且意味着对自身合法性和正当性的否定，这与 1949 年以来大陆方面一贯的法理认知及政治宣示相抵触。在大陆方面看来，倘若“一国两区”论述不具体指明“一国”的内涵，保留一定模糊性，或许更有利于两岸关系和平发展，甚至可能成为打开两岸政治僵局的一次有益尝试。但台湾方面坚持“一国各表”，反对将“一国”做模糊化处理，因为在台湾方面看来，在“一国不表”的情况下，“一国”会被国际社会普遍理解为中华人民共和国，因为目前中华人民共和国政府毕竟是在联合国中代表中国的唯一合法政府。台湾方面认为，如果简单地接受“两岸同属一个中国”，会被国际社会认为其放弃了“中华民国是一个主权独立国家”的立场，变成了中华人民共和国下辖的一个组成部分。有鉴于此，但凡论及“一中”或“一国”的场合，台湾方面必会特别附加式地强调“一国即中华民国”，以凸显其“主

① 王宗铭、倪鸿祥：《张五岳：马表述一国两区 深化两岸互信》，载香港中国评论新闻网，2012 年 3 月 24 日。

权”身份。大陆方面对于台湾当局的这一做法，虽可“理解”，但不能“接受”。

第二，内含着迫使大陆正视“中华民国”的意蕴。马英九当局基于“中华民国宪法”，重提“一国两区”，拟将两岸关系从政治性“战略模糊”的“九二共识”，进一步发展到宪法上“战略清晰”的“宪法一中”。这固然有助于从法理上反对“台独”、固化“一中”，但想必马英九当局亦有借此来凸显“中华民国宪法”的合法性和“中华民国”存在的现实性之用意。更深层的问题在于，马英九当局藉此希望大陆方面正视“中华民国”存在的事实，至少希望大陆方面承认其与大陆对等的政治地位。这样一来，使得大陆方面陷入一个非常为难的境地：欲使两岸关系和平发展取得进一步突破，就不能不正视和处理“中华民国”问题。[①] 对于大陆方面来说，这无疑是一个来自理论和现实的双重挑战。

第三，难以避免陷入“一中各表”的怪圈。就其实质而言，“一国两区”不过是“九二共识”“一中各表”的另一种表述。从精神实质和内容上分析，“一国两区”与“九二共识”“一中各表”并无实质性区别，“一国两区”论述的核心仍是“一中各表”，尽管台湾方面仍将“一国”表述为“中华民国”，但其心知肚明，大陆方面对此不会正面接受。即便接受，也会将“一国”表述为“中华人民共和国”。在此，台湾方面的用意不言自明，即蓄意留给双方“各自表述”的空间。倘若如此，两岸复将陷入“一国各表”（其无非是“一中各表”的翻版）争执，可谓“按下葫芦浮起瓢”。所不同的是，与此前的“九二共识，一中各表”相比，轮到大陆方面（而非台湾方面）更加强调“一国各表”。这样一来，等于在方法论意义上认同了台湾方面一贯坚持的“一个中国、各自表述”的作法。更何况，只要大陆方面同意“一国各表”，即便没有正面承认“中华民国”，但也难免带有变相承认“中华民国”的意蕴。单从这一角度来说，大陆方面不正面接受“一国两区”论述确为明智之举。

第四，有被用作回避两岸政治会谈之挡箭牌的空间。“一国两区”论述中的“一国”是指“中华民国”，很显然，大陆对此不能接受。因为按照大陆方面的理解，两岸之间所谓的“一国”是指中华人民共和国，当下尽管大陆

---

① 朱新民：《两岸关系和平发展主轴的巩固与创新》，载《两岸关系：共识累积与政策创新学术研讨会论文集》，北京，全国台湾研究会，2012 年 8 月 31 日，第 127 页。

方面不便在两岸之间的场合公开提及“一国即中华人民共和国”，但这并不意味着大陆方面放弃了“中华人民共和国政府是代表中国的唯一合法政府”这一法理认知。有鉴于此，大陆方面不会正面接受马英九当局的“一国两区”论述。只要大陆方面对“一国两区”论述不予以正面接受，在目前两岸尚无其他共识性政治会谈基础的情况下，两岸便无法展开政治对话。从理论上说，“一国两区”论述有被利用的空间和可能，它可以被马英九当局用作“挡箭牌”以巧妙地回避与大陆方面展开政治会谈。

第五，存在论证逻辑上的不周延。按照台湾当局对“一国两区”的解释，“中华民国”下面有两个地区，即“中华民国”台湾地区和“中华民国”大陆地区。依此逻辑，大陆地区和台湾地区应分别有个“区长”。不难推理，大陆地区的“区长”应是大陆地区最高领导人，但是台湾地区的“区长”是何许人也？马英九究竟是“区长”还是“总统”？抑或既是“区长”又是“总统”？如果说其既是“区长”又是“总统”，这在逻辑上是说不通的；如果说其仅是“区长”，那么“总统”是谁？反之，如果说其仅是“总统”，那么“区长”又是谁？以上问题之所以无法回答，是因为“一国两区”论述本身存在着逻辑上的不周延。

第六，对于大陆来说，具有前后冲突的利用价值。大陆对于“一个中国”的法理认知，包含以下几个要素：其一，中国必须是一个实体，而非一个虚体；其二，中国必须是现在式，而非未来式；其三，中华人民共和国在国际法上与中国具有同一性。只有同时具备上述三个要素，才符合大陆方面认知的“一个中国”。若依照上述三个指标来衡量，台湾方面提出的“一国两区”论述并不完全符合大陆方面对于“一个中国”的法理认知。从实质和终极归宿上看，“一国两区”论述坚持“中华民国仍独立存在”，最终将会在事实上导致“两国两府”。所以，就大陆方面而论，“一国两区”论述具有自相矛盾的效用和价值：一方面，该论述的表象决定了其至少在目前阶段可以为我所用，但另一方面，其实质又决定了其不可能长期为我所用，且到了一定阶段不仅无法继续为我所用，还将与大陆的统一目标相冲突。该论述的表象与实质的矛盾决定了大陆方面眼下仍可对其秉持模糊态度，即“既不赞同，也不反对”，同时当以从长计议，未雨绸缪。

二、“一国两区”与“两岸一国”的比较分析

（一）“两岸一国”：意涵与评析

“两岸一国”论述是继2002年大陆方面在中共十六大将“台湾是中国的一部分”论述调整为“大陆和台湾同属一个中国”后，再度对“一中”原则和“一中”框架所作表述创新，自然会引起各方的高度关注和不同解读。

第一，台湾方面的解读和反应。大陆方面提出“两岸一国”论述，自然期盼得到台湾方面的认同和接受。倘若被接受，则是从“一中各表”走向“一中共表”的重要一步，便于进一步夯实两岸关系和平发展的政治基础，为未来两岸政治互动乃至谈判奠定政治基础，并作为大陆官方未来两岸政策的支点。结果是，围绕“两岸一国”论述，岛内出现了争执的声音和观点。①从蓝营人士的反应来看，总体较为低调，不过基本上还是反对者居多。总体说来，具体有两种反应：其一，不接受“两岸一国”论述。原因有三：一是由于该论述压缩了在“一个中国”问题上自我表述的空间，会让台湾蓝营人士感觉到这会威胁或损伤到“中华民国的主体性”；二是担心来自绿营人士的攻击；三是该论述会在事实上会消解“中华民国”。其二，附条件地接受“两岸一国”论述。即便接受，也会将“两岸一国”加以改造并附加“一国各表”，即将“一国”表述为“中华民国”。②从绿营人士的反应来看，大多持反对或否定态度。众所周知，绿营人士长期坚持认为两岸不是“一个中国”内部关系，而是“国与国”关系。“两岸一国”论述无异于彻底否定或排斥了绿营人士的“台湾是一个主权独立国家”“两国论”或“一边一国论”等政治关系定位论述，这与绿营人士的一贯诉求及价值理念相抵触，遭绿营人士的反弹与批评是可以想象到的。

由以上可知，台湾方面对“两岸一国”论述的反应是不同的。在目前两岸缺乏政治互信的情形下，“两岸一国”论述被负面解读也是可以理解的。在两岸政治互信乏善可陈的当下，要让台湾方面短期内全然接受该论述并不现实。事实上，问题的关键并不在于台湾方面是否全然接受，而在于台湾方面能否充分理解大陆方面释放的善意。如果台湾方面接受该论述，按照台湾现

行“宪法”和“法律”是可以说得通的，这能从“中华民国宪法”和“两岸人民关系条例”等规定中找到相关法理依据。但倘若过于从政治角度解读，台湾方面难免会增加疑虑。

第二，大陆方面的解读和反应。要全面理解“两岸一国”的内涵，不能仅局限于这四个字，否则易陷入误区。大陆国台办主任王毅主动向台湾媒体澄清“两岸一国”论述在台湾引发的争议，呼吁台湾方面对“这篇谈话，要从整体来看”。王毅指出，“两岸一中和两岸一国，实际上没有太大区别”，重要的是“两岸一国”论述后半部分那几句话，即“两岸从各自现行规定出发，来确定两岸一中的事实，形成共同认知，就确立、维护和巩固了一个中国的框架。”王毅并进一步强调，贾庆林主席关于“大陆和台湾同属一个国家”的提法，其本意无非是希望在两岸互动上释出更多善意，尽可能在坚持原则的前提下，增加彼此的相互包容性。[①]可见，要准确理解“两岸一国”论述，必须将将其置于“一中”框架的核心三段论（即“大陆和台湾同属一个国家”“两岸关系不是国与国的关系”“两岸从各自现行规定出发”）来确定“两岸一中”事实，形成共同认知，这三句话必须一体解读，方能更好悟读其中的善意和弹性。

“两岸一国”论述客观地描述、反映了两岸政治关系的历史和现实，是大陆方面深思熟虑、精心设计的政策调整，具有值得肯定的价值和意义。具体说来，其积极价值体现在以下七个方面：

第一，可谓对“一中”在台湾被污名化之后拨乱反正的一次尝试。众所周知，“九二共识”是两岸双方交往互动的政治基础，但双方对“九二共识”的认知并非完全一致，大陆方面强调“一个中国”，台湾方面则强调“各自表述”。反观这些年来的两岸互动，“九二共识”固然已成为两岸互动的政治基础，但仍不能成为两岸关系寻求历史性突破的全部基础，也难以引导两岸关系向着理性的方向行稳致远；尤其近些年，“九二共识”在台湾已被严重异化，愈加强调“各自表述”，与一个中国原则渐行渐远。面对“九二共识”在台湾的异化问题及其潜在危机，大陆方面自然会期待在继续坚持“九二共识”的基础上，努力发展出“新共识”，以解决日益严重的“各自表述”问题，从而为两岸关系和平发展奠定更加宽阔、更加厚实的政治基础。

---

① 宋丁仪：《王毅：主动澄清两岸一国疑虑》，载台湾《旺报》，2012 年 8 月 11 日版。

第二，可谓对“一国两区”论述的巧妙回应。自2012年3月份吴伯雄提出“一国两区”论述以来，除国台办新闻发言人在答记者问时顺便提及之外，大陆方面一直未予明确、正式、全面的回应（个中缘由在此不作展开分析），时隔四个多月后，大陆领导人正式提出“两岸一国”论述。大陆方面提出“一国两区”论述是否在主观上抱有回应台湾方面“一国两区”论述的意图在此暂且不论，但在客观上起到了适当回应的效果是毋庸置疑的。

第三，可谓大陆方面向“一中共表”方向迈进所做的一次努力。针对两岸在“一个中国”认知上的纷争，探求双方皆可接受的“最大公约数”，不妨跳出中华人民共和国抑或“中华民国”的纷争，从一般意义上使用“国家”概念，以避免“一中各表”。当下两岸双方均采取的“各表式”定位，是彼此在政治关系定位问题上缺乏“共识”，无法达致“共表”权且通过各自表述的方式达到某些“共表”效果的无奈之举。在目前两岸采行“共表式”定位的条件尚不具备的情况下，“各表式”定位固然有其积极意义，但该定位方式也存在明显的不足，即它并非在寻求双方的最大公约数，无助于增强两岸之间的政治互信。面对此情形，大陆方面试图连接两岸的共识点，求“一国”之同，存“两岸”之异，通过淡化或避免“各自表述”，顺势将“各表”引向“共表”。

第四，“国家”概念更接近台湾民众的表达方式。“国家”是中性词语，更符合台湾民众多年来的表达习惯（如“一国两府”“一国两区”等），也符合台湾现行规定（包括“中华民国宪法”和“两岸人民关系条例”），便于台湾民众接受，并在两岸之间达成共识。众所周知，“一中”一词在台湾已被严重污名化，台湾民众对于“一中”抱有相当大的排斥情绪。“两岸一国”论述应是大陆方面在这种情况下对“一中”在台湾被污名化之拨乱反正的一次尝试，是针对台湾内部对“一中”的排斥情绪所作的弹性调整。[①]

第五，为两岸对话与协商预留了更大的空间。“两岸一国”论述刻意将“一个中国”替换为“一个国家”，目的是避免“一个中国”给台湾民众以中华人民共和国的联想。“两岸一国”论述中不直接指明国号的表述方式，为两岸协商预留了更大的协商空间。应该说，“两岸一国”论述反映出大陆

① 邵宗海：《两岸同属一个国家：政策创新，但需要累积共识的探讨》，载《两岸关系：共识累积与政策创新学术研讨会论文集》，北京，全国台湾研究会，2012年8月31日，第3页。

方面对一个中国原则表述的弹性，体现了大陆官方在处理两岸关系上的灵活和务实。在保持对台政策连续性的情况下，大陆方面不断进行政策创新，不仅扩大了对台政策的包容性，也向台湾民众释放了更多的善意。

第六，有助于更好地维护一个中国原则。主要表现在：首先，有助于压缩“一中各表”的空间。多年来，台湾方面一直借助于“各自表述”这一附加条件来承认“九二共识”（亦即“一中各表”），乃至“一中各表”也已成为台湾方面“捍卫中华民国主体性”的一个重要方式。两岸对于“一中”涵义的分歧是目前两岸政治互动的重要障碍。与“九二共识”相比较，“两岸一国”更有利于维护一个中国原则，因为台湾版“九二共识”与大陆版“九二共识”有所不同，其强调“一个中国，各自表述”，而“两岸一国”不啻是对“一中各表”的排斥和否定。因此说，无论大陆方面在主观上是否具有压缩台湾方面“一中各表”空间的意图，但在客观上会产生压缩“一中各表”空间的效果。其次，有助于排斥和否定“台独”和“独台”论调的表述空间。“两岸同属一个国家”符合两岸各自现行规定，不仅在法理上排斥和否定了所谓“两国论”和“一边一国论”等“台独”论述，而且还在法理上排斥和否定了所谓“中华民国”台湾化的相关“独台”论述。

第七，有助于进一步充实“一中”框架的内容。尽管两岸在“一中”涵义上缺乏交集，但在“一中”原则上却存在交集。近些年来，大陆方面根据“一中”原则确立了“一中”框架，并认为“一中”框架至关重要，但对于该框架内容并无具体论述，从而使得两岸对“一中”框架可以作出不同解读。譬如，若台湾方面虽承认“一中”框架，但继续坚持与大陆政府对等，并坚持“内外一致”，那么，在这种情形下两岸关系虽名义上不是“国与国”关系，但在实质上却带有“国与国”关系的性质。在此种情形下，“一中”框架中的“一中”便成为一个抽象的、以虚体形式存在的“空壳”。从大陆方面来说，一直反对将“一中”虚体化的论述和行动，为了赋予“一中”框架某些具体而实在的内容，该论述特别强调“一中框架的核心是大陆和台湾同属一个国家”，但仅有这句话是不够的，因为此处的“一个国家”仍可被虚体的空间，为了防范出现此种情形，该句话后面紧着一句“两岸关系不是国与国的关系”，这样就等于框定了“一个国家”不会是一个虚体国家。

但是，我们也应看到“两岸一国”论述的局限及解决问题的限度。分析

"两岸一国"论述的局限性，离不开比较其与"两岸一中"论述的异同，且着重看其能否避免或解决"两岸一中"论述所存在的问题。从实质上看，"两岸一中"与"两岸一国"没有根本性的差异，因为"一中"其实就代表"一国"，只是表述上有些差别而已。"两岸一中"存在的问题即在于双方围绕"一中"可各自进行对己方有利的解释。那么，将"一个中国"变成"一个国家"能否达到解决"各自表述"问题的目的？在压缩"各自表述"空间上效果何如？我们仅在此作理论上的分析。

与"两岸一中"论述相比较，"两岸一国"论述会大大压缩两岸双方在"一中"内涵上各自表述的空间。"两岸一国"论述强调两岸"同属一个国家"，在一定程度上有助于避免双方陷于各自表述"一中"的缠斗，但其仅能部分地、有限地解决"各表"问题。具体分析如下：

与"两岸一中"论述相比较，"两岸一国"论述中的"国"更具模糊性，这自其英文翻译中看得更清楚："两岸一中"论述强调的是两岸同属一个"China"或PRC，或"ROC"，现在"两岸一国"强调的是两岸同属一个"country"，这样就用"country"代替了"China"、PRC和"ROC"。至于这个"country"叫什么，不再具体指明，让人富有想象的空间，从理论上说，不排除可以是两岸统一时共同缔造的新中国，这个"新中国"的国号留待两岸双方通过谈判来商定。在两岸统一之前的和平发展时期，在两岸之间可以用"国家（country）"来"共表"，而回到各自内部仍可以继续"各表"，大陆可以将这个"country"解释为PRC，台湾可以将"country"解释为"ROC"，即在两岸之间"共表"，在各自内部仍可"各表"。"共表"与"各表"两种表述方式长期共存将成为两岸关系和平发展阶段的一个重要特征。可见，"两岸一国"论述只是压缩但并未能全然消除台湾方面对于"一个中国"各自表述的空间。为了更清晰地解析这个问题，我们还可以换个角度作如下进一步分析：倘若有人质问，"两岸一国"中的"一国"是现在式，还是未来式？对于大陆方面来说，"一国"不会是未来式，只能回答是现在式。这样一来，问题就出现了：既然是现在式，那么这个"国家"现在的名字叫什么？面对质问，大陆不外提供三种答案选项：或中华人民共和国，或"中华民国"，或两岸共同形成的一个新的中国。若选择答案一，台湾方面不会接受；若选择答案二，大陆方面等于承认了"中华民国"，否定了自身的合法性；若选择答案三，则使"一个中国"成为未来式而被虚置化。分析至此，可以发现，问题绕了一圈又转回到了“一个中国”争议的原点。可见，“两岸一国”论述并非能够彻底解决“一中各表”问题，它仅能部分性地解决“一中各表”问题。另外，“两岸一国”论述也是一把双刃剑，它在压缩台湾方面“各表”空间的同时，也压缩了大陆方面自身的表述空间，至少大陆方面很难再将“一个中国”表述为“中华人民共和国”。

以上分析表明，“两岸一国”论述只是两岸关系发展到特定阶段、针对两岸先前一直存在的特定问题而提出的特定表述，具有阶段性特点。两岸关系中的深层问题，积累了六十余年，一直无法化解，希祈通过一个论述能把这么多年来的矛盾和问题一揽子加以解决，那并不现实。我们不能因为“两岸一国”论述不能解决两岸政治关系定位中的所有问题而求全责备，而应顺应两岸关系和平发展形势的变化而不断地丰富、发展该论述，待时机成熟时再在此基础上推出更新的表述。认识到“两岸一国”论述的某些局限性，有助于我们科学理解和认识其意义并对其作出客观评价。

（二）“一国两区”与“两岸一国”的比较与融合

“一国两区”与“两岸一国”，均强调“一国”，二者有何重叠和差异之处？

第一，两个论述的重叠之处。“一国两区”与“两岸一国”分别强调“台湾和大陆同属一个中国”与“大陆和台湾同属一个国家”，而“台湾与大陆同属一个中国”与“大陆与台湾同属一个国家”几乎重叠，二者“同质度”远大于“异质度”。主要表现在：其一，均坚持和维护一个中国原则。两个论述中“一国”的主权范围几乎重叠；均认为中国领土和主权并未分裂，两岸同属一个国家；均认为两岸关系不是“国与国”关系，而是一个国家内部的两个地区之间的关系；均排斥和否定“独台”和“台独”论调的表述空间。其二，均有坚实的法理基础。两个论述均有各自的现行规定依据，“一国两区”的法理基础是“中华民国宪法”和“两岸人民关系条例”等；“两岸一国”的法理依据是《中华人民共和国宪法》和《反分裂国家法》等。这也表明，“一国两区”论述与“两岸一国”论述之间尚存在诸多可以融通的空间。

第二，两个论述的不同之处。概括起来，主要有以下几个方面：其一，“一国”涵义不同。“一国两区”中“一国”的涵义是具体的、明确的，是指“中华民国”；而“两岸一国”中“一国”则是模糊的，并非特指中华人民共和国，其涵义给人以充分的想象空间。其二，表述侧重不同。“一国两区”侧重于“一中各表”，而“两岸一国”侧重于“共表一中”。其三，内涵重心不同。在“一国”和“两区”这两个概念之间，“一国两区”强调的重心在于“两区”，而“两岸一国”强调的重心在于“一国”。其四，凸显事实不同。“一国两区”侧重于凸显两岸治权层面上的“分治”状态；而“两岸一国”侧重于凸显中国主权层面上的“统一”状态。其五，政策取向不同。“一国两区”倾向于两岸“分裂分治”现状的描述，与台湾当局“不统、不独、不武”维持现状的两岸政策相适应；而“两岸一国”倾向于促使两岸未来互动框架的建构，与大陆方面在两岸关系和平发展基础上不断“促统”政策相适应。其六，表述空间不同。“一国两区”尽管能排斥和否定“台独”和“独台”论调的表述空间，却非能压缩“一中各表”的空间；而“两岸一国”不仅能排斥和否定“台独”和“独台”论调的表述空间，而且能压缩“一中各表”的空间。“一国两区”与“两岸一国”的异同，具体参见表 8-2：

表 8–2：“一国两区”论述与“两岸一国”论述比较表

比较项目＼论述		台湾方面的“一国两区”	大陆方面的“两岸一国”
相同之处	均坚持一个中国原则	①两个论述中“一国”的主权范围几乎重叠；②均认为中国领土和主权并未分裂，两岸同属一个国家；③均认为两岸关系不是国与国关系，而是一个中国内部的两个地区之间的关系。	
	均有坚实的法理基础	①两个论述均有各自的现行规定依据；②“一国两区”的法理基础是“中华民国宪法”和“两岸人民关系条例”等；③“两岸一国”的法理依据是《中华人民共和国宪法》和《反分裂国家法》等。	

续表

差异之处	“一国”涵义	清晰，具体指中华民国	模糊，一般意义上的国家，不具体指明国号
	表述侧重	侧重于“一中各表”	侧重于“共表一中”
	内涵重心	重心在“两区”，而非“一国”	重心在“一国”，而非“两岸”
	凸显事实	侧重于凸显两岸治权层面上的“分治”	侧重于凸显中国主权层面上的“统一”
	政策取向	倾向于两岸“分治”现状之描述，与台湾当局“不统、不独、不武”维持现状的两岸政策相适应。	倾向于两岸未来互动框架之建构，与大陆方面在两岸关系和平发展基础上的“促统”方针相适应。
	表述空间	尽管能排斥和否定“台独”和“独台”论调的表述空间，却非能压缩“一中各表”的空间。	不仅能排斥和否定“台独”和“独台”论调的表述空间，而且能压缩“一中各表”的空间。

（图表来源：作者自制）

两个论述所体现出来的以上差异，反映出两岸在“一个中国”内涵问题上的深层次矛盾和冲突，反映了两岸政治互信基础非常薄弱，反映两岸关系的复杂性、统一任务的艰巨性以及统一过程的漫长性。

尽管两个论述存在着上述差异，但两者也存在着融通与暗合之处。众所周知，“一国两区”论述提出之后，在岛内一度成为热议话题，但在大陆这边却平静无波；大陆方面既未明确赞同，亦未明确反对。“两岸一国”论述提出之后，尽管在台湾民间引起了一番讨论，但台湾当局基本上维持了缄默态度，未予明确赞同，也未明确反对。由此是否可以推论出：双方对彼此的论述虽不满意，但存在可接受空间呢？后续发展结果如何尚有待于进一步观察。倘若果真如此，无疑为两岸将这两个论述进一步融合以形成“第三论述”奠定了心理基础和思想基础。

第一，求两个论述之“同”——“一国”。研究两个论述之间的重叠之处，是为了找出它们之间的共识性连接点，以便将之作为建立两者融合架构的政治基础。通过以上比较可以发现，“一国两区”与“两岸一国”之间存在

“一国”之重叠，这是在“两个论述”之上形成“第三论述”的重要基础。我们可以在此基础上，通过超越彼此原来的排他性思维，凝聚两岸共识，充实“一中”框架，以达成两岸合意。“合意”并不意味着完全满意，“意”之“合”的过程，是相互妥协的过程，是相互让步的过程，是达成共识的过程，是相对共赢的过程。研究表明，“两岸一国”与“一国两区”在精神上和内涵上非常接近，甚至内涵尚有“九二共识”中各自表述的精神，可彼此赋予对“一国”的各自认知，对于两岸双方来说，这可谓走向“突破”的重要一步。①

第二，存两个论述之“异”——“两区”和“两岸”。比较两个论述的差异，是为了更好地理解两个论述及其把握其内在的细微差别，以便更好地“存异”或“化异”。“一国两区”和“两岸一国”的前列六点差异，主要就内容方面而言；倘若单从文字表述形式上看，二者尚存在以下两点细微差异：其一，“一国”在两个论述中的摆放次序不同。“一国”在“一国两区”中被置于“两区”之前，表述侧重点在“两区”，而非“一国”；“一国”在“两岸一国”中被置于“两岸”之后，表述侧重点在“一国”，而非“两岸”。其二，“两区”与“两岸”之用词不同。这两个词语的涵义均是具体而明确的，但从表达习惯来看，“两区”一词更符合台湾“法律”用语习惯，“两岸”一词是大陆和台湾的共同习惯用语，均为大陆和台湾所广泛使用。以上细微差异，无不折射出两岸双方的特殊用意，各有其安排的合理性，为此，我们不妨将“两区”和“两岸”均加以保留，纳入到“存异”范畴。

第三，“求同存异”之后的融合性表述。为尽早在两岸之间搭建共识平台，探索出能让两岸双方均能接受的“共表式”定位，我们在“一国两区”和“两岸一国”的基础上“求同存异”。根据这两个论述，双方“同”的部分是“一国”；“异”的部分是“两岸”和“两区”。按照“求同存异”的原则和方法，我们将“一国两区”与“两岸一国”加以融合，便形成“第三论述”——“两岸两区一国”或“一国两岸两区”论述。“第三论述”是融合原有两个论述之后的一个新论述，是介于原有两个论述之间的一个折中论述，它体现的是两岸建构共识性思维的努力。可以想见，倘若“第三论述”能为两岸双方所共同接受，未来两岸顺利进入政治议题谈判的空间无疑将会大大扩增。

① 邵宗海：《两岸同属一个国家：政策创新，但需要累积共识的探讨》，载《两岸关系：共识累积与政策创新学术研讨会论文集》，全国台湾研究会，2012 年 8 月 31 日，第 7 页。

三、结　语

政界和学界普遍认为，两岸关系和平发展即将涉入深水区。所谓深水区即指两岸关系和平发展将触及敏感的政治主权议题，特别是两岸政治关系定位这一核心议题。这一议题是建构和巩固两岸和平发展框架的重要基础，一定意义上可以说，两岸政治关系没有一个适当的定位，两岸关系就难以从根本上得到改善。众所周知，目前支撑两岸关系和平发展的基础主要是“九二共识”，但两岸双方对于“九二共识”的认知和表述不尽相同，这就使得“九二共识”的基础性作用有其脆弱一面。就目前而言，“九二共识”尚能支撑两岸关系和平发展，但随着两岸关系的进一步发展，其能否足以继续支撑两岸关系沿着和平发展的轨道前行，值得担心。为此，我们未雨绸缪，在“九二共识”基础上进一步升级“九二共识”版本，推出新的两岸共识，使其主动适应两岸关系和平发展的大势，已迫在眉睫。如果将“一国两区”论述和“两岸一国”论述放置于这样的背景下来审视和思考，就会发现这两项论述均不同程度地带有“升级探索”的正面旨意。

从历史的视角来分析，在民进党上台执政之前的很长一段时期内，由于受到当时历史条件的限制，两岸双方均不同程度地存在着对两岸关系的复杂性估计不足的问题。就两岸政治关系定位而言，无论是大陆方面的定位主张，还是台湾方面的定位主张，大多为“一步到位式”定位主张，企图“毕其功于一役”。实践证明，这种定位方案在很大程度上是一厢情愿的。由于各自提出的定位方案相差甚远，缺乏交集，故根本无法在两岸之间得以落实。继李登辉之后，陈水扁继续推行“台独”路线，一直将两岸关系定位为“国与国”关系。经过大陆方面坚决而有力地反“台独”斗争，“台独”活动虽有所遏止，但在未来一段时期内，反“台独”仍是大陆方面艰巨而复杂的一项政治任务。2008 年国民党重新上台执政，方将两岸政治关系定位重新拉回到“一个中国框架”之内，国共双方在“九二共识”基础上，开辟了两岸关系和平发展的新局面，这值得首肯。但是，国民党及其执政当局在强调“中华民国主体性”问题上并没有松动。尽管国民党及其执政当局的这些做法与大陆的期待尚存在一定的距离，但与民进党的“国与国”定位相比毕竟有其进步性，它至少在形式上坚持并维护了“一个中国”，并主张在一个中国框架之内来发展两岸关系。所以，如何看待和评析国民党及其执政当局的“一国两区”论述，便成了摆在政界和学界面前的一个理论和现实问题。众所周知，评价某个问题所参照的标准不同，所得出的结论就会不同。倘若按照“一步到位式”定位的指标来评判“一国两区”论述，其负面成分自然大于积极成分；倘若按照“分解式”定位的指标来评判“一国两区”论述，其正面成分便有所增加。

从解决问题的步骤来说，大陆方面的首要任务是将先前台湾社会关于“国与国”的定位导引回一个中国框架之内，在此框架内不要急于去解决“一个中国”内涵问题（即“一个中国”是中华人民共和国抑或“中华民国”的争议）。在此基础上，两岸开展互动往来，增加政治互信，累积彼此共识，等条件成熟时再来解决“一个中国”涵义问题及两个公权力系统的关系问题，这也是大陆方面近些年来的一贯主张。这样一来，对于台湾方面那些坚持一个中国原则的定位方案，大陆即便对其不予认同，也不宜轻易否定，应适时地加以引导和鼓励（鼓励并非意味着赞同或认同，鼓励通常是就“行为”而言的，而赞同或认同通常是就“行为之内容”而言的）。以此作为出发点，笔者可对上述两个论述作出如下分析：其一，就台湾方面的“一国两区”论述而言，大陆方面虽不认同国民党及其执政当局所表述的“一个中国”涵义的具体指代，但依据台湾地区“宪法”，“中华民国”的领土主权范围涵盖大陆地区和台湾地区；在这一点上，它与大陆方面的“两岸一国”论述在领土主权所有权层面上的意涵，是基本重合的。就此而言，台湾方面的“一国两区”论述尽管倾向于强调“一中各表”，但尚坚持“两岸同属一个国家”，值得肯定。其二，就大陆方面的“两岸一国”论述而言，从台湾地区现行规定中均能找到相关的法理依据。只要台湾方面能从善意的角度来解读便会发现，其与“一国两区”论述有暗合之处，即两个论述均坚持“世界上只有一个中国，大陆和台湾同属一个中国”。因此，两岸双方对于彼此所设计出的政治关系定位方案，尽管不一定表示全盘接受或认同，但彼此均有必要加以认真研究；彼此不应以“解构性”思维来待之，而应以“建构性”积极态度不断向“中间地带”靠拢，以便产生交集，达成共识。

基于两岸关系和平发展及未来统一的需要，我们应积极推出两岸政治关系定位的新思维、新方案，只有这样，才能找到解决问题的合理路径。但创新并非没有边际，必须基于以下三项原则：坚持一个中国原则；有助于两岸和平发展；有助于增进两岸人民的福祉。诚然，要设计出一个既与一个中国原则不冲突、又不偏离两岸的政治现实，同时还能被两岸中国人均能接受的定位方案，实属不易。但笔者坚信，两岸同胞只要正视两岸关系的现实与大势，以民族大义为重，以最终统一为依归，就一定能在两岸和平发展的各个阶段设计出让两岸双方均能接受的定位方案。

第九章　典型定位论述解析（四）：蔡氏“宪政”论述

2015 年 6 月 3 日，蔡英文在美国华盛顿智库战略与国际研究中心（CSIS）演讲时表示，未来将在“中华民国现行宪政体制”下，依循普遍民意，持续推动两岸关系的和平稳定发展。这是蔡英文第一次在公开场合对“中华民国宪政体制”作肯定性表态。此话一出，引起了各界的热议。那么，我们究竟该如何看待蔡英文的“宪政”论述？该论述与其 2011 年的“台湾共识”相比，有何变化？其模糊性在哪里？有哪几种可能演绎解释？该论述是否意味着蔡英文放弃了“台独”，且接受了“宪法一中”？基于对以上问题的探讨，本章作如下分析。

一、蔡英文论述为何回归“宪政”

可以肯定的是，蔡英文的“宪政”论述是在反思 2012 年“大选”失败教训的基础上精心设计和包装的结果，是经其幕僚人员精心策划和充分论证而提出的论述，绝非一时性情冲动的产物。尽管她没有在公开场合直接解释其提出“宪政”论述的缘由，但通过研究不难发现，她提出的动因无非有以下几个方面：

第一，“制宪台独”已行之不通。众所周知，民进党不接受“中华民国宪法”。如果按照民进党1999年制定的“台湾前途决议文”，民进党仅接受“中华民国”作为暂时“国号”。除此之外，民进党1991年的“台独党纲”和2007年的“正常国家决议文”，均主张推翻“中华民国”，重新制定“新宪法”（即“台湾共和国宪法”）。实践证明，“法理台独”或“制宪台独”在当下已经失去了政治市场，根本上已行之不通。在这种情况下，以“台湾前途决议文”为基础，在“中华民国宪政体制”框架下来建构自己的两岸关系论述，就成为其必然选择。

第二，是为了赢得2016年“大选”的需要。当下，“中华民国”日渐成为台湾社会的最大公约数。这在2014年“九合一”选举中新世代身上表现得特别明显，他们厌倦统“独”对抗，希望跨越蓝绿，主张“中间路线”，既反对与大陆统一，也反对“制宪台独”。蔡英文的“宪政”论述，在某种程度上迎合了上述理念和诉求。蔡英文主张回归到“中华民国宪政体制”下来处理两岸关系，与先前民进党明确主张在“国与国”关系基础上处理两岸关系相比较，显然淡化了“独”的色彩。这有助于减少选民对她“台独”路线的疑虑和不安，从而有助于其能争取到更多的选票。

第三，减少大陆对其论述的反弹和批评。岛内民主选举本来属于台湾的“内部事务”，大陆不愿意介入和干预，但有一个无法绕开的事实是，每次台湾“大选”必涉及候选人未来的两岸政策，加之前些年台湾分离主义势力还借助“大选”来推动“台独”，这样一来，台湾内部选举并非纯粹的内部事务，因为它必定涉及两岸关系问题。正因如此，大陆对历次台湾“大选”均予以高度关注和警惕。实践证明，民进党候选人在“大选”中提出挑逗和激怒大陆的言辞，必定会成为大陆批判和打击的对象，这对其选举是不利的。对此，蔡英文认识得非常清楚。所以，她步步留神、小心谨慎，不仅竭力避免发表涉及两岸关系的过激言辞，还提出回归“宪政”的政治论述，给大陆以回归“宪法一中”的想象（因为“中华民国宪法”中含有“两岸一中”的元素）。她通过向大陆释放某些“善意”，来避免成为大陆打击的对象，从而有助于其赢得选举。

第四，回归“宪政”不会损伤台湾主体性。众所周知，虽然“宪法本文”被认为深具“大中国”意涵，但经过七次“修宪”后，“中华民国宪法”被修改得“支离破碎”，从而使得台湾不同政治力量可以对其进行不同的解读。从过去“事实台独”人士的相关论述来看，通常主张借“中华民国”之“壳”，上“台独”之“市”。接受“中华民国宪政体制”是否会损伤台湾的主体性，主要取决于如何来解释“中华民国宪政体制”的意涵。蔡英文主张回归“宪政”，本身已经预留了“台独”解释的空间，这不仅不会损伤台湾的主体性，反而还有助于坐实“事实台独”。

第五，汲取2012年“大选”失败的教训。提出一个什么样的两岸关系论述来确保两岸关系继续向前发展、减少台湾民众对其“台独”路线的疑虑，是蔡英文在2016年“大选”中无法回避的一个问题，即使大陆不追问蔡英文的两岸政治关系论述，国民党和美国也会追问。2012年“大选”时，由于她提出的“台湾共识”过于抽象和空洞，被台湾社会批评为“空心菜”。没有建构起能够确保台海和平的两岸关系论述，是蔡英文在2012年“大选”中没有走完“最后一里路”的重要原因之一。鉴于上次“大选”失败的教训，蔡英文百倍审慎地对待这次“大选”中的两岸关系论述。为此，蔡英文及身边幕僚们经过精心谋划，抛出主张回归到“中华民国宪政体制”框架下来处理两岸关系的论述，以图给其2016年“大选”加分或至少不再减分。

第六，有助于减少美国对民进党的担忧。民进党“台独”主张及活动，必然引发两岸关系的紧张。在上次民进党执政时期，陈水扁大搞“法理台独”活动，使得两岸关系“剑拔弩张”，濒临战争边缘，差点将美国“拖下水”。目前美国实施“亚太再平衡战略”，在南海水域与中国大陆展开了激烈的对抗。在中美南海对抗局面日趋复杂且紧张的情势下，美国需要一个“安静的台湾”，这样它可以集中精力来对付中国大陆。倘若民进党在此关键时刻跳出来搞“台独”，必引发中国大陆对台湾当局的强烈反击，甚至会采取过激的行动。这会影响甚至打乱美国在亚太地区的战略部署。所以，美国对蔡英文2016年“大选”的两岸关系论述格外在意。对于蔡英文来说，提出一个不直接挑衅大陆，不激化两岸对抗的两岸关系论述，有助于得到美国的支持。蔡英文的“宪政”论述基本上符合美国的战略需要。

二、“宪政”论述相较“台湾共识”有哪些变化

蔡英文的“宪政”论述与其2012年“大选”前的“台湾共识”相比，有

何变化？这些变化背后所反映出的政治意涵是什么？欲清晰地回答这一问题，首先须回顾一下她在 2011 年提出的“台湾共识”。按照蔡英文的论述，“台湾共识”的基本要义有三：一是汇集台湾朝野与社会意见来凝聚共识；二是“台湾共识”形成后，将以该共识作为处理两岸关系的基础；三是“台湾共识”的形成要经由民主程序来完成。在“台湾共识”上述三个要义的基础上，我们还要注意把握该论述的以下三项延展性内容：①否定和取代“九二共识”是提出“台湾共识”的前提，也是“台湾共识”的直接目标；②“事实台独”是民进党“台湾共识”的核心内容；③通过民主程序来达成“台湾共识”的目的在于扩大“台湾共识”的正当性。

“台湾共识”提出后，台湾社会褒贬不一，不同政治力量对其存有不同的意见和看法。但多数意见认为，“台湾共识”模糊不清、缺少实质性内容，故被戏称为“空心菜”。

深入研究不难发现，“台湾共识”其实就是通过凝聚台湾社会的力量来维持“事实台独”的共识，是 1999 年“台湾前途决议文”精神的重新包装。从民进党的三个决议文（即“台独党纲”“台湾前途决议文”和“正常国家决议文”）来看，它们均分别具体、明确地表达了“台独建国”“借壳上市”和“正名制宪”等不同的“台独”主张。但随着时代的变迁，“台独党纲”和“正常国家决议文”已基本被民进党人士所抛弃，即便深绿的民进党人士也觉得它们缺乏可行性。这种情势和氛围决定了蔡英文只能参照“台湾前途决议文”来建构自己的两岸关系论述。由于民进党不接受“中华民国宪法”及“宪政体制”，加之“中华民国宪法”“中华民国宪政”等语已汇成为国民党的惯常用语，所以蔡英文在上次“大选”时刻意回避“宪政”一词。就“台湾共识”而言，模糊本来是一种策略，因为只有迷糊才能兼容各种政治力量的诉求，但由于“台湾共识”的模糊超过了应有的“度”，以至于其变得“空洞乏物”，结果走向了其主观愿望的反面，给其参选带来了不利的影响。鉴于以前的教训，她这次在如何准确把握模糊的“度”方面下了很大功夫，这从她在不同场合的论述中不难得到体现。尽管这次“宪政”论述依然模糊不清，但较“台湾共识”，显然有所调整和改进（不过，与大陆的要求还有相当差距），这是蔡英文在论述上不断走向成熟的标志。她这次主张回归“宪政”，与目前台湾社会政治生态较四年前发生的变化亦有直接关系，四年下来，“中华民国”成为台湾社会最大公约数的趋势更加明显。2012 年民进党重量级人物谢长廷先生的“宪法各表”论述也为这次蔡英文提出“宪政”论述做了某些铺垫，对于减少来自绿营内部（特别是“台独”基本教义派）的反弹起了很好的“缓冲”作用。

除了上述不同之外，两者的不同还有以下几个方面：其一，“台湾共识”的“事实台独”主张比较明确、直接，而“宪政”论述的“事实台独”主张则相对隐晦、含蓄。其二，“台湾共识”没有明确表示接受“中华民国宪政体制”（事实上也接受），而“宪政”论述则明确表示接受“中华民国宪政体制”。其三，“台湾共识”对抗大陆的意味比较浓厚，言辞也比较犀利；而“宪政”论述向大陆释放了点滴“善意”，言辞也相对柔和，没有刻意凸显“一边一国”的刺眼文字。

从总体上说，“宪政”论述比“台湾共识”（至少在形式上）更加淡化了与对抗大陆的色彩，因而显得更加务实，且富有弹性。不过，我们必须认识到，这次的“宪政”论述，与先前的“台湾共识”在深层意义上其实并无实质性差别，都是主张以“中华民国”为基础来维持“事实台独”的“现状”。

三、“宪政”论述依然模糊不清

与“台湾共识”相比，“宪政”论述确实被赋予了某些具体内容，但不要无限夸大这些内容；从总体上看，“宪政”论述仍然模糊不清。由于这个模糊是策略性地刻意回避，所以常常遭到两岸各界的质疑和追问，从而成为蔡英文两岸论述问题上的“软肋”。

这“模糊”背后所反映出来的是蔡英文的焦虑和无奈。蔡英文的两岸关系论述需要做到“四面迎合”：一是不能引发大陆方面对论述的强烈批评和反弹，否则不利于其选举；二是要与国民党“九二共识”有所区隔，否则会失去自身的特色，这不利于其选举；三是要向民进党内部的基本教义派有所交代，倘若表述“不当”，会引发民进党内部的反对，也会使其失去部分民进党人士的支持；四是要打消美国对民进党“台独”路线的顾虑，获得美国对其选举的支持。可见，她的论述要让四方均能接受，难度可想而知。唯一能够让四方均能接受的办法就是模糊。如果我们从这一意义上来审视蔡英文

"宪政"论述的模糊性，也就比较容易理解。表面上看，上述论述困境是蔡英文个人的困境，其实是民进党的困境，即使民进党其他政治人物处于蔡英文的目前角色和身份，也面临着同样尴尬处境。

倘若我们将当下蔡英文的"宪政"论述置于上述困境下来分析，其模糊不清是必然的。刻意模糊成为其论述的"奥妙"所在，只有模糊方可为各方留出"各自表述"的空间。就"宪政"论述而言，蔡英文的用词是"中华民国宪政体制"[①]而非"中华民国宪法"。通常来看，宪政侧重描述以宪法为主轴而开展的政治活动。因此说，"宪政"比"宪法"在用词上更模糊，在意涵上更宽泛。这是蔡英文精心设计的"伏笔"和预留的"空间"。

众所周知，在台湾，承认"中华民国"的论述有三种情形：一是"中华民国"是整个中国（亦称"大中国"），主权涵盖大陆和台湾，且坚持唯一"法统"论，这是依据"中华民国宪法"所作的"一中"论述，也是当下国民党的官方论述；二是"中华民国在台湾"，其坚持"中华民国是一个主权独立的国家"，但又强调两岸对等、"分裂分治"，借"治权"分立，模糊主权统一，此为"独台"论述；三是"中华民国是台湾"，其虽不接受"中华民国宪法"，但接受"中华民国"（为暂时"国号"），并坚持"中华民国就是台湾，台湾就是中华民国"，此为"台独"论述。在上述三种论述中，大陆方面仅仅对第一种论述秉持"虽不接受但可忍受"的态度，而对另外两种均秉持明确的反对态度。蔡英文的"宪政"论述属于上述哪一种？就其目前蔡英文的论述来看，尚无法作出具体判断。

蔡英文所主张的"现行中华民国宪政体制"，究竟是一个什么样的"宪政体制"？蔡英文所谓的"宪政体制"与国民党主张的"宪政体制"是否是同一涵义？从表面上，蔡英文的"宪政"论述给外界一种回归"宪法一中"想象，似乎是一个"进步"。但要真正看清其"宪政"论述的真相，还要看她后续对这个"宪政体制"的解释。具体来说，今后需要从以下三个方面再作进一步观察。

第一，对"宪法"内涵如何解释。七次增修后的"中华民国宪法"虽仍

---

① "宪政体制"的英译应该是"constitutional institution"或"constitutional system"，蔡英文在美国演讲时的用词是："constitutional order"，该词通常被译成"宪政秩序"、"宪政次序"，那么，中文译成"宪政体制"是否不正确？笔者认为，"宪政秩序"与"宪政体制"在某些情况下可以互换使用，此处翻译为"宪政体制"并不影响对蔡英文论述的准确理解。

具“一中”的性质（即其主权范围涵盖大陆和台湾），但在许多地方呈现出模糊迹象。如果蔡英文侧重于对“宪法”增修条文的异化解释，就会借“一中”之模糊，强调“中华民国宪法”的本土化或台湾化，否认“中华民国宪法”的“一中”性质，进而得出“一边一宪”“两国两宪”的解释，这就是“台独”论述。如果蔡英文果真回归“宪政”，坚持两岸同属一个中国框架，主张“一中一宪”，并承认“中华民国宪法”的“一中”性质，那么，其论述就是“一中”论述。以上两种可能的解释方向，是我们今后观察蔡英文论述的着眼点。

第二，对“领土范围”如何界定。蔡英文所指“中华民国”的领土范围是什么？是包括大陆和台湾，还是仅仅及于台澎金马？此处存有弹性解释的空间，蔡英文会根据自己的政治需要而做出不同的解读。

第三，对两岸关系如何定位。蔡英文虽然接受“中华民国宪政体制”，但她是否真正接受“宪法本文”所规定的“一中”？如果其主张“中华民国是一个主权独立国家”且领土主权范围不及于大陆，这样就使得大陆和台湾之间失去了“一中”连结，两岸关系变成“国与国”关系，那么其“宪政”论述就是“台独”论述。

因此，我们要准确研判蔡英文的“宪政”论述，只关注到其承认“中华民国宪政体制”尚远远不够，还需分析其接受的是一个什么样的“中华民国宪政体制”？其主权范围如何界定？其论述中的“中华民国宪政体制”与中华人民共和国宪政体制是什么样的关系？等等。这些问题正是近 20 年来“台独”或“独台”势力建构“台独”或“独台”论述的着力点。如果我们舍弃这些问题不去深入研究，仅仅看到她从过去不接受“中华民国宪政体制”到现在接受“中华民国宪政体制”的转变，很容易放大其论述的正向意义。

四、“宪政”论述并非意味着放弃“台独”

我们在肯定蔡英文论述中包含着某些积极元素的同时，也不能忽视其论述中的问题：她是否真正放弃“台独”、接受了“一中”？该论述是她“台独”立场改变的开始，还是“台独”策略的调整？未来她是否有放弃“台独”立场的主观愿望？是否有与“台独”阵营划清界限的实际行动？这些问题均需要我们对她再作进一步跟踪性观察才能作出准确回答。单就她目前论述而言，尚不能说她放弃了“台独”，回归了“一中”，至少目前看不出她放弃“台独”、接受“一中”的任何迹象。我们对蔡英文“宪政”论述的研究不可孤立地进行，还应将其与“维持现状”“求同存异”等论述等综合起来考察。从蔡英文的一系列论述来看，其“宪政”论述与“维持现状”“求同存异”等论述具有贯通性，只是各有侧重。“维持现状”也是一个似是而非的模糊论述，譬如要维持一个什么样的“现状”？诚如大家所知，两岸三方对于“现状”的认知和解读并不相同。按照以往的各方论述，大陆认知的现状是两岸同属一个中国框架；国民党认知的现状是两岸同属“一个中国”架构，但一个中国是“中华民国”（至少在法理上如此论述）；民进党认知的现状是两岸“一边一国”。那么，蔡英文要维持的“现状”是上述哪一种现状？按照常态推理，蔡英文的“现状”是指两岸“一边一国”。维持这种意义的“现状”，在大陆看来，这是不折不扣的“台独”。就她的“求同存异”论述而言，也非常模糊，“求同”到底要求哪些“同”？“存异”到底要存哪些“异”？蔡英文也没有讲得很清楚。

如果将这些论述贯通起来综合考察，可以发现，蔡英文主张回归“宪政”，并非意味着其放弃“台独”，因为其对两岸政治关系定位仍然是“一边一国”。因此说，蔡英文的论述可谓以“宪政”形式包装的“台独”论述。她的立场和主旨是，在不放弃“台独”立场的前提下，缓和与大陆的统“独”对抗，继续保持两岸关系和平发展。但是，她的“宪政”论述，以及其作出继续推动两岸关系和平发展的姿态，容易给外界一种其放弃“台独”的假象。

笔者的初步研究结论是，蔡英文虽然提出“宪政”论述，但仍坚持“台湾是一个主权独立的国家”。从其整套论述看，其“台独”立场并未发生变化，仅是其“台独”策略的调整（即主张实现“台独”的方式、手段、技术等有所变化），具体表现在：①将追求“显性台独”调整为追求“隐性台独”；②将追求“制宪台独”调整为追求“务实台独”。与原来“台独”势力主张重新“制宪”相比，其无非是不主张重新“制宪”而在“宪法”框架内坚持“务实台独”。战略目标并未变化，只是实现目标的战术作了调整。③将追求“台湾是一个主权独立的国家”调整为“‘中华民国’是一个主权独立的国家”。此可谓迈向“台湾共和国”之路被大陆堵死之后的无奈选择，只好“借壳上市”，但其实质未变。④将“刚性台独”调整为“柔性台独”。因此说，蔡英文并未放弃“台独”，其做出调整的目的是试图消除台湾民众对民进党大陆政策一直冲撞“一中”框架的疑虑，从而增加民进党对中间选民的吸引力。综上分析，蔡英文的“宪政”论述是民进党在根本无法实现“法理台独”目标，但又不愿意自动放弃“台独”的情况下所做的策略调整，是由“制宪台独”转向“务实台独”的表现。

那么，“宪政”论述的提出是否表明蔡英文接受“九二共识”？就目前蔡英文的论述来看，她并没有接受“九二共识”。原因有二：其一，“九二共识”的核心是“两岸同属一个中国”，蔡英文目前并没有表示要接受这一意涵。其二，目前“九二共识”在岛内已成为国民党的专有名词，民进党必须与国民党的“九二共识”有所区隔，方能凸显自身特色；从这一意义上说，即使民进党将来接受“两岸一中”，也不会轻易接受“九二共识”这个名词。可见，蔡英文的“宪政”论述并不表明其接受“九二共识”。虽然如此，那么，蔡英文的“宪政”论述是否表明其在接受“九二共识”的道路上迈出了第一步呢？对于这个问题，目前无法回答。至少目前看不出来她有这样的动机和行动。倘若蔡英文真正意欲在两岸关系方面有所作为，应该明确放弃“台独”，接受“一中”，蔡英文是否有能力和勇气完成这样的转变，我们拭目以待。

虽然蔡英文的“宪政”论述存在着诸多的模糊和局限，但我们也应对其作出客观的评价。蔡英文的“宪政”论述相较于民进党的三个决议文和2011年的“台湾共识”，（不管其动机如何）无疑有向大陆释放善意的一面。尽管其尚未放弃“台独”，但毕竟不再明目张胆地从事“台独”，由“制宪台独”向“务实台独”的转变，至少表明“台独”嚣张气焰有所收敛。这反映了民进党既不愿意放弃“台独”，又不敢违背两岸关系发展潮流的矛盾心态。

五、大陆的应对：听其言、观其行

蔡英文的“宪政”论述并非完全针对大陆，也针对台湾社会。既然做了“宪政”论述的承诺，倘若蔡英文果真能在2016年当选台湾地区领导人，想必她也会履行其承诺，问题只是在于履行什么样的“宪政”论述，以及如何履行“宪政”论述。一方面，由于“宪政”论述的模糊性，可能会使蔡英文“宪政”论述朝着不同的方向进行解释；另一方面，由于理论论述与实际行动之间通常会存在落差，未来蔡英文的“宪政”论述同实际行动之间也未必会完全保持一致。针对未来可能出现的不同情形，大陆应分别采取不同的应对策略。假如未来蔡英文上台主政的话，从理论上说，其两岸政策无非会出现以下四种情形，具体参见下表：

表 9-1：未来蔡英文两岸政策走向比较表

论述＼行动	行动与我相向	行动与我相逆
论述正向	①论述正向，且行动与我相向	②论述正向，但行动与我相逆
论述负向	③论述负向，但行动与我相向	④论述负向，且行动与我相逆

（图表来源：作者自制）

情形①：论述正向，且行动与我相向。该情形是指未来蔡英文在两岸关系上不仅做出与大陆一个中国框架相向而行的“宪政”论述，而且在实际行动上表现出接受和支持“一中”框架的愿望。根据目前民进党的情况来看，出现这种情形的可能性不是很大，但出现这种情形的萌芽形态或初级形态还是有可能的。倘若出现这种情形，大陆应及时给予积极的回应，并加以积极引导，使其逐步演变为推动两岸关系发展的正向力量。倘若果真出现这种情形，两岸关系发展就进入了一个新时期，民共互动指日可待。这种情形是大陆方面最为期盼的民进党未来发展方向。

情形②：论述正向，但行动与我相逆。该情形是指未来蔡英文淡化或少提“台独”，其“宪政”论述（至少在表面上）与大陆一个中国框架呈现相向而行（或者即使没有相向而行，但不再公开、故意、直接地冲撞一个中国框架）的趋势，但在实际行动上，却与大陆相逆而行，在实际行动中抵触、反对两岸关系向纵深方向发展，给两岸交流互动设置障碍，在国际社会进一步拓展所谓“邦交国”，冲撞和破坏一个中国框架。对于这种情形，大陆要揭穿其“言行不一”、对抗大陆、破坏两岸关系和平发展的图谋，并采取一系列具体措施给予反制和回击。

情形③：论述负向，但行动与我相向。鉴于民进党目前从正面接受“九二共识”、一个中国框架尚存在一些困难，在其论述中仍然坚持主张“台湾是一个主权独立国家”，但能够在实际行动上认同“两岸同属一个中国”，这种情形该界定为与大陆相向而行，还是相逆而行？的确是一个比较复杂的问题，需要结合届时的具体情况来进行具体研判和界定，不能抽象地做出判断。倘若蔡英文的两岸政策中存在着某些消极的元素，但在总体上还能呈现出与大陆相向而行的趋势，大陆应给予一定程度的理解或体谅，并积极地加以引导。出现这种情形的可能性很小，但从理论上说，也并非不可能。

情形④：论述负向，且行动与我相逆。这种情形是指未来民进党无论在论述上还是在实际行动上，均采取与大陆一个中国框架相逆而行的政策。这种情形最不利于两岸关系和平发展。政治实践中，可能会出现该种情形的另一种形式，即主张“台独”，但言辞不激烈；对两岸交流消极抵制，但不公开反对。从目前台湾岛内的社会政治生态看，“法理台独”基本上失去了政治市场，“事实台独”成为“台独”势力的必然选择。在这种情势下，未来出现这种情形的可能性比较大。未来蔡英文上台后，很可能在“台独”问题上“只做不说”，即在论述不说过激的言辞，但在实际行动上大搞“事实台独”。倘若果真这样，大陆必采取有力地反制和回击，两岸关系和平发展就会面临“地动山摇”的局面。

以上四种情形只是一个大概划分，事实上各种情形之间的分际并没有那么泾渭分明，有时还会出现介于某两种情形之间的中间类型，这就我们需要根据具体情况进行具体分析。对于蔡英文的“宪政”论述，我们不应只看她的一次论述，而应作长时间地跟踪观察，并且将来着重要看她的实际行动。所以，在接下来的日子里，大陆对蔡英文不仅要“听其言”，更重要的是“观其行”。

第十章　定位症结（一）:“中华民国”问题

如何面对和处理“中华民国”问题一直是两岸政治关系定位中最敏感、最棘手的问题。[①] 在两岸互动过程中，台湾方面不断呼吁大陆方面要正视“中华民国”的存在，那么，“中华民国”是否仍然存在？这一政治称谓究竟具有什么意涵？目前台湾方面所谓的“中华民国”在政治学和国际法上该如何被界定？使用“中华民国”这一名称将会给两岸关系带来怎样的影响？[②]1949年中华民国政权被推翻后所遗留下来的这个“剩余政权”究竟是什么性质的政权？其与历史上的中华民国是什么关系？随着2015年11月7日“习马会”的落幕，台湾社会又一次将“中华民国”问题提上台面，要求大陆承认“中华民国”的呼声甚嚣尘上，也有学者认为，“习马会”的举行意味着大陆承认（至少是默认）了“中华民国”的存在。如何看待这些说辞？大陆该如何面对和处理所谓的“中华民国”问题？基于回答上述问题，本章特作如下探讨。

---

① 两岸关系中的国家与政府、主权与治权之争，无非是表达的语词不同，核心问题仍是“中华民国”问题。对台湾当局的政治定位必然涉及对所谓“中华民国”的政治定位，两岸政治关系定位实际上指的是对台湾当局的政治定位或日对“中华民国”的政治定位，这些问题实质上都是一个问题，只是其侧重点略有差异。

② 胡庆山著:《台湾地位与公法学》（下册），台北，稻乡出版社，2008年版，第119页。

一、“中华民国”问题：制约两岸关系发展的瓶颈

如何面对和处理“中华民国”问题是两岸关系发展过程中所遇众多障碍中的最大障碍。“中华民国”问题极其复杂，盘根错节，是两岸关系发展中的主要矛盾，是两岸政治关系定位所要解决的核心问题，其他问题均由这一问题所派生或延伸。如果这一问题不能得到适当解决，两岸关系就难以取得突破性进展。

第一，“中华民国认同”日渐成为台湾社会的最大公约数。“中华人民共和国宪法”虽然在其序言中提及“中华民国”字眼，但仅止于孙中山创立“中华民国”而已，从未将台湾与“中华民国”视为一体。在大陆方面看来，中华民国已于1949年被推翻，不存在所谓的“中华民国”问题，仅存在“台湾问题”。[①] 然而，大陆必须注意到，台湾民众普遍认为“中华民国”是一个与中华人民共和国对等的政治实体，这是目前台湾社会的主流共识。台湾方面要求大陆“正视现实”，其旨意就是要大陆正视所谓“中华民国”存在的现实。虽然台湾蓝绿两大阵营在“中华民国”问题上的认知存在分歧，但这种分歧并未影响蓝绿正在这一问题上相互靠拢，并在“中华民国主体性”问题保持一致。具体说来：其一，民进党虽然在论述上坚持“一中一台”，但从实际行动上看，其日渐接受“中华民国”，在两岸政治关系定位上逐渐由“一中一台”转向“两个中国”；其二，国民党虽然在法理上坚持“中华民国是大中国”，但从实际行动上看，其近些年来一直声称两岸当局互不代表对方，意即“中华民国”代表台湾、中华人民共和国代表大陆，在此语境下经常将“台湾与中华民国等同”，这与民进党的“中华民国是台湾”概念非常接近，从而在事实上变成了两岸“一边一国”。由上分析不难发现，蓝绿日渐趋同于“中华民国共识”，尽管台湾方面声称“不统不独”，但从大陆视角来看，这却是“事实台独”。“中华民国共识”一旦形成，将对大陆的对台政策形成巨大挑战，对此，大陆方面需要作出足够的政治准备。

第二，“中华民国”问题对两岸关系发展的制约日益突出。现阶段两岸

① 胡庆山著:《台湾地位与公法学》(上册)，台北，稻乡出版社，2006年版，第63页。

互动交流中的商谈多属于事务性商谈，基本不涉及“一个中国”的政治涵义，故暂时将“中华民国”问题搁置了起来。但随着未来两岸关系的进一步发展，两岸由事务性协商上升到政治性谈判时，能否继续搁置“一个中国”涵义之争、回避“中华民国”问题，对于两岸双方（特别是大陆方面）来说，可能是一个挑战。从短期来看，坚持“中华民国”不仅是国民党的政治底线，也是民进党的政治底线（两者的区别在于,国民党的论述是“中华民国在台湾”，民进党的论述是“中华民国是台湾”），二者目前均没有松动的迹象。[①]大陆方面不承认“中华民国”仍然存在固然有其历史、法理和现实依据，但既便如此，也需要界定清楚目前台湾地区正在运行的自称为“中华民国”的这个政治实体究竟是什么，以及进一步解释为什么它与历史上的中华民国不是同一政治实体。总之，随着两岸关系迈向“深水区”，“中华民国”问题对两岸关系发展的制约愈来愈大，甚至成为两岸关系发展过程中无法回避的一道门槛，要想使两岸关系和平发展不受“中华民国”问题的困扰，需要在思维上有所创新。

二、“中华民国”：已经灭亡抑或仍然存在

大陆方面坚持认为中华民国政府已于 1949 年被推翻，目前台湾方面所谓的“中华民国”与历史上的中华民国并不是同一个政治实体；而台湾方面则坚持认为“中华民国”自 1949 年至今依然存在。于是两岸之间出现了“已亡论”或“犹存论”之争。

（一）“完全推翻论”VS“不完全推翻论”

关于“中华民国”是否已经被推翻的问题，两岸的分歧聚焦于“完全推翻论”与“不完全推翻论”的二元论争。

1.“完全推翻论”

大陆方面坚持“完全推翻论”，即认为中华民国已于 1949 年被推翻，且被中华人民共和国所取代。其理据是现行国际法的有效统治理论。该理

① 文久:《“台湾共识”挑战中共》，载香港《广角镜》，2013 年 8 月号，第 19 页。

论认为，一个国家内的某个政权只要控制了该国的绝大部分领土，并在相当长的时期内实施了稳定而有效的统治，且得到控制区内绝大多数民众的认同，该政权就会被承认为合法有效的中央政权，不必全部推翻原来的旧政权并占据全部领土。据此，“完全推翻论”者认为，中国共产党只要在中国境内的绝大部分领土上推翻了国民党政权的统治，且其领导的中华人民共和国政权对中国绝大部分领土实施了有效而稳定的管辖，那么该政权就是中国唯一合法的中央政府。与此相对应，中华民国政府即被认定为被完全推翻。因此，从法理上说，“中华民国”已不存在，但国民党政权败退台湾后为了维护其自身的合法性，一直沿用 1949 年以前的政权名称——中华民国，不仅沿用“中华民国”的残余“国家机器”来治理台湾，而且沿用“中华民国”的政治符号来教化台湾民众，久而久之，使得台湾民众认为“中华民国”一直存在。

2.“不完全推翻论”

台湾方面则坚持“不完全推翻论”，即认为“中华民国”并没有被完全推翻，中共军队只是推翻了中华民国在大陆地区的统治，从未推翻其在台澎金马地区的统治，至今“中华民国”仍在台澎金马地区实施着有效管辖和治理，何来推翻之有？针对大陆将其首都播迁到台北作为“中华民国”于 1949 年被推翻的理据，台湾方面驳斥道：“中华民国”首都播迁到台北，并非意味着“中华民国”被推翻。因为从历史上看，“中华民国”首都曾多次播迁，抗日战争时期曾从南京迁到重庆，第三次国内革命战争时期先迁回南京，后又迁到广州。倘若首都播迁就表示“中华民国”灭亡的话，那么“中华民国”何止到 1949 年才灭亡，1938 年第一次播迁时就灭亡了。然而，事实证明，“中华民国”不仅没有灭亡，还组织了八年抗战并取得了最后胜利。台湾方面以上述史实来佐证“中华民国”于 1949 年之后一直存在，并要求大陆方面正视这一事实。

3. 两岸分歧评议

以上两种对立的论述，究竟何者符合国际法？根据瑞士著名国际法学家法泰尔于 18 世纪中期首倡的“事实主义理论”，某一新政府只要在本国建立了有效而自主的权力，就可以获得承认。现代国际法理论和国际实践表明，政府承认的条件通常有二：一是有关政府必须在一国的全部或绝大部分领土上独立而实际地确立了有效统治，且已得到本国全部或绝大部分居民的惯常服从；二是该新政府的成立必须符合公认的国际法原则。根据现代国际法的基本原则，一国在没有外来侵犯或干涉的条件下所发生的政府更迭，即使不符合该国国内法的规定，原则上也属于该国的内部事务，其他国家对此应予以尊重，由此产生的新政府只要具备了"有效统治"的条件，即有资格获得承认。[①]从上述国际法的有效统治理论来看，中华人民共和国政府符合成为中国中央政府的构成要件，是中国唯一合法的中央政府。从国际政治实践来看，中华人民共和国政府已依1971年第26届联大作出的2758号决议于当年被恢复代表中国行使主权的资格，成为在国际上代表中国的唯一合法政府。至于台湾当局于1949年至1971年期间仍在联合国行使中国代表权，那是以美国为首的西方国家在"冷战"格局下对中华人民共和国政府加以阻挠的结果[②]；而台湾当局在台湾地区一直沿用"中华民国"及其一整套政治符号，那是台湾当局为维护自身"法统"而采取的单方面行为，既不符合国际法理论，也没有得到主流国际社会的承认。

（二）"（完全）政府继承论"VS"不完全政府继承论"

政府更迭必然引发政府继承的问题。两岸在政府更迭问题上的争论，引发了两岸在政府继承问题上"完全"与"不完全"的争论。

1."（完全）政府继承论"

大陆方面坚持"（完全）政府继承论"，即认为中华民国已于1949年被推翻，中华人民共和国政府在整体上已完成对中华民国政府的继承，而不是所谓"部分政府继承"。大陆方面坚持认为台湾当局是国共内战遗留下来的非法政权，中华人民共和国政府在法理上拥有对台湾的主权行使权，这是因为：《开罗宣言》和《波茨坦公告》规定日本必须将台湾归还中国；1945年中华民国政府代表中国接受日本的投降书并收回台湾；1949年中华人民共和国完成对中华民国的政府继承，自然也就继承了对台湾的主权行使权。目前两岸的隔海分治状态是内战延续状态，将来两岸必须复归统一。该论述旨在为大陆方面坚持"一国（中华人民共和国）一府"、大陆必将统一台湾奠定法理

① 梁淑英主编：《国际公法》，北京，中国政法大学出版社，1993年版，第59—60页。

② 由于冷战时代美国采取反共围堵政策，以及中华人民共和国介入朝鲜战争而被联合国视为侵略者，所以联合国内部多数国家早期仍承认蒋介石政权是中国唯一的合法政府，使得其暂时维持了优势。参见张国城著：《两岸关系概论》，台北，华梵大学人文教育研究中心，2009年版，第140页。

基础。

2.“不完全政府继承论”[①]

亦称“政府继承未完成论”，该论述最早由台湾大学王晓波教授所提出[②]，目前在台湾坚持这一观点的学者主要是统派和蓝营人士。其主要观点是：中共没有在全中国境内（1945 年至 1949 年中华民国有效统治的版图）推翻中华民国政府，“中华民国政府”一直以“中央政府”的名义对台澎金马实行管辖。从事实来看，中华人民共和国政府仅仅继承了“中华民国政府”在大陆地区的统治，而并未继承其在台澎金马地区的统治，故形成了中华人民共和国政府有效管辖大陆地区，“中华民国政府”有效管辖台澎金马地区的“对等分治”现状。秉持该观点的人士反对中华人民共和国已经完成了对中华民国政府继承的说辞，认为中华人民共和国自 1949 年 10 月 1 日迄今，未曾一日有效统治管辖过台湾，何来政府继承已经完成？所以目前“中华民国政府”为一个独立于中华人民共和国政府之外的“中央政府”。诚然，岛内不同政治力量秉持这一观点的初衷和愿望并不相同，但可以肯定的是，该说辞在客观上容易使“分裂分治”状态永久化，即便将来统一，也须在“中华民国政府”与中华人民共和国政府平等自愿的基础上实现统一。

另外，也有部分海外华裔学者认同台湾学者的“不完全政府继承”概念，希冀以此对 1949 年以来的两岸“分裂分治”现状作出合理解释。例如，加拿大华裔学者郑海麟先生认为，国际法中关于政府继承的概念，是根据正常的旧政权消亡并被新政权取代的情况而作出的分析判断，其中并未涉及二战后处于分裂状态下国家内部的政府继承问题，尤其是中华人民共和国政府对中华民国政府的继承，这是一种逐步被国际社会所接受和承认的过程，即使到了今天，这种逐步继承的过程仍然没有完成，否则便不存在两岸统一的问题了。[③] 由于中华民国政府并未像它所继承的满清政府那样宣布逊位，因此，即使于 1971 年退出联合国从而丧失了中国政府的代表权，但它的国际人格并

---

① 该概念在现行国际法上并不存在。按照国际法，政府继承没有完全继承与不完全继承之区分，这一点不同于国家继承（国家继承有完全继承与不完全继承之区分）。

② 王晓波:《中国的和平统一一定要实现——有关“一个中国”和“一国两制”的若干问题》，载台湾《海峡评论》1999 年 2 月号，第 98 期，第 1—2 页。

③ 郑海麟著:《海峡两岸关系的深层透视》，香港，明报出版社有限公司，2000 年版，第 144 页。

未消失，至今仍被二十多个国家所承认，并且在许多国际社会组织中保留会员资格。[①] 上述解读固然可以在一定程度上调和两岸现状与国际法理论之间的冲突，也有增强解释力的一面，但由于缺乏国际法支撑，因此其解释力和说服力依然不足。

3. 两岸分歧评议

对于两岸的分歧，我们该如何看待？笔者虽然不赞同“不完全政府继承论”，但也关注到 1949 年中国内部的政府继承现象的确与国际上其他国家内的政府继承现象有所不同，运用传统的国际法政府继承理论确实难以作出很有说服力的解释。综合上述各种观点，笔者将两岸的分歧概括为中华人民共和国与“中华民国”是时间上“先后继起”关系，还是空间上“同时并存”关系？前者为大陆方面所坚持，后者为台湾方面所坚持。

那么，我们究竟该如何看待 1949 年的中华人民共和国政府对中华民国政府的继承问题？既然现行国际法上的政府继承理论不能合理解释 1949 年的政府继承关系，“不完全政府继承论”在国际法上又缺乏依据，那么，如何能更合理地解释两岸“分裂分治”现状呢？笔者认为，将目前国际法上的有效统治理论、政府继承理论和法理学上的“法理与事实相区分”理论结合起来，足以清晰解释 1949 年中国内部发生的政府继承问题以及“剩余政权”性质问题，而无须再去建构所谓的“不完全政府继承”理论。

通过分析不难发现，大陆方面的“完全推翻论”“完全政府继承论”侧重于描述两岸关系的法理状态，旨在强调中华民国在法理上已被推翻，以此论证其政权的唯一合法性；而台湾方面的“未完全推翻论”“不完全政府继承论”则侧重于描述两岸关系的事实状态，旨在强调“中华民国”事实上仍存在，以此论证其政权与大陆政权的互不隶属。可见，两岸关系法理状态与事实状态之间的落差是导致两岸政治关系定位存有分歧的重要原因，因此，如何看待和界定这一落差，是如何解释和处理“中华民国”问题的关键。

从法理上说，大陆方面的论述是符合国际法的，因为国际法上的政府继承没有完全政府继承与不完全政府继承之分，只要发生政府继承就是“完全政府继承”，不存在所谓“不完全政府继承”的问题。然而，从事实上看，中

① 郑海麟著：《海峡两岸关系的深层透视》，香港，明报出版社有限公司，2000 年版，第 125 页。

华民国被推翻后确实留下了“政权残余”，如何界定这个“政权残余”是未来两岸政治关系定位所亟待解决的问题。台湾方面坚持认为它是1949年前的中华民国的延续，而大陆方面坚持认为它是历史上中华民国的残余。于是，双方各执一端，争论不休。分析至此，必然引申出一个问题：强调法理的论述与强调事实的论述一旦发生了冲突，以何者优先？事实上，这个问题很难回答，因为这是一个政治问题。不过，从解决实际问题的愿望出发，今后大陆方面在坚持法理状态的同时，应兼顾事实状态；台湾方面在强调事实状态的同时，不可回避和否认法理状态。

单就台湾方面的“不完全政府继承论”来说，虽然表面上具有一些解释力，但其既不符合现行国际法①，也不符合当今主流国际社会的认知，更不符合两岸关系的史实，仅仅是台湾方面论证“中华民国”仍然存在的单方面说辞。倘若大陆方面现在承认“不完全政府继承论”，就等于默认了“中华民国”仍然存在，这对大陆方面来说是一个巨大挑战。

（三）另两种说辞：“政府继承未发生论”与“国家继承论”

在政府继承问题上，除了上述“（完全）政府继承论”与“不完全政府继承论”两种对立的说辞之外，还有以下两种：

1.“政府继承未发生论”

这主要是两蒋时期的观点，目前马英九当局的“一国两区”论述也带有该说辞的痕迹。其主要观点是：两蒋时期的国民党政权基于维护“中华民国”法统地位的考量，坚持“一国（中华民国）一府”，从根本上不承认1949年中华人民共和国政府成立的合法性，认为大陆政权是“中华民国”内部出现的叛乱团体，“中华民国政府”是中国的唯一合法政府，其领土主权范围包括外蒙古、大陆地区和台澎金马地区；尽管“中华民国政府”暂时退踞台湾，但要光复大陆，实现国家统一。两蒋时期的国民党政权在不承认中华人民共和国政府合法性的情况下，必然不承认中华人民共和国对“中华民国”的（任何）政府继承，这种观点即为“政府继承未发生论”。马英九上台主政后，重

① 对此，台湾方面辩解说：国际法上的政府继承理论是在二战以前基于历史上出现的政权更迭现象而形成的国际法理论，而两岸的分裂情形是在二战后出现的特殊政治现象，传统国际法继承理论无法对两岸情形作出合理解释。这样理论和现实就发生了碰撞，理论对现实解读失灵。解释失灵现象只能表明，是理论出现了问题，而非现实出现了问题，因此，应根据时代的变迁而对国际法上的政府继承理论进行适应性修改，使其与时俱进，以对当今的政治现象（包括两岸分裂情形）作出更加合理的解释。

返“一中”轨道，在法理上坚持“互不承认主权”，并提出“一国两区”论述。倘若仅从法理层面来分析，马英九在1949年的政府继承问题上的态度亦属于“政府继承未发生论”；而从事实层面上看，马英九当局的实际行动却并非完全如此，其在很多场合的表述都隐含着承认大陆政权合法性的意蕴，故在事实上应属于“不完全政府继承论”。不过，需要指出的是，虽然马英九时期和两蒋时期均秉持“政府继承未发生论”，但二者有所不同，前者仅在法理论述上坚持“政府继承未发生论”，而在实际行动上却坚持“不完全政府继承论”；后者不论在法理论述抑或实际行动上均坚持“政府继承未发生论”。

2.“国家继承论”

此为“台独”论述，[①] 其主要观点是：1949年后，虽然“中华民国”退出了中国大陆，但它在国际社会直到1971年才退出联合国，迄今仍在台澎金马地区及周围海域实施有效管辖。“中华民国”的版图虽然大大缩减，但它并未被消灭。其所谓的论证“理据”是，中华民国自1912年以来就是一个主权独立国家，1945年外蒙古从中华民国中分离出去成立了蒙古人民共和国；1949年中共通过暴力革命又从中华民国中分离出去成立了中华人民共和国。至此，“中华民国”的领土主权范围仅缩限于台澎金马。尽管因两次国家继承致使“中华民国”的领土范围大为缩限，但其依然是一个“主权独立国家”。上述论述的错误之处在于，1949年中华人民共和国的成立并非是从中国分离出了一个新国家，而是一个国家在内部因革命或战争而导致的政府更迭，其引发的是政府继承，而非国家继承，这与1945年外蒙古分离而引发的继承问题有所不同（从国际法的角度来看，所谓外蒙古“独立”，其实是属于国际法上的“分离”，其引发的是国际法上的国家继承问题）。在1949年中华人民共和国对“中华民国”的继承中，尽管双方名称均带有“国”之字样，但在此语境下，“国”的实质含义是政府，而非真正意义（或现代民族国家意义）上的“国”。从国际法角度看，中国依然只有一个，它所发生的变化只是中国内部中央政权的更迭，并没有从中国分离出一个新的国家。这种继承不属于“国家继承”，因为国际法上的“国家继承”情况，除了通常由领土变更事实而引

① 但也有台湾统派学者主张中华人民共和国对中华民国的继承属于“国家继承”，如台湾政治大学吴琼恩教授认为：“中华民国在1912年继承满清的中国，是完全的继承，而中华人民共和国在1949年继承中华民国的中国，则是不完全继承，这是‘国家继承’的问题”。参见吴琼恩：《两岸现状就是“一国两制”——论有关台湾主权问题》，载台湾《海峡评论》第96期，1998年，第8页。

发之外，“国家继承”关系的参加者是两个以上不同的国际法主体，然而，中华人民共和国对中华民国的继承，并没有引起领土变更的事实（这点也可从双方有关法律文件都承认“一个中国”并坚持领土不得变更获得证明），也没有引起国际法主体的变化。

现实中，无论是中华民国继承大清，还是中华人民共和国继承中华民国，虽几经嬗变，但仍是同一个国际法主体。这正如世界近代史上的法国，随着阶级力量对比关系的不断变化，先后经历了君主立宪制、帝制和共和制的多次更替，直到 1875 年法兰西第三共和国才得以诞生；二次世界大战后，法国又相继建立了第四共和国和第五共和国。这期间，不论其名称如何变化，世界上的法国只有一个。[①] 对于此类现象，奥地利国际法学家菲德罗斯指出：“一个国家不因革命而消灭，也不因政变而消灭。这个原则不仅为国际法学说所一致同意，而且也是国际惯例所一致同意的。”[②] 因此，国民党政府被新的中央人民政府所取代，以及“中华民国”改名为“中华人民共和国”的事实，并不影响中国国际法主体资格的继续。“国家的同一名称并不是国家人格的同一性所必须的，一国可以改变其名称而不丧失其同一性”。[③] 通过政府继承，中华人民共和国拥有了原中华民国的一切合法的国际权利。[④]

另外，两岸双方的声明和立场也表明，1949 年中国内部的继承并非国家继承。中华人民共和国政府自 1949 年 10 月成立以来，从未主张自己是新独立国家，而是坚持声称自己是中国的代表政府，在联合国席位问题上亦一贯坚持：“世界上只有一个中国，1949 年中国人民推翻国民党政权，建立中华人民共和国政府，新的中国政府成为代表全中国的唯一合法政府，理当享有中国在联合国一切合法权利”。从台湾方面来看，国民党政权败退到台湾后，虽已失去对 99% 的中国领土的控制，但却未主张自己是“不同于中国的另一国家”，仍坚持自己是中国的“正统”政府。[⑤]

可见，1949 年中华人民共和国的成立与 1945 年外蒙古的分离建国是性质不同的两个重大事件，两者所引发继承问题的性质迥然不同。台湾方面故意

---

① 郑海麟著：《海峡两岸关系的深层透视》，香港，明报出版社有限公司，第 123—124 页。
② [奥地利] 阿·菲德罗斯等著：《国际法》，李浩培译，北京，商务印书馆，1981 年版，第 300 页。
③ [美] 汉斯·凯尔森著：《国际法原理》，王铁崖译，北京，华夏出版社，1989 年版，第 219 页。
④ 王英津著：《国家统一模式研究》，北京，九州出版社，2008 年版，第 108 页。
⑤ 张国城著：《两岸关系概论》，台北，华梵大学人文教育研究中心，2009 年版，第 140 页。

将二者混同，其目的无非是藉此来论证“中华民国”仍然存在。

（四）梳理与总结

大陆方面自 1949 年以来，一直坚持“（完全）政府继承论”，旨在坚持“一国（中华人民共和国）一府”、为最终统一台湾奠定法理基础。迄今为止，尽管对台政策出现过几次调整和变化，但支撑政策的法理基础始终未变。然而，台湾方面的情况却比较复杂，其大陆政策及其所依赖的法理基础，前后不断变化。台湾两蒋时期坚持“政府继承未发生论”，旨在坚持“一国（中华民国）一府”，为反攻大陆奠定法理基础。李登辉主政前期（20 世纪 90 年代中期以前），开始在不同场合承认大陆政权的合法性；同时，台湾部分统派人士及蓝营学者也开始倡导“不完全政府继承论”，旨在为两岸“对等分治”或“一国两府”等两岸政治关系定位提供法理依据。需要特别指出的是，虽然某些统派人士、蓝营人士和李登辉当局均主张“不完全政府继承认”，但三者的旨意有很大不同。统派人士的论述旨意是在承认中华人民共和国政府与“中华民国政府”并存的基础上迈向中国统一；蓝营人士的论述旨意多是维持“一国两府”“两岸分治”和“不统不独”状态；而李登辉当局的论述旨意（李登辉当局尽管未直接使用“不完全政府继承”概念，但事实上以此为理论基础）是通过强调“一个中国，两个对等政治实体”作为其“台独”来铺垫。李登辉主政后期和陈水扁时期，抛弃了从政府继承角度来论述两岸关系，转而用国家继承理论来论证“一边一国”“两岸异国”，以便为其“台独”活动提供法理支撑。马英九时期虽然在法理上坚持“未发生政府继承论”，以便为其“一国（中华民国）一府（中华民国政府）两区（台湾地区和大陆地区）”提供法理支撑；但在事实上却坚持“不完全政府继承论”，强调“两岸对等，互不隶属”，实质上是坚持“一国两府”“一国两治”或“一国两体”等两岸政治关系定位（尽管马英九当局并未直接使用“一国两府”“一国两治”等语词，但事实如此），其在这一点上与李登辉主政前期的主张并无本质区别，只是更含蓄一些而已。正因如此，马英九当局的法理论述与实际行动之间一直存在着较大落差。为了明晰起见，现将上述关于两岸继承关系论述的各种观点汇整如下，参见表 10-1。

表 10-1：两岸各政治力量关于 1949 年继承问题论述比较表

内容 论述	时期	论述主体	基本观点	论述旨意
（完全）政府继承论	1949 年至今	大陆官方	①中华人民共和国政府已经完成了对“中华民国政府”的政府继承；②中华人民共和国政府是中国的唯一合法政府，其领土主权范围包括大陆和台湾；③不承认“中华民国”在台湾仍然存在，将台湾当局定性为“非法政权”、“割据政权”等。	①为“一国（中华人民共和国）一府”奠定法理基础；②主张两岸必须复归统一，且大陆统一台湾。
政府继承未发生论	两蒋、马英九时期①	台湾当局	①不承认中华人民共和国对“中华民国”的（任何）政府继承；②“中华民国政府”是中国的唯一合法政府，其领土主权范围包括外蒙古、大陆地区和台澎金马地区；③不承认 1949 年中华人民共和国政府成立的合法性，认为其是“中华民国”内部的叛乱团体。	①为“一国（‘中华民国’）一府”奠定法理基础；②主张光复大陆，实现国家统一。
不完全政府继承论	20 世纪 80 年代以来	①部分台湾统派人士；②部分台湾蓝营人士；③ 20 世纪 90 年代中期的李登辉当局。	① 1949 年中华人民共和国政府仅仅继承了“中华民国政府”在大陆地区的统治，而未继承在台澎金马地区的统治；②中共没有在全中国境内推翻中华民国，“中华民国”在台澎金马地区仍然存在；③“中华民国政府”有效管辖台澎金马地区，而中华人民共和国政府有效管辖大陆地区，两岸“对等分治”；④承认大陆政权的合法性。	①统派人士：旨在为两岸统一寻找逻辑起点，即在“中华民国”与中华人民共和国并存的基础上走向统一；②蓝营人士：旨在为两岸“分裂分治”奠定法理基础；③李登辉当局：旨在为“台独”活动作前期铺垫。

① 需要指出的是，马英九当局在这一问题上的论述和行动存在着较大落差，即在法理上坚持“政府继承未发生论”，但在事实上坚持“不完全政府继承论”，对此，我们应注意区分。

续表

国家继承论	20世纪90年代以来	部分台湾绿营人士	①认为1949年中华人民共和国对“中华民国”的继承属于国家继承；②“中华民国”的版图虽然大为缩限，但自1912年成立以来一直是一个“主权独立国家”；③“中华民国”的现有领土范围仅限于台澎金马地区。	①为“一边一国”奠定法理基础；②两岸为互不隶属的“两个国家”，不存在统一的问题。

（图表来源：作者自制）

三、从“三C”关系看“中华民国”问题

要真正认清所谓“中华民国”问题，就必须厘清中国（China）、中华人民共和国（PRC）和“中华民国（ROC）”三个概念的意义及它们之间的逻辑关系。由于中国（China）、中华人民共和国（PRC）和“中华民国（ROC）”三者的英文名称中均含有大写“C”，为了表达方便起见，此处称三者为“三C”。

（一）国名与国号区分视角下的“三C”关系

从国名与国号的关系来看，国名是一贯的、连续的和稳定的，而国号是随着政府更迭而不断变更的。[①]就中国来说，“中国”（China）是国名，而“中华民国（ROC）”和中华人民共和国（PRC）则分别是中国在不同历史时期的国号。从某一个特定历史时期来看，国名与国号是一体的，具有同一性。从这一意义上说，中华人民共和国与所谓“中华民国”之间的中国代表权之争，也可以转换为：中华人民共和国与所谓“中华民国”，何者与中国具有同一性之争。

1.“中国”（China）与中华人民共和国（PRC）关系的法理解析

① 陈动：《论国名与国号》，载《厦门大学学报》（哲学社会科学版），2006年第3期，第28-32页。

从国际法上主权国家构成的四要素来看，中华人民共和国是政府，是组成中国这个国家的四要素之一，但同时中华人民共和国也是中国在目前阶段（1949 年迄今）的国号，因而中华人民共和国具有双重身份：在“国家”层面，它是中国的国号，与“中国”的国名（China）可以互换使用；在“政府”层面，它是目前中国的中央政府，代表中国行使主权。所以，中华人民共和国既是一个国家，也是一个中央政府。

从历史发展的角度看，在中华人民共和国与中国的同一性问题上，曾存在过法理上与事实上的落差。虽然中华人民共和国已于 1949 年成为代表中国的合法政府，在法理上成为中国的国号，并与中国具有同一性，但由于当时国际社会处于“冷战”格局，受到美国等西方国家的竭力阻挠，直至 1971 年中华人民共和国才在事实上与中国具有同一性，从而完成了法理上与事实上的同一。

从国际法的角度看，一个国家只有一个代表该国家的中央政府。中华人民共和国与中国具有同一性的客观事实，在法理和事实上否定了台湾当局与中国的同一性，但这并非意味着台湾不是中国的一部分。因为中华人民共和国与中国的同一性，是在国际法层面上来讲的，是就在国际社会的代表权问题而言的，而非就两岸之间的管辖和治理而言的。为了给台湾在一个中国框架内留出应有空间，有学者将中华人民共和国与中国的同一性，笼统地表述为“中华人民共和国与中国具有部分同一性”，该说辞表面上是为了表达“两岸同属一个中国”的意蕴，但事实上无异于承认了“中华民国”的存在及其合法性。事实上，大陆方面的“一个中国”表述在国际和国内两个场合存在着不同版本：在国际场合，大陆方面强调中华人民共和国是代表中国的唯一合法政府，中华人民共和国与中国具有同一性；但在国内场合（即两岸之间），大陆方面并不强调中华人民共和国与中国的同一性，而强调两岸同属一个中国。若将国际场合里的同一性延伸至国内场（两岸之间），则容易让人们产生台湾存在于中国之外的错觉，特别容易被“台独”人士所利用。因此，大陆方面既要强调中华人民共和国与中国的同一性关系，又要在一个中国框架内给台湾留出适度的政治空间。

2. 中国（China）与台湾所谓“中华民国（ROC）”关系的法理解析

分析台湾目前所谓的“中华民国”与中国的关系，需要研究两个问题：一是目前台湾所谓的“中华民国”是否与中国具有同一性的问题，以便看清其是否为一个“国家”；二是目前台湾所谓的“中华民国”是否与历史上的中华民国具有同一性的问题，以便看清其是否为一个“中央政府”。

首先，目前台湾方面所谓的“中华民国”与中国不具有同一性。在 1912 年至 1949 年期间，中华民国政府是代表中国的中央政府，中华民国在该时期的意涵即等同于中国，换言之，这一时期的中华民国与中国具有同一性，两者在一定情况下可以互换使用。但 1949 年之后，中华人民共和国政府在法理上成为代表中国的唯一合法政府。此后，中国的国号开始由中华民国转换为中华人民共和国，所谓的“中华民国”不可以再与中国互换使用。[①]1971 年 10 月 25 日第 26 届联合国大会做出第 2758 号决议，将台湾当局驱逐出联合国，中华人民共和国政府正式成为代表中国的唯一合法政府。至此，所谓的“中华民国”在法理和事实上均失去了与中国的同一性。虽然退台（特别是在被驱逐出联合国）后的国民党政权并不愿意接受这一结果，但由于实力所限，其并没有能够在短期内通过反攻大陆、推翻中华人民共和国政府的方式重新实现自身与中国的同一性。因此，尽管台湾当局仍以“中华民国”的名义在国际社会主张其与中国的同一性，但已失去主流国际社会（特别是联合国）的承认。

其次，目前台湾所谓的“中华民国”与历史上的中华民国并非同一政治实体。尽管目前台湾当局自称是历史上中华民国的延续，并自称与历史上的中华民国是同一政治实体，但事实并非如此。历史上的中华民国既具有“国家”的意义，也具有“政府”的意义。从国家意义上说，其是主权独立的国家，是 1912 年至 1949 年期间中国的国号，在一定意义上可以与中国（China）互换使用；从政府意义上说，其是当时中国的中央政府，可以在国际社会代表中国。但是，目前台湾所谓的“中华民国”却完全不同，在国号意义上，其已被中华人民共和国所取代；在政府意义上，其已不再是中国的中央政府，失去代表中国的资格。[②]因此，目前台湾所谓的“中华

① 胡庆山著:《台湾地位与公法学》(下册)，台北，稻乡出版社，2008 年版，第 126 页。

② 中华民国曾经是中国历史上的中央政府，也曾是中国在 1912 年至 1949 年期间的“国号”，但随着 1949 年中华人民共和国的建立，中华民国已不复存在。至于 1949 年后“中华民国”遗留下来的“剩余政权”，尽管目前在台湾地区一直被称为“中华民国”，但事实上与 1949 年前的中华民国已不具有同一性，现在的“中华民国”是当年国民党政权被推翻后，为了表明其统治台湾的合法性，也基于对丢失政权的不甘心和反攻大陆的需要，就继续沿用“中华民国”这一名称及其一整套政治符号。从国际法的角度来看，目前台湾所谓的“中华民国”既不是一个国家，也不是一个中央政府。

民国”与历史上的中华民国之间虽然存在某些历史连续性，但已不是历史上的中华民国本身。台湾方面实际上是借着台湾当局与历史上中华民国的某些联系，故意将自己说成是历史上的中华民国本身，从而论证其主体的独立性和政权的合法性。然而，这种借历史上曾存在过的“中华民国是一个主权独立国家”来论证今天在台湾的“中华民国”也是一个“主权独立国家”的逻辑是站不住脚的，其错误根源在于将历史上的中华民国与目前台湾所谓的“中华民国”嫁接甚至等同起来，将“历史”当作“现实”，将“连续性”扩大为“同一性”。

（二）“一个中国”是分析“三 C”关系的逻辑起点

厘清三个“C”之间的关系，应先确立分析问题的前提基础和逻辑起点。从理论上讲，无非有两种情形：一是先确定中国（China）为一个实体架构的主权国家，然后以此为前提和起点来分析中华人民共和国、所谓“中华民国”与中国（China）的关系；二是先确立中华人民共和国与所谓“中华民国”的对等关系，然后以此为前提和起点来分析两者与中国（China）的关系。研究前提和起点不同，会导致研究结论迥然不同。

如果将实体意义上的一个中国作为分析问题的前提和起点，那么中国仅与中华人民共和国或所谓“中华民国”中的一者具有同一性，不可能与两者均具有同一性，更不可能是“中国＝中华人民共和国＋所谓‘中华民国’”，在这个问题上，中华人民共和国与所谓“中华民国”是“零和”博弈关系。[①] 中华人民共和国与中国的同一性，表明中华人民共和国为中国的中央政府，同时表明所谓“中华民国”并非中国的中央政府。

如果先确立所谓的“中华民国”与中华人民共和国之间的对等关系，然后在此基础上再分析两者分别与中国（China）之间的关系，那么，此时所谓“中华民国”就是一个与中华人民共和国对等的中央政府，中国（China）也就变成了一个虚体架构。台湾方面对于三“C”关系的分析均是依此逻辑展开的，倒置分析问题的前提与起点，正是台湾方面所作论述的问题所在。

---

① 中华民国曾与中国在 1949 年以前的一段时间内具有法理上的同一性；1949（尤其是 1971）年之后，中华人民共和国取代所谓“中华民国”开始与中国具有同一性。何者与中国具有同一性，何者就是中国的中央政府，这个中央政府通常代表中国来行使主权。按照国际法，一个主权国家只有其中央政府来代表，故只有一个政府是中央政府，且该政府与国家具有同一性，除此之外的政府必然是“非中央政府”。

因此，在研究中华人民共和国、所谓“中华民国”与中国（China）的关系时，将何者作为研究前提和起点至关重要。未来研究三“C”关系时，必须先确立正确的研究前提和起点，即必须先确定中国为一个实体架构的主权国家，然后在此基础上分析中华人民共和国和所谓“中华民国”分别与中国（China）的关系，以及中华人民共和国和所谓“中华民国”之间的关系。只要这样，才不会违背法理、历史和现实。

（三）“中华民国犹存论”的两种变相说辞

1.“角色易位说”

这是台湾方面的说辞，其主要观点是：1949 至 1971 年的中华人民共和国作为中国的主权代表政府，尽管没有在联合国正式行使中国的代表权，但并不影响其作为中国主权代表政府的性质；1971 年之后的台湾当局（即台湾所谓的“中华民国”），尽管不能在联合国行使中国的代表权，但如同 1949 至 1971 年间的中华人民共和国一样，并不影响“中华民国”作为主权政府的性质。

那么，1949 至 1971 年间的中华人民共和国与 1971 年至今的所谓“中华民国”在主权地位、性质方面是否相同？两者角色是否相互易位？众所周知，1949 年之后，中华人民共和国政府控制了中国的绝大部分领土和人口，并行使主权管辖，理应是中国在国际社会的唯一合法代表政府，但由于以美国为首的西方资本主义阵营的阻挠，其在很长一段时间里一直未能在联合国行使代表中国的合法权利。所以，1971 年中华人民共和国在联合国代表中国行使主权时，用的是“恢复”一词，即表示其原本就有代表权，只是被限制或剥夺了，这是代表权的“恢复”，而非“开始”。特别是在 1971 年之后，中华人民共和国在国际上正式代表中国，其与中国在国际场合具有事实上的同一性。而当下台湾所谓的“中华民国”与中国则不具有同一性，尽管台湾现仍以“中华民国”的名义与二十多个国家维持“邦交”关系，但这纯属“金钱外交”的产物。从国家构成的角度来说，台湾方面所谓“中华民国”已丧失对中国绝大部分领土的控制和管辖，也不具备代表整个中国的资格和条件。以上分析表明，1949 至 1971 年间的中华人民共和国与 1971 年至今的所谓“中华民国”并非简单的“角色易位”，两者的性质、地位、合法性和正当性根本不同。台湾方面的这一说辞，旨在凸显“中华民国主体性”。

2.“平行治理说”

这是台湾方面的另一说辞，其主要观点是：中华人民共和国在法理上拥有对大陆地区和台湾地区的主权，但实际上仅治理（或治权仅及于）大陆地区；“中华民国”在法理上同样拥有对台湾地区和大陆地区的主权，而实际上仅治理（或治权仅及于）台湾地区。该说辞实质上是“主权重叠，治权分立”论述的另一种表达形式。另外，该说辞还被某些台湾人士简约为下列一个公式：“中国（China）= 中华人民共和国（PRC）+‘中华民国（ROC）’”。①这个公式的政治意涵是，“一个中国内部存在着两个中央政府”或者“一个中国，两个对等政治实体”，旨在论证“中华民国政府”为台湾地区的“中央政府”，其策略是以台湾方面对中华人民共和国政府为大陆地区中央政府的承认，来换取大陆方面对“中华民国政府”为台湾地区的中央政府的承认。上述观点具有很强的迷惑性，必须予以澄清。

从表面上看，该说辞似乎符合目前两岸“分裂分治”现状，但事实上不符合两岸关系的历史和现实，其错误有二：一是基于“中华民国”仍存在的假定；二是基于目前台湾当局与历史上的中华民国具有同一性的假定。如前所述，这两个假定都是站不住脚的。

“中华人民共和国治理大陆地区，‘中华民国’治理台湾地区”，这个说辞是借着台湾当局事实占有并治理着台湾地区这一现实，来论证“中华民国”仍然存在，再进一步论证其在法理上拥有台湾。然而，“事实占有”与“法理拥有”是两码事，在通常情况下，两者是合一的，某一主体在法理上拥有某物也会事实上占有该物。但也有一些时候，二者是分离的。某主体在法理上拥有某物，却未必在事实上占有该物；反之亦然。但是，只有在法理上拥有该物的前提下，事实占有该物才具有合法性、正当性；倘若仅在事实上占有，那么只有在得到拥有者的授权和同意时，事实占有才具有合法性。因此，某主体在事实上占有某物时，并非表明该主体在法理上拥有该物。中华人民共和国政府于 1949 年完成了对“中华民国政府”的继承，因而在法理上拥有对台湾地区的主权行使权，但台湾当局却一直以“中华民国”的名义，事实占有台湾地区并实施有效治理，由于这种事实占有并没有得到中华人民共和国

① 需要说明的是，该公式仅仅在两岸当局实际管辖的地理范围意义上可以成立，倘若超出该意义（譬如在主权或主权权力意义）则一概不能成立。但该公式具有很强的迷惑性，需要慎重使用。

政府及其人民的授权或委托，而只得到了部分台湾民众的授权或委托，因此仅具有部分合法性，而欠缺整体合法性。需要强调的是，台湾当局事实占有并有效治理着台湾，并不意味着台湾当局在法理上拥有台湾。该说辞的问题是，把“事实占有”变成了“法理拥有”。

四、“中华民国”：两岸三方的共同困扰

“中华民国”问题对于大陆方面来说非常棘手，其对于台湾方面来说也好似“烫手山芋”，蓝绿两大阵营对其都抱有复杂的政治心态。一时间，“中华民国”成为了两岸红绿蓝三方的共同困扰。

（一）大陆：“否认 + 捍卫”的纠结

在“法统之争”时期，“中华民国”的存在就意味着对中华人民共和国的否定，所以，对于大陆方面来说，“中华民国”是一个负面语词，必须坚决否认。然而，20 世纪 90 年代后，随着台湾岛内政局的变化，两岸之间的“法统之争”逐步演化为“主权之争”，“一个中国”开始受到严峻挑战，这时“中华民国”符号的政治意义与价值就发生了微妙变化。此时，尽管大陆方面仍不承认“中华民国”，坚持认为“中华民国”已经不复存在，但又不得不面对“中华民国”内含的“一中”价值对民进党建立“台湾共和国”的强大制约力量。众所周知，“中华民国”的疆界范围包括台湾和大陆，与中华人民共和国的领土范围呈现重叠状态，这内蕴着台湾与大陆同属一个中国的意涵，成为民进党“法理台独”的重大障碍。受制于“中华民国”及其“宪法”的“一中”内容，民进党不得不接受“中华民国”，但为了建立“台湾共和国”，其又竭力“虚化中华民国”或“去中华民国”。在陈水扁从事“法理台独”的情势下，大陆方面不惜通过战争手段来遏制“台独”势力企图“制宪”与修改“中华民国国号”的行动。[①] 而且，在两岸关系进入和平发展时期后，大陆方面在面对“中华民国”问题时显得有些尴尬。一方面，大陆方面仍不承认“中华民国”的存在及其“合法性”，但另一方面，却又承认与其公权力机

---

① 文久：《“中华民国”：中国最大政治悬案》，载香港《广角镜》，2004 年 10 月号，第 10 页。

关签订的相关协议，或承认其公权力机关所颁发的法律文件。在两岸互动过程中，印有“中华民国”字样的新台币已被大陆正式确认与合法化，大陆民众赴台旅游时持有“中华民国政府”签发的赴台证，虽然这并不意味着大陆方面已经默认了“中华民国”的存在及其“合法性”，但给外界留下了很大的想象空间。

对于大陆方面来说，“中华民国”是一把双刃剑，其在不同面向上对于大陆有着不同的价值和意义。在“反独”面向上，“中华民国”符号并非没有正向价值。尽管大陆方面不承认“中华民国”及其“宪法”的合法性，但在当前鞭长莫及的情况下，其含有的“一中”架构是大陆方面反对“台独”的重要依托和凭借，可以间接为大陆方面所用。简言之，在“台独”尚存在的历史阶段，“中华民国”对于遏制“台独”具有特殊的价值和意义。因此，如何看待“中华民国”存在的“一中”价值，及其对“台独”的强大牵制力，如何恰当处理所谓“中华民国”问题，使其在两岸关系和平发展中发挥正向价值，并防范和遏制其负面效应，值得大陆学界认真研究。在“促统”面向上，其负向价值比较明显。随着两岸关系的发展和深化，当大陆的对台工作由“反独”阶段进入“促统”阶段后，所谓“中华民国”的负面效益会逐步增大，进而成为两岸统一的重大障碍。如果台湾方面乘机要求大陆方面对所谓“中华民国”继续保持一定程度的沉默，将可能会成为其届时跟大陆方面讨价还价的政治筹码，进而增大两岸统一的难度，窄化统一模式的选项。

（二）国民党：“延续 + 挑战”的尴尬

“中华民国”与国民党有着深厚的历史渊源，国民党是其最早创建力量之一。在 1949 年之前的一段时期内，“中华民国”是国民党政权的正式称谓。1949 年国民党政权来台，继续沿用“中华民国”及其一整套政治符号来实施对台澎金马地区的统治，“中华民国”也就成为国民党在台统治的“法统”象征。然而，自民主化（特别是自“宪政改革”）以来，台湾社会的政治生态发生了很大的变化，这些变化使国民党的“中华民国”论述面临着很大挑战。

首先，政治宣示存在着法理与事实的冲突。两蒋时期，两岸之争属于一个中国框架下的政权之争，故台湾当局不承认大陆政权的合法性，伺机反攻，重新统一大陆。1991 年废止《临时条款》，隐含着一个政治意涵，即台湾当局放弃与大陆通过武力来争夺政权，甘心偏安于台澎金马地区，即由统一大陆的“攻势”转变为甘于现状的“守势”。虽然在法理上没有通过“修宪”来改变原来的表述，但事实上，台湾已放弃统一大陆的目标和努力，导致了法理论述与实际行动之间的冲突。

其次，“全中国代表说”是目前国民党等台湾政治势力无法脱掉的一件“政治袈裟”。“全中国代表说”是自两蒋时期延续下来的国民党政治论述，意即“中华民国”是代表全中国的唯一“合法政府”，“中华民国的领土范围”包括外蒙古、大陆和台澎金马。这一政治宣示在两蒋时期尚有可理解之处，但在目前两岸情势下，似乎带有“痴人说梦”的意味。目前“全中国代表说”已成为套在国民党身上的一件不合体的“政治袈裟”，但如果国民党想脱掉它，即通过“修宪”将“代表全中国”改为“代表台澎金马”，必定不会被大陆方面所允许。因为该举动是典型的“法理台独”，大陆方面不仅会强烈反对，甚至可能采取武力手段加以阻止。陈水扁主政时期，大陆反对“法理台独”，主要就是反对陈水扁当局通过“制宪”或“修宪”来单方面改变台湾当局的“领土范围”。另外，从台湾岛内的选举政治来看，如果国民党脱掉了这个“袈裟”，则无异于向民进党靠拢，从而会失去自己的独立政治品格，这不利于国民党在台湾岛内的政治选举。在上述情势下，国民党等政治势力只有两条路径可供选择：要么承认自己为地方政权，要么继续坚持原来的表述。很显然，台湾当局（国民党）不会直接承认己方为地方政权，所以只好坚持1949年退台以来的一贯表述（即“代表全中国”）。对于这个表述，大陆方面尽管并不赞同，但它毕竟蕴含着对“两岸一中”的承认，所以大陆方面虽不承认，但也没有强烈反对。大陆方面希冀国民党暂时穿着这件并不“合体”的“袈裟”，以维护一个中国框架。于是，“全中国代表说”就成为当下国民党无法卸掉的政治包袱。

（三）民进党：“推翻＋接受”的无奈

在1987年“解严”之前，民进党的主要政治诉求是民主，其重点反对的是国民党政权的威权统治，而非“中华民国”。进入20世纪90年代，民进党的政治诉求开始发生变化，由“民主诉求”转向“主权诉求”（即追求“独立建国”）。至此，民进党对“中华民国”的态度发生了重大变化，开始主张推翻“中华民国”，以建立“台湾共和国”。以1991年10月民进党“全代会”

通过“台独党纲”为标志，民进党开始诉求“独立建国”，[①]其具体路径就是要将台湾从“中华民国”分裂出去，这自然就决定了民进党不会承认“中华民国”。“台独党纲”内含的激进“台独”主张，增加了台湾选民的顾虑，影响了民进党的支持率，导致民进党在接下来的多次选举中屡屡失败，无法有新的突破。在这种情况下，民进党不得不向现实妥协，由施明德、许信良等带领民进党进行了一次重大改革，于1999年出台了“台湾前途决议文”，正式承认台湾现行政治体制即“中华民国”，使得民进党完成了一次由推翻“中华民国”到接受“中华民国”的转型。根据该决议文，“台湾是主权独立国家，”“目前国号为中华民国”。这一表述表明，“中华民国”只是“目前国号”，最终目标仍是“台湾共和国”。可以说，民进党接受“中华民国”是迫于政党选举的无奈，故其总是回避“中华民国”，经常以“台湾”偷换“中华民国”的概念，实施“去中华民国”的变相“台独”政策。[②]2007年，在“台独”激进派党主席游锡堃的主导下，民进党通过了“正常国家决议文”，该决议文的主要诉求是“正名”“制宪”，落实“法理台独”。所谓“正名”“制宪”就是废除“中华民国宪法”，重新制定“台湾共和国宪法”，并将“国号”由“中华民国”修改为“台湾共和国”。此决议文为三个“台独”文件中最极端的一个，但随着陈水扁主政时期的结束，该决议文基本上失去了政治市场。

通过以上梳理可以发现，民进党政治立场和态度经历了由“反对威权”向“反对中华民国”的转变，这一变化的动因是其政治诉求发生了变化，即由当初的“民主诉求”转向了后来的“主权诉求”。未来民进党对“中华民国”的态度是否会由“暂时接受”走向“永久接受”，尚有待于进一步观察，但就目前岛内的政治生态来预测，这种可能性较大。但是，即便将来民进党接受“中华民国”，其主张的疆界范围也仅及台澎金马地区。总而言之，对于民进党而言，“中华民国”只具有工具性、手段性意义，而不具有目的性意义，其旨在“借壳上市”，即借“中华民国”之名，达到台湾“事实独立”之实。所以，民进党对“中华民国”持有一种矛盾的心态，一方面为追求“台湾共和国”而不承认“中华民国”，另一方面又借“中华民国”之名达到“事实台独”之目的。

---

① 在党纲中写道：“基于国民主权原理，建立主权独立自主的台湾共和国及制定宪法的主张，应交由台湾全体住民以公民投票方式选择决定”。

② 文久：《“中华民国”：中国最大政治悬案》，载香港《广角镜》，2004年10月号，第8—9页。

通过上述（一）至（三）的分析，不难发现，两岸三方对“中华民国”的口头宣示与实际作法间均存在自我矛盾或冲突之处，三方均按照政治化、工具性的手法来对待和处理“中华民国”问题。

五、两岸须共同面对所谓的“中华民国”问题

（一）大陆如何面对所谓的“中华民国”问题

目前大陆对于“中华民国”的态度多少带有“回避”意味，但大陆的回避并非意味着大陆方面不敢或无法面对“中华民国”问题，而是因为大陆在“内心深处”坚持不承认“中华民国”的存在。倘若大陆方面直接否定“中华民国”，则有伤两岸关系和平发展的气氛。故从推动两岸关系和平发展的大局着眼，对“中华民国”问题采取模糊回避的做法。有些人士将大陆方面的“回避”态度解读为大陆在“中华民国”问题上“有所松动”，甚至误认为大陆方面有承认“中华民国”的意向，这纯属错误解读。

1. 大陆不可能会承认“中华民国”

大陆方面认为，中华民国已于 1949 年被推翻，已无所谓“中华民国”问题。大陆现在面对的是台湾当局，而不是所谓的“中华民国”。在两岸统一之前，大陆方面无法从正面来回应“中华民国”问题，主要原因如下：

第一，承认“中华民国”会破坏“一中”原则。在台湾社会，“中华民国”具有以下三种意涵：一是“一中”论述中的“中华民国”，强调“中华民国”是“大中国”意义上的中国，坚持“中华民国”政权的唯一“法统”地位，不承认中华人民共和国政权的合法性；二是“独台”论述中的“中华民国”，通过对主权与治权的区分及对应使用，来强调“一个中国”屋顶下存在“中华民国”与中华人民共和国两个互不隶属的对等政治实体，含蓄地承认中华人民共和国政权的合法性；三是“台独”论述中的“中华民国”，虽接受“中华民国”为“国号”，但将其疆界范围限定于台澎金马地区，通过“中华民国”借壳上市，达到事实“台湾独立”之目的。在上述三种意涵中，意涵二、三会直接破坏“一中”原则；意涵一虽是“一中”论述，但也会间接破坏“一中”原则，这是因为：在“一中”框架下，倘若大陆承认“中华民国”

就等于否定自身的合法性；倘若在坚持自身合法性的同时，再承认“中华民国”，就会导致“一国两府”或“两个中国”。

第二，“一个中国”尚未被台湾社会广泛认同。目前“一个中国”认同在台湾日益淡薄，台湾主体意识日益增强，“中华民国共识”日渐成为台湾社会的最大共识。在这种情势下，倘若大陆一旦承认“中华民国”，台湾当局是否会利用被承认的“地位”去从事“台独”活动？这是大陆方面的忧虑和担心。如何防范这一情况发生，是大陆的首要关切。也就是说，台湾社会的主体性意识越强，大陆承认“中华民国”的可能性就越小。在此情况下，大陆必将“中华民国”问题界定为政治问题，采取“政治问题政治解决”的策略与思路，而不会将其作为纯粹的法律问题来处理。

第三，来自大陆民意的压力。在大陆的一贯政治宣传中，“中华民国”已于1949年被推翻。倘若承认“中华民国”仍存在，该如何向大陆民众交代和解释？另外，两岸在面积、人口、经济总量、国际影响力等方面的对比如此悬殊，大陆民众很难接受所谓的两岸“对等”。尽管大陆没有实行西式民主制，但这并不意味着大陆没有民意表达的渠道，尤其在目前这样一个互联网时代。倘若大陆方面承认“中华民国”，必定会导致强烈的民意反弹，届时大陆政府将承担巨大的民意压力。

第四，来自有关公权力部门的可能反弹。自1949年以来，大陆方面之所以能将台湾当局牢牢地控制在一个中国框架内，并得到国际社会的普遍承认，这是大陆有关公权力部门（譬如军事、外交、涉台等）长期共同努力奋斗的结果，可谓来之不易。一旦承认“中华民国”，则意味着大陆“自废武功”，六十余年来在国际社会的努力旦夕之间“化为乌有”，一贯坚持的一个中国框架被全面颠覆。这样的结果可能会引发大陆有关公权力部门的强烈反对。

第五，存在统一风险及模式选择的压力。往届大陆领导人邓小平、吴学谦等均曾表达过将来可以通过商讨更改国号、共同走向统一的言论，但那是20世纪80年代的政治表态。时代发展到今天，两岸力量对比发生了巨大的变化，大陆已经充分掌握了两岸关系的主导权，在这种情况下，继续主张采用“AA制”式共同走向统一（即共同消亡，重新组建一个新的统一国家）的方式，大陆民众恐怕难以接受。况且，在两岸统一协议未签署之前，承认“中华民国”，容易导致两岸“分裂分治”的凝固化和永久化。

第六，重构两岸法理论述的挑战。自1949年以来，大陆的涉台政策均建基于“中华民国”已于1949年被推翻这一法理认知，一旦承认“中华民国”仍然存在，不仅意味着在法理上全盘否定了自身的合法性，而且还意味着大陆1949年以来基于“（完全）政府继承论”所作的法理论述和所制定的一整套涉台政策都需要重新建构。对大陆方面来说，这无论在理论上还是在现实中均是一个很大的挑战。

第七，两岸政治互信不足。由于两岸长期隔阂与“分治”，双方缺乏应有的政治互信，彼此总是用怀疑、猜忌的眼光来审视对方的诉求。事实上，大陆对台湾方面不信任，尤其对民进党不信任，确实有其根据。多年以来，民进党一直从事“台独”分裂活动，除了跟大陆（共产党）对抗外，几乎没有跟大陆正面打过交道，彼此之间缺乏信任。国民党在两岸关系发展上“踌躇不前”，日益走向“独台”，大陆方面虽然对此不便直接点破，但心知肚明。国共两党之间虽建立了初步的政治互信，但基础非常脆弱，尚未达到让大陆承认“中华民国”的程度。

2. 如何解读大陆对“中华民国”态度的前后不一

如前所述，大陆一直不承认“中华民国”，但在陈水扁当局从事“法理台独”，欲推翻“中华民国”，建立“台湾共和国”之际，大陆事实上成为“中华民国”的最大捍卫者。“法理台独”式微后，大陆又开始反对“中华民国”。大陆这前后不一的变化态度，该如何解释？针对大陆的上述作法，有台湾学者质问，面对国民党的“一中各表”（即“一中即中华民国”）和民进党的“台独”，大陆究竟反对哪一个？事实上，答案很清楚，这两者均为大陆方面所反对，因为这两者均会对中国的国家主权造成伤害和挑战。但由于两者的性质不同，故大陆反对两者的态度和程度也就有所不同。众所周知，“一中各表”仍属于一个中国内部的政权之争的范畴，其挑战的是中国领土的主权行使权，而“台独”则属于主权之争的范畴，其挑战的是中国领土的主权所有权。从伤害和挑战的程度来说，“台独”大于“一中各表”。所以，当两者同时出现时，大陆通常会将反对“台独”作为首要政治任务，与台湾当局的政权之争必须服从于与“台独”势力的主权之争，以集中全力反对“台独”，甚至还要借助“中华民国”的“一中”价值来反对“台独”。这个情况类似于中国现代史上国共两党的政权之争，当日本发动侵华战争时，国共两党暂时搁置政权之争，一直对外抗日，但中日之间的主权之争结束后，两党又继续了政权之争。尽管大陆在特殊情况下会借“中华民国”反对“台独”，但仍不会承认“中华民国”，因为承认“中华民国”必会挑战自身的合法性，并最终伤害一个“一中”原则。

有台湾学者认为，既然“中华民国”对于大陆捍卫“一个中国”有一定价值，大陆就应该从维护“一中”、反对“台独”的大局出发，尽快承认“中华民国”。笔者认为，这个说法表面上有些道理，但过于片面，原因有二：其一，“中华民国”虽然是反对“台独”、捍卫“一中”的重要凭借，但该说法忽视或掩盖了承认“中华民国”对“一中”的危害。大陆承认“中华民国”是利弊共存的，仔细权衡后不难发现，大陆承认“中华民国”的弊远远大于利。其二，“中华民国”本身在台湾具有不同的涵义，既可以作“一中”解释，也可以作“独台”解释，还可以作“台独”解释。倘若大陆承认“中华民国”，可能会被“事实台独”势力所利用，进而成为维持台湾“事实独立”的依据。这正是“中华民国”虽具有某些正向价值，但大陆仍拒绝承认的原因。

有台湾学者认为，“习马会”的成功举行意味着大陆承认（至少是默认）了“中华民国”或“中华民国政府”。笔者认为，这种说法是对“习马会”的错误解读，必须予以澄清和纠正。从大陆的角度来说，举行“习马会”是为了更好地在一个中国框架下推动两岸关系向前发展，而不是要改变六十余年来一贯坚守的一个中国原则。对于大陆来说，倘若因“习马会”而承认“中华民国”，实则带有“杀鸡取卵”的意味。倘若大陆要承认“中华民国”，在“习马会”场合就会直接称马英九为“总统”了，称呼马英九为“先生”本身就表明大陆并不承认（也谈不上默认）“中华民国”。那么，大陆否认“中华民国”了吗？显然也没有。如果否认的话，也就没有这次“习马会”的登场。大陆在“中华民国”这个问题上的处理策略是既未承认也未否认，而是智慧性地将这一问题作了模糊、回避和搁置处理。倘若仅仅从某一个角度来解读，容易以偏概全，得出片面性甚至错误性结论。

3. 大陆处理“中华民国”问题的策略与思路

对于大陆方面来说，在两岸统一前处理“中华民国”问题，不容忽视“各自表述”的独特功效。目前两岸之间并不具备“共表”的条件，对于“中华民国”问题，可以借助“各自表述”来暂时作权宜性处理。除此之外，尚需注意以下两个方面：

第一，必须分阶段、分步骤地来处理“中华民国”问题。如前所述，“中华民国”在不同阶段对于一个中国框架具有不同的意义和价值。所以，大陆方面必须将“中华民国”问题作为一个政治问题来处理，应根据“中华民国”在不同历史阶段对于推进两岸关系发展的价值大小（或有无）来采取不同的处置态度和方式。目前台湾方面所谓的“中华民国”对于维护一个中国框架，反对“台独”尚具有不可替代的意义和作用，所以大陆方面目前即便不能予以承认，也无须急于否定。这不是一个学术理论问题，大陆不需要对其采取前后一贯的处理态度和方式。

第二，必须动态地看待和分析“中华民国”问题。目前两岸在“中华民国”问题上处于僵持状态，似乎一时难以找到较好的解决办法，但如果动态地看待这一问题，结论就会不同。毕竟海峡两岸（“小两岸”）关系深受太平洋两岸（“大两岸”）中美关系的重要影响，一旦“大两岸”关系发生根本性变化，“小两岸”关系随即会出现逆转。就像目前两岸互动的状况，在三十年前是不可想象的，但现在却成为了现实。同样，今天看来不可能的事，将来随着时空的变迁和两岸关系的变化，也可能出现戏剧性的“意外结果”。

必须指出的是，“中华民国”问题是政治问题，必须将其放到具体的政治时空下来研判和处理，抽象地讨论是没有意义的。由于目前台湾方面坚持所谓“中华民国”是为其作为一个“主权独立国家”作注脚，对此，大陆方面坚决不予承认。事实上，在两岸统一前的过渡时期，大陆方面无法直接表述和界定“中华民国”问题，只能采取迂回的、策略的方式来应对这一问题。

4. 关于统一后可否保留“中华民国”及其符号的问题

这是一个目前无法回答的问题，究竟未来会如何处理，现在无人知晓。但这个问题不时被提及，本身就表明这是一个倍受关切的问题。鉴于该问题被各方高度关切，以及对未来统一具有直接影响，笔者冒昧在此作如下前瞻性探析：

未来统一模式的选择是影响统一后可否保留“中华民国”符号的重要因素之一。如果是武力统一，保留的可能性就比较小，甚至为零；如果是两岸通过和平谈判方式走向统一，且在确保不会再出现分离主义的前提下，是否可以经改造后加以保留？这也并非一个不可以讨论的问题。

事实上，“国”和“政府”的多重涵义在事实上为今后两岸探讨和解决“中华民国”政治符号的去留问题提供了空间。当两岸签订了统一协议后，考虑到台湾2300万民众对“中华民国”及其政治符号的习惯和感情，在完成国家统一（至少签订了统一协议）的前提下，“中华民国”这一政治符号的去留问题存在讨论的空间，但目前台湾方面所坚持的主权意义上“中华民国”则不具有任何可行性。但是，未来两岸统一后，在台湾方面保证不再从事“台独”活动的前提下，是否可以对“中华民国”进行适应性改造，使其在名称上部分保留“国”之字样，其实是一个可以讨论的问题。必须强调的是，这种对“中华民国”字样的保留①，一定是在两岸统一之后有限度地的保留，届时所保留的“国”仅仅是（统一后的）“一个中国”之中的“区域性成员国”，此时的“国”将不同于台湾方面目前诉求的所谓“中华民国”。从理论上可以解释为，这是借鉴了联邦制国家的某些做法，但又不是联邦制下的成员国，因为联邦制并不适于中国的国家统一②。

（二）台湾如何面对所谓的“中华民国”问题

“中华民国”在台湾社会的处境日渐窘困，并面临着多方挑战，为此台湾方面必须务实面对。就台湾岛内来看，关于所谓“中华民国”的论述，还是以国民党为主体力量。下面仅以国民党的“全中国代表说”为例，就台湾社会如何面对“中华民国”作如下分析：

第一，就人口数量和领土面积而言，台湾方面（国民党）的“全中国代表说”带有痴人说梦的味道。虽然与民进党相比，国民党坚持“中华民国”及其“宪法”，声称代表全中国（包括外蒙古、大陆地区和台澎金马地区）。这种对“两岸同属一中”的坚持，似乎带有某些“进步”成分，但仔细研究不难发现，这是一厢情愿的经不起推敲的论述。试问，台湾当局实际管辖的面积仅占整个中国面积的1/50，人口占整个中国人口的1/266，其国际影响力也远远不及中国大陆，其代表中国的合法性基础究竟何在？“全中国代表说”不仅在国内法上缺乏正当性基础，而且在国际法上也缺乏理论支撑，尤其在国际实践中得不到主流国际社会的承认。

第二，就法理层面而言，“全中国代表说”并站不住脚。首先，从国际

---

① 前提是吞并式统一。倘若共同走向统一，各自的政治符号会同时走向消亡，就不存在所谓“保留”问题。从历史实践看，政治符号具有凝聚人心的作用，当年美国允许日本保留天皇制度就是出于这样的考量。

② 王英津：《联邦制模式不适用于中国统一》，载香港《中国评论》，2004年3月号，第14—19页。

法的有效统治理论来看，作为“交战团体”[①]一方的大陆政权已经在中国实施稳定而有效的统治六十余年，并将继续下去。台湾当局必须面对的现实是，自己不再是一个代表中国的合法政府，同样地，“中华人民共和国政府”亦不再是“中华民国”的非法叛乱团体。相反，台湾当局却成为中华人民共和国这一合法代表中国的中央政府的“叛乱团体”。[②]其次，1991 年台湾当局废除“临时条款”，意味着台湾当局已放弃通过军事手段光复大陆、完成统一的“计划”。在这种情况下，“放弃消灭对方”与“宪法上代表全中国”之间存在能是矛盾。[③]从理论上说，台湾当局欲真正使“全中国代表说”成立，方式只能是继续在内战关系中消灭已被国际社会承认的中华人民共和国政府，然而从废除“临时条款”这一举动来看，这显然不是台湾当局未来努力的方向。尽管台湾当局在“宪法”及相关法律文件中仍保留着“统一”的内容，但其目的不是用以作为统一大陆的法理依据，而是用来支撑其政权的“合法性”。

第三，就现实层面而言，“全中国代表说”得不到主流国际社会的承认。首先，台湾方面如果继续依据 1947 年“中华民国宪法”，坚持“世界上只有一个中国，即中华民国”，这不仅与事实不符合，而且根本不被国际社会普遍承认。其次，“中华民国”的国际支持力日渐式微。从国际实践来，大陆建交国已达 173 个，而台湾依靠以前的“金钱外交”，现维持着 22 个（截至到 2016 年 4 月）袖珍型“邦交国”，以维护其“国家形象”。随着大陆综合国力的进一步提升，两岸力量对比的差距会进一步扩大，台湾当局会面临进一步的“邦交危机”，甚至会出现塌方式“邦交危机”。当台湾当局的“邦交数目”由双数变为单数，甚至趋于“零”时，台湾当局会对所谓“中华民国”的“法统”作如何解释？这并非“耸人听闻”，而是台湾方面不久就可能会遇

① 叛乱团体与交战团体有所不同，在实践中，反政府的交战一方须具备以下四个条件，即可被承认为交战团体：其一，暴动者具有明确的政治目的和军事组织；其二，暴动已发展成全面性的内战或武装冲突；其三，暴动者已占领该国的一部分地区，并实行有效的管理；其四，暴动者在作战行动中遵守战争法规。对叛乱团体的承认与对交战团体的承认不同。由于叛乱团体规模尚未达到内战的程度，其他国家对叛乱者只能承认为叛乱团体，而不能承认为交战团体。

② 胡庆山著：《台湾地位与公法学》（下册），台北，稻乡出版社，2008 年版，第 125—126 页。

③ 有台湾学者认为，“临时条款”的废止仅仅表明台湾当局放弃了武力统一大陆，但并非意味着台湾当局完全放弃了统一大陆，因为台湾当局仍主张通过和平方式统一大陆。该说辞表面上似乎不无道理，但事实上纯属狡辩。对于国民党来说，最大目标就是维持“不统不独”现状，对于民进党来说不仅“不统”，反而还要“独立”。在这样的情势下，“全中国代表说”陷入了法理与事实的矛盾。退一步讲，即便“全中国代表说”在废除“临时条款”以前，在法理上还可以勉强解释得通的话，那么在废除之后，则存在一个法理上的悖论。

到的“危机”。

鉴于以上三个方面的分析，笔者认为，台湾方面应采取务实主义的态度，在所谓“中华民国”问题上不要向大陆方面提出过高的“价码”，应适时“见好就收”，免得落入“无花空折枝”的境地。

（三）两岸须共同面对："中华民国"究竟是什么

1. 两岸均应秉持务实主义的态度

分析至此，笔者认为，两岸双方均须以务实主义的态度来共同面对“中华民国”问题，而不是单由台湾方面要求大陆方面“正视”所谓的“中华民国”。

大陆坚持“完全推翻论”“（完全）政府继承论”，在法理上毋庸置疑；但就事实而言，大陆也要务实面对中华民国被推翻时所留下的这个“剩余政权”，大陆即便不赞成“不完全政府继承论”，也需要面对台湾当局目前在台澎金马地区行使有效管辖并得到台湾民众支持这一客观事实。如果大陆方面不打算接续1949年的国共内战，继续通过战争把“中华民国”的这一部分“剩余政权”彻底消灭，那么就必须面对这一政权，并在一个中国框架内给对方预留相应的、可被对方接受的空间和位置。

对于台湾方面来说，也应务实面对“中华民国”问题，并看到自身说辞与现实的差距。自1949年（尤其1971年）以后，“中华民国”已不再是代表中国的“中央政府”，倘若“中华民国政府”不能消灭“中华人民共和国政府”，或者无法建立一个独立于符合国际法并代表中国的中华人民共和国之外的“新国家”，那么只能沦为大陆的“统一”对象。[①]

两岸双方均应秉持现实主义的态度，客观、冷静、务实地来面对所谓“中华民国”这一历史遗留问题。大陆方面虽然不能承认台湾当局为“主权国家”或“中央政府”，但也不宜以“非法政权”“割据政权”或“地方当局”来称之，台湾方面也不应再以“主权国家”或“中央政权”来自称。双方应换位思考，体谅对方的难处。不过，解决该问题的难点在于传统政治学理论无法为我们解决这一问题提供有参考价值的理论资源，尤其在两岸这样一个长期以来一直信奉单一制学说的东方大国，人们的很多观点一时很难改变。

---

① 胡庆山著：《台湾地位与公法学》（下册），台北，稻乡出版社，2008年版，第43—44页。

将来我们尽管不能从正面直接界定，也可以先借鉴联邦主义的某些经验（并非要实行联邦制）来模糊处理。需要注意的是，对“中华民国”的界定，一开始不要太具体，应抽象概括，为以后增加某些内容预留空间。“中华民国”问题可以分阶段、分步骤地解决，在条件成熟时，可以先将双方能达成共识的部分确定下来，然后再不断累积共识、逐步推进。

2. 目前所谓的“中华民国”究竟是什么

由上分析可知，所谓的“中华民国”既不是“主权国家”，也不是“中央政府”或地方政府。那么，它究竟是什么呢？如何来界定它的性质呢？要正确认识这个“剩余政权”的性质，需要厘清这个政权所不同于其他政权的特殊性。如前所述，该政权是历史上中华民国政权的“残余”或“剩余”部分，其实质是与中国中央政府（即中华人民共和国政府）“负海顽抗”的一个“事实上的政权”，但该政权有其自身的复杂性，具体表现在：其一，继续沿袭“中华民国”的国号以及一整套机构名称和政治符号，给台湾民众以“中华民国”仍然存在的观感；其二，继续以“中华民国”名义在国际社会维持着少数“邦交国”，使国际社会产生其为“主权国家”的错觉；其三，台湾地区的“宪政”改革与民主改造使台湾当局成为了台湾地区的民选政权，从而使其带有了“合法政权”的成分，进而使得台湾当局的性质更加复杂化。

关于如何定位台湾当局（亦即台湾所谓的“中华民国”）这个问题，本著作在第五章已有专论，但为了方便读者阅读，在此再将观点简要列举如下。笔者主张将台湾所谓的“中华民国”界定为“一个中国内部与中华人民共和国政府暂无隶属关系的一个事实上（而非法律上）的区域性特别自治政府”。[①]这一界定包含以下几个要点：①两岸同属一个中国，这是处理“中华民国”问题的前提和基础，这里的“中国”是实体的主权国家，而非虚体的、抽象的地理和文化概念；②中华人民共和国与中国（China）具有同一性；③所谓“中华民国”与中华人民共和国暂时为两个政府体系；④“中华民国政府”是事实上的区域性政府，而非法律上的区域性政府；⑤“中华民国政府”是区域性特别自治政府，而非全国性特别自治政府。

最后需要指出的是，两岸要在“中华民国”问题上达成共识，需要一

① 界定目前台湾方面所谓“中华民国”之性质和地位，不能在“国家”层次上来讨论，只能在国家内部的构成要素之一的“政府”层次上来讨论（即是一个什么性质和层级的政府）。

个漫长的过程。而且，单在台湾社会内部达成共识就需要很长的时间。众所周知，台湾是一个民主多元社会，实行政党竞争制度，不同的政治派别对于“中华民国”的定位方案不同，需要先内部整合，然后再与大陆商谈。就内部整合而言，在目前岛内的政治生态下，整个社会已撕裂为两大阵营，很难达成一致意见。以上事实都决定了“中华民国”问题在短期内难以解决。

第十一章　定位症结（二）：“中华民国宪法”问题

虽然“中华民国宪法”问题与“中华民国”问题有着紧密联系，却是层次不同的两个问题，具体说来，前者是后者所延伸或附带的一个问题，但同时也有一定的独立性，故不能将两者混为一谈。如何对台湾的“中华民国宪法”和法律体系进行定性和定位，是两岸关系发展中的又一重大理论和现实问题。现在两岸关系没有完全“解冻”，该问题尚未完全凸显出来，但两岸关系一旦迈向深水区，这个问题会骤然凸显。大陆方面一直坚称“中华民国宪法”已于 1949 年随着“中华民国”被推翻而被废除，所以从来不承认“中华民国宪法”仍然存在。但事实是，它在我国台湾地区一直发挥着法律效力，一直实实在在地规范着该地区的基本社会关系，是台湾地区制定其他法律法规所依据的法源。为此，马英九说：“它（备注：指‘中华民国宪法’）不仅建立了基本政治秩序，也体现了社会和文化价值体系。”① 那么，该如何来看待 1949 年以来所谓“中华民国宪法”的存废问题？台湾方面坚持“中华民国宪法”仍然存在的政治意图究竟何在？倘若大陆承认“中华民国宪法”仍然存在，会导致什么样的政治后果？未来统一后，大陆应遵循什么样的底线性原则来处理所谓“中华民国宪法”？诸如此类，均是在未来两岸关系发展中必须面对和处理的问题。

---

① 马英九：《迈向正常的民主社会——纪念中华民国行宪 58 周年》，载台湾《中国时报》，2005 年 12 月 25 日版。

一、围绕“中华民国宪法”所衍生的问题与争议

尽管两岸现行“宪法”规定的领土和主权范围是重叠的，两岸政权实际管辖的领土都是同一个中国的领土。但是，两岸之间以及台湾社会内部却对“中华民国宪法”存在着不同、甚至对立的认定。

（一）两岸围绕“中华民国宪法”的争议

第一，“宪法”存废之争。两岸在“中华民国宪法”问题上的争议之一就是该“宪法”是否仍然存在。大陆方面认为，“中华民国宪法”在历史上曾经存在过，但在 1949 年随着中华人民共和国的建立而被废除了，其至少在法理意义上已不存在。因为中华人民共和国政府在成立之际已宣布废除国民党的一切“伪法统”，所以作为根本大法的“中华民国宪法”自然也随着中华民国的灭亡而被废止。为解释目前台湾所谓的“中华民国宪法”是什么，大陆方面还指出，历史上的中华民国宪法与当下台湾所谓的“中华民国宪法”已不是同一个规范文件，虽然二者名称一样，但含义迥然不同。然而，台湾方面（国民党）对此秉持截然对立的看法，认为“中华民国宪法”仍然存在，且自 1946 年以来在台澎金马地区一直发挥着有效作用。国民党之所以承认并捍卫“中华民国宪法”，反对民进党的“法理台独”活动，是因为“中华民国宪法”是国民党退台后一切政治合法性的“法源”，倘若其丢弃了“中华民国宪法”，就意味着失去了在台湾地区的政治合法性。在大陆方面看来，国民党维护“中华民国宪法”在某种意义上就是认同“一个中国”。这是因为，“中华民国宪法”明确规定领土主权范围涵盖大陆和台湾，所以，只要国民党维护这部“一中宪法”，就被视为认同“大陆和台湾同属一个中国”的事实。[①]

第二，“宪法”性质之争。两岸在“中华民国宪法”问题上的另一大争议是目前在台湾地区正发挥调整和规范作用的所谓“中华民国宪法”是什么性质和位阶的规范性文件。目前大陆方面仅仅明确表示不承认“中

① 萧元恺著：《台湾问题：政治解决策论》，香港，三联书店有限公司，2010 年版，第 79 页。

华民国宪法”仍然存在，除此之外，并未直接对所谓的“中华民国宪法”是什么作出界定。在事实层面上，大陆方面承认“中华民国宪法”作为地区性规范性文件在我国台湾地区发挥着实际的调整和规范作用；但在法理层面上，则不承认其作为主权元素意义上的“宪法”仍然存在。反观台湾方面，国民党一直坚持“中华民国宪法”的存在及其“国家根本大法”的地位，并将其作为“中华民国”的主权性符号。民进党在面对“中华民国宪法”时则陷入两难境地。一方面，民进党不承认“中华民国宪法”的合法性，利用民粹主义手段制造省籍对立和族群冲突，对“中华民国宪法”进行破坏，[①] 甚至企图推翻“中华民国宪法”，重新“制宪”；另一方面，其竞选成功的所谓“总统”又不得不在“中华民国宪法”的旗帜下宣誓就职。

（二）台湾社会围绕“中华民国宪法”的争议

第一，是否承认“中华民国宪法”的争议。国民党认为，“中华民国宪法”自 1946 年颁布以来一直存在且具有“合法性”，并坚持“中华民国宪法”的“一中”性质。民进党虽然在事实上接受“中华民国”为暂时性“国号”（民进党所接受的暂时为“国号”的“中华民国”与历史上的中华民国亦不相同，其领土范围仅及于台澎金马，而未涵盖大陆），却拒不接受、甚至要废除“中华民国宪法”（即“公投制宪”或制定“台湾新宪法”）。众所周知，在 1987 年“解严”之前，民进党的主要政治诉求是民主，而因“临时条款”限制了民主，所以“回归宪法”曾是当时在野的民进党进行抗争的鲜明旗帜。“回归宪法”的主张是要从“临时条款”的“违章建筑”回归到“宪法”的实施、回归到“宪法”要求的民主“宪政”制度，这从民进党在“解严”前夕组党时讨论的“共同纲领”中可以清楚地辨识到。[②] 进入 20 世纪 90 年代，民进党的政治诉求开始发生重大变化，由“民主诉求”转向“主权诉求”（即追求“独立建国”）；至此，民进党对“中华民国宪法”的态度随之发生了重大转变，即由“回归宪法”走向了“否认宪法”。对此，台湾学者李念祖教授概括说，民进党“为了民主而回归宪法，为了主权而否定宪

① 萧元恺著：《台湾问题：政治解决策论》，香港，三联书店有限公司，2010 年版，第 77—78 页。

② 李念祖著：《人国之礼——宪法变迁的跨越》，台北，三民书局股份有限公司，2012 年版，第 329 页。

法”[1]。迄今为止，民进党仍不承认“中华民国宪法”，其具体原因可概括为以下两个方面：其一，该“宪法”1946年在南京制定，若民进党承认该宪法，则意味着承认台湾与大陆之间存在着历史连续性，不利于切断两岸之间的历史连结。其二，该“宪法”规定的领土范围是外蒙古、大陆地区和台澎金马地区。如果民进党接受该“宪法”，就意味着接受了“两岸同属一个中国”这一事实，故其拒不接受“中华民国宪法”。但需要特别指出的是，虽然民进党没有正式承认“中华民国宪法”，但在事实上也有所接受，而且其接受的态势日益明显，只不过其接受的是“修宪”后的“中华民国宪法”，并对其中的某些条款坚决不予承认。民进党之所以不承认某些条款，是因为只有这样才可以向“台独”方向解释；而其之所以又在事实上接受“中华民国宪法”，是因为在“法理台独”几乎没有可行性的情况下，拒不接受“中华民国宪法”是自我设置陷阱。正如民进党人士谢长廷所言，民进党也曾依照该“宪法”宣誓就职、上台执政，不承认“中华民国宪法”难以自圆其说。[2]未来民进党是否会再次“回归宪法”，有待于我们进一步观察，但就目前看来，虽有可能但难度较大。即便他日在一定程度上“回归宪法”，民进党也定会附加若干限制性条件，以便为日后根据政治需要任意“反复”或曲解有关概念预留空间，就像当年陈水扁宣布“四不一没有”时添加了“只要中共无意对台动武”一样。[3]

第二，台湾社会围绕“宪改”前后的“中华民国宪法”所发生的争议。自1991年4月至2005年6月的十四年间，台湾当局曾对“中华民国宪法”进行了七次增修。对比“宪改”前后的“中华民国宪法”可以发现，“宪改”后的“中华民国宪法”有许多模糊不清之处（具体参见表11-1），这使得台湾社会内部对“宪改”后的“中华民国宪法”存有不同的解释，并由此而引发了政治争议。

---

① 李念祖著：《人国之礼——宪法变迁的跨越》，台北，三民书局股份有限公司，2012年版，第331页。

② 谢长廷著：《未来：不一样的台湾》，台北，新文化教室，2012年版，第113页。

③ 赵越：《进入调整期 未到转折点——未来三年民进党大陆政策走向》，载香港《中国评论》，2013年7月号，第6页。

表 11-1：台湾地区“宪改”前后“中华民国宪法”比较表[①]

比较＼宪法	“宪改”前的“中华民国宪法”	“宪改”后的“中华民国宪法”
构成	“宪法”本文	①“宪法”本文；②增修条文；③“宪制性法律”文件。
时间	1947—1991 年[③]	1991 年迄今
两岸关系定位	①世界上只有一个中国，即“中华民国”，坚持“中华民国”代表全中国；②主权范围涵盖大陆和台湾。	①有台湾地区和大陆地区之分；②尽管对外宣称“主权范围”涵盖大陆和台湾，但事实上主张“主权范围”仅及台澎金马。
对两岸关系的影响	①维系“两岸同属一中”；②实现两岸统一的凭藉。	①通过“宪政”改革，使“中华民国政权”本土化；②形式上强调“一中”，但实质强调两岸“分治”，固化“分裂”现状；③形式上仍主张统一，但事实上主张“分裂分治”，为“不统”预留空间。
与大陆争议的性质	与大陆争“法统”，属于政权之争	既有与大陆争“法统”的传统成分，亦有“另起炉灶”的成分；
异化解释空间	①空间小，本文部分没有向“台独”解释的空间；②是“统一宪法”，主张“中华民国”主权及于全中国。	①空间大，增修条文部分存在向“台独”解释的空间[①]；②形式上是“统一宪法”，实质上是维持“分裂分治”现状的“宪法”。
维护“一中”强度	较强	弱

（图表来源：作者自制）

通过上表可以发现，七次增修后的“中华民国宪法”，虽仍保持了“两岸一中”的基本架构，但“一中”解释的空间被收窄，既可按照原来的“一中”解释，也可向“独台”方向解释，还可以向“台独”方向解释。部分台

① 台湾方面的这一认定与大陆有所差异，大陆方面看来，“中华民国宪法”已于 1949 年随着“中华民国”的消亡而被彻底废除。

② 该空间虽然存在，但非常有限、狭小，不能满足“台独”分离主义的需要，故主张重新“制宪”。

湾人士认为，七次“宪政”改革完成“中华民国领土主权”的缩限，使“中华民国”最终落基于台澎金马地区，实现了“中华民国台湾化”。从某种意义上说，台湾当局“修宪”的过程就是“中华民国”本土化的过程，亦即“去中国化”的过程，还有人称之为“去中趋台”的过程。

二、大陆对“中华民国宪法”的策略性因应

（一）目前大陆处理“中华民国宪法”问题的做法

大陆方面对“中华民国宪法”和“中华民国”在法理论述上均不予承认，但在实际操作中，对二者的态度有所不同，即对待前者的态度比对待后者略为温和，并试图将二者分开处理。这是因为，在大陆看来，“中华民国宪法”仅仅是“中华民国”的重要构成部件，而非其本身。所以，大陆对“中华民国宪法”虽然既未作出法律上的承认，也未作出事实上的承认，[①]但在实际操作中，有时并未完全否认，特别是在面临“台独”分离主义活动时，大陆还捍卫“中华民国宪法”。相比之下，大陆对“中华民国”的否定态度更加鲜明和坚定，不仅未作出法律上的承认和事实上的承认，而且在实际操作中也一概予以否认。

大陆试图将“中华民国宪法”与“中华民国”作区分处理的愿望和作法固然可以理解，但在实践中的确存在困难。目前，台湾方面已将“中华民国宪法”意识形态化，其已超越了学术上的本来涵义而成为“中华民国”的代名词。在这种情况下，倘若承认“中华民国宪法”，则隐含着承认“中华民国”的意味。想必这是大陆方面对“中华民国宪法”秉持高度戒备态度的真正缘由。另外，从“中华民国宪法”的内容上说，其清晰地载明“中华民国是一个主权独立的国家”，倘若大陆承认“中华民国宪法”，则连带着承认“中华民国”。可见，“中华民国宪法”与“中华民国”互为表里，在现实政治

① 从历史上看，早在 1946 至 1949 年间共产党及其领导的政权始就不承认 1946 年“中华民国宪法”。1946 年制宪时，共产党就没有参加当时的国民党主导的“制宪国大”，称 1946 年的国民大会为“伪国大”，通过的宪法为“伪宪法”；至今仍不予承认。

中很难将它们作分开处理。

有学者认为，大陆曾公开捍卫过“中华民国宪法”（譬如反对“公投制宪”），但从未公开捍卫“中华民国”（即使大陆反对修改“国号”，那也是反对“修宪”，捍卫的仍是“中华民国宪法”），笔者认为，这种说法表面上有些道理，但事实上站不住脚。因为承认“中华民国宪法”，就必然承认作为“中华民国宪法”内容之一的“中华民国”。因此，大陆在捍卫“中华民国宪法”的同时，实际上也间接捍卫了“中华民国”；反之亦然。需要澄清的是，尽管在实际操作中很难将“中华民国”与“中华民国宪法”作区分处理，但这并不能改变二者是两个不同问题的事实。

在实际政治操作中，大陆对“中华民国宪法”采取了策略性应对。所谓策略性应对是指大陆方面虽然在整体上不承认“中华民国宪法”，但在事实上又不完全否认“中华民国宪法”的部分内容（特别是其“一中”价值）。正因为“中华民国宪法”是“一中宪法”，才使得两岸当局能够达成关于一个中国原则的“九二共识”；正因为“中华民国宪法”规定的领土主权范围涵盖大陆，才使得两岸双方有了“大陆和台湾同属一个中国”这个最大交集；正因为国民党坚持“中华民国宪法”才使得两岸协商谈判有了共同的出发点和落脚点。因此，大陆方面虽然在整体上不承认“中华民国宪法”，但也不容许其关于“一中”的内容被修改，以避免导致“两个中国”的“法理台独”。[①] 回顾陈水扁主政时期，民进党从事“法理台独”活动，大陆方面最担心的就是“中华民国宪法”所规定的“国号”被变更或出现“台独制宪”问题。在这种情势下，大陆方面反对“法理台独”，实际上变成了反对民进党的“制宪”与修改“中华民国”的“国号”，于是大陆方面转身成为“中华民国宪法”的捍卫者。[②]

在不可能采取暴力革命手段的情况下，“台独”势力只能寄希望于疆域缩限和“国号”变更来实现“法理独立”。于是，“中华民国宪法”对“一个中国”和领土疆域的界定就成为“法理台独”的最大法律障碍，“中华民国宪法”所包含的“一中”价值也就显得格外重要。于是，“台独”与反“台独”之争就演化为废除与捍卫“中华民国宪法”之争。“中华民国宪法”何去何

① 萧元恺著：《台湾问题：政治解决策论》，香港，三联书店有限公司，2010年版，第76页。

② 文久：《“中华民国”：中国最大政治悬案》，载香港《广角镜》，2004年10月号，第10页。

从？如何面对“中华民国宪法”问题，成为统“独”较量的一大焦点。[①]

另外，为了遏制“台独”分裂活动，大陆不仅对“中华民国宪法”仍然存在的论调保持沉默，而且还承认台湾当局依据“中华民国宪法”制定的法律。那么，仅承认其法律而不承认“宪法”，这一行为在法理上如何解释？从现实操作层面看，大陆秉持有限承认原则，即只承认其私法领域的法律，而不承认其公法领域的法律，这的确是一个相当矛盾的重大法律与政治问题。除此之外，大陆对台湾当局的部分司法判决开始予以承认，那么司法承认是否意味着承认作出判决所依据法律的承认（即立法承认）？因为如果法律是非法的、无效的，那么司法机关适用这些法律所作出的判决或裁定也应该是非法的、无效的。

综上可见，大陆在处理“中华民国宪法”问题时采取了策略性应对的方式，虽未作出正面承认，但也未强烈反对。未反对并不意味着默认，这是一种权宜之计的模糊策略。从实际效果来看，大陆的工具化处理方式也存在着自我冲突之处，这一矛盾常常成为台湾方面用以攻击的把柄。但是，倘若我们撇开价值层面，单单从事实层面来看，这也无可厚非，因为这是政治问题，只能政治处理。

（二）大陆对“中华民国宪法”态度的前后变化及评议

1. 大陆对“中华民国宪法”态度的前后变化

随着 1949 年中华人民共和国的成立，大陆方面认为“中华民国宪法”已随着“中华民国”的被推翻而被废止，所以一直不承认“中华民国宪法”仍然存在。至陈水扁主政时期，“中华民国宪法”却变成了大陆方面捍卫“一个中国”的重要工具。当时台湾方面正积极推动“法理台独”，而所谓“法理台独”其实就是通过“修宪”或“制宪”的方式使“台湾独立”具有“宪法”依据。尽管“中华民国宪法”在两岸政权之争时期成为大陆坚决打击和否定的对象，但由于“中华民国宪法”包含着台湾与大陆的“一中”连结，在大陆的管辖权不能直接及于台湾地区的情况下，“中华民国宪法”就成为大陆方面反对“台独”、捍卫“一中”的重要凭藉和“理论武器”。于是，在如何对待“中华民国宪法”的态度问题上，大陆方面陷入了尴尬的两难境地：倘若

① 文久：《“中华民国”：中国最大政治悬案》，载香港《广角镜》2004 年 10 月号，第 7 页。

承认“中华民国宪法”，则担心会造成“两个中国”；倘若不承认，则又担心民进党将这部仅存“一个中国”名号的“宪法”废除掉，变为“台湾共和国宪法”。需要澄清的是，大陆捍卫“中华民国宪法”的目的是为了捍卫其包含的“一中”价值，而不是为了捍卫“中华民国宪法”本身。但是，“一中”价值的载体是“中华民国宪法”，故大陆在主观上捍卫“一中”价值的同时，也就在客观上捍卫了“中华民国宪法”。这也就是大陆对“中华民国宪法”的态度前后变化不一的主要原因。因此说，大陆在反对“法理台独”时捍卫“中华民国宪法”，但并不意味着其认同、承认或接受“中华民国宪法”。

纵观两岸关系发展的六十余年，可以将两岸之争划分为“政权之争”和“主权之争”两个时期。两岸在政权之争时期，主要是一个中国内部两个政权之间的“法统”之争，不存在挑战一个中国原则的问题；但主权之争时期，则主要是“一个中国”与“两个中国”（或“一中一台”）之争，其与政权之争的性质、危害均不相同，直接挑战了中国的主权和领土完整。大陆方面在这两个时期对“中华民国宪法”的态度是不一样的。

2. 大陆态度变化所围绕的“主轴”

通过分析大陆对“中华民国宪法”前后不一的态度，不难发现其中的规律，即大陆方面始终以国家统一和领土主权完整为最高利益和处理两岸关系的最高原则。

在两岸之间存在政权之争的时代，中国的国家主权和领土完整并未受到挑战，两岸所争夺的是由何者来代表中国行使主权，即主权行使权之争。在政权之争的框架内，“中华民国宪法”是对方政权合法性的象征，所以，为了证明己方的法统地位，大陆方面自然不承认“中华民国宪法”的合法性和有效性。但在台湾岛内出现“法理台独”后，原来双方围绕着中国的代表权问题而展开的主权行使权之争，由矛盾主要方面逐渐转化为矛盾次要方面，而台湾领土的主权所有权之争则上升为矛盾主要方面，这时国家统一和领土主权完整受到严重挑战。在“主权行使权之争”已经演化为“主权所有权之争”的情况下，大陆方面的一切对台工作都必须服务和服从于反对“法理台独”这一工作大局。鉴于内含“一中”价值的“中华民国宪法”已成为大陆和台湾拥统力量反对“台独”的连接点，且能在维护“一中”方面发挥某些积极功效（即可以成为制约“法理台独”的理论武器），于是大陆方面出于维护国家主权和领土完整的考虑，开始对“中华民国宪法”进行某种程度上的维护、利用和捍卫。

上述梳理表明，大陆处理涉台事务不仅具有坚定的原则性，而且还具有高度的灵活性。就像历史上的国共两党在第二次国内革命战争时期，在国家主权尚未受到挑战时，国共两党势不两立；但到了抗日战争时期，中国的国家主权和领土完整受到了严重挑战，国共矛盾成为矛盾的次要方面，中日民族矛盾上升为矛盾的主要方面，于是国共联手一致抗日。矛盾的主次方面是可以相互转化的，故所采取的应对策略也是有变化的。需要注意的是，虽然大陆对“中华民国宪法”的态度前后有所变化，但背后的主轴（即以是否有利于维护和实现国家主权的统一为研判是非以及应持立场的根本标准）始终未变，大陆始终反对“中华民国宪法”，只是在不同阶段反对的程度有强弱之分而已。

3. 如何看待大陆前后不一的态度

对于“中华民国宪法”，大陆方面曾先后采取过“反对—捍卫—不否认也不承认”等不同态度。针对大陆前后不一的态度，各方褒贬不一。有人认为，大陆方面不能完全从功利主义角度出发，当以从长计议，通过深入研究，建构相对稳固的表述，并确立持久的、鲜明的态度。诚然，这种看法不无道理，但事实上已经脱离实际。那么该如何看待大陆态度的前后不一？笔者认为，要正确看待这种变化，需要区分问题的性质。“中华民国宪法”问题是政治问题而非学术理论问题，其讲究的是“利害”而非“对错”。而随着时空的变化，其利害是发展变化的，在这个时期对我方有利的东西，到另一个时期可能对我方有害，我们当然会根据利害变化而有所取舍和调整。之所以有学者质疑大陆态度的前后不一，是因为他们将“中华民国宪法”这一政治问题当作了学术理论问题来对待和衡量。诚然，政治问题需要学术理论的支撑和论证，但其本身不是学术理论问题，切莫混淆。可见，厘清“中华民国宪法”问题的性质，有助于我们正确地对待和处理这一问题。需要指出的是，目前“中华民国宪法”已被高度政治化、意识形态化，其已经成为台湾方面用来佐证“中华民国”仍然存在的依据。在此语境下，台湾要求大陆对该“宪法”作出一般意义上的承认，难度可想而知。

大陆对于“中华民国宪法”的态度，从表面上看，带有某种程度的实用主义和工具主义色彩，但从其实质来看，是以大局为重，将国家统一和领土主权完整置于最高地位，并将一切对台工作服务并服从于这一原则。因此，如果不影响国家统一和领土主权，可以继续对“中华民国宪法”秉持“不否定”态度。今后大陆处理该问题也仍以是否有利于维护和实现国家统一及中华民族的伟大复兴为判断依据，一切以时间、地点、条件为转移。在不同发展时期或阶段，所面临的情势、矛盾和任务均不相同，对于“中华民国宪法”所采取的态度和作法也就有所不同。

三、如何看待台湾所谓的“中华民国宪法”

（一）“中华民国宪法”缺乏正当性

尽管台湾方面（国民党）坚持“中华民国宪法”，但该“宪法”本身存在的问题使其正当性备受质疑。在“动员戡乱”时期，台湾当局视中共政权为“叛乱团体”，因此不承认大陆中华人民共和国宪法的合法性，并坚持反攻大陆，恢复“中华民国宪法”在全中国的实施。然而，1991 年台湾当局宣布了废止“临时条款”，此举措在法理上的政治意涵是，放弃了推翻中华人民共和国及其宪法的努力，隐含着承认中华人民共和国宪法不再是“伪宪法”的意蕴。但需要注意的是，国民党于 1948 年 4 月制定、实施“临时条款”，意味着在代表中国正统性的“中华民国宪法”下，不容许在“中华民国宪法”颁行的领域内（即全中国）另行颁布任何其他的“宪法”，亦即不容许任何法律法规超越该“宪法”，如此方能维持所谓“中华民国宪法”的“最高性”。从法理上说，1991 年“临时条款”被废止后，台湾当局自称“中华民国宪法”为一部颁行于全中国的“宪法”之说辞就更加站不住脚。在两岸“法统之争”时期，随着中华人民共和国宪法“法统”地位的确立，台湾方面所谓的“中华民国宪法”就日益丧失了代表全中国的正当性，而其容忍中华人民共和国宪法对其进行挑战的事实，也使得台湾当局自己变成了中华人民共和国宪法下的叛乱团体。

另外，“中华民国宪法”第四条规定，“中华民国之领土，依其固有之疆域，非经国民大会之决议，不得更改之”。就该条所指的领土范围来说，包括外蒙古、大陆地区和台澎金马。然而，“中华民国宪法”实际实施范围仅及于台澎金马。有鉴于此，有台湾学者指责“中华民国宪法”在领土方面存在虚伪性。[1]此点由“司法院大法官会议解释字328号解释”得到确认。该解释认为，“国家领土之范围如何界定纯属政治问题；其界定之行为，学理上称之为统治行为，依权力分立之宪政原则，不受司法审查。‘我国宪法’第四条规定，‘中华民国之领土依其固有之疆域，非经国民大会之决议，不得更改之’，对于领土之范围不采列举方式，而为概括规定，并设领土变更之程序，以为限制，有其政治上及历史上之理由，其所称‘固有之疆域’究何所指，若予解释，必涉及领土范围之界定，为重大政治问题，本件声请，揆诸上开说明，应不予解释”。[2]

（二）“中华民国宪法”的“反独”价值

根据“中华民国宪法”，台湾当局不承认大陆政权为一个“国家”，无法适用与其他国家保持关系的法律架构。[3]这样有助于维护“两岸一中”架构，具体分析如下：

第一，该“宪法”虽会强化台湾主体性意识，但大体上仍维持着“两岸一中”架构。具体说来，原因有三：一是“中华民国宪法”经过七次“增修”后，虽然其“一中宪法”的性质已经松动，但其关于领土范围的规定证明其仍是一部“一中宪法”，是维持两岸同属一中的重要连结。这也是大陆强烈反对民进党妄图修改或重新制定“宪法”的主要原因。二是“中华民国宪法”在台湾地区发挥着重要的规范作用。台湾当局对它进行了七次“增修”，台湾“司法院大法官会议”也针对它在实施过程中的各种问题进行了600多次司法解释，这足见它在台湾地区的重要性。三是“中华民国宪法”在目前两岸互动中发挥着某些“正向”作用。目前国共及两岸双方交流的政治基础是“九二共识”，而国民党之所以承认“九二共识”则是因为其坚持“中华民国宪法”，因此，“中华民国宪法”为两岸互动提供了“宪法一中”的政治基础。

第二，该“宪法”是目前大陆在岛内反对“台独”、维护统一的重要凭藉。具体说来，原因有三：一是在目前大陆的管辖权在事实上尚未及于台湾的情况下，大陆方面若想遏制“台独”就必须依靠岛内的政治力量，而“中华民国宪法”则是他们重要的“法理武器”。二是“中华民国宪法”规定的

---

① 胡庆山著：《台湾地位与公法学》（上册），台北，稻乡出版社，2006年版，第65—66页。

② 李惠宗著：《宪法要义》，台北，敦煌书局，1999年版，第54页。

③ 萧元恺著：《台湾问题：政治解决策论》，香港，三联书店有限公司，2010年版，第82页。

领土主权范围与中华人民共和国宪法规定的领土主权范围是重叠的，这种对于“一个中国”的认定是岛内“台独”的重大障碍。李登辉、陈水扁主政时期曾先后提出“两国论”“一边一国论”，但仅限于领导人的政治表态，并未上升至法律层面。根据“中华民国宪法”，中国的主权仍然是完整的，虽然期间也经历了政党轮替，但这一“宪法”事实并未改变。[①] 三是台湾所谓的“中华民国宪法”规定大陆和台湾同属一个中国，尽管国号是“中华民国”，但却不折不扣地维护了“一个中国”。该文件也是大陆方面在法理上宣称两岸同属“一中”的重要依据，默许这个“一中框架”法律文件以及法律体系的存在及运行，对于维持两岸和平、维护“法理一中”具有非常重要的作用。

第三，该“宪法”蕴含着“未来统一”的价值。首先，“中华民国宪法”是一部“统一宪法”，其增修条文的前提是“为因应国家统一前之需要”，应利用“中华民国宪法”的“一中”精神和主张“中国”、“一个中国”和“终极统一”等积极元素来维护和实现未来统一。其次，这部“宪法”虽有“在统一之前”的表述，但也承认该“宪法”仅在台湾地区运作，且两岸暂时处于“分裂分治”状态。只有承认两岸暂时“分裂分治”，才有两岸将来走向“统一”的问题，这正是两岸统一的法理缘由。

诚然，“中华民国宪法”在特定时期具有某些正向价值和意义，但不能无限放大这种价值和意义。随着未来两岸关系的发展，其负向作用会逐步显现并呈扩大态势，到了一定阶段其必会成为我们实现统一的重要障碍。从台湾方面来看，“宪法”是台湾主体性的标志性要素，是其政权合法性的重要象征，具有强烈的政治符号意义。台湾当局及其民众对该“宪法”的长期坚持，将增加未来统一谈判中台方跟我方讨价还价的筹码，进而增加两岸统一的难度。

总之，“中华民国宪法”问题是一个政治问题，必须坚持按照政治问题的要求和标准（即是否有助于维护和实现国家统一）来对其进行评判。以此标准来看，前期其积极作用和消极作用并存，后期其消极作用凸显，积极作用衰微。

① 萧元恺著：《台湾问题：政治解决策略》，香港，三联书店有限公司，2010 年版，第 129 页。

四、未来处理“中华民国宪法”问题的思路探讨

如何在一个中国的原则下，界定清楚台湾所谓“宪法”及法律制度在全中国（包括大陆和台湾）的宪法与法律体系中的地位和作用，解决两岸在这一问题上的分歧，是一个极具现实意义的研究课题。笔者认为，未来对“中华民国宪法”的处置，具体可分为以下两个阶段来进行：

（一）两岸统一前的处理方案

在两岸统一之前大陆方面不会承认“中华民国宪法”。因为在这一时期，“中华民国宪法”常常被台湾方面用来诉求“主权独立”地位，强调台湾当局作为历史上“中华民国”的延续状态，用以佐证所谓“中华民国”是与中华人民共和国具有对等地位的政治实体。在这一情形下，倘若大陆方面承认“中华民国宪法”，就意味着承认了“独台”，这不仅会给未来的统一增添诸多障碍，甚至会导致“两个中国”。当然，大陆也不会完全否认“中华民国宪法”，因为毕竟其有助于维护一个中国框架，是两岸展开政治谈判的重要基础之一。因此，鉴于“中华民国宪法”的阶段性价值，大陆对其既未承认，也未否认，而是采取了沉默的态度。

但是，保持沉默并不等于默示承认，更不等于明示承认。从法理上说，承认有明示承认和默示承认、法律承认和事实承认之分。就“中华民国宪法”而言，大陆方面不会作出明示或法律承认，但是否可以对“中华民国宪法”作出默示承认或事实承认？很多人认为，大陆可以抱此态度。笔者认为，这种观点主要与对承认及其法律后果缺乏深刻认识有关。虽然默示承认和事实承认的承认程度不及明示承认和法律承认，但均是承认的类型之一，均是法律行为，其体现出来的意思是“接受”对方的论述，只不过是接受程度相对较低而已。既然是法律行为，就会产生相应的法律后果，并承担相应的法律责任。然而，沉默并非意味着默示承认或事实承认，两者之间并不存在必然联系。因为沉默仅仅是一种态度，而不是法律行为，所以其不会产生相应的法律后果和责任。大陆对“中华民国宪法”保持沉默，所体现出来的意思仅

仅是“认知”或“体谅”，并不表明大陆承认或接受“中华民国宪法”，因而无须承担相应的法律后果和责任。同时，大陆的沉默亦表明，大陆虽然不承认“中华民国宪法”，但尚未达到直接反驳或正面否定台湾方面关于“中华民国宪法”论述的程度，暂且可以忍受。①

另外，虽然大陆对“中华民国宪法”在整体上不会给予默示承认或事实承认，但是否可以只对其含有“一中”价值的部分内容作上述承认呢？就目前而言，大陆尚未就其部分内容作默示承认，仅仅是沉默、体谅或认知；至于今后随着两岸关系的发展，能否对其“一中”价值部分由沉默上升到默示承认或事实承认，则取决于未来两岸关系发展的程度和水平。值得注意的是，即便大陆在条件成熟时可以对“一中”价值部分作出默示承认或事实承认，这也只会是一种时间序列上的阶段性承认和内容上的部分性承认。②届时，可以对“中华民国宪法”中有利于维护“一个中国”的内容予以肯定，对其不利于“一个中国”的内容予以保留，这种部分性承认类似于国际法上的“保留”制度，在法理上完全说得通。

（二）两岸统一阶段的处理方案

自20世纪80年代以来，大陆方面一直主张将“一国两制”作为统一后的架构安排。按照大陆官方的原先表述，统一后将由全国人大制定类似香港基本法和澳门基本法的“台湾基本法”作为台湾地区的“宪制性法律”。对此，台湾方面坚决反对，明确拒绝大陆方面提出的“一国两制”模式，认为这是“中央对地方”的垂直统一模式，不能接受将“中华民国宪法”改为“台湾基本法”。那么，大陆方面该如何应对？尽管未来如何处理“中华民国宪法”是统一后制度安排的组成部分，但不能忽视大陆关于统一后制度安排的设计给台湾民众对两岸统一意愿造成的影响。各种民调结果显示，在统一后的制度设计中，如果不能妥善安排和处理所谓的“中华民国宪法”，事实上会直接影响到未来台湾民众对两岸统一的意愿。一个让台湾民众可接受的处理方案，可以对两岸统一形成召唤力，为两岸统一注入正能量。基于这样的

---

① 由于以上这两类行为带有表面上的相似性，所以很多人将他们混淆起来，导致许多误解或错误。我们进行了这样的区分之后，对于认清大陆对“中华民国宪法”的态度，具有积极意义。

② 这里的部分性承认，是指有限事实默认。具体来说，其包括以下几个要素：一是默示承认，而非明示承认；二是事实承认，而非法律承认；三是有限承认，而非全面承认。以上三个要素综合起来，即是有限的、事实的、默示的承认。

考虑，笔者在此进行理论上的设想。

未来处理“中华民国宪法”的方案，必须与未来统一方式选择相挂钩。从统一双方的关系来看，未来统一方式无非有三种情形：一是大陆统一台湾，二是台湾统一大陆，三是大陆和台湾“谁也不吃掉谁”，双方共同走向统一，共缔新国家。在这三种统一模式中，第二种统一模式涉及到对大陆“中华人民共和国宪法”的处理方案，而不涉及“中华民国宪法”的处理方案，并且这种情况几乎不可能出现，故是一个假命题。第三种统一模式是两部“宪法”共同走向终结，重新共同制定新的国家宪法，也不涉及对“中华民国宪法”的处理问题。可见，上述三种统一方式中，只有第一种方式才涉及如何处理“中华民国宪法”问题。在这种情形下，理论上应有三种具体的处理方案：一是取消，二是保留，三是改造后保留。

目前要回答将来会采取何种处理方案，主观臆想的成分的确多了一些。因为将来采取何种处理方案，要取决于未来两岸关系发展的情势、力量对比等多重因素，需要经过两岸的谈判与协商，所以目前难以预测未来会采取何种方案。但是，这并不妨碍我们做一些理论上的假设和推演，分析每个方案的实施条件和利弊，以深化对选择方案及其实施的认识。基于此目的，特作如下分析：

方案一：取消。该方案主要基于以下两点：其一，倘若不取消所谓“中华民国宪法”，很容易导致台湾民众对所谓“中华民国”的依归和怀恋。从历史上看，政治符号具有凝聚人心的作用，为减少未来治理台湾的成本，可以考虑直接取消。其二，“台独”势力触碰大陆动用武力的底线，大陆在通过武力解决台湾问题后，直接取消的可能性较大。

方案二：保留。因为“中华民国宪法”载有“中华民国是一个主权独立国家”，以及其领土范围包括大陆地区和台湾地区等内容，此类内容在未来统一时必须予以取消或更改。倘若对“中华民国宪法”原封不动地予以保留，两岸统一就不能称之为真正意义上的“统一”。反过来说，既然是统一，也当然不可能原封不动地保留原来的制度和法律。所以，未来采取这一方案的可能性较小。

方案三：改造后保留。在两岸统一之前，大陆不承认“中华民国宪法”的合法性无疑是正确的选择，但在两岸统一之后，在一个中国框架下，能否允许台湾人民继续沿用“中华民国宪法”这一政治符号呢？按照传统的宪法学和政治学原理，答案应当是拒绝沿用。但如此一来，可能会使一部分台湾人民因长期以来对"中华民国宪法"的习惯或感情而对大陆心怀不满，从而不利于增进对中国的国家认同。所以，在两岸统一之后，为了照顾台湾人民的感情和习惯，大陆方面是否可以允许台湾方面继续保留"宪法"称谓也并非不可以商量。

在上述三种方案中，方案一和方案二在技术上比较直接、简单，笔者在此不展开分析。鉴于方案三"改造后保留"比较复杂且备受各方关注，所以笔者特就其作如下分析：

第一，改造后保留的可能性。两岸统一后是否允许"中华民国宪法"经改造后予以保留，取决于诸多复杂的因素，譬如两岸政治互信的程度、两岸统一的方式和模式、台湾民众的意愿等等。假如届时大陆允许采用这一方案，那么想必主要是出于以下几点考量：其一，台湾民众对"中华民国宪法"抱有深厚感情，保留"中华民国宪法"可以较好地顺应台湾民众的这一心理，以弱化他们对中央政府的不认同心理。其二，台湾民众已养成自觉的"宪政"意识，对"宪法"有一种发自内心的服从意识，改造后保留对于今后台湾的治理和社会稳定不无裨益。其三，改造后保留"中华民国宪法"对于维护台湾法律秩序稳定也有一定意义。从立法角度说，它是岛内普通法律的立法基础和依据，具有"母法"性质，考虑到它在台湾地区长期发挥着"根本法"的作用，经过适当修改，可以允许附条件地保留。其四，由于区域性宪法（如联邦制下的州宪法、中国现代史上的"省宪"）并非是主权国家的标志性元素，因此"中华民国宪法"经改造后保留不会必然影响国家主权完整。未来两岸统一之后，"宪法"也不再具有泛政治化色彩，保留"宪法"称谓并非是一个不可以讨论的问题。① 届时，即便保留"国"和"宪法"等字样，这也仅仅是中国内部一个特殊地方行政区域的政治符号，体现了大陆为照顾台湾人民的历史情感和习惯表达而做出的妥协和让步。"中华民国宪法"虽然可以继续被称为"宪法"，但已不具有宪法的实质意义。

第二，改造后保留的条件和称谓。倘若在两岸统一后实行"改造后保留"这一方案，必须具备以下条件：其一，确立了两岸统一的路线图和时间表；

---

① 与笔者主张的"一国两制"台湾模式新构想相衔接，未来可以再某些前提下来商讨保留"宪法"称谓的问题。

其二，台湾当局的“邦交国”为零；其三，岛内人士不再从事“台独”活动，不再利用所谓的“宪法”来论证台湾的“主权”地位；其四，必须申明改造后保留的“宪法”是区域性宪法；其五，“宪法”的名称必须要改变，至少要改造，不能直接称为“中华民国宪法”。那么，其具体名称叫什么？笔者建议，可以考虑称为“台湾特别自治区宪法”。当然，其他不与一个中国框架冲突的称谓，也可以进一步讨论。

第三，区域性宪法的涵义。政治学和宪法学界认为，联邦制国家里有全国性宪法（联邦宪法）和区域性宪法（州宪法）之分，出现多部宪法并存的局面，而单一制国家里通常只有一部宪法。但是，通过历史考察可以发现，并非所有的单一制国家都只有一部宪法，有时单一制国家也存在两部或两部以上的宪法，如中国现代史上出现的“省宪”。基于联邦制国家的州宪法和中国历史上“省宪”的经验，笔者主张在“一个中国”的前提下，可以在两岸统一后将“台湾特别自治区宪法”界定为区域性宪法。为了更好地理解区域性宪法的涵义，需要注意以下区分：

其一，区域性宪法与“台湾基本法”的差别。从性质和效力范围上看，“台湾基本法”是全国性基本法律，而区域性宪法是台湾地区的“小宪法”。从制定主体来看，“台湾基本法”由全国人民代表大会制定，而区域性宪法由台湾民意机关制定。这里的“区域性宪法”带有联邦制国家里“州宪”的性质，承认其为“区域性宪法”，并不意味着承认其为主权国家，就如同联邦制国家的州，有自己的宪法，但并不影响联邦国家的统一和完整。在这里，我们可以借鉴联邦制国家的经验，使我国的单一制带有复合制的某些特点，从而具有更大的包容性。所以，无论是从法的性质、效力抑或制定机关来看，区域性宪法都不同于“基本法”。

其二，区域性宪法与“中华民国宪法”的差别。两者在法理上的管辖范围不同，前者的法理管辖范围是台澎金马地区，后者的“法理”管辖范围（备注：台湾方面自我声称）除了台澎金马地区，还包括大陆地区和外蒙古（当然，实际管辖范围仅及台澎金马）。两者的性质也不相同，前者是一部区域性宪法（类似联邦制国家的成员单位的宪法），不再与“主权国家意义上的中华民国”相挂钩，仅仅是“延续历史称谓”而已；后者是一部“全国性宪法”，是用以佐证“中华民国”仍然存在及其“合法性”的工具。

这里需要澄清的一个问题是，如果承认经改造后保留的“中华民国宪法”

为区域性宪法，是否此后为“台独”提供了方便？因为法理“台独”就是改变“中华民国”的疆域范围。事实上，上述担心忽视了对台湾作出“区域性宪法”承认的条件是，统一之后必须将台湾的国防、外交等权力上交中央政府或者联合组成的部门来行使，这就掏空了“台独”的政治基础。事实上，这一作法是借鉴了联邦政府与成员政府（通过宪法）职权划分的经验，既能维护和实现国家统一，又能保持地方自主和自治，且不会为“台独”留下可以利用的空隙。

综上所述，对于“中华民国宪法”的处置方案，可以分阶段实施。在目前阶段，它是台湾当局用来佐证“中华民国”存在的政治符号，是为其“两府”“两国”说帖服务的，其当下所谓“宪法”与其所谓“国家”定位紧密联系在一起，所以，出于维护“一个中国”的政治立场，大陆不会承认所谓的“中华民国宪法”。待将来两岸统一后，可以考虑将“区域性宪法”作为处理方案的选项之一。

五、余论：宪法与国家的应然关系及其在两岸关系中的错位

从学理上说，宪法是中央政权的标志性元素，而非主权国家的标志性元素。从国际法的角度看，制宪与政府更迭有直接关系，随着政府的更迭，宪法会被不断地重新创制。虽然宪法的重新制定意味着政府（广义上的政府，即中央政权）的更迭，但并非意味着国家的存废。另外，宪法是中央政府的构成要件，在承认政府的同时，也就承认了宪法的合法性。有时对国家作出承认时，也就对政府作出了承认，但不直接对政府的宪法作出承认，因为宪法属于内政，国际法不加干涉。所以，将宪法视为主权国家的代名词，在学理上并不成立，属于很多人的误解。就“中华民国宪法”而言，随着 1949 年中华民国被推翻，其也随之被废除，但“中国”这个国家仍然存在。

从政治学的角度看，制宪与国家的国体直接有关（制宪表明国家政权的性质发生了根本变化），而与国家的国际法人资格没有直接关联，换句话说，制宪主要是解决内部的人民主权问题，而不解决外部的国家主权问题。倘若

是一个君主专制国家，其有国家主权，但没有人民主权，通常也就不会有什么宪法；即使有宪法，也不是真正现代意义上的宪法。在种属关系意义上说，国家是一级概念，中央政府则是国家之下的二级概念，宪法则是中央政府之下的三级概念。所以说，宪法与中央政府有直接联系，而其与国家则通过中央政府存有间接联系。

单从学理意义上讲，宪法既不是国家构成的充分条件，也不是必要条件。有宪法的政治实体并非一定是国家，比如联邦制国家的成员单位虽有宪法，但其不是国家。即使主权国家，也并非一定有宪法，绝大多数君主制国家就没有宪法。况且即便有宪法文件也未必称为宪法，如德国就称“基本法”。所以说，宪法仅仅是现代民主国家的一个重要元素，充其量是一个标志性元素。从这一角度来说，宪法承认并非意味着国家承认。但具体到两岸关系而言，情况并不那么简单，这是因为，如上所述，“中华民国宪法”中直接载有“中华民国是一个主权独立国家”的内容，倘若承认该“宪法”，则意味着承认“中华民国”仍然存在。另外，在目前两岸关系中，“中华民国宪法”一词已被高度意识形态化，两岸民众均已在事实上将“中华民国宪法”与“中华民国”“中华民国政府”等同了起来，经常将“中华民国宪法”作为“中华民国”的代名词来使用。在台湾方面看来，维护“中华民国宪法”是佐证“中华民国”仍然存在的重要组成部分，由此我们不难理解台湾方面坚决维护“中华民国宪法”的缘由所在。事实上，大陆方面也将否认“中华民国宪法”视为否认“中华民国”存在的重要组成部分。在两岸双方看来，承认“中华民国宪法”就是承认“中华民国”。这种推理尽管在学理上并不严谨，但在两岸之间的互动实践中已成为人们的定式思维。在这种思维逻辑下，宪法亦在某种程度上超越了其原本的中性价值和学理意义，而成为一个具有特定政治意涵的高度敏感的政治名词。在这种情况下，对待“中华民国宪法”就应慎重，不能简单地从学理出发，还必须结合目前两岸之间特殊的政治生态背景来作判断，否则就会带来意想不到的政治和法律后果。从这一角度讲，未来对“中华民国宪法”的处理，需要等待两岸关系发展到一定程度，对其进行“去政治化”“脱敏化”之后，才有可能得到实现。在此之前，“中华民国宪法”很难得到大陆的承认。

宪法与国家的应然关系为将来两岸协商解决“中华民国宪法”问题留下了一定的空间，但是两岸将“中华民国宪法”意识形态化的作法又使得目前大陆方面在“中华民国宪法”问题上不敢有所松动或让步。两岸要务实、客观面对“中华民国宪法”，待两岸在“宪法”方面的意识形态对抗消失之日，可能就是两岸和平统一之时。从这样的视角来看，“中华民国宪法”问题的处理和解决绝非短期内可以实现。

第十二章　定位症结（三）：台湾“国际活动空间”问题

台湾“国际活动空间”是继“中华民国”和“中华民国宪法”问题之后，影响两岸关系发展的又一个重大问题。该问题极其复杂，涉及面广，历来为台湾社会所高度关注，也是多年来引发台湾民众对大陆强烈不满的重要因素。在目前台湾社会，尽管蓝绿两大阵营在许多问题上存在着重大分歧和对抗，但在台湾“国际活动空间”问题上的主张和态度却高度一致。对于大陆方面来说，如何应对台湾方面的“国际活动空间”诉求，确实是一个非常棘手的问题。大陆领导人对此极为重视，曾多次就两岸协商解决台湾“国际活动空间”问题作出表态和部署。①

① 2002年11月8日的中共十六大政治报告指出，在一个中国的前提下，“可以谈台湾地区在国际上与其身份相适应的经济文化社会活动空间问题”。在中共十七大政治报告中，构建两岸关系和平发展框架的设想被正式提了出来。《两岸和平发展共同愿景》里也指出：将在促进恢复两岸协商后，讨论台湾民众关心的参与国际活动的问题，包括优先讨论参与世界卫生组织活动的问题。2008年12月31日，胡锦涛在纪念《告台湾同胞书》发表三十周年的讲话中，在重申“一中”立场的同时，对台湾参与国际组织活动一事，明确表示“可通过务实协商做出合情合理安排”，前提是不造成“两个中国”“一中一台”。他认为，“两岸在涉外事务中避免不必要的内耗以有利于增进中华民族整体利益”。由此可见，大陆官方对这一问题高度重视。

一、相关问题的法理分析与理论阐释

两岸在台湾“国际活动空间”问题上的博弈和对抗，源自双方关于两岸政治关系定位的分歧，是两岸政治关系定位分歧在国际社会的延伸。

（一）两岸平等不能延伸至国际社会

1. 对内、对外主权行使权的不同特性及其对处理两岸关系的意义

对内主权行使权和对外主权行使权是一个完整主权行使权不可分割的两个方面，两者既有联系又有区别。对内主权行使权是对外主权行使权的前提和基础，对外主权行使权是对内主权行使权的进一步延伸。但是，对外主权行使权有自身的相对独立性。两者的区别具体表现在：对内主权行使权主要体现为对内管辖权，是可以分割（主动分割不具有危害性，而被动分割则具有危害性）、可以转让的，权力主体可以多元；而对外主权行使权主要体现为对外代表权，是不可分割、不可转让的，权力主体必须单一。

在对内主权行使权的意义上，有完全主权政府与不完全主权政府的区分。但在对外主权行使权意义上，只有一个主权政府，没有完全主权政府与不完全主权政府的区分，这是由对外主权行使权的唯一性、排他性决定的。从国际法上看，一个国家只能有一个政府来代表，即便联邦制国家也是如此，通常由联邦政府统一行使对外代表权（其核心内容是外交权），所以联邦本身构成一个统一的国际法主体，而联邦成员国（州）一般不是国际法主体。例如美国的联邦是唯一国际法主体，各州均不是国际法主体。但是，联邦成员单位的国际地位，各国的情况有所不同。不过，原苏联的情况有所例外，事实上，除了乌克兰和白俄罗斯由于特殊历史原因于 1945 年成为联合国创始会员国外，其他加盟共和国均未加入联合国。此外，德国和瑞士等联邦制国家，根据宪法规定，其下辖各州可以就某些地方性事务与外国签订协定。近年来，加拿大的魁北克有权同法国及其他法语国家签订有关文化方面的国际条约。但一般认为，这些联邦成员单位虽享有部分对外交往权，但却不是国际法主

体。[①] 即便个别联邦制国家的成员单位享有部分对外交往权，这也不是按照国际法，而是根据国内法（特别是宪法）所享有的。[②] 在这个意义上说，尽管目前两岸并不存在划分和配置台湾当局部分对外交往权的共同宪法，但台湾当局要取得“外交权”之外的部分对外交往权，必须与大陆方面积极协商，得到大陆方面的理解和同意；否则便无法取得。

厘清对内主权行使权与对外主权行使权的关系，对于我们观察、分析和处理两岸政治关系具有积极帮助。就处理两岸关系而言，必须注意区分两岸之间（中国内部）的对内主权行使权与在国际社会（中国外部）的对外主权行使权的不同。在中国内部（两岸之间），尽管出现了主权所有权与主权行使权的被动分离，但这种分离不能延伸到国际社会，否则会导致“一国两府”或“两个中国”，所以大陆对台湾当局所谓的“邦交关系”坚决不予承认。分析至此，笔者认为，在中国对内主权行使权问题上，大陆方面可对台湾当局目前正在行使的权力性质在主权行使权（而非主权所有权）层次上作事实上的承认，而不可以作法律上的承认；而在中国对外主权行使权问题上，大陆方面对台湾当局目前正在行使的权力性质在主权层次上既不可以作事实上的承认，也不可以作法律上的承认。因此，两岸之间的对内主权行使权经由两岸协商同意，可以分享[③]；而中国在国际社会的对外主权行使权，只能由两岸共享，而不能彼此分享。大陆和台湾既然同属于一个国家，必须坚持中国之国际法主体的唯一性，否则就不是一个中国，而是“两个中国”了。我们厘清对内主权行使权（对内管辖权）与对外主权行使权（对外代表权）的不同，有助于我们更好地把握和处理两岸政治关系，特别是能在国际社会更好地维护一个中国、妥善处理涉台外交事务。

从中国（两岸）对内主权行使权的状态来看，大陆政府在法理上是完全主权政府，但在事实上为不完全主权政府，因为它目前不能实施对台澎金马地区的有效管辖权。[④] 从中国（两岸）对外主权行使权的状态来看，大陆政

---

① 端木正主编:《国际法》，北京，北京大学出版社，2000 年版，第 66—67 页。

② 通常来看，国际法和国际政治并不关注国家内部的主权配置状况，只关注由何者来代表这个国家。至于国家对内主权行使权的归属和配置，那是国内政治范畴的问题。

③ 譬如，可以借鉴联邦主义的精神来处理两岸统一后的关系。参见王英津:《关于“一国两制”台湾模式的新构想》，载《台湾研究集刊》2009 年第 2 期，第 1—7 页。

④ 将来统一的对象是两岸的对内主权行使权，即台湾当局目前在法理上虽不拥有但事实上却在行使的部分对内主权行使权。

府无论在法理上抑或事实上均是完全主权政府，拥有完全的对外主权行使权，因为对外主权行使权的唯一性、排他性便决定了在两岸之间只能作出“非此即彼”式的选择。既然联合国 2758 号决议作出了中国人民共和国政府是在联合国系统里代表中国的唯一合法政府，且在实践中受到主流国际社会的认同，这便在逻辑上和法理上排斥了台湾当局代表中国行使主权的资格。

众所周知，大陆政府是获得国际社会普遍承认的在联合国里代表中国的唯一合法政府，自然拥有对（作为中国一部分的）台湾地区的代表权，正因如此，但凡涉及台湾地区的事务，联合国及各当事国均会与大陆政府沟通协商，并尊重大陆政府的处理意见，这正是大陆政府对台湾地区行使主权的重要表现。事实上，大陆政府也一直在国际社会积极地、主动地行使着台湾地区的代表权，只不过通常是以否定方式（即大陆政府以否决台湾当局在国际社会从事与其身份不符的活动或行为的方式）来行使。但需要指出的是，大陆政府目前对台湾地区实际行使的代表权受到限制而呈现出不完整的状态，因为台湾当局与少数国家尚维持着所谓“邦交”关系，这在事实上妨碍或限制了大陆政府在某些国际场合对台湾地区代表权的直接行使。相较于大陆政府，台湾当局则不具有在国际社会代表中国的资格，实践中也得不到国际社会的广泛承认，尽管台湾当局与二十几个国家保持着所谓“邦交”关系，这不过是藉中国代表权之争来维持其“主体性”的权宜策略，并不表明其在法理上拥有中国的代表权。

在这一框架下，可回答两个问题：一是两岸为何平等交往？两岸之所以平等交往，是由于目前尚无隶属关系，而非两岸为对等的“两个中央政府”。二是为何台湾当局不能在国际社会代表中国呢？这是因为台湾当局并不是中国的中央政府。

2. 两岸之间的平等不能延伸至国际社会

除了两岸之间如何相处之外，还要处理两岸在国际社会的关系，这也是制约两岸政治关系定位的一个重要方面。单单两岸之间如何处理关系就已非常复杂，台湾方面又坚持“两岸对等、内外一致”原则，这无疑增加了两岸政治关系定位的难度。大陆方面强调两岸平等，而非两岸对等。所谓两岸平等是双方在一个中国内部在法律人格意义上的平等，但在中国的对外代表权问题上不能讲平等，倘若舍此不顾而将两岸平等不适当地延伸至国际社会，那就是两个代表权了，这会破坏一个中国框架。诚如大陆学者黄嘉树教授所分析，就大陆方面而言，在“内”即两岸关系领域，可以搁置谁是中央、谁是国家的争议，大陆也已经把对“一中”原则的表述从“老三句”变为“新三句”。但到了“外”即国际领域，大陆就必须坚持中华人民共和国政府是中国唯一代表的立场，坚决反对和抵制台湾当局以“主权国家”身份从事任何活动。因为大陆干预台湾的“外交”行为，是在未统一状态下对台湾行使主权的唯一体现。如果大陆不这么做，无异于在国际社会“自废武功”，其后果是将出现“两个中国”。[①] 仔细研究不难发现，台湾方面的“两岸对等”说辞，不仅主张双方在两岸场合对等，还主张将这种对等延伸至国际社会，[②] 其错误在于将两岸关系等同于两德、朝韩式的“两国”关系。该论述的前提是虚假的，故结论必定是错误的。

（二）2758号决议的“软法”性质及其解决问题的限度

1971年10月25日，在联合国第26届大会上，以76票赞成，35票反对，17票弃权，通过了由23个国家提出的恢复中华人民共和国代表中国的议案，亦即联合国大会2758号决议案。该决议全文如下：“联合国回顾联合国宪章的原则，考虑到恢复中华人民共和国的合法权利对于维护联合国宪章和联合国组织根据宪章所必须从事的事业都是必不可少的，承认中华人民共和国政府的代表是中国在联合国组织的唯一合法代表，中华人民共和国是安全理事会五个常任理事国之一。

决定：恢复中华人民共和国的一切权利，承认她的政府的代表为中国在联合国组织的唯一合法代表，并立即把蒋介石的代表从它在联合国组织及其所属一切机构中所非法占据的席位上驱逐出去。”[③]

1971年联合国2758号决议生效后，两岸哪一方在联合国代表中国的问

---

① 黄嘉树著：《大棋局》，香港，中国评论学术出版社，2013年版，第208页。

② 从效果上看，两岸之间平等协商、互动也是一把“双刃剑”。一方面，不平等则无法开启两岸互动交流的大门；另一方面，长此以往，会强化台湾与大陆对等的主体意识，在某种程度上强化了台湾方面的“国家意识”，增强了他们对“中华民国”的认同。这个问题，需要引起大陆方面的注意。在某个特定阶段，两岸平等互动有积极意义，但长期来看，其负面效果不可低估。这需要正确看待，任何东西都是一分为二的，这也可被视为大陆方面为两岸关系和平发展所要付出的“必要代价”。当然，笔者指出这一问题并非要否定平等协商的价值和意义，而是为了考虑将来如何化解其负面效益。

③ 台湾“中央社”编：《2003世界年鉴》，台北，财团法人中央通讯社，2002年版，第137页。

题得到彻底解决[①]。但是，从联合国与其他国际组织的关系来看，2758号决议仅仅解决了联合国系统（包括联合国和联合国下属机构）的中国代表权问题，而未能直接解决联合国系统之外（如其他国际组织和外交领域）的中国代表权问题。换言之，2758号决议解决了中国在联合国系统的代表权问题，而非在整个国际社会的代表权问题。需要注意，在联合国系统内的代表权问题与在整个国际社会的代表权问题是两个问题。在整个国际社会的代表权问题包括联合国系统内的代表权问题和联合国系统外的代表权问题。这两个问题虽有关联，但并不相同。因为在联合国层面，《联合国宪章》是联合国行动的依照和准则，在联合国宪章视角下的中国代表权的问题是一个法律问题。但在联合国之外的国际社会（特别是国际政治现实）中，中国的代表权问题不仅仅是一个法律问题，而且是一个政治问题。个别国家出于政治层面的考量，无视联合国大会作出的决议，同台湾当局建立了“邦交”关系。正如台湾学者胡庆山教授所分析，从国际法来看，既然联合国已承认中华人民共和国为中国的唯一合法的中央政府，则基于内战关系，台湾当局只能沦为非法的叛乱团体地位，这一点在联合国与其下属的专门机构中早已确定。至于各个国家是否真的如此认定，则是各个国家基于国际政治进行政治性极高的政府承认。[②]这便是为何联合国大会已经作出了2758号决议，却仍有二十几个国家与台湾当局建立“邦交”关系的原因之一。

那么，联合国成员国在联合国系统之外的组织及其活动是否应受2758号决议的拘束呢？众所周知，尽管2758号决议由联合国大会作出，在法理上仅对联合国系统内的国际组织及其活动发挥规范作用，但联合国作为全世界最重要的政府间国际组织，其法律文件尽管不能直接适用于其他国际组织及其成员的活动，但有学者认为其也具有类似“判例法”的性质和效果。作为联合国的会员国，均应遵守联合国大会作出的2758号决议，但由于该决议（国际法律文件）的“软法”性质，决定了其不像国内法那样有一套能确保其

---

① 在通常情况下，由哪一个政府（如联邦政府抑或其他政府）代表该国家在国际社会行使国家主权应由国家内部来解决，然后到联合国代表该国行使主权。但中国目前处于尚未统一状态，双方争夺在国际社会的中国代表权，那么究竟由哪一方来代表呢？在双方不能自行协商解决的情况下，只有付诸第三方——国际社会权威最高机构联合国——来解决，于是才有了1971年第26届联大就中国代表权问题进行表决以及2758号决议的诞生。

② 胡庆山：《台湾的民主化与国家形成之关系——由国际法上的自决权与承认论之》，载《淡江人文社会学刊》，2003年17期，第105—128页。

得以实施的具有强制执行力的机制。为此，国际政治理论大师汉斯·摩根索曾指出：与国内法相比，国际社会呈现无政府状态，不存在一个在主权国家之上的权威机构，不存在集中、统一的立法、执法、司法机构，国际法功能呈现分散特性。国际法要有效地发挥作用，必须取决于各国的国家利益互补以及国家之间权力分配的均衡，但国家利益的分散化、权力分配的不均衡却在不断地起作用，导致国际法难以有效地发挥作用。各国主权独立存在是国际法功能分散的根源，是导致国际法“软法”“弱法”的根源。[①] 汉斯·摩根索对国际法局限性的分析，对于我们正确认识联合国 2758 号决议在国际社会未被有些国家遵守的现实会有所帮助。

国际法的约束力与国际承认（即国际社会对某一现象或事实的承认）之间并非是一个相互制约的关系。外交关系、国际承认包括各种国家间协议，只须两国达成共识，无须第三国或第三方确认，这是国际事务中的基本事实，也是造成国际法是“软法”的原因之一。从国家间关系来说，二十几个“邦交国”使台湾当局在国际社会维持着一定“量”的国际承认。但从联合国等政府间国际组织来看台湾的国际承认为“零”，但部分非联合国系统的政府间国际组织又给了台湾当局一定“量”的国际承认。这些都是 2758 号决议无法约束的。简而言之，2758 号决议只解决了联合国及其下属组织的中国代表权问题，至于联合国之外其他国际场合，该决议就“苍白无力”。

（三）“分别（或平行）代表说”辨析

“分别（或平行）代表说”包括“分别代表中国说”与“分别代表两岸说”两种形式。

“分别代表中国说”即两岸在国际社会分别以中华人民共和国和“中华民国”的名义代表着中国之说辞。1994 年 7 月由台湾陆委会公布的“台海两岸关系说明书”指出：“中华民国政府不再在国际上与中共竞争‘中国代表权’。中华民国政府认为中国只有一个，但台湾与大陆都是中国的一部分，中共不等于中国，在中国尚未达成最后统一以前，两者既处于分治局面，理应各自有平行

① ［美］汉斯·摩根索著：《国际纵横策论——争强权，求和平》，卢明华等译，上海，上海译文出版社，1995 年版，第 350 页。

参与国际社会的权利。”[①] 此处的论述隐含着“分别代表中国”的意涵。

“分别代表中国说”是“平行代表说”的一种形式，其与“两岸主权重叠说”如出一辙，主张两岸当局在国际社会分别代表中国。由于两岸当局所代表的中国在领土范围上相互重叠，致使很多人将其误认为“一中”论述。可见，这种观点具有很大的迷惑性。基于“分别代表中国说”，有人主张两岸彼此在对方使馆或领馆设立己方办事机构，相互保护对方居民在当地的权益。“分别代表中国说”是以“分裂国家”模式来定位两岸政治关系的结果，是两岸对等思维延伸到国际社会的产物，具体有以下两种表现形式：

1. 国际组织中实行“双重会员制”

“双重会员制”或“双重代表权”并非新说辞，早在恢复中华人民共和国在联合国合法席位之前，美国、日本等西方国家曾炮制过这一方案。1971年9月21日的第26届联大召开之前，提交大会讨论的关于中国代表权的提案有三个，其中之一就是由美国、日本等19国提出的“双重代表权”提案，其意图就是使台湾当局和中华人民共和国一起成为联合国的会员国。由于大会在这之前以绝对多数票通过了第2758号决议，决定恢复中华人民共和国在联合国的一切合法权利并立即把国民党集团的代表从联合国一切机构中驱逐出去，承认中华人民共和国政府的代表是中国在联合国组织的唯一合法代表。这一决议就等于直接否认了台湾当局在联合国的代表权的合法性。因此，所谓“双重代表权”提案自然就成了废案。[②] 自此之后的二十多年里，台湾当局并没有放弃“中国代表权”的争夺。然而，自20世纪90年代以后，台湾当局却放弃了过去四十多年来一贯坚持的“己方为代表中国的唯一‘法统’政权”的说辞，试图在联合国凸显台湾当局有别于大陆方面的“国家资格”和“主权地位”，即在联合国制造“一中一台”或“两个中国”，主要目标是以“两国两席”取代“一国一席”。虽然台湾当局表示不反对中国政府在联合国拥有中国代表权，但中国政府绝不会承认台湾当局所主张的“代表中国”的主权地位。反观1971年前的二十多年间，中华人民共和国政府宁愿被“孤立”在联合国之外，也坚决反对“双重代表权”。在其他政府间国际组织中，大陆方面之所以长期缺席，并非完全没有机会进入这些国际组织，而是为了

① 陈志奇主编：《台海两岸关系实录》（上）台北，财团法人“国家”建设文教基金会台海两岸关系研究中心，1998年版，第359页。

② 李铁城主编：《联合国的历程》，北京，北京语言学院出版社，1993年版，第268页。

维护一个中国的原则，宁愿牺牲一些暂时的局部的利益，也要维护这一国家核心利益。台湾部分势力和国际上反华势力企图搞所谓“双重代表权”，其实质是搞“两个中国”。由于大陆方面的坚决反对，这种图谋从来没有得逞过，今后更不会得逞。

2. 对外关系中实行“平行外交”

台湾当局为在“分裂分治”定位下推动“务实外交”，曾任台“外交部长”的蒋孝严于1997年5月22日在比利时布鲁塞尔欧洲议会发表演说时曾阐释说，“分裂分治”下的“平行外交”是不同于“台独”的作法。他说：“我们与中共一样坚持一个中国，只是双方对‘一个中国’的解释不同，我们的立场甚为简单，即一个中国在1949年已分裂，目前仍保持分裂状态，国际社会应承认中国分裂的事实，并视中华民国政府为一有效管辖台湾及其外岛的主权国家。我国的务实外交政策乃是基于接受中共有效统治中国大陆区域、而我国政府管辖台湾地区的事实，我国无意在代表权问题上与中共竞争，在国际关系上中共可代表大陆，我国则代表台湾地区。因此，任何人均无法否认一个中国两个个别政治实体之实际情况，全世界必须务实地面对这一事实”。[①] 尽管蒋孝严区分了“平行外交”和“台独”的不同，但其所谓的不同无非是存在一个形式上的“一中屋顶”，但在这个“屋顶”之下，仍存在分别代表两岸的两个政府，其实质是“一国两府”，这与“两个中国”并没有本质的区别。台湾当局奉行“平行外交”的动机是希求在国际社会为台湾当局谋求“主权国家”地位。

（四）三种代表说辞的比较分析

目前，在两岸关系与中国代表权问题上，主要存在着“己方代表中国说”“分别代表中国说”和“分别代表两岸说”三种说辞。

所谓“己方代表中国说”是指大陆方面坚持由中华人民共和国政府来行使中国的代表权，而台湾方面则坚持由“中华民国”来行使中国的代表权，双方均坚持己方政权是在国际上代表中国的唯一合法政权。该说辞所反映的意涵是两岸均认为世界上只有“一个中国”，但由两岸的哪一个政权来代表中国，彼此之间存有争议。所以，两岸关于“一个中国”的代表权之争属于一个中国框架内两个政权之争的范畴，是两岸法统之争或政权之争在国际社会

---

① 邵宗海著：《新形势下的两岸政治关系》，台北，五南图书出版股份有限公司，2011年版，第342页。

的延伸和表现，故坚持在国际社会奉行“零和外交”和国际组织中的“单一代表权”，反对“双重外交”和“双重代表权”。

所谓“分别代表中国说”是指台湾当局的二十几个“邦交国”承认“中华民国”在国际上代表中国（包括台湾和大陆），而大陆方面的一百七十多个建交国承认中华人民共和国在国际上代表中国（包括大陆和台湾），由于两岸政权所代表的中国在领土范围上相互重叠，故认为两岸政权局的代表权均是合法的。该说辞所反映的意涵是一个中国内部存在着两个代表中国的中央政府，其实质是“一个中国，两个代表权”。美国在 1971 年第 26 届联大讨论中国代表权问题前夕抛出的“双重代表权”方案，就属于这种情形。目前不仅台湾学界有人主张该说辞，而且大陆学界也有人跟着台湾学者主张该说辞，认为这不会导致“两个中国”，这足以表明该说辞具有很强的迷惑性。事实上，该说辞与“主权重叠，治权分立”具有很大的融通之处，其实质是在国际社会搞“两个中国”。

所谓“分别代表两岸说”意指台湾当局（即“中华民国”）代表台湾，中华人民共和国代表大陆，亦即台湾当局不代表大陆，中华人民共和国也不代表台湾。该说辞有两种情形：其一，有虚体“一中”连结的“分别代表两岸说”。譬如，李登辉时期，台湾当局于 1997 年 2 月 22 日发布了“透视‘一个中国’问题”的说帖，其中指出：“自一九四九年中共政权成立起，中国即处于分治的状态。其后由于台北与北京均未统治过对方，所以谁也不能代表对方，当然，谁也不能代表全中国，而只能代表各自有效统治的一部分。据此，我们认为，与其去说‘一个中国’，不如说‘一个分治的中国’，就像现在的韩国、过去的德国或越南一样。”[①] 该说辞主张“双重外交”（即大陆可以与台湾的“邦交国”建立外交关系，台湾也可以跟大陆的建交国建立“邦交”关系）和国际组织中的“双重代表权”，其实质是“一个中国，有两个对等政治实体”，是隐性“两国论”。其二，无“一中”连结的“分别代表两岸说”。该说辞主张“中华民国”代表台湾，中华人民共和国（即中国）代表大陆，其重要特点是将中华人民共和国与中国等同起来，且将台湾从中国中抽离出来，强调两岸是互不隶属的两个主权国家，其实质是“两个中国”或“一中一台”，是显性“两国论”。在“分别代表两岸说”的上述两种情形中，情形一所反映的是，虽然台湾当局已放弃了跟大陆争夺“法统”地位，但尚承认两岸存在

① 台湾当局“新闻局”:《透视“一个中国”问题》，台湾《中央日报》，1997 年 2 月 23 日版。

虚体“一中”的连结。倘若大陆方面承认该说辞，就意味着将两岸“分裂分治”状态合法化，意味着在事实上承认“一个国家，两个政府”，或者“一个国家，两个对等政治实体”。情形二所反映的是，两岸既不存在对中国的代表权之争，也不存在“一中”连结（具体说来，相较于“己方代表中国说”，该说辞意味着两岸之间不再有“法统之争”；相较于“分别代表中国说”和“分别代表两岸说”之情形一，该说辞意味着两岸之间没有了“一中屋顶”），是直白的“两个中国”或“一中一台”说辞。上述三者的不同可具体参见表 12-1。

表 12–1：1949 年以来台湾方面不同对外代表说辞比较表

说辞 / 内容	单一代表说	分别（或平行）代表说	
对外代表说辞	己方代表中国说	分别代表中国说	分别代表两岸说
基本意涵	“中华民国”代表整个中国（台湾＋大陆）	“中华民国”代表中国（台湾＋大陆），中华人民共和国代表中国（台湾＋大陆）	其一，大陆和台湾同为中国的一部分，但目前“中华民国”代表台湾，中华人民共和国代表大陆；其二，“中华民国”代表台湾，中华人民共和国（即中国）代表大陆。
“外交”政策	“零和外交”	“平行外交”	“平行外交”
国际组织代表权	单一代表权	双重代表权	分别代表权，无所谓“双重”，因为不属同一个国家
争议性质	政权之争	主权行使权分裂合法化	主权所有权分裂合法化
实质	“一国一府”	“一个中国，两个对等政治实体”或“一国两府”	“两个中国”或“一中一台”
“一中”状态	实体“一中”	虚体“一中”	无“一中”连结，即便虚体“一中”亦不存在
论述性质	“一中”论述	隐性“两国论”	显性“两国论”

（图表来源：作者自制）

对于上述三种说辞，大陆方面均予以反对。但根据不同说辞对一个中国原则的伤害程度，大陆对其反对的强弱程度也有所不同。若按照从强到弱的顺序排列，依次应是“分别代表两岸说”——“分别代表中国说”——“已方代表中国说”。大陆方面只能承认两岸之间存在代表权之争，但不能承认台湾方面的“已方代表中国说”，更不能承认“分别代表中国说”或“分别代表两岸说”。在上述三种说辞中，第二种说辞的述感性最大，尤其需要澄清。倘若大陆方面一旦承认“分别代表中国说”，尽管坚持了已方的中国代表权，但却因承认台湾当局拥有中国的代表权（包括外交权），则会导致“一个中国，两个代表政府”。所以，那些基于两岸政权均声称在国际上所代表的中国之领土范围近乎重叠，进而主张两岸政权在国际社会分别代表中国的观点是片面的。

从大陆方面来看，其所坚持的也是“已方代表中国说”，即坚持中华人民共和国政府在国际上是代表中国的唯一合法政府。自 1949 年以来，其始终如此。而台湾方面的论述却前后变化不一，这主要与台湾社会政治生态的变化（特别是出现“台独”活动）直接相关。具体参见下表：

表 12–2：两岸政权的对外代表权论述比较表

两岸 \ 论述	时期	国际代表权之论述
大陆方面	1949 年至今	坚持“已方代表中国说”，声称只有中华人民共和国政府是代表中国的唯一合法政府。
台湾方面	两蒋时期	坚持“已方代表中国说”，声称只有“中华民国政府”是代表中国的唯一合法政府。
	李登辉时期	坚持“分别代表两岸说”（情形一），声称两岸均是中国的一部分，但就目前而言，“中华民国政府”代表台湾，中共当局则代表大陆，两岸当局在国际上互不代表对方。
	陈水扁时期	坚持“分别代表两岸说”（情形二），声称“中华民国”代表台湾，中华人民共和国（即）代表中国。
	马英九时期	虽然在法理上坚持“已方代表中国说”，声称“中华民国”代表中国（台湾和大陆），但在事实上却坚持“分别代表中国说”或“分别代表两岸说”（情形一），声称彼此互不代表对方。

（图表来源：作者自制）

（五）两岸各有“建交国”并不意味着分别代表中国

目前在大陆的中华人民共和国与173个国家建立了外交关系，在台湾的所谓“中华民国”与22个国家保持着“邦交”关系，这是否表明两岸当局在国际社会分别代表着中国？如果不是，如何在学理上对这一现状作出解释？上述现象，是否表明中国对外代表权在联合国系统内不存在分裂，但在联合国系统之外的国际社会仍存在局部分裂？这一说辞的问题在哪儿？

两岸在国际社会分别拥有各自的建交国或“邦交国”现象，并非意味着中国的对外代表权已经“一分为二”，该现象所反映的意涵是两岸对中国代表权的争夺，而不是“两岸分别在国际社会代表中国”。既然是代表权之争，大陆方面就不能承认台湾当局拥有代表权，这是因为：其一，承认台湾当局拥有中国的代表权，就等于否定了己方的代表权；其二，在坚持己方拥有代表权的前提下，同时承认台湾当局的代表权，就出现“双重承认”，从而导致“一个中国，两个代表政府”。所以，大陆只有坚持己方对外代表权的唯一合法性，才能将两岸在国际社会分别拥有各自建交国或“邦交国”的情况，控制在一个中国的框架内。倘若大陆方面承认两岸当局分别代表中国，就意味着放弃了对中国的代表权之争，就意味着中国对外代表权一分为二了，就成为“平行外交”“双重外交”。

“分别代表中国说”是混淆了对外主权行使权与对内主权行使权的不同特性，是将对内主权行使权的可分性直接嫁接到对外主权行使权而导致的结果。对外主权行使权的代表性，决定了对外主权行使权的唯一性和不可分割性。故在中国的对外代表权问题上，只能在两岸之间作出“非此即彼”的选择。联合国2758号决议及主流国际社会的政府承认，表明大陆的中华人民共和国政府是在国际上代表中国的唯一合法政府。

必须指出的是，台湾当局在国际社会以“中华民国”名义代表着中国，并与22个国家保持“邦交”关系，这一现象的确具有很强的迷惑性，让外界感到它在国际社会存有与大陆政府互不隶属的对外代表权。但是，剥离层层的迷障后不难发现，两岸当局在国际社会“分别代表中国”的说辞，无论在法理上还是在事实上均是站不住脚的。这是因为：①从联合国层面上看（法理上说），中国的代表政府只有中华人民共和国政府，这不仅符合国际法的政府承认理论，也是联合国大会2758号决议直接载明的。尽管1949年至1971

年期间中国在联合国的代表权仍由在台澎金马地区的台湾当局行使，但在1971年联合国大会的2758号决议中获得过半数的同意，“将蒋介石政权加以驱逐”。②从国际社会的主流认知来看，世界上193个国家中的173个与中华人民共和国建有外交关系，主要大国和国际组织均坚持一个中国原则，台湾是中国的一部分，中华人民共和国政府是代表中国的唯一合法政府。这表明由中华人民共和国政府代表中国已获得广泛的国际认同。③一个国家，只有一个代表政府。这个代表政府通常就是该国家的中央政府。国际法对于该中央政府的承认（即政府承认）是有条件的（能力、资格和条件等）。台湾当局不具备政府承认的条件，但台湾当局通过“金钱收买”等手段，维持了22个“邦交国”，以此来烘托其“国家形象”。[①] 与台湾当局保持“邦交”的这些国家均是“袖珍小国”，经济贫穷落后，缺乏应有的国家尊严，他们的“邦交”关系并不足以证明台湾当局具有代表中国的“合法性”。④必须指出的是，在目前承认中华人民共和国的173个国家中，没有一个国家同时承认台湾所谓“中华民国”；同时，在承认所谓“中华民国”的22个国家中，也没有一个国家同时承认大陆的中华人民共和国。这表明，在目前国际社会中，没有一个国家承认中华人民共和国和“中华民国”是同时并存的两个国家或中央政府，[②] 事实上，它们给予两岸当局的承认只是“单一政府承认”而非“双重政府承认”或“双重国家承认”。

最后，需要对以下两种迷惑性观点作进一步澄清。其一，有台湾学者认为，173个大陆建交国所承认的中国，与22个台湾“邦交国”所承认的中国，在领土主权范围上是重叠的，两者都代表一个中国，故不会导致“两个中国”。笔者认为，这种论述是错误的，这是因为：所谓“分别代表、主权重叠”会导致事实上的“一个中国，两个代表政府”，即“一国两府”。其二，有台湾学者认为，在大陆的中华人民共和国政府管辖着大陆地区，在台湾的所谓“中华民国政府”管辖着台湾地区。大陆有173个建交国，台湾有22个“邦交国”。虽然两岸的“邦交国”数量存有差异，但两岸的地位是对等的，不仅两岸之间对

---

① 该问题不仅涉及一个中国的原则，而且涉及谁代表这个中国。两岸在国际社会的中国代表权之争，已经于1971年由26届联大通过的2758号决议得以解决，根据该决议，中华人民共和国政府是在联合国代表中国的唯一合法政府，台湾方面的代表被驱逐出去。至此，两岸代表权之争已经得到解决。但台湾当局为了维持自身的合法性，通过经济援助、金钱收买等手段与拉美、大洋洲、非洲等地区的个别小型国家维持所谓“邦交”关系，以此来烘托其“主权国家”形象。

② 郑海麟著：《海峡两岸关系的深层透视》，香港，明报出版社有限公司，2000年出版，第108页。

等，而且在国际社会也对等，故台湾也有权在国际社会展开“外交”活动。笔者认为，这种观点也是错误的。这是因为：它将对内主权行使权与对外主权行使权的特性混为一谈。如果说两岸在对内主权行使权方面，互不隶属，彼此“对等”的话，那也是法律人格上的“对等”。但在国际社会不能“内外一致”，否则，就会导致“两个中国”。“内外一致”说辞的错误在于，无视对外主权行使权区别于对内主权行使权的特性在于其唯一性、不可分割性和排他性。

二、两岸处理台湾对外事务的历史回顾

（一）台湾当局的对外政策演变

台湾当局的对外政策大致经历了以下几个时期，即两蒋时期的“零和外交”、李登辉时期的“务实外交”、陈水扁时期的“烽火外交”和马英九时期的“活路外交”。

1. 两蒋时期的“零和外交”

两蒋时期的台湾当局，出于跟大陆争夺“法统”的需要，在国际社会奉行“零和外交”政策。但仔细考察两蒋时期的“零和外交”政策不难发现，其前后实践并非完全一致。蒋介石时期，尤其在 1971 年台湾当局被驱逐出联合国之前，台湾当局奉行的“零和外交”政策是刚性的，坚决贯彻“汉贼不两立”的方针。但进入 20 世纪 70 年代后，两岸在国际社会的地位和影响发生了很大变化，过去的刚性“零和外交”已难以为继，“外交”政策的调整势在必行。1972 年 6 月，蒋经国出任台湾当局“行政院长”后，公开提出了“总体外交”政策，该政策强调发展与各国的实质性关系，而不过分看重名义，以非正式的经贸人文交流来弥补正式“外交”的不足。[①]“总体外交”主要内容有三个方面：其一，在“反共复国”基本“国策”的前提下，采取“变”与“不变”的弹性政策，走出国际孤立的困境；其二，在维持既有“形式关系”的同时，强调开展以经贸关系为主的“实质关系”，推动台湾对外关系的发展；其三，积极参与国际组织活动，进行所谓的“国民外交”，提升台

① 赵建民:《中华民国外交拓展之中共因素分析》，载台湾《问题与研究》，1990 年第 13 期，第 78 页。

湾当局的国际地位。[1]1979年，蒋经国对“总体外交”做进一步的调整，主要变化有三：其一，修改“汉贼不两立”政策，允许发展与非“邦交国”的实质关系；其二，采取积极进取的策略，力争与中华人民共和国“对等”的国际地位；其三，划分官方与民间对外关系，实行不同的处理方式。“总体外交”政策的提出，改变了台湾当局原来依靠正式“外交”关系开展对外活动的传统观念，标志着台湾当局所坚持的一个中国原则开始“软化”，但从根本上说，蒋经国时期的“总体外交”政策仍以一个中国原则为基础，其“外交”实践也没有脱离一个中国原则这一主轴。[2]需要指出的是，“实质外交”并不能满足台湾方面的需要，因为“实质外交”在法律上缺乏外交保护和互惠特权，带有民间自发的性质，不能完全实现台湾当局的“外交抱负”，而正式的“外交关系”又不能轻易获得，在这种对“实质外交”有所不甘而“正式外交”又难以获得的两难困境中，以“实质外交”为主要内容的“总体外交”就成为一种积累、过渡和准备的手段，目标是以追求“双重承认”和正式“外交关系”为标志的“务实外交”。[3]

2. 李登辉时期的“务实外交”

20世纪80年代末期李登辉上台主政后，为了争取更多“邦交国”数量，台湾当局开始实施所谓“务实外交”策略。所谓“务实外交”就是在“正常外交”和“官方外交”不能运作的时候，为因应对外关系与事务所采取的一种权益措施和弹性作法。台湾当局这一对外政策的调整，与其对两岸关系定位的调整有直接关系。20世纪90年代以后，台湾当局对于“一个中国”的界定有所变化，开始用“一个国家，两个政府”或“一个国家，两个对等的政治实体”来定位两岸关系。这种新的变化表明，台湾当局不再坚持其与全中国的同一性，由此在逻辑上就必然不再坚持在国际上只有一个政府代表中国行使主权，换言之，必然要追求在国际上的“双重代表权”或“交叉承认”。[4]倘若有国家愿意与“中华民国”复交，台湾当局将不再要求对方与中

---

① 黄嘉树、林红著:《两岸“外交战”——美国因素制约下的国际涉台问题研究》，北京，中国人民大学出版社，2007年版，第60—61页。

② 黄嘉树、林红著:《两岸“外交战”——美国因素制约下的国际涉台问题研究》，北京，中国人民大学出版社，2007年版，第61—62页。

③ 黄嘉树、林红著:《两岸“外交战”——美国因素制约下的国际涉台问题研究》，北京，中国人民大学出版社，2007年版，第64页。

④ 黄嘉树著:《大棋局》，香港，中国评论学术出版社，2013年，第203页。

华人民共和国断交，亦不要求对方承认“中华民国”为中国的唯一合法政府。在有效处理中国统一问题之前，应参考两德或朝韩情形，在国际社会获得双重承认，其目的是寻求与中国的“邦交国”建立正式官方关系。[①]这一时期的台湾当局，在国家认同问题上，虽形式上仍称“中华民国”，但实质上已放弃“中国”名分，开始从寻求中国的“国际名分”走向寻求台湾的“国际名分”。[②]此变化可谓台湾当局的“一个中国”立场之变化在对外政策上的反映。李登辉的“务实外交”策略引发两岸在国际舞台上新一轮的“外交争斗”。台湾当局为了维护其在国际上的影响力和参与国际活动，不断通过高层互访、金钱援助与投资等方式，巩固“邦交”关系或争取建立新的“邦交”关系，以支撑其合法性，一时间，两岸“外交争斗”的结果发生了微妙变化。就建交国数目对比而言，大陆的绝对优势仍不可挑战，但台湾“邦交国”数目一度增加，从 1988 年的 22 个增加到了 1992 年的 29 个，至 2000 年仍大致维持在这一数量（因为其间不断出现“断交”“复交”等情况）。

3. 陈水扁时期的“烽火外交”

2000 年，陈水扁上台主政。稍作缓冲后，陈水扁当局自 2002 年开始积极推行所谓“烽火外交”政策。该政策由民进党人士邱义仁定名，主张台湾当局的“外交政策”应在国际社会集中火力，全力出击，争取“外交”突破，以扩大“国际活动空间”。“烽火外交”的目的是通过采取主动性、攻击性“外交”策略，实施“外交突围”，使“外交战场”处处烽火连天，不做“外交孤岛，苦守‘中华民国的世界’，而必须走出去，做‘世界的中华民国’”[③]，大张旗鼓在国际社会进行分裂活动。该“外交”策略的具体表现是：强化台湾主体论述，增强台湾主体意识；推动“台湾正名运动”，消除“中国”符号；推动加入只有主权国家才能加入的国际组织；同大陆展开“外交攻防”，争夺“邦交国”等等。为落实“烽火外交”，陈水扁当局“四处点火”，以攻为守，积极推行以下政策：推行以金援支撑的“凯子外交”，获得更多弱小国家的“外交”承认；强化台美日三边安全合作，维护台湾安全；实施“全民

---

① 不过，台湾当局在 1993 年之前始终没有正式认可“双重承认”，但在 1993 年 2 月连战出任“行政院长”后的施政报告中却有了重大改变，他当时已展开推动“双重承认”的行动，力图打开当时的“外交”僵局。参见《联合晚报》，1993 年 2 月 23 日版。

② 包宗和、吴玉山主编：《重新检视争辩中的两岸关系理论》，台北，五南图书出版股份有限公司，2009 年版，第 126 页。

③ 台湾“立法院”第五届第二会期“外交施政报告”，2002 年 10 月 16 日。

外交”，将民间力量和“文化外交”作为提升国际能见度和发展对外关系的重要推手；实施“过境外交”，提升台湾的国际影响力，取得所谓“外交突破”；透过双边高层互访、国际合作及人道援助等方式强化与“邦交国”的关系，以期“邦交国”能在各种国际场合支持台湾参与国际组织。① 以上表明，“中华民国”是否能取得代表中国的“国际名分”，已非陈水扁当局关注的焦点，如何切断与中国的连接，如何落实台湾的“国际名分”，才是它真正关心所在。② “烽火外交”政策使得两岸之间的“外交争斗”更趋白热化。但结果表明，这不仅没有使台湾当局的“国际活动空间”有所扩大，反而使其变得更加狭小，其“邦交国”数量从陈水扁上台时的 29 个减少到下台时的 23 个。

4. 马英九时期的“活路外交”

所谓“活路外交”就是要在“外交”上采取“尊严、自主、务实、灵活”的作法，为“中华民国”对外关系找到一条新出路，确保“国家”最大利益。其中，营造良好的外在环境以配合台湾政治、经济、军事、民生、社会、文化等领域的发展是最主要任务；“以台湾为主、对人民有利”是最高指导原则；“改善两岸关系，建立互信，在双边关系及国际组织的参与方面搁置争议，追求互利”是成功要件。③ 在此理念指导下，“活路外交”分为两个面向：“外交休兵”与“积极外交”。④ 具体而言，“活路外交”的主要内容包括以下几点：稳住与“邦交国”的合作关系；加强并提升与非“邦交国”的实质关系；加强外援品质，提升台湾国际形象；积极参与功能性、专业性国际组织；推动“全面外交”，使台湾在经贸、科技、文化、生态环保、民主、人道援助等领域与国际接轨。⑤ 相较于先前陈水扁时期的“烽火外交”政策，马英九当局的“活路外交”政策具有理性、务实的特点。随着“活路外交”（特别是“外交休兵”）政策的实施，两岸在国际社会能够“和平共处”。“外交休兵”意味着台湾当局不再一味地以“金援外交”争取新的“邦交国”，大陆也不再主动地与台湾“邦交国”谋求建交，对台湾参与国际组织也采取了灵活的应对策

---

① 杨卓娟：《“烽火外交”与“活路外交”比较分析》，载《重庆社会主义学院学报》2012 年 3 期，第 36—37 页。

② 包宗和、吴玉山主编：《重新检视争辩中的两岸关系理论》，台北，五南图书出版股份有限公司，2009 年版，第 126 页。

③ 台湾“立法院”第七届第二会期“外交业务报告”，2008 年 9 月 25 日。

④ 台湾“立法院”第七届第二会期“外交业务报告”，2008 年 9 月 25 日。

⑤ 徐晓迪：《马英九当局“活路外交”策略评析》，载《台湾研究》2010 年第 1 期，第 53—54 页。

略。马英九的“活路外交”及“外交休兵”策略并非一个保守的退让策略，而是“以退为进”的策略。如果不是由于马英九的“活路外交”和“外交休兵”策略，台湾在加入国际组织方面不可能取得突破，台湾“邦交国”数量也必定会持续减少。

（二）两岸攻防战：从“外交争夺”到“外交休兵”

1949 年成立的中华人民共和国政府，在外交上提出了“另起炉灶”和“先打扫干净屋子再请客”的政策方针，不继承国民党政权与外国建立的外交关系。中华人民共和国在外交上的这两项政策在客观上为国民党政权在台湾继续被政府承认留下了空间，使其可以利用原有大部分国家的政府承认继续宣示其“法统”地位提供了机会。这就造成两岸虽然互不承认对方的“法统”地位，但两个政权在国际上分别拥有各自的承认国家之状况。

20 世纪 50 至 70 年代初，在以美国为首的西方国家的支持下，台湾当局在联合国继续占据着代表中国的席位，延续在大陆时期建立的“邦交”关系。1950 年，中华人民共和国的建交国仅为 17 个，而台湾当局在美国的扶持下则维持着 37 个“邦交国”关系。20 世纪 50 年代初期国际社会中的国家总数为 87 个，其中有 31 个国家既不与中华人民共和国建交，也不承认台湾当局。从 50 年代中期到 60 年代，亚非拉民族独立运动蓬勃发展，新独立国家不断涌现，中华人民共和国在和平共处五项原则的推动下，在第三世界获得了一些承认并与它们建立了正式外交关系，但由于在外交上奉行强硬路线，国际处境较为不利，建交国数目一直维持在 50 个上下；而台湾当局的“邦交”关系则在恢复中华人民共和国席位前的 1969 年达到了最高峰，共有 69 个国家与其保持正式“邦交”关系。1971 年中华人民共和国恢复在联合国的合法席位后，许多国家纷纷与台湾当局“断交”，台湾当局的“邦交国”急剧减少，[①]至 1979 年，其“邦交国”只剩下不足 30 个。李登辉主政后，将对外政策进行了大幅调整，推行“务实外交”政策，而且利用台湾较为雄厚的经济实力和苏联东欧剧变后的新国际环境，在 20 世纪 90 年代初期前后掀起了一波恢复或建立“邦交”关系的浪潮，尤其是利用非洲部分国家的经济困难，通过经济援助与多个非洲国家建立了“邦交”关系。2000 年，民进党执政后，台

① 黄嘉树、林红著：《两岸“外交战”——美国因素制约下的国际涉台问题研究》，北京，中国人民大学出版社，2007 年版，第 119—120 页。

湾的对外关系发生新的变化，与台湾当局“断交”的国家不断增多，先后有马其顿、利比里亚、多米尼克、瑙鲁（2005年5月又与台湾当局“复交”）、格林那达与塞内加尔等国与台湾当局“断交”。到2007年6月，台湾当局的“邦交国”降到24个，2013年11月，非洲国家冈比亚宣布与台湾当局“断交”，至此台湾当局的“邦交国”数量降至22个。

回顾过去六十余年，尤其1988年至2008年之间的20年间，由于李登辉和陈水扁主政的台湾当局从事“台独”分裂主义路线，使得两岸之间的“外交争斗”空前激烈，双方互挖对方的“建交国”或“邦交国”。在这期间，台湾当局争取到20个国家（因为有多个国家与台湾当局在“建交”后又“断交”，接着又再“复交”以及“断交”）与它建立“邦交”关系，这20个国家中，除帕劳外，其余19个国家均是从大陆方面的建交国中挖掘而来。但相对来说，台湾当局在这期间也有19个“邦交国”被大陆方面挖走，[①]具体参见下表：

表12–3：1988年至2008年台湾“邦交国”数目变化表

年份	“邦交国”数目	“建交”国家	“断交”国家
1988	22		
1989	26	巴哈马、伯利兹、格林纳达、利比里亚	
1990	28	几内亚比绍、莱索托、尼加拉瓜	沙特阿拉伯
1991	29	中非	
1992	29	尼日尔	韩国
1993	28		利比里亚（与中国建交，但台湾当局未撤离“大使馆”）
1994	28	布基纳法索	莱索托
1995	29	冈比亚	
1996	29	塞内加尔	尼日尔
1997	29	圣多美和普林西比、乍得、利比里亚	巴哈马、圣卢西亚、南非
1998	27	马绍尔群岛	中非、汤加、几内亚比绍

① 邵宗海著：《新形势下的两岸政治关系》，台北，五南图书出版股份有限公司，2011年版，第334—335页。

续表

1999	29	马其顿、帕劳、巴布亚新几内亚	巴布亚新几内亚
2000	29		
2001	28		马其顿
2002	27		瑙鲁
2003	27	基里巴斯	利比里亚
2004	26	瓦努阿图	多米尼克、瓦努阿图
2005	25	瑙鲁	塞内加尔、格林纳达
2006	24		乍得
2007	24	圣卢西亚	哥斯达黎加
2008	23		马拉维

（图表来源：黄嘉树、林红著:《两岸“外交战”——美国因素制约下的国际涉台问题研究》，北京，中国人民大学出版社，2007年版，第126—127页。2008年数据由作者整理。）

两岸之间的这种“外交争斗”，让一些落后小国坐收“渔翁之利”，他们游走于两岸之间，“两边通吃”，它们是否跟大陆或台湾建立（或维持）“外交”关系主要取决于经济利益的考量，视两岸哪一方给予的经济利益更多来取舍。[①] 于是他们不断地重复使用“建交”“断交”“复交”“再断交”等手段从两岸牟利。据台湾学者邵宗海教授的统计，自1988至2008年期间，在两岸之间“来回游走”次数最多的国家是非洲的利比里亚，前后达四次；其次是几内亚比绍，前后达三次。倘若从过去六十余年两岸“外交”角逐的历史来看，中非共和国可登上榜首，它自1964年与大陆方面建交后，就游走两岸之间寻求“利益”，至1998年它与大陆方面再度恢复外交关系，已经七度游走于大陆与台湾之间。[②] 具体参见下表：

① 戴万钦著:《世界新格局与两岸关系：和平与发展的展望》，台北，时英出版社，2006年版，第281页。
② 邵宗海著:《新形势下的两岸政治关系》，台北，五南图书出版股份有限公司，2011年版，第336页。

表 12-4：与两岸多次"建交""复交"国家汇总表

外交 / 国家	与两岸"建交""复交"情况
中非	① 1962 年与台"建交"；② 1964 年与大陆建交；③ 1968 年与台"复交"；④ 1976 年与大陆复交；⑤ 1991 年与台"复交"；⑥ 1998 年与大陆复交。
几内亚比绍	① 1974 年与大陆建交；② 1990 年与台"建交"；③ 1998 年与大陆复交。
莱索托	① 1966 年与台"建交"；② 1983 年与大陆建交；③ 1990 年与台"复交"；④ 1994 年与大陆复交。
尼日尔	① 1963 年与台"建交"；② 1974 年与大陆建交；③ 1992 年与台"复交"；④ 1996 年与大陆复交。
利比里亚	① 1957 年与台"建交"；② 1977 年与大陆建交；③ 1989 年与台"复交"；④ 1993 年宣布与大陆建交（当时台湾未撤离"大使馆"）；⑤ 1997 年与台湾"复交"；⑥ 2003 年与大陆复交。
马其顿	① 1993 年与大陆建交；② 1999 年与台湾"建交"；③ 2001 年与大陆复交。

（图表来源：黄嘉树、林红著:《两岸"外交战"——美国因素制约下的国际涉台问题研究》，北京，中国人民大学出版社，2007 年版，第 132 页。）

马英九上台后，对先前台湾当局的"拓邦"政策进行了重新审视，认为继续与大陆争夺"邦交国"对台湾极为不利。于是，实施了从"拓邦"到"固邦"的政策转变，提出了"外交休兵"策略，采取既不与大陆争中国代表权 = 唯一合法 = 正统的中国"国际名分"，也不会提出因另起炉灶而得罪大陆的台湾"国际名分"。前者将 China 变成 Chinese，后者将 Taiwan 变成 Taipei。[①] 从实施效果来看，马英九当局的"外交休兵"策略给台湾方面带来了积极成效，具体说来有三：其一，不仅避免了两岸在国际事务上可能发生的碰撞，而且节约了"外交"资源，并将节约下来的大量金钱和精力用于岛内的经济建设，造福于台湾民众。其二，有助于建立双方的政治互信，因为没有外交上对抗，两岸正面冲突概率就会减少。[②] 其三，在没有付出大量金钱的情况下，能够维持 22 个"邦交国"数目。倘若不是"外交休兵"，台湾

① 包宗和、吴玉山主编:《重新检视争辩中的两岸关系理论》，台北，五南图书出版股份有限公司，2009 年版，第 127 页。

② 邵宗海著:《新形势下的两岸政治关系》，台北，五南图书出版股份有限公司，2011 版，第 350 页。

当局的22个“邦交国”是不可能维持住的。其四，不再被小国家牵着鼻子走，更有自主和尊严。①

需要指出的是，马英九当局表面上不再主动“拓邦”，事实上是因为已经无法“拓邦”，是其“以守为攻”的策略，这反映在两个方面：一是随着中国大陆综合国力的持续增长，台湾“邦交国”与中国大陆经贸往来的规模持续扩大，这些国家出于本国利益最大化的战略考虑，会主动争取与中国大陆建交，希望中止与台湾的“邦交”关系。这一趋势并不是由台湾的政治意志或经济力量所能决定的。未来还会有更多的台湾“邦交国”转向希求与中国大陆建交，台湾的“邦交国”可能会面临着“趋单（数）”，甚至“趋零”的尴尬。二是在目前两岸“外交”角力或竞争的情况下，除了“相互挖掘对方墙角”之外，事实上已无多大空间还能加以开拓。② 根据邵宗海教授的研究，目前国际上与两岸均无“邦交”、但目前尚可争取“邦交”的国家只剩下五个，即不丹、马耳他骑士团、红十字国际委员会、红十字会与红新月会国际联合会、各国议会联盟。在这五者中，只有不丹是联合国会员国，其余四者虽可称“国家”，但严格说来它们只是从事宗教或慈善事业的政治实体，虽与世界上部分国家建立了外交关系，但与两岸的往来并不密切，因此要争取与这些国家建立“邦交”关系，也非易事。③

（三）正确看待台湾当局的“邦交国”现象

从总体上看，台湾的“邦交国”集中于中南美洲、非洲、南太平洋三地，绝大部分是低度发展的小国，缺乏国际影响力，经济相当落后，发展任务十分繁重。其中，中南美洲与南太平洋地区是台湾的“邦交”重镇，2002年台湾在这一地区共有14个“邦交国”，集中了台湾全部“邦交国”中的一半左右，其中包括台湾对外经援的重点国家，如萨尔瓦多、哥斯达黎加、洪都拉斯、危地马拉、巴拿马等国。④ 截至2016年4月，与台湾当局保持“邦交”关系的国家只有22个，而且这一数目仍处于减少之中。考察与台湾保持“邦

---

① 台湾民众通常忽视马英九当局“外交休兵”政策的积极效益，通常只注重从“绝对增长”的视角来观察和评判问题，而缺乏从相对意义上来观察和评价问题，此乃台湾民众之偏颇。

② 邵宗海著:《新形势下的两岸政治关系》，台北，五南图书出版股份有限公司，2011年版，第332页。

③ 邵宗海著:《新形势下的两岸政治关系》，台北，五南图书出版股份有限公司，2011年版，第332—334页。

④ 黄嘉树、林红著:《两岸“外交战”——美国因素制约下的国际涉台问题研究》，北京，中国人民大学出版社，2007年版，第121页。

交”关系的国家后不难发现，这些国家都是缺乏国际影响力的“微型小国”，这些国家的人口总和约计6380多万，国土面积总和也仅有132.5万多平方公里（具体参见表12-5）。很显然，这些国家跟台湾当局“建交”根本不能代表主流国际社会的认知，它们对“中华民国”的承认也不能改变台湾当局是中国内部一个事实当局的地位。

表12–5：台湾“邦交国”一览表（截至2016年4月）

地区	国家名称	人口（万）	土地面积（千平方公里）	“建交”时间
大洋洲地区（6国）	所罗门群岛	39.1	28.896	1983
	图瓦卢	1.0	0.026	1979
	马绍尔群岛	6.3	0.181	1998
	帕劳	1.8	0.487	1999
	基里巴斯	0.8	0.812	2003
	瑙鲁	1.3	0.024	2005
非洲地区（3国）	布基纳法索	1030	274	1994
	圣多美和普林西比	14.2	0.964	1997
	斯威士兰	99	17.364	1968
欧洲地区（1国）	梵蒂冈（教廷）	0.1	0.00044	1942
中南美洲（12国）	伯利兹	22.1	22.696	1989
	圣卢西亚	17.6	0.616	2007
	多米尼加	796.1	48.734	1983
	萨尔瓦多	589.7	21.041	1961
	危地马拉	1092.8	108.889	1960
	海地	732.8	27.750	1956
	洪都拉斯	581.6	112.088	1965
	尼加拉瓜	458.4	130	1990
	巴拿马	267.7	75.517	1954
	巴拉圭	509	406.752	1957
	圣基茨和尼维斯	4.1	0.261	1983
	圣文森特和格林纳丁斯	11.3	0.388	1981

（图表来源：根据台湾“外交部”网站公布的资料，作者自行整理）

从法理上说，台湾当局与二十几个国家保持“邦交”关系这一现象，并不能证明台湾当局具有国家属性。台湾“邦交国”是承认台湾当局代表“中国”的“中央政府”，而不是承认台湾当局是管辖台澎金马的“主权国家”。从国际政治的现实来看，两岸的“分治”状态并没有改变中国在国际社会的单一国际法主体之事实。至今已经有173个国家同中国大陆建立外交关系，这些国家都恪守“一个中国”政策，承认世界上只有一个中国，台湾是中国的一部分，中华人民共和国政府是代表全中国的唯一合法政府。虽然台湾当局不断调整“外交”政策，但迄今为止同中国大陆建交的国家中，没有任何一个国家能够谋求对两岸的“双重承认”。由此可见，虽然两岸尚未统一，但这种状态的长期存在，并没有赋予台湾在国际法上的地位和权利，也不能改变台湾是中国一部分的历史事实。

（四）处理台湾当局“邦交国”的策略与条件

近年来，两岸关系和平发展的外部环境相对宽松，并未明显受到外部因素的负面冲击。对于这种态势，大陆有意主动为两岸关系和平发展创造条件，在涉外事务上尽可能合情合理地考虑台湾方面的实际需求，不再挖取台湾的“邦交国”。对此，马英九当局在“国际活动空间”问题上相对保持低调姿态，这种做法也获得了大陆方面的认同。在这种情况下，大陆采取了“维持现状”的策略。倘若2016年5月20日民进党上台执政后，继续像李登辉、陈水扁主政时期一样在国际社会大搞“台独”活动，大陆方面不会任凭台湾当局在国际社会制造“两个中国”或“一中一台”，必定会出手予以封杀或打压。届时，“维持现状”的局面将被打破，大陆方面会利用自身在国际社会的现实影响力将台湾当局的“邦交国”拉进自己的“麾下”，从而使台湾“邦交国”数量继续下降。避免这种情况发生的条件是，即便民进党上台执政，也不要从事破坏两岸关系和平发展的行动。

目前大陆具备打压台湾“邦交国”数量的能力。台湾的“邦交国”主要集中在非洲、拉美和大洋洲。这些地区经济比较落后，20世纪八九十年代台湾凭借亚洲四小龙之一的经济势力，利用经济援助与这些地区的部分国家建立了“邦交”关系。相反，大陆对这些地区（非洲除外）的影响力相对较小。然而，现在随着大陆综合国力的上升，大陆对这三大地区的影响力日益增大，这会对未来两岸关系产生重要影响。

需要注意近几年出现的一种新动向，随着中国大陆综合国力的增强和国际影响力的扩大，一些台湾“邦交国”主动找中国大陆建立外交关系。在马英九主政期间，有几个台湾的“邦交国”（如巴拉圭、巴拿马等）私下前来与大陆接洽商谈建交事宜，但大陆鉴于两岸关系和平发展的态势均予以婉拒，并且知会马英九当局设法因应处理，从而避免了台湾方面因“邦交国”自身原因而出现“邦交数”减少的情况。正如台湾学者所说：“今天台湾在国际政治与经济的影响力不仅无法与中国大陆竞争，而且已到了台湾需要中国大陆帮忙维持邦交关系的程度”。① 在台湾当局现存“邦交国”中，频频向大陆示好、出现“邦交险情”的国家至少有半数以上，这是台湾当局将来不得不面对的严峻局面。②

有大陆学者主张在台湾“邦交国”问题上，大陆应采取宽松政策，建议未来大陆不要去减少台湾“邦交国”，认为这没有实际意义，且可能严重伤害台湾民众对大陆的感情，让大陆先前的善意前功尽弃。同时，还认为随着两岸实力差距的拉大，及中国在国际格局中无可取代的地位，大陆在两岸关系上已牢牢掌握了主控权，只要不脱离“两岸一中”架构，对台工作可以更加自信、大胆一些，格局视野可以放得更开。③

然而，宽松政策是一把双刃剑，虽然有助于化解两岸在国际社会六十年来的矛盾和心结，但却存在诸多“后遗症”，大陆对此必须有清晰的认知。其一，国际活动空间高度敏感，其所体现的主权性远非一般领域（包括两岸之间）所能比拟，台湾方面之所以乐此不疲地争取，就是看中了这一主权特性，意欲以此来凸显台湾主体性。倘若大陆方面明知台湾方面的“醉翁之意”，而不积极地加以防范，这将有极大的负面影响。其二，宽松政策可能会窄化大陆完成国家统一的方式。宽松政策虽有助于推动当前两岸关系和平发展，但未必有助于推动未来两岸走向和平统一，特别是未来两岸统一模式的选择。若持续坚持宽松政策，台湾是否会领情？是否会借宽松的国际空间而“拒统”（增大其跟大陆讨价还价的筹码）？即使跟大陆谈统一，其在统一模式上也可

---

① 黄树仁：《外交关节，先打通北京》，载台湾《联合报》，2008 年 7 月 6 日。

② 林红：《国际视野下的两岸关系和平发展》，载黄嘉树：国家社科基金重大项目《两岸和平架构研究》结项报告，2011 年 11 月，第 104—105 页。

③ 冷波：《当前两岸和平统一总体形势评估及战略思考》，载香港《中国评论》，2013 年 2 月号，第 6 页。

能会凭借其已经获得的国际空间而要求采取“共同走向统一”的模式，而坚决拒绝“一国两制”式的吸收统一模式，这样等于窄化了大陆完成国家统一的手段和模式，尽管在理论上有共同式和吸收式，但事实上台湾届时很可能不接受吸收式，而硬性要求共同式。因此说，目前处理台湾的国际空间问题尚需要与未来两岸统一大战略及统一模式选择联系起来考虑。单纯以扩大台湾的国际空间来获取部分台湾民意支持，不无“杀鸡取卵”之嫌。

三、台湾加入国际组织问题的症结与思路

国际组织一般分为政府间国际组织与非政府间国际组织。政府间国际组织（IGO）是指主权国家为了特定的目的，以条约形式建立、以政府名义参加的一种常设国际机构或组织。非政府组织（NGO）是不以政府名义参加的国际组织。政府间国际组织包括联合国系统的政府间国际组织与非联合国系统的政府间国际组织。联合国系统的国际组织分为联合国和联合国下属专门机构，联合国下属专门机构又分为政治性专门机构和功能性专门机构。非联合国系统的政府间国际组织可分为全球性政府间国际组织和区域性政府间国际组织。

（一）台湾当局参与政府间国际组织问题

联合国是当今最重要的政府间国际组织，联合国成员身份是一个主权国家地位的重要标志。鉴于加入联合国的重要性和特殊政治意义，李登辉、陈水扁时期，台湾当局在其“国际活动空间”诉求中，最重要的目标是参与联合国。

1. 台湾当局谋求参与联合国问题

从 1993 年起，台湾当局使用各种手段，鼓动其“友邦”国家在联合国提案，要求讨论“台湾参与联合国”问题，正式开启了两岸在台湾参与联合国问题上的较量。自 1993 年第 48 届联大至 2008 年，台湾当局连续十四次鼓动其“邦交国”在联合国炮制所谓让台湾参与联合国的提案，妄图“重返”或

“加入”联合国[①]，但均铩羽而归。

从制度上看，台湾当局要想成为联合国成员的途径无非有两条：一是以“新会员国”身份申请加入，依联合国宪章第4条第2款规定，必须经安理会向联合国大会建议，再按程序由联合国大会做出决议；二是推动“重返”联合国，将“台湾重返联合国”作为一项议题提交联合国大会讨论，主要是通过部分联合国成员的提案将其列入联合国大会议题，联大对此提案进行实质性讨论，或投票表决。那么，台湾当局是否有资格“加入”或“重返”联合国？台湾当局“加入”或“重返”联合国是否具有可行性？下面从国际法和国际政治两个角度加以分析。

（1）台湾当局“加入”联合国的不可行性

至于台湾能否以“新会员国”身份加入联合国的问题，不妨让我们从《联合国宪章》关于会员国资格的条件以及接纳新会员国的程序来进行分析。

第一，台湾当局不符合《联合国宪章》关于会员国资格的规定。《联合国宪章》第4条第1款规定：“凡其它爱好和平的国家，接受本宪章所载的义务，经本组织认为确能并愿意履行该项义务者，得为联合国会员国。”该条款意味着某一政治实体要成为联合国的会员国，必须符合以下条件：①必须是主权国家。国家是国际关系的基本主体，也是政府间国际组织的最基本的成员单位。1955年联合国大会第GA/Res.918(X)号决议声明：“联合国的会员国必须是主权国家，必须‘不受外来势力的干涉和控制’，对外独立自主地开展交往和活动，对内能有效的控制其领土，管理其人民。”②必须是“爱好和平”的国家。什么样的国家可谓“爱好和平”的国家？最初，爱好和平的国家系指与轴心国作战和反法西斯主义的国家，至少应该是非信奉法西斯主义的国家。后来在加入联合国的实践中，对于“爱好和平”国家的认定，并非十分清晰。③该国家愿意接受和履行宪章所载的义务。根据联合国大会和安理会的议事规则，申请国的加入申请书中必须包括以正式书面形式表示愿意接受《联合国宪章》所规定义务的承诺。④联合国组织认为该国确能并愿意履行宪章义务。一个国家是否真正能够并愿意履行《联合国宪章》所规定的义务，并不取决于该国在申请书中的声明或该国的公开宣告，而由联合国具

① 台湾舆论认为，“参与”是可避免引起岛内争议的中性字眼，涵盖范围较广，凡参加联合国外围组织，成为观察员和成为正式会员国均可包括在内。这表明，台当局不使用“重返”“加入”而使用“参与”，带有较强的策略动机。

体作出判断。在上述四项条件中，条件①是关键，条件②、③、④是条件①的延伸。由于台湾当局不具备条件①，也就不具备其他三项条件。所以，台湾当局不符合《联合国宪章》关于会员国资格的规定。

第二，按照联合国接纳新会员国的程序，台湾当局不可能加入联合国。《联合国宪章》第 4 条第 2 款规定:“准许上述国家为联合国会员国，将由大会基于安理会之推荐以决定行之。”这表明，联合国接受新会员国，须先经安理会推荐，后由大会决定。按照该规定，联合国接纳新会员国必须经过“申请（提交给秘书长）→安理会表决→大会表决”这一程序。根据以往情况看，其申请根本就无法进入安理会表决程序。后退一步讲，即便进入安理会表决程序，也根本不可能通过。根据《联合国宪章》第 27 条规定:“安理会关于程序性事项之决议，应以九理事国之可决票决定之；安理会对于其它一切事项之决议，应以九理事国之可决票包括全体常任理事国之同意票表决之。”可见，对于非程序性事项的表决，不仅需要九个理事国的同意票，而且需要包括中国在内的五个常任理事国的同意票。按照“五国一致”的表决原则，只要五个常任理事国中的任何一个国家投了否决票，此案均被否决。通常情况下，安理会表决中的程序性问题仅指安理会的内部运作程序[①]。因此，即使台湾申请加入联合国的提案进入了安理会的表决程序，且在表决过程中获得了九个同意票，但只要中国反对，决议仍不能通过。更为重要的是，从惯例上看，安理会的推荐不仅仅是提供意见，而是一种积极的荐举。因此，任何申请国必须得到安理会的积极推荐后，大会才能采取行动。国际法院于 1950 年 3 月 3 日以 12 票对 2 票就“大会准许国家加入联合国的权限问题”发表了咨询意见，认为安理会的推荐是大会作出批准申请国加入的先决条件。按照《大会议事规则》的规定，如经安理会推荐申请国为会员国，大会负责审查该国是否爱好和平，是否愿意履行宪章所规定的义务后，才能就其加入问题作出决议。如果安理会不推荐或者缓议时，大会可在审查安理会的特别报告后，将申请国的申请书退回安理会，请其重新审议后，再向大会提出推荐建议。倘若没有安理会的推荐，大会不得擅自准许申请国加入。[②] 再后退一步讲，即便在安理会获得通过，也无法在联合国大会获得通过。根据《联合国

① 许光建主编:《联合国宪章诠释》，太原，山西教育出版社，1999 年版，第 191 页。
② 许光建主编:《联合国宪章诠释》，太原，山西教育出版社，1999 年版，第 75 页。

宪章》第 18 条的规定，联合国大会接纳新会员国属于重要问题，而大会对于重要问题之决议应以到会并参加投票的会员国中的三分之二多数同意，才能通过。目前联合国会员国达 193 个国家，如果所有国家均出席会议并参加投票，则重要问题的通过需要 128 个国家的同意票。从台湾当局目前情况来看，与台湾当局建立“邦交关系”的国家仅二十几个。很显然，台湾方面在这个问题上能获得的支持力量非常有限。因此，即使到了联合国大会的表决程序，台湾得到超过三分之二同意票的可能性几乎为零。

（2）台湾当局“重返”联合国的不可行性

鉴于台湾当局以“新会员国”身份申请“加入”联合国难以突破《联合国宪章》的制约，台湾当局还企图以“根据会籍普遍性原则”[①]并按照“分裂国家”的双重代表权模式“重返”联合国。

按照联合国的实践，关于某一会员国在联合国的代表权问题，属于程序性问题，可以绕过安理会而完全由大会决定[②]。其所经程序为“会员国申请（向秘书长提交）→总务委员会[③]提议→大会表决”。按照该程序规定，先由台湾“邦交国”就台湾当局“重返”联合国提出议案，完成“重返”联合国的提案后，必须经联合国总务委员会讨论和通过，才能提交联合国大会进行实质性讨论和表决。与接纳新会员国相比，这一程序要简单得多。一方面，绕过了安理会的否决权；另一方面，按照《联合国宪章》的规定，大会关于程序性事项的表决只需以到会并参加投票的会员国的过半数通过。由于“重返”联合国的方式能够绕开中国在安理会的否决权并只需大会以过半数同意票通过，从而使台湾当局看到了一丝参与联合国“曙光”。

那么，台湾当局以代表权问题为由“重返”联合国的可能性究竟有多

① 《联合国宪章》本身并没有规定会籍普遍性原则。作为当前世界上最大的国际组织，为了尽可能的实现联合国维持国际和平与安全这一联合国宗旨，《联合国宪章》规定，一切爱好和平的国家均有资格加入联合国。从这一点来说，可以认为联合国的会籍具有普遍性。但是，联合国会籍的普遍性是针对主权国家而言的，并且有条件限制，即该国家必须爱好和平并确能和愿意履行宪章义务。因此，从《联合国宪章》对作为会员国的主权国家的条件限制来看，联合国的会员国资格并不具有普遍性。可见，台湾当局抛出的“会籍普遍性原则”，完全是对联合国宪章的曲解。

② 1971 年中国恢复在联合国大会的合法席位也被认为是程序问题并予以表决的。

③ 总务委员会由大会主席、21 名副主席和 6 个主要委员会的主席组成，并由大会主席担任主席。其职责主要是于每届会议开始时审议临时议程和补充项目表，并就被提议的每一项目向大会建议将其列入议程、拒绝列入请求或将其列入将来某届会议的临时议程。对于将增列项目列入议程的请求，总务委员会应同样进行审查，并向大会作出建议。

大？我们将从联合国审议提案的过程和其它联合国会员国在台湾问题上的态度进行分析。

第一，从既往情况来看，台湾“邦交国”将关于台湾“重返”联合国的提案提交总务委员会后，在经过支持中国的会员国与支持台湾的少数会员国的冗长辩论后，均以主席裁决方式，决定不将少数台湾“邦交国”提出的台湾“重返”联合国的提案列入联大议程，台湾“重返”联合国的行动一次又一次地遭到失败。

第二，从其他联合国会员国的态度来看，绝大多数不支持台湾“重返”联合国的提案。从发展中国家来看，它们与中国大多建立了友好的双边关系，各发展中国家与中国建立外交关系时均承认世界上只有一个中国，台湾是中国领土不可分割的一部分。在台湾加入联合国的问题上，广大发展中国家一贯支持中国的立场。譬如，2003 年第 58 届联合国大会期间，巴基斯坦、朝鲜、孟加拉国和几内亚等国代表指出，将“台湾在联合国代表权问题”的提案列入联大议程是企图利用联合国、将台湾分裂国家领土的图谋合法化，这是对一个主权国家内政的粗暴干涉。埃及、斯里兰卡和刚果（金）等许多国家代表在发言中对极少数国家年复一年地提出相同的议案，在一个联合国 30 多年前就已解决的问题上纠缠不休表示强烈不满。他们建议联合国大会作出规定，一个提案在连续三年遭到拒绝后不得被再次提出。[①] 从发达国家来看，尽管美国是台湾问题的始作俑者，但其关心的重点是台海地区的和平与稳定，避免因台湾参与联合国问题而引发台海军事冲突，进而被台湾“拉下水”。其他发达国家也大多不支持台湾参与联合国，如在第 58 届联大总务委员会会议上，俄罗斯代表表示，联大 1971 年通过的 2758 号决议已经清楚、全面地解决了中国在联合国的代表权问题，目前没有任何理由需要重新审议这一决议。英、法、西班牙和荷兰等国的代表纷纷对此表示赞同。[②] 台湾当局参与联合国问题，既是法律问题，更是政治问题。随着中国的日益强大，国际社会支持台湾参与联合国的国家越来越少。由上述分析可知，台湾当局“重返”联合国不仅在法理上站不住脚，而且在实践中不可能得到联合国会员国的过半

① 《联大拒绝“台湾联合国代表权问题”提案》，载《四川日报》，2003 年 9 月 19 日版。

② 黄嘉树、林红著：《两岸“外交战”——美国因素制约下的国际涉台问题研究》，北京，中国人民大学出版社，2007 年版，第 246—248 页。

数支持。[①]

这里有一个问题，那就是，既然台湾当局“重返”联合国不可能获得成功，那么为何当年李登辉还明知不可为而硬为呢？对此，台湾大学张亚中教授一语点破其玄机：他主张“重返”联合国，要的不是“重返”成功，而是激起大陆进行打压的氛围，进而让台湾人民对大陆产生反感，也让国民党内那些所谓的“非主流派”必须选择一起谴责大陆。“重返”联合国结果使得“中华民国”与中华人民共和国站上了对立面。另一方面透过各项活动场合，不停地明示或暗示，一个会打压台湾的“国际活动空间”的政府自然是一个敌对或不友善的政府，台湾为何要与它统一。“戒急用忍”与大陆保持距离，自然也就成为其应有的立场。[②]

（3）联合国会员国的例外情形不适用于台湾当局

尽管《联合国宪章》明确的规定其会员国必须是主权国家，但在联合国的历史上，曾有非主权国家加入联合国的先例。一是苏联的加盟共和国白俄罗斯和乌克兰，由于特定的历史条件，成为了联合国的创始会员国。二是一些尚未完全独立的殖民地国家。譬如，由于历史的原因，印度于 1947 年 8 月 16 日独立，但在 1945 年 10 月 30 日，就已经成为联合国的会员国；菲律宾于 1946 年 7 月 4 日独立，但在 1945 年 10 月 24 日就加入了联合国。

白俄罗斯和乌克兰之所以能成为联合国的创始会员国，是与当时的历史条件密不可分的。在 1945 年 4 月旧金山制宪会议召开之前，已经有 47 个国家符合联合国会员国的标准，由于当时广大的发展中国家还没有取得独立，这些符合联合国会员国标准的国家主要是欧洲国家、部分英联邦国家以及少数拉美国家。由于历史和政治的原因，这些国家主要是亲英美的国家。按照联合国的表决机制，苏联在联合国会处于相对孤立的地位。因此，在旧金山制宪会议上，苏联提出其 15 个加盟共和国都成为联合国会员国的建议，其理由是：1944 年 2 月苏联修宪后，其内部的各加盟共和国均有自主的对外政策权。[③] 但该建议遭到了英美等国的强烈反对，当时苏联以联合国构成的合法

---

① 在联合国实践中，个别国家可能因为某些原因没有出席联合国的某次大会，或者某些国家出席了大会却没有投票，但这样的国家并不多，因此，联合国大会决议的过半数票不会明显低于 96 票。

② 张亚中著：《统合论》，香港，中国评论学术出版社，2014 年版，第 325 页。

③ 按照赵理海教授的考证，美、英、苏在雅尔塔会议期间，苏联就提出了这一主张。参见赵理海著：《联合国宪章的修改问题》，北京，北京大学出版社，1982 年版，第 81—90 页。

性不足为理由，以退出联合国相要挟。经过激烈的讨价还价，英国和美国最后表示同意接纳乌克兰和白俄罗斯两个加盟共和国作为联合国的创始会员国。所以，白俄罗斯和乌克兰之所以能成为联合国的创始会员国，是苏联与西方国家政治斗争的产物，是苏联为维护自己在联合国的权益所作的斗争的结果。

台湾当局之于中国与乌克兰和白俄罗斯之于苏联一样，均为主权国家内部的“区域性行政单位”。但是台湾当局不具有后者成为联合国会员国的特殊历史背景。在当前的联合国体系中，中国并不需要借助自己的区域性行政单位加入联合国以维护自己在联合国的权益。相反，中国作为一个整体加入联合国才是中国国家利益的根本所在。

印度、菲律宾等尚未完全独立的国家之所以能成为联合国会员国，其原因主要有以下几方面：一是战后初期殖民体系逐步瓦解；二是这些国家在历史上作为独立的国家已经被世界各国广泛认可；三是这些国家正处于如火如荼的民族解放运动之中，其国家的独立指日可待。

台湾地区自古以来是中国领土不可分割的一部分，不管是在历史上还是在现实的国际关系中，这一事实都得到了世界上绝大多数国家的认可。因此，在中华人民共和国已经成为联合国会员国的前提下，台湾也不可能像印度、菲律宾等国一样，以尚未完全独立国家的身份加入联合国。况且，自 20 世纪 50 年代以后，联合国从来没有过将独立国家的区域性行政单位或者尚未完全独立的国家接纳为会员国的先例。

总之，无论是从《联合国宪章》关于会员国资格的规定还是关于接纳新会员国程序的规定，或者是从联合国会员国的例外情形来看，台湾都不具备加入联合国的条件，也就不可能成为联合国会员国。台湾参与联合国问题不仅涉及“一个中国”，而且涉及谁代表这个“中国”的问题。必须正视的现实是，1971 年联合国大会通过的 2758 号决议确定了这个问题，联合国只承认中华人民共和国为全中国的唯一合法代表。台湾方面无论是以“中华民国（台湾）”还是直接以“台湾”的名义参与联合国，也无论台湾企图谋求正式成员还是观察员的地位，均会挑战一个中国原则，带来严重的“一中一台”或“两个中国”问题。所以，在台湾加入联合国问题上，两岸之间没有商讨的余地。

2. 台湾参与非联合国系统的政府间国际组织问题

截至 2012 年 10 月底，台湾参加的国际组织总数约计 2914 个，其中政府间组织和机构约计 48 个（台湾方面自己的统计是 54 个），非政府组织和机构是 2816 个。在台湾加入的上述国际组织中，包括台湾和大陆共同参加的情况。倘若去除两岸共同参加的情况，仅台湾参加而大陆未参加的国际组织有 954 个，其中政府间国际组织是 19 个，非政府间国际组织是 935 个。[①] 除此以外，台湾当局以观察员身份参与活动的“政府间国际组织”还有 9 个，包括美洲开发银行、欧洲复兴开发银行、北太平洋鲔鱼临时科学委员会、美洲热带鲔鱼委员会、南方黑鲔保育委员会、国际大西洋鲔类资源保育委员会、中美洲议会、中美洲议长论坛及中美洲统合体等。这其中的不少组织集中在中美洲地区，是台湾“邦交国”的集中地，台湾当局能够参与活动也仰仗它们的支持并从中牵线搭桥。

（1）两岸处理台湾参与非联合国系统政府间国际组织的三大模式

台湾当局企图加入由主权国家才能参与的政府间国际组织，中国大陆坚决反对与制止，没有妥协的余地；而对于功能性、经济性国际组织，只要不违背一个中国原则，台湾可以以适当的身份或名称加入，并且创造了多种模式。在一个中国原则与特别协商安排下，台湾参加的较具影响的政府间国际组织有亚洲开发银行（ADB）、亚太经济合作组织（APEC）、世界贸易组织（WTO），且形成台湾参与政府间国际组织的三种模式，即亚洲开发银行（ADB）模式、亚太经济合作组织（APEC）模式和世界贸易组织（WTO）模式。这些模式均属非常态化的个案机制。

其一，“亚行模式”（即“ADB 模式”）。“亚行”是亚洲开发银行的简称，该银行成立于 1966 年 11 月，是一个致力于促进亚洲及太平洋地区发展中成员社会与经济发展的区域性政府间金融开发机构，是具有重要影响的区域性政府间国际组织，总部设在菲律宾首都马尼拉。早期台湾当局（以“中华民国”名义）是亚行创始成员之一。1983 年 2 月，中国外交部长吴学谦致函时任亚行行长藤冈真佐夫，提出中国加入亚行的申请，并要求亚行驱逐台方代表。但根据亚行的章程，没有开除成员的相关规定，于是大陆政府在与亚行进行磋商的过程中，不再坚持驱逐台方的要求，而提出可以将台湾当局的名称改为“中国台北”，作为“准成员”留在亚行。然而，对亚行决策有重要影响的美国阻挠大陆方面提出的建议。1984 年底，大陆政府在跟有关各方进

① 饶戈平主编:《台湾参与国际组织有关资料汇编》，北京，北京大学法学院，2013 年 2 月，第 2 页。

行磋商时不再坚持将台方降为“准成员”，并就台湾当局的名称改称“中国台湾”以及一系列有关问题与亚行达成口头原则谅解。但是，这些建议遭到了台湾方面的坚决反对，从而使得中国加入亚行的道路一度受阻。经过几经磋商与谈判，美国提出妥协方案，将台湾改称为“中国台北”，继续留在亚行，并承诺：在亚行范围内，“中国台北”系指中国的台湾地区；在亚行董事会就解决中国代表权问题做出决定时，美方将完全支持中方立场；台湾当局改称留在亚行这一模式不对其他任何国际组织构成先例。中国对美方方案表示接受。随后，中国与亚行就大陆加入亚行问题进行了最后磋商，并于1985年11月25日签署《谅解备忘录》，其中规定[①]：自中华人民共和国以代表中国唯一合法代表成为亚行会员之日起，台湾当局将以“中国台北”（Taipei,China）名称留在亚行。1986年3月10日，亚行行长藤冈真佐夫致电吴学谦外长，正式通知中国成为亚行成员，同时致电台湾当局即日起将其名称改为“中国台北”。[②]对于这一安排，台湾当局虽然不满，但迫于现实也无可奈何，最终放弃原来的立场，于1988年重返亚行年会。回顾这一历史过程，藤冈真佐夫用了两年多的时间和台湾方面公开和秘密地接触了二十多次，和大陆接触了三十多次，提出了二十多种方案，最后双方虽均不完全满意，但都接受了“中国台北”这个方案，这足以显示问题的复杂和谈判的艰辛。中国大陆加入亚行以及台湾改为“中国台北”是两岸在政府间国际组织一次重要的较量，也是两岸首次同时参加一个区域性政府间国际经济组织。在大陆以“中国”名义加入与以适当名称保留台湾在亚行的问题上，美国扮演了重要角色，过去将中国排除在外、台湾得以以创始成员身份加入，本身就是美国直接主导的结果，而在中国提出加入亚行与改变台湾在亚行地位时，也直接受到美国的干预与阻挠。但随着中国影响力的上升与国际地位的提高，美国已无法完全主导亚行，最终在坚持一个中国原则立场下相互妥协，创造了两岸同时

---

① 林正义、叶国兴、张瑞猛：《台湾加入国际经济组织策略分析》，台北，“国家”政策研究资料中心，1990年7月，第8页。

② 在中国加入亚洲银行的谈判中，中方就曾经主张以中国台湾（Taiwan, China）的名称将台湾保留在亚洲银行中，台湾方面当然强烈反对，美国方面也曾经以国会无法接受为借口表示异议。谈判的结果是中国在1986年成为亚洲开发银行会员后，台湾的会员资格仍然保留，但中文名就称改为“中国台北”，英文名称改为“Taipei, China”，美方接受了这一名称，台湾当局虽然当时仍曾强烈反对，表示“不接受（改名）、不退出、不参加”，但在缺席了两次年会后，又从1988年开始，重新参加了亚洲开发银行的年会及相关活动，实际上默认了这一名称。

存在于一个国际组织的双赢模式。两岸在一个中国原则下同时加入亚行，这是一项重要创举，本来可以为今后两岸的合作创造更多的条件。然而，台湾当局却企图借"亚行模式"，重返国际社会，并达成"双重承认"与"一个中国，两个对等政府"的目标，这引发了大陆方面的强烈反对。1988 年 12 月 18 日，中国外交部发表声明指出，联合国系统的机构绝不能与台湾发生任何联系。这一原则也适用于其他政府间国际组织。个别政府间国际组织，例如亚洲开发银行，在我国政府与有关国际组织协商同意后，允许台湾当局以"中国台北"名义参加。这只是一种个案性安排，绝不能被认为是可以普遍适用于其他政府间国际组织的模式。

其二，"APEC 模式"。APEC 即亚太经济合作组织的英文简称，是两岸共同参加的又一个重要的国际组织。该组织成立于 1989 年 11 月，是亚太地区最重要的政府间区域经济合作组织，由澳大利亚首倡，创始会员国主要为澳大利亚、美国与加拿大等国家。这些国家最初对中国加入持积极态度，但美国则希望大陆、台湾和香港同时加入。1989 年春夏之交的"六四风波"后，上述国家对中国加入的态度由积极转为消极，并将中国参加与台湾、香港参与直接挂钩。1990 年 5 月，中国对自己加入 APEC 及台湾、香港加入问题提出具体方案，即在一个中国前提下，明确中华人民共和国作为主权国家，台湾、香港作为地区经济体加入。美、澳等西方国家在"六四风波"后出于对中国的敌视，竭力阻挠过我方的主张，后经多次谈判与磋商，终于达成共识。1991 年 10 月 2 日，中国与 APEC 签署《谅解备忘录》，其中明确规定：中国作为主权国家以"中华人民共和国"的名称，台湾、香港作为地区经济体以"中华台北"（Chinese Taipei）和香港（1997 年 7 月 1 日起改为"中国香港"）的名称同时加入 APEC；台湾当局只能派出与 APEC 有关的负责经济事务部门负责人出席部长会议，台湾当局的所谓"外交部长"和"副外交部长"不得参加 APEC 会议。[①]1991 年 11 月，中国、中国台北、香港正式加入 APEC，这也是两岸三方首次同时加入重要的国际组织，并开创了中国以主权国家、台湾与香港以地区经济体身份加入的"APEC 模式"。然而，后来由于李登辉奉行"台独"路线，两岸在国际社会的斗争日趋激烈，尽管中国大陆与国际社会就台湾加入 APEC 做出明确安排，但台湾当局一直企图突破

① 王嵎生著：《亲历 APEC 与时代的变迁》，北京，世界知识出版社，2014 年版，第 148—149 页。

一个中国框架，并将APEC会议作为制造“两岸两国”的国际场所，造成两岸在APEC问题上的激烈斗争。1993年11月，在美国倡议下，APEC首次在美国西雅图召开领导人非正式会议。台湾当局试图让李登辉以“国家元首”的身份出席，遭到大陆方面的坚决反对，台湾方面又提出让时任台湾“行政院政务委员兼经济建设委员会主任委员”的萧万长，以李登辉“代表”“特使”及“行政院政务委员”的头衔出席。大陆方面指出，根据《谅解备忘录》精神，台湾参加领导人非正式会议的人员最高级别只能是与经济有关的“部长级”官员。最后，台湾当局被迫做出妥协，萧万长只以“经建会主委”身份参加会议，并由此形成了所谓“西雅图模式”。[①] 然而，后续的实践表明，台湾当局并未完全遵守“西雅图模式”，多次企图在APEC领导人非正式会议与会人员级别问题上有所突破，但均因我方的强烈反对而失败。马英九主政期间，由于两岸关系的改善，在大陆的默许和配合下，台湾方面出席APEC领导人非正式会议官员的级别有所突破。[②]

其三，“WTO模式”。WTO是世界贸易组织的英文简称，该组织是当今全球范围内最重要的国际经济组织，也是两岸共同加入、并有着直接互动的国际经济组织。该组织成立于1995年1月，其前身为关税暨贸易总协定（GATT），总部设在日内瓦。中国是世贸组织前身关税暨贸易总协定（GATT）的创始会员国之一。1971年联合国恢复中华人民共和国代表中国的合法席位后，GATT撤销了台湾当局在该组织的观察员资格。1986年7月，中国正式提出恢复GATT缔约国地位的申请；1991年1月1日，台湾当局也以“台湾、澎湖、金门、马祖单独关税领域”的名义申请加入，于是出现两岸同时申请加入WTO的情况。围绕台湾加入GATT或WTO问题，两岸再次展开了一场激烈斗争。大陆对台湾入关或入世的原则立场明确，台湾必须作为中国的单独关税区加入，而且在大陆复关或入世后才能加入；台湾当局则主张以不同于香港、澳门的“台澎金马关税领域”名义加入，反对将台湾加入与大陆复关或入世挂钩。对于台湾当局谋求与大陆无关的单独关税区以及与大陆平行加入GATT的企图，中国政府与GATT进行了交涉。1992年9月29日，GATT理事会经过与中方以及各缔约方广泛磋商，由理事会主席发表声明，

① 王嵎生著:《亲历APEC与时代的变迁》，北京，世界知识出版社，2014年版，第150—156页。

② 黄嘉树、林红著:《两岸“外交战”——美国因素制约下的国际涉台问题研究》，北京，中国人民大学出版社，2007年版，第262—271页。

承诺按照“一个中国”、“中先台后”、台湾以“台澎金马单独关税区”（简称“中国台北”）名义加入的原则，处理台湾入关问题。1995年1月，世界贸易组织（WTO）成立，正式取代GATT，大陆与台湾的入关问题也转化为入世问题。2001年11月11日，在多哈举行的世贸组织第四次部长级会议上，按照“中先台后”的原则，中国和中国台北先后于12日、13日签署了加入世贸组织的议定书，中国于同年12月12日、中国台北于2002年1月1日正式成为WTO的成员。

（2）经验及启示

台湾已经作为中国的一个地区加入了上述功能性政府间国际组织，这是根据中国政府与有关方面达成的协议或谅解，明确规定中华人民共和国作为主权国家参加，台湾只作为中国的一个地区，以“中国台北”的名义参加活动。从上述台湾当局参与的三个政府间国际组织来看，一是它们均是功能性、经济性政府间国际组织，台湾当局也是以地区金融实体或地区经济实体的身份加入的；二是这些组织允许其他非主权实体的参与，如中国香港特区均是其成员。

尽管上述“三大模式”属于特殊安排，不可以作为通例适用于台湾加入其他政府间国际组织，但对两岸处理台湾参与政府间国际组织问题仍具有重要的参考意义。众所周知，只有主权国家才能参加的国际组织，台湾无权参加。至于除主权国家参加以外，也允许地区参加的国际组织，在不造成“两个中国”或“一中一台”的前提下，具有一定的协商解决空间。两岸可以基于一个中国原则，根据有关国际组织的性质、章程和实际情况，以双方同意和接受的方式对台湾的加入问题做出安排。目前，台湾以正式会员身份参加的政府间国际组织只有20个左右，基本上都是经济性组织，并且加入身份也是得到大陆默认的。其中有重要影响的只有亚洲开发银行（ADB）、亚太经合组织（APEC）和世界贸易组织（WTO），台湾得以加入这些重要组织的原因，除了取得大陆方面的同意或默许之外，还在于这些政府间国际组织允许非主权实体成为正式会员，而台湾也正是以“中国台北”“中华台北”“台澎金马独立关税区”等非主权实体的身份加入的。中国政府坚持台湾加入ADB、APEC和WTO等政府间经济性组织只是一种特殊安排，不能构成其他政府间国际组织及国际活动效仿的模式。

（二）台湾参与非政府间国际组织问题

非政府间国际组织（NGO）在国际社会的数量越来越多，影响也越来越大。在参加政府间国际组织受到较多限制的情况下，台湾当局也积极参加非政府间国际组织。陈水扁主政时期，将台湾参与非政府间国际组织作为拓展所谓“国际生存空间”的重要手段。在台湾，推动参与非政府间国际组织的领导机构不是“内政部”等相关专门机构，而是由负责处理对外关系的“外交部”主导与管理。可见，台湾以NGO之名参与非政府间国际组织的活动，表面上看似民间行为，其实有着明确的政治目的，但由于非政府间国际组织相较于政府间国际组织更容易加入，因此台湾社会对台湾参与非政府间国际组织持积极支持态度。从现实因素来看，台湾也需要参加一些NGO，不可能完全置身于国际社会之外。考虑到台湾经济发展的需要和台湾民众的实际利益，中国政府对台湾参与民间的国际经济、文化活动一般不持异议。

需要指出的是，尽管非政府间国际组织是政治敏感性较低的一类国际组织，其与主权原则看似不直接相关，但也涉及一个中国原则问题。这主要表现在台湾方面在加入NGO时，有时直接使用“台湾”“中华民国”等字样，这是大陆方面所不允许的。目前，两岸在这个问题上的分歧主要是台湾参与非政府间国际组织的使用“名称”上的分歧。只要台湾参与这一类国际组织时的名称不抵触一个中国原则，大陆方面就不加干预。台湾不得作为国家会员，只能作为地区会员，以“中国台湾”（Taiwan,China）或“中国台北”（Taipei,China）等身份参加。事实上，在非政府国际组织中，中华人民共和国的相应组织同有关各方达成协议或谅解，在中国的全国性组织以中国的名义参加的情况下，台湾方面的相关组织可以以“中国台湾”或“中国台北”的名称参加。[①] 从台湾方面来说，其积极主动地参与NGO，只有确实出于经济或文化考量，而非政治考量，方可让大陆放心。但有些情况下，台湾借着NGO的名义，来凸显其国际主体性，对此大陆方面自然要反对。总体说来，在台湾加入NGO问题上，两岸冲突相对较小，故此处不展开讨论。

（三）处理台湾参与国际组织问题的原则与策略

如何处理台湾参加政府间国际组织既是一个理论问题（因为它涉及如何

---

① 卢晓衡编:《中国对外关系中的台湾问题》，北京，经济管理出版社，2002年版，第335页。

对待国家主权和领土完整等一系列国际法理论），更是一个现实政治问题。

1. 基本原则

第一，一个中国原则。两岸的问题归根结底是一个中国原则问题。两岸要在台湾“国际活动空间”问题上找到双方都能接受的解决办法，必须实事求是地面对一个中国原则，即在国际社会绝对不能出现“两个中国”或“一中一台”。20 世纪九十年代中期后的很长一段时期内，台湾方面（特别是李登辉和陈水扁时期）企图突破一个中国框架，在国际上进行“两个中国”和“一中一台”的分裂活动，结果不但没能撼动一个中国框架，反而在国际上强化了各国普遍奉行的“一个中国”政策，压缩了台湾在国际社会的活动空间。回顾六十多年来大陆在国际涉台事务中严厉“封杀”台湾当局参与国际组织的政策，是当时历史条件下的唯一选择，这无疑是正确的，否则就无法维护“一个中国”。倘若当时大陆作出让步，台湾当局不仅不会理解，反而会认为大陆无能或软弱。但随着时局的发展和变化，两岸力量对比进一步拉大，倘若大陆作出一定的让步，台湾方面的认知或许较以往有所不同，认为这是大陆方面在新的历史条件下所展示的一种善意、宽容和大度。所以，我们要客观评价大陆在国际涉台事务中所奉行的“封杀”政策，必须将其放置于当时的历史条件下来考量，切莫脱离当时的背景和时代因素来抽象地研判。

大陆方面认为，只有在坚持一个中国原则的前提下，才可以根据有关国际组织的性质、章程规定和实际情况，以中国政府同意和接受的某种方式，来处理台湾参加某些国家组织活动的问题。回顾近些年来的情况，两岸之所以在台湾“国际活动空间”问题上能够形成一些和平共识和共同遵守的行为规则，根本的政治基础就是一个中国原则。如果偏离了该原则，台湾加入国际组织问题就无从解决。① 在这个问题上，大陆的立场和底线是坚定不移的。任何要在国际社会突破这个原则的图谋在过去六十多年来从未成功过，现在不会成功，将来也不会成功。故有台湾学者指出，台湾方面应该针对大陆的一个中国原则建立起一个认知，那就是：倘若这个问题不能得到解决，那么两岸之间不可能对台湾的“国际活动空间”一事达成谅解。②

第二，先两岸、后国际原则。台湾参与国际组织活动的诉求必然涉及国

① 胡淑慧：《论两岸在台湾对外洽签 FTA 问题上的分歧与协调思路》，载《学术探索》2013 年第 10 期，第 49 页。

② 邵宗海著：《新形势下的两岸政治关系》，台北，五南图书出版股份有限公司，2011 版，第 349 页。

家主权问题，原则上都应该先由两岸经过充分协商并达成具体谅解和方案后才能具体实施，反对台湾绕开大陆单方面地一意孤行。实践证明，台湾当局越过两岸协商、单方面地谋求国际参与不可能成功。这是因为：首先，一些国际组织的章程或组织法中对接纳某一国家的地区成为其观察员、副会员或准会员时往往有规定要事先经过其所属的主权国家的同意或由其代为申请参与。台湾若以非国家的地区身份申请成为国际组织观察员，根据国际惯例，必须征得中国政府的同意或由中国政府代为申请，否则不能参加。台湾当局即便不同意让大陆代为申请，也必须与大陆积极协商，就加入名称、身份、旗帜、歌曲及具体途径等各问题进行事先的讨论，达成共识之后，再到国际组织办理申请。① 其次，台湾当局越过大陆的单方面诉求，给大陆带来了政治压力，大陆必然向有关国际组织提出抗议，在这种情况下，台湾单方面的诉求就会“流产”。因此，重要的是先由两岸之间内部洽谈，协商出一个双方都能接受的解决方案，然后再到国际组织申请。② 历史经验告诉我们，在台湾加入国际组织问题上，台湾当局采取对抗性做法不但于事无补，反而伤害两岸以及相关国际组织的感情。对于一时无解的问题，暂时搁置起来，等将来条件成熟时再解决，而不要采取对抗的做法。从长远看，坚持务实协商，“先两岸、后国际”的路径更符合两岸双方的利益。需要强调的是，台湾方面必须认识到，在加入国际组织的路径上应坚持“从大陆走向世界”，而非“从世界走向大陆”。台湾和新西兰、新加坡相关 FTA 协议的顺利签署，充分证明马英九当局“从中国大陆走向世界”的策略是一条可行之路。③ 倘若反过来，“从世界走向大陆”，即先在国际社会四处活动，通过国际社会给大陆施加压力，进而实现其扩大“国际活动空间”的目的，实践证明此路已行不通。④

第三，政经分离原则。目前两岸在国际社会的冲突主要在主权性、政治性领域，但在功能性、经济性、事务性领域并非“零和”关系，可以很好地实现两岸的合作。就目前而言，两岸应以推进“双赢”的功能性、经济性、

① 袁小红：《关于台湾参与国际组织的几点思考》，载《国际展望》，2011 年第 3 期，第 103 页。

② 林红：《国际视野下的两岸关系和平发展》，载黄嘉树：国家社科基金重大项目《两岸关系和平发展架构研究》结项报告，北京，中国人民大学国际关系学院，2011 年 11 月，第 122 页。

③ 《台新 FTA：从中国大陆走向世界的实践》，载《台湾周刊》，2013 年第 27 期，第 22 页。

④ 胡淑慧：《论两岸在台湾对外洽签 FTA 问题上的分歧与协调思路》，载《学术探索》2013 年第 10 期，第 49 页。

事务性合作为主要面向，暂时搁置政治性“零和”竞争。待条件成熟时，再进行政治性问题的协商和解决。这里的问题是，如何来界定和分辨哪些是功能性、事务性或经济性事务？有些貌似非政治性，实则政治性事务，如某些FTA。所以，大陆坚持政经分离的原则来处理台湾加入国际组织问题，但并非同意台湾加入任何国际经济组织或对外签订任何经济协定。就加入经济组织或商签经济协定而言，台湾方面仍需要与大陆积极协商，否则不会成功。以台湾对外商签 FTA 为例，台湾对外商签 FTA 本身并非一个纯粹的经济行为，其中有政治（甚至主权）的意涵。就议题内容来说，表面上，FTA 的内容属于经济议题，但在政治与经济交融的当下，或许有些议题是纯粹的经济议题，但有些议题绝非纯粹的经济议题。就洽签主体来说，台湾当局与有关国家洽签 FTA 的谈判，台方的谈判主体必然是“中华民国”的经贸主管部门，最后洽签也是“中华民国”的经贸主管部门与有关国家之中央政府的经贸主管部门来完成，这样很容易凸显“中华民国主体性”。就战略意图来说，台湾当局将洽签 FTA 作为扩大“国际活动空间”的重要途径。就政治效果来说，台湾洽签 FTA 确实会在某种程度上提高台湾的国际能见度，进而产生强化其主体性的效果。倘若大陆方面不加以干涉和反对，容易在国际社会造成“两个中国”或“一中一台”的观感。[①] 鉴于以上分析，大陆对于台湾加入国际经济组织或商签 FTA 问题，仍高度关注和戒备。台湾意欲加入国际经济组织或商签 FTA，也要与大陆积极沟通，并取得大陆的同意或默许。鉴于已经形成的惯例，目前国际社会并不接受台湾当局与其他国家签署具有主权性的国际协定，包括自由贸易协定（FTA），除非经过大陆同意。[②]

第四，个案处理原则。在加入国际组织问题上，两岸之间存有分歧，台湾要求“通例式”解决，而大陆方面则主张个案式处理。这是因为：每一个国际组织接纳新成员的条件和程序都不一样，台湾方面期望参与的国际组织也情况各异，不可能存在一个可以普遍适用于台湾参与国际组织活动的固定模式。台湾要加入的国际组织有官方和非官方之分。国际组织的复杂情况决定了大陆在处理该问题时只能依循区别对待的“个案处理”原则，无必要也

---

① 胡淑慧：《论两岸在台湾对外洽签 FTA 问题上的分歧与协调思路》，载《学术探索》2013 年第 10 期，第 47 页。

② 唐永瑞、赵成仪：《ECFA 时期中共对台工作重点研析》，载台湾《展望与探索》2011 年第 9 卷、第 4 期，第 91 页。

无可能提出一个“一揽子”解决问题的具体方案、时间表和路线图。[①]实践表明，两岸在处理台湾加入国际组织问题上不会有“一揽子”的“通例式”解决办法，只能针对台湾诉求加入的国际组织的具体情况进行个案研究，权衡利弊，最终确定具体解决方案。这一策略有助于大陆稳妥、从容地处理每一个具体问题，避免简单划一式处理可能带来的后遗症，最大限度地防范或减少可能出现的政治风险。就台湾参与 WHA 为例，大陆坚持认为，台湾参与 2009 年 WHA 不能成为以后的参与先例，坚持逐年逐案解决，纵向不能延伸到 WHA 以后的活动，横向不能延伸到其他联合国专门机构或其他政府间国际组织。这是考虑到岛内“台独”的压力，如果台湾当局成为 WHA 的永久观察员，进而以“一揽子”的解决方式，在联合国其他专门机构获得观察员或其他资格地位，很有可能形成所谓“农村包围城市”的压力，为中国应对台湾“参与”联合国问题增加不必要的成本。[②]

第五，暂时维持现状原则。在中华人民共和国恢复联合国席位之前，台湾当局仍以“中华民国”名义在联合国“代表中国”，同时是多个政府间国际组织的成员。第 26 届联合国大会之后，台湾当局被逐出联合国及绝大多数政府间国际组织，但由于复杂的原因，台湾当局仍继续留在部分非政治性的政府间国际组织，如世界动物卫生组织（OIE）与国际种子试验协会（ISTA）等，这是历史遗留问题。如今，台湾当局不仅不愿直接退出业已参与的部分政府间国际组织，而且出于“积极拓展国际生存空间”的战略需要，又参与了个别新的政府间国际组织。从目前两岸参加国际组织的情况看，主要有三种情况：一是台湾与大陆共同参与的政府间国际组织；二是台湾参加、大陆未参加的政府间国际组织；三是台湾参加而大陆未参加的政府间国际组织。对于第一种情况，可采取暂时维持现状的处理方式，倘若任何一方单方面地改变两岸加入国际组织方面业已形成的现状，很容易伤害对方的感情；对于第二、三种情况，倘若一方要参加另一方已经是成员单位的国际组织，双方应务实面对。如果台湾意欲参与大陆已经是其成员的国际组织，那么台湾方面在信守一个中国原则的前提下，在身份问题上应务实地放弃以“中华民

① 林红：《国际视野下的两岸关系和平发展》，载黄嘉树：国家社科基金重大项目《两岸关系和平发展架构研究》结项报告，北京，中国人民大学国际关系学院，2011 年 11 月，第 116 页。

② 林红：《国际视野下的两岸关系和平发展》，载黄嘉树：国家社科基金重大项目《两岸关系和平发展架构研究》结项报告，北京，中国人民大学国际关系学院，2011 年 11 月，第 122 页。

国”“中国（台湾）”“台湾”等名称，而代之以不致引起“两个中国”或“一中一台”的名称。如果大陆要参与台湾已是其成员的国际组织，可在双方协商的基础上并与该国际组织达成协定，将台湾在该国际组织中的名称改为符合一个中国原则的前提下参与，但这种情况操作起来比较困难，如果协商不成，大陆可以考虑暂时不急于加入，以免造成“两个中国”之嫌。除此之外，对于两岸均没有加入的国际组织，今后两岸如何加入的问题，是未来影响两岸关系的敏感地带，需要两岸妥善处理。

2. 加入国际组织的身份和名称

台湾参与某些国际组织的活动，必须以适当身份、名称参与，否则就会破坏一个中国原则。

第一，违背一个中国原则的名称。主要有：“中华民国”(Republic of China, R. China，ROC,China)、中国（台湾）[China (Taiwan)]、台湾（Taiwan）。台湾方面以上述三种名称参与该国际组织容易造成“两个中国”，或“一中一台”的局面，大陆方面秉持反对态度。

第二，符合一个中国原则的名称。主要有：中国台湾（Taiwan of China）、台湾，中国（Taiwan, China）、中国台北（Taipei of China）、台北，中国（Taipei, China）等。这类名称从字面上就明确了台湾是中国的一部分，体现出了一个中国的原则，是大陆方面可以接受的名称。

第三，介于二者之间的模糊性名称。这类名称有中华台湾（Chinese Taiwan）、中华台北（Chinese Taipei）及“台、澎、金、马单独关税区”（Separate Customs Territory of Taiwan, Penghu, Kinmen and Matsu）等。从中文字面上看，这些名称没有明显违反一个中国原则，即从积极方面理解，可以认为体现了两岸同属中华民族，在文化上同源一体，一定程度上体现了一个中国原则；从消极方面看则仅仅承认两岸在文化上同源一体，在政治上则并非一定如此，而且，以“中华”代替“中国”，容易从字面上回避了国际社会事实上普遍认同的“中国就是中华人民共和国”的观念，进而回避台湾隶属中华人民共和国的印象。由于这类名称没有明显违背“一中”原则，同时也照顾到两岸双方的关切，留下了双方协商的空间。[①]

① 袁小红：《关于台湾参与国际组织的几点思考》，载《国际展望》，2011 年第 3 期，第 94—99 页。

3. 台湾参与国际组织的身份

从大陆方面来看，如果台湾方面以合适的身份参与国际组织活动，那就能减少其对于台湾在国际上搞“两个中国”或“一中一台”的忧虑，就能更积极地去推动两岸共享中国主权的进程。本身要求只有主权国家才有资格加入的国际组织，尤其是联合国系统的专门机构，原则上不允许台湾以会员的身份加入，但不反对台湾以观察员、准会员、副会员或其他非完全会员身份部分参与。同样，在名称、旗帜和“国歌”等方面也必须体现一个中国原则。这类非会员身份有的（如准会员、副会员等）是各国际组织宪章或组织法就有明确规定，有的（如观察员身份）各国际组织的宪章或组织法中并没有相关的规定，而是从实践中发展起来的一种制度。这种非完全会员身份可以是非会员的主权国家、民族解放组织、政治实体、国际组织甚至是个人。观察员、副会员和准会员虽然不是政府间国际组织的正式成员，但其有权参加该组织的会议，有权取得该组织的正式文件和它们所参加会议的全部文件，有权散发文件，有时可以提出正式的提议，在有关自身直接利害关系的问题上还拥有发言权。台湾以这种身份参与国际组织既能最大限度体现大陆方面的善意和贯彻寄希望于台湾人民的方针，同时也能在相当程度上消除大陆方面对一个中国原则可能受损的担忧，应该说是一个双方都可以接受的双赢模式。这种形式的参与，类似于在大陆与其他国家建立外交关系后允许这些国家与台湾保持非官方关系，只不过这里与台湾建立的非官方关系的主体不是国家而是国际组织而已。

四、余　论

除了上述分析外，还需要进一步强调以下两个问题。其一，两岸关系和平发展是台湾扩大“国际活动空间”的基础。有两个方面的因素：一是台湾的国际生存及发展空间，必须获得两岸关系的支撑。什么时候两岸关系缓和，什么时候台湾的“国际活动空间”就会增大。按照常理，随着两岸关系的缓和，台湾对“国际活动空间”的诉求会降低，但事实上恰恰相反。究其原因，其中之一是，台湾与大陆关系走向缓和是出于扩大台湾自身利益的需要，而非对中国认同的增加。在台湾对一个中国的认同没有增加的情况下，台湾对国际活动空间的诉求就不会减弱。反过来，台湾对一个中国认同的淡薄，又增加了大陆对台湾参与国际活动的疑虑，进而影响了台湾“国际活动空间”的增大。二是两岸之间缺乏政治互信。台湾方面应主动向大陆表白，让大陆对其放心，消除大陆对于台湾参与国际活动的顾虑。大陆方面担心，一旦承认了台湾在某一领域中的“国际活动空间”，被“台独”人士所利用怎么办？因为这么多年来，“台独”势力一直跟大陆进行政治对抗，使得大陆对“台独”心有余悸。因此说，未来台湾在加入国际组织问题上能否取得突破和进展，在很大程度上仍取决于两岸关系和平发展的状况与两岸政治互信的程度。台湾方面应秉持前瞻务实的原则，建构多元的对话及沟通平台，不断强化两岸关系和平发展基础上的政治互信。[①] 其二，台湾“国际活动空间”问题只能是合理地、有条件、有限度地解决。台湾不是一个主权国家，不具有通常的国际法主体资格。不论基于什么理由，台湾都不可能取得如同主权国家一样的“国际活动空间”，而只能在现行法律允许的限度内，在符合其身份、地位的前提下，在有限的国际空间内活动；大陆事实上只是认同在经济社会和文化交流方面适度协助台湾扩展其“国际活动空间”，排除了政治、军事等涉及国家主权事务的领域。处理台湾的“国际活动空间”问题，并非仅着眼于当下，更要与未来统一后的制度安排相挂钩。

① 胡淑慧:《论两岸在台湾对外洽签 FTA 问题上的分歧与协调思路》，载《学术探索》2013 年第 10 期，第 49 页。

第十三章　两岸政治关系定位的策略、技术与方法

两岸政治关系定位问题是一项具有高度政治智慧的议题，“牵一发而动全身”，既需要我们有坚定的政治方向，又需要我们有周密的策略、技术和方法，将其逐步向前推进。两岸政治关系定位之所以没有取得实质进展，原因是多重而复杂的，但主要原因有二：一是因缺乏共识而没有找到让双方均可接受的定位方案；二是存在着定位技术和方法上的问题。如何在多样性中求统一、在差异性中求共性？在很大程度上依赖一定的策略、技术和方法。

一、目前定位表述中的四种非常态表达方式

按照正常规则，两岸政治关系定位应采用具体、清晰、明白、肯定的语词从正面直接界定，此为常态的定位方式。但由于两岸政治关系的复杂性和特殊性，常态定位方式无法直接被应用，故两岸官方和学界均采取模糊、否定、各表和迂回的方式来界定两岸政治关系。笔者将后者称之为“非常态定位方式”。从目前两岸所采用的非常态定位方式来看，主要包括以下四种：

（一）模糊式定位

在经历了六十余年的“分裂分治”后，两岸双方的政治立场可谓南辕北

辙，基本上只要一方坚持的主张，另一方就拒不接受。譬如，台湾方面不接受大陆方面关于“一个中国就是中华人民共和国”“台湾是中华人民共和国的一部分”“台湾当局是地方当局”等定位论述；大陆方面也不接受台湾方面关于“一个中国是指中华民国”“中华民国是主权独立的国家”“中华民国政府是中央政府”等定位论述。① 在这种情况下，欲求两岸政治共识的最大公约数，就要淡化和模糊某些政治性元素。

在两岸政治关系定位问题上，人为的、创造性的模糊是一种政治艺术、策略和智慧。纵观中西方政治发展史，为数不菲的政治家在处理非常棘手的政治问题时，都采取了模糊策略。模糊策略的精妙之处在于，对那些双方存有很大争议且暂时无法界定清楚的议题，无须硬将其表达清楚，这不失为一种“难得糊涂”。在两岸政治关系定位问题上，在某个特定时期或特定场合采取模糊式定位能收到某些积极的实际效果；但我们也应认识到，无论在时间上还是空间上，模糊策略的运用都是有限度的，倘若不适当地追求模糊，则有碍于问题的解决。正如华裔学者郑海麟教授所说：“模糊即不实，不实则虚，虚则不诚，不诚无物。两岸关系长期踩在虚线上，不但无法取得突破性进展，日子久了终归要出问题，这也是为什么两岸交流近年来出现渐行渐远现象的原因”②。因此，我们应正确看待模糊式定位，其是迫于无奈所采取的策略性权宜之计。出于搁置争议的考量，模糊式定位有其存在的价值和必要，但一旦两岸进入政治谈判阶段，许多问题都需要由模糊走向清晰。随着两岸关系的发展，原来模糊的东西要逐渐清晰化、具体化；同时伴随着新问题的产生，又需要增加或创造新的模糊。两岸政治关系定位在未来很长一段时期内将遵循“模糊—具体—再模糊—再具体”的发展思路。从定位方式的发展阶段来看，未来两岸政治关系定位必定要经过模糊式—模糊式 + 清晰式—清晰式三个阶段。其中，“模糊式 + 清晰式”可能会持续很长一个时期。

（二）否定式定位

从形式逻辑学的角度看，用否定形式来下定义或界定概念有失规范。就两岸政治关系定位而言，在从正面进行肯定式定位非常困难的情况下，从反面以否定形式进行定位实属迫不得已。否定式定位被认为是通过排除某些选

---

① 王升：《对务实探讨两岸政治关系的几点看法》，载香港《中国评论》8 月号，第 49 页。

② [加] 郑海麟著：《海峡两岸关系的深层透视》，香港，明报出版社有限公司，2000 年版，第 115 页。

项来表述观点的方法，如“两岸不是国与国的关系”，这个定位尽管告诉了人们两岸之间“不是什么关系”，但究竟“是什么关系”，仍不能清楚地说明。可见，虽然否定式定位是在一时无法正面界定“是什么”的情况下，通过说明其“不是什么”的方式来迂回界定其“是什么”的方法。实践证明，对于某些复杂议题，无须清楚地界定其“是什么”，有时仅仅清楚地界定其“不是什么”，也能收到意想不到的效果。当然，尽管否定式定位方式有一定积极意义，但其局限性也是不言而喻的，在条件成熟的情况下，应适时促使其向肯定式定位转化。从发展趋势来看，两岸政治关系定位的方式将经历一个由否定式日渐走向肯定式的过程，期间大致要经历否定式—否定式＋肯定式—肯定式三个阶段。从目前态势来看，由于两岸双方尚无法明确、清晰地表达己方的态度，因此第二个阶段的定位方式—“否定式＋肯定式”（亦即“部分否定＋部分肯定”）将长期存在。这是一种依附于肯定或否定判断的模糊定位类型，而非界于肯定和否定判断之间的独立定位类型，其模糊性决定了其不能完全解决问题，故而具有较大的局限性。台湾马英九当局的“互不承认主权、互不否认治权”就是一种典型的“部分否定＋部分肯定”的定位方式。① 单就这种定位方式的形式和方法而言，其有一定积极价值，有助于及时地解决两岸关系发展中所遇到的“瓶颈”问题，在一定程度上适应了特定历史阶段下两岸关系发展的需要；但就该定位的内容而言，因其所指的“治权”实际上包含着主权权力，故笔者不予赞同。②

（三）各表式定位

当下两岸双方之所以均采用各表式定位，是因为彼此在政治关系定位问题上缺乏共识，一时无法达成“共表”，因此各表式定位在当下具有不可替代的的积极意义。然而，该定位方式也存在明显的不足，即其并非在寻求双方的最大公约数，而是在各说各话。在各说各话的情况下，双方以何种身份开

---

① “互不承认主权”强调“两岸同属一个中国”，强调主权的唯一性和不可分割性，其在坚持一个中国和单一主权的前提下，遵循的是“零和规则，”承认对方主权等于否定己方主权，所以不承认对方主权；若坚持己方主权的情况下，承认对方主权，就意味着一个主权分裂为两个主权，所体现出来的就不是一个实体中国或一个单一主权之中国，而是像当年东西德国那样的一个虚体德国或双重主权之德国（实质是两个德国）。“互不否认治权”强调两岸分治现状。

② 王英津：《论两岸关系研究中的“主权—治权”分析框架及其替代方案》，载《广西师范大学学报》（哲学社会科学版）2014 年第 5 期，第 32—35 页。

启政治谈判？从影响和效果来说，各表式定位并非在任何时候、任何情况下均有助于两岸关系和平发展乃至走向统一，因为两岸各自表述的“一中”具有不同意涵。换句话说，就“促统”来说，各表的积极意义非常有限；但是，就反对“台独”来说，各表具有一定积极意义，因为它为两岸双方留下了更多的可操作空间，正是在这些空间的基础上，双方才能打开互动交流的局面，为未来两岸和平统一创造条件。不难看出，两岸政治关系定位要想取得突破性进展，就要在方法论上实现由各表式定位向共表式定位的迈进。从这个角度看，未来两岸政治关系定位大致要经历各表式—各表式 + 共表式—共表式三个阶段。目前两岸政治关系定位刚刚由第一阶段进入第二阶段，虽进入第二阶段，但共表式定位论述的数量和比例还相当有限。在未来相当长的一段时期内，可能是各表式定位与共表式定位并存的局面。随着两岸共识的逐步扩大，各表式定位逐步缩小，共表式定位逐步扩大，最后将完全转化为共表式定位，届时两岸统一即可实现。

（四）迂回式定位

迂回式定位是指不直接使用敏感的政治性词汇，而使用非政治性或政治色彩较淡的词汇来间接、迂回地界定两岸政治关系，比如在定位时使用“两岸”“两个地区”等地理性、区域性词汇。“两岸”是一个约定俗成的概念，特指台湾海峡的两边，一边是由中华人民共和国政府所管辖的大陆地区，另一边是由台湾当局所管辖的台澎金马地区。20 世纪 90 年代李登辉时期，台湾当局以其“行政院”的名义公布了“两岸人民关系条例”，将两岸界定为“中华民国”下辖的台湾地区和大陆地区。马英九当局采用“一国两区”（“一国”即“中华民国”，“两区”即台湾地区与大陆地区）来定位两岸关系。鉴于上述定位中存有“两岸同属一中”的意涵，大陆方面虽不赞同“一国两区”论述中的“一国”所指，但对该论述基本上保持了沉默。除了台湾官方之外，两岸均有学者将两岸关系定位为“地区与地区关系”。从严格意义上说，这种定位方式有失妥切。迂回式定位的目的是回避敏感的政治内容，以便于被两岸双方共同接受，但其忽视了一点，那就是政治关系定位最终必须以政治属性的概念来描述，否则就达不到定位效果。当然，用地理属性的概念来定位两岸关系并非没有任何积极意义，如当年在界定两岸之间航线的性质时，遇到了其是国际航线还是国内航线的争议。倘若表述为“国际航线”，大陆方面不同意；倘若表述为“国内航线”，台湾方面不同意。最后干脆回避使用“国际航线”和“国内航线”的概念，而直接采用了“两岸航线”这一中性的、不带有政治色彩的迂回式定位，有效解决了双方的分歧。从政治实践看，使用地理性词汇来定位两岸政治关系，可以作为一种过渡性、补充性的定位方式，但不能扩大这种定位方式在两岸政治关系定位中的比重和作用。

二、“一中各表”的奥妙与局限

“一中 X 表”是两岸政治关系定位中常见的一种方式，譬如，“一中各表”“一中不表”“一中同表”等，在这些具体表达方式中，“一中各表”的应用最为广泛。

（一）从大陆的“一中不表”说起

要厘清台湾方面的“一中各表”说辞，首先必须厘清大陆方面的“一中不表”说辞。众所周知，从 1987 年台湾当局开放赴大陆探亲以来，两岸交流日益频繁，一些事务性的问题亟待解决。为解决这些问题，海协会与台湾海基会于 1992 年在香港举行会谈。会谈期间，两会达成各自以口头方式表述“海峡两岸均坚持一个中国的原则”的共识。海协会于 1992 年 11 月 16 日致函海基会，提出大陆方面口头表述的要点，海协会的表述内容为：“海峡两岸都坚持一个中国的原则，努力谋求国家的统一，但在两岸事务性商谈中，不涉及‘一个中国’的含义”，[①] 此表述即为后来的“一中不表”（笔者注意到，也有对“一中不表”的其他解释，此不展开论述）。大陆方面之所以主张不具体表明“一中”的意涵，是因为在大陆看来，两岸在短期内不可能就“一中”的政治涵义达成共识。在这种情况下，倘若双方在“一中”涵义上纠缠不休、互不相让，两岸会谈就无法推进和展开。于是，大陆方面主张只提两岸政治共识（即两岸同属于一个中国），暂时搁置双方政治分歧（即中国的涵义到底是指中华人民共和国还是指“中华民国”）。所以，“一中不表”是搁置争议的一种方式。这里需要进一步澄清的是，“一中不表”所搁置的争议是政权争

① 海峡两岸关系协会编：《“九二共识”历史存证》，北京，九州出版社，2006 年版，第 10 页。

议，而非主权争议，因为如果存在主权争议，那就无所谓“一中”了，也就不存在“各表”问题。所以，严格说来，“一中各表”不涉及主权争议。但后退一步讲，即使跟主权概念相连结，也仅仅涉及主权行使权争议，而非主权所有权争议。所以，笼统说“一中各表”涉及主权争议（即人们所理解的跟政权争议相对应的主权争议），有失严谨。

大陆方面在两岸事务性谈判中暂时搁置政治分歧的主张和作法，适应了一定历史条件下推进两岸关系向前发展的需要，是“求同存异”策略的灵活运用，是理性和务实的表现。[①]“一中不表”既不意味着大陆否认两岸在政治认知上存在分歧，也不意味着消极回避对台湾当局的定位问题。但是，我们也应该前瞻性地预料到，随着两岸交往的扩大，一旦未来两岸由事务性协商上升到政治性谈判，“一中不表”就难以奏效。这是因为，政治问题的协商与谈判，本来就是要解决“一中”争议及其所衍生的各种问题，故政治谈判很难在回避“一中”问题的情况下进行，即便初始阶段可以回避，其后也无法回避。届时，“一中不表”将完成其历史使命，退出两岸关系舞台。因此说，“一中不表”只能是特定历史条件下的产物。

（二）“一中各表”的奥妙所在

1. 台湾方面（国民党）坚持“一中各表”的原因

1992年会谈之后，两会各自对会谈共识进行了表述。海协会的表述为：“海峡两岸均坚持一个中国的原则，努力谋求国家统一。但在海峡两岸事务性商谈中，不涉及一个中国的政治涵义。”[②]台湾海基会的表述则为：“在海峡两岸共同努力谋求国家统一的过程中，双方虽均坚持一个中国的原则，但对于一个中国的涵义，认知各有不同。”不难看出，两岸在表述内容上存有分歧。大陆方面想通过模糊“一个中国”涵义的方式来达到有利于己方的效果，体认到双方对“一个中国”涵义有“不同认知”，但不主张进一步说出分歧的内容，即坚持“一中不表”。然而，台湾方面只表明“认知各有不同”。但在此

---

① 应当说，“九二共识”确认两岸存在争议而对争议加以模糊，虽然只是维持现状，却允许在搁置争议的基础上开展两岸经济文化交流合作，这是一种富于智慧的做法。事实也已证明，“九二共识”是现阶段发展两岸关系非常具有政治合法性、经得起实践检验的原则，在当前和今后一段时间内是不可替代的。

② 陈锡蕃、郑安国主编：《“一个中国，各自表述”共识的史实》，台北，财团法人“国家”政策研究基金会，2011年版，第121页。

后的口头方式表达时，却坚持依据“国统纲领”和“国统会”关于“一个中国涵义”的说帖，列出了两岸不同认知的具体内容，即坚持“一中各表”。那么，为何台湾方面坚持“一中各表”？这是因为：其一，在台湾方面看来，一个中国原则隐含了一个语义陷阱。在目前主流国际社会的观念中，“中国”通常被认为是中华人民共和国，很少有国家将“中国”与台湾当局联系起来。因此，若台湾当局接受“一中不表”，则很容易被外界认为其默认为中华人民共和国的地方政权。为了避免给外界造成如此印象，台湾当局但凡在接受“一中”原则的场合，总是强调“各自表述”。其二，相较于大陆方面，台湾方面在国际社会处于“弱势”地位，非常担心自身的“主体性”被淡化或忽视，故在表述一个中国原则时，坚持表述其具体意涵（即强调“一中即中华民国”），[①] 以凸显其主体性。在这一意义上说，“一中各表”可谓台湾方面维护其主体性的权益之计。

2. 大陆方面不接受“一中各表”的原因

虽然“一中各表”在客观上是两岸维系一个中国原则的无奈之举，但大陆方面不能公开接受“一中各表”（参见表 13-1）。[②] 主要原因有以下两点：

第一，公开接受“一中各表”意味着承认“中华民国”。台湾方面（国民党）将“九二共识”异化为“一中各表”，坚持“一中即中华民国”，如果大陆接受如此意义的“一中各表”，就等于承认“中华民国”仍然存在。大陆方面在坚持自身唯一法统的情况下再承认对方的合法性，就意味着承认中华人民共和国与“中华民国”并存，这在事实上会导致“一个中国，两个对等政治实体”“一国两府”或“两个中国”。要清晰地理解这个问题，有必要拓展一下视野和思维。众所周知，在通常情况下，谈判双方对于表述的内容与形式，必须取得对方的谅解。这一谅解往往不便公开，如果有所披露，必遭到对方否认。譬如 1978 年中国与美国建交谈判，美国要求中国不要公开驳斥美国坚持两岸问题须以和平方式解决，获得中国的默许。倘若美国公开这一谅解，中国必然会严词否认，中美关系由此会变得非常紧张，所以在“各自表述”问题上，双方只能做到互不否认，不驳斥对方立场，但不能将谅解公开

① 萧元恺著：《台湾问题：政治解决策论》，香港，三联书店有限公司，2010 年版，第 15 页。

② 这从学术上是解释不通的，但大家必须明白，两岸关系问题是政治问题，而非学术问题（尽管离不开学术，但它是政治问题）。

化，这被视为相互接受的原则与共识。[①]1992年两岸在香港举行会谈时的口头协议，其基本精神亦是如此。如今台湾方面把“一个中国，各自表述”视为两岸达成的共识，大陆方面必定予以否认，因为谅解与共识的意义不同，如果大陆公开接受“各自表述”，无异于承认两岸是“两个中央政府”或“两个国家”。换言之，“各自表述”只是创造一种各说各话的状态，如果要求对方公开接受，就超过了谅解所能承载的限度，这样会使两岸互动的空间变得非常狭小。[②]所以，对于台湾方面的“一中各表”，大陆方面只能体谅，而不能承认。

第二，“一中各表”有被利用的空间。大陆方面之所以对“一中各表”心存芥蒂，是因为担心台湾某些政治人物或政治力量在“各自表述”的幌子下，把“两个中国”“一中一台”和“台湾独立”等内容塞入其中。[③]从现实方面来看，这种情形曾出现过，譬如，李登辉曾利用“一中各表”将“一个中国”论述表述成“独台”论述。由于“独台”论述已经违背一个中国原则，所以大陆对李登辉当局的态度不是“体谅”，而是坚决反对，并且中断了跟台湾方面的互动交往。

表 13-1：大陆官方否定“一中各表”言论汇总表

时间	发言者	内容
2008.03.27 新华社英文稿	中国外交部发言人秦刚	The spokesman urged the United States to “cautiously” and “properly” handle the Taiwan issue, adding the Chinese goverment’s position on the Taiwan issue has not changed.（发言人期待美国谨慎且适切的处理台湾议题，并表示中国对台湾议题的立场并未改变）
2008.03.26 新华社中文稿	中国外交部对于胡锦涛、布什有关台湾与西藏的电话谈话新闻稿	胡锦涛表示，在“九二共识”的基础上恢复两岸协商谈判是大陆的一贯立场。大陆期待两岸共同努力、创造条件，在一个中国原则基础上，协商正式结束两岸敌对状态，达成和平协定，构建两岸关系和平发展框架，开创两岸关系和平发展新局面。

① 陈锡蕃、郑安国主编:《“一个中国，各自表述”共识的史实》，台北，财团法人“国家”政策研究基金会，2011年版，第122页。

② 陈锡蕃、郑安国主编:《“一个中国，各自表述”共识的史实》，台北，财团法人“国家”政策研究基金会，2011年版，第122页。

③ 陈锡蕃、郑安国主编:《“一个中国，各自表述”共识的史实》，台北，财团法人“国家”政策研究基金会，2011年版，第121页。

续表

2002.04.30	海协会关于“九二共识”的历史真相	要求台湾当局领导人明确承认“九二共识”，就是要求其回到两岸均坚持一个中国原则的立场上来，求同存异、搁置歧见、面向未来、务实谈判。
2001.03.16	海协会秘书长李亚飞	1992 年海协会与海基会达成的共识是篡改不了的，那就是各自以口头方式表明海峡两岸均坚持一个中国原则。
2000.12.01	海协会	事实证明，双方各自以口头表述方式就“海峡两岸均坚持一个中国原则”的态度达成共识，而不是就“一个中国含义各自表述或各说各话达成共识，更不是就搁置一个中国问题达成共识。”
2000.05.29	海协会常务副会长唐树备	两岸间从来没有“一个中国，各自表述”的共识，过去台湾的说法是不确实的。
2000.05.09	中国社会科学院台湾研究所所长许世铨	台湾如果现在要大陆同意“一个中国、各自表述”，等于要大陆更大的同意“台独”势力根据自己主张宣布分裂国家的言论。
2000.04.27	海协会常务副会长 唐树备	两会于 1992 年在香港就一个中国原则达成共识。一是双方都承认追求国家统一；二是双方都认为事务性商谈中，坚持一个中国原则。
2000.04.20	中国社会科学院台湾研究所所长许世铨	海协会与海基会过去进行的事务性协商，在 1992 年达成的“一个中国”共识，是“两会均坚持一个中国”，而不是“一个中国，各自表述”。如果是“一个中国，各自表述”，就变成两岸是“两个国家”，是“两国论”，大陆不会接受。
2000.03.30	中国驻美国大使馆公使刘晓明	1992 年的共识是双方口头同意“一个中国”，但未讨论内涵；当时并未同意各自赋予定义，在各种有关“一个中国”的定义中，只有白皮书所举出的定义才算数。刘晓明的说法排除了两岸在“一个中国，各自表述”的基础上对谈的可能性；“各自表述”是台湾自己的版本。
1999.08.04	中央台办、国务院台办负责人	大陆以中共中央台办、国务院台办负责人的名义，通过新华社发表谈话指出，海协会从来没有接受、今后也不会接受台湾方面所谓“一个中国、各自表述”。

续表

1998.08.24	海协会秘书长张金成	所谓“一个中国，各自表述”是台湾方面的发明，不是两岸共识。当时双方的共识是两岸坚持一个中国原则，但台湾方面不同意写下来，后来改为各自口头表述。
1996.09.25	国务院台办主任王兆国	大陆方面没有说一个中国就是中华人民共和国，而台湾也不应再提“中华民国在台湾”及“一个中国，各自表述”等等。
1996.09.23	海协会常务副会长唐树备	“一个中国，各自表述”的说法是台湾当局的故意扭曲，事实上两会在 1992 年达成口头共识，即双方坚持“一个中国”。换言之，也就是虽然各自分开表述，但内容都是“一个中国”。

（资料来源：张国城编:《两岸关系概论》，台北，华梵大学人文教育研究中心，2009 年版，第 39—40 页）

3. 大陆虽不接受“一中各表”但与国民党互动的缘由

大陆方面不接受“一中各表”，却在国民党坚持“一中各表”的情况下与其建立了互动交流的平台。究其原因，主要有下两点：

第一，“一中各表”的基础仍是“一中”共只。尽管“一中各表”的表述重心在“各表”，但它是基于“一中”共识而作出的表述。从谈判角度说，谈判者各自表达立场的原因，通常是双方在一部分议题上取得共识，而在另一部分议题上因歧见太深而缺乏共识。为避免影响彼此合作，所以在缺乏共识的议题方面，各自陈述观点。譬如 1972 年中国与美国发表的《上海公报》，有关台湾问题，双方歧见颇深，故各自表述立场。[①] 大陆方面能包容国民党“一中各表”并与其展开互动，主要是因为国民党与大陆之间存在“一中”共识这一基础。台湾学者苏起曾指出：共产党的立场是“一中”，不谈“各表”；国民党是“一中各表”；而民进党是“各表”，不谈“一中”。三者之间，“一中”与“一中各表”有共同点，但“一中”与“各表”却没有共同

① 陈锡蕃、郑安国主编:《“一个中国，各自表述”共识的史实》，台北，财团法人“国家”政策研究基金会，2011 年版，第 121-122 页。

点。[①]也就是说，“一中各表”仅存在于大陆方面与台湾方面（国民党）之间的“一中”共识前提下，如果没有“一中”共识为基础，围绕着“一中”内涵而产生的“各表”也就无从谈起。在这一意义上说，由于民进党根本就不接受“一中”，也就无所谓“一中各表”问题，离开了“一中”共识而作的“各表”，只能是“两中各表”。因此，当年李登辉将“一中各表”曲解为“独台”论述后，其早已不再是“一中各表”了。

第二，各自表述并非任意表述。从谈判角度看，双方在协商过程中，虽然在欠缺共识的部分可以各述己见，但即便如此，其所表述的内容与涵义也需要先取得对方的谅解。1992 年香港会谈期间，台湾方面在提出“一中各表”之前，大陆方面对于台湾方面（国民党）欲对“一个中国”进行表述的内容应该有所认知，即台湾当局称“一中”是主权及于整个中国的“中华民国”。大陆方面虽不接受这一表述，但能够暂时容忍，故未直接驳斥台湾方面的表述，这是当时口头协议达成的基础。[②]如果当时台湾方面将“两国论”或“台湾独立”都当作“一个中国，各自表述”的内容（备注：当时并无此概念），我们可以断言，此口头协议一定不会达成。[③]所以，各自表述有其运行的边际，绝非单方面想怎么表述就怎样表述，“各表”必须在“共识”基础上展开，否则协议无法达成。[④]正如海协会在《“九二共识”历史存证》中所阐释：“海协与海基会就事务性商谈中各自以口头方式表述‘海峡两岸均坚持一个中国之原则’达成共识，以两会各自提出、分别交给对方的上述两段具体表述内容（具体内容均体现一个中国原则）为基础的，而不是不加约束的、单方面随意性的各说各话。对照两会的具体表述内容，海协和海基会各自向对方明确承诺坚持一个中国原则，追求国家统一。至于对一个中国的涵义，海基会说‘认知各有不同’，海协会说‘在事务性谈判中不涉及一个中国的政治涵义’。这充分说明，两会从未就一个中国的政治涵义进行过讨论，更谈不上就

① 陈锡蕃、郑安国主编:《“一个中国，各自表述”共识的史实》，台北，财团法人“国家”政策研究基金会，2011 年版，第 171 页。

② 陈锡蕃、郑安国主编:《“一个中国，各自表述”共识的史实》，台北，财团法人“国家”政策研究基金会，2011 年版，第 123 页。

③ 陈锡蕃、郑安国主编:《“一个中国，各自表述”共识的史实》，台北，财团法人“国家”政策研究基金会，2011 年版，第 122—123 页。

④ 陈锡蕃、郑安国主编:《“一个中国，各自表述”共识的史实》，台北，财团法人“国家”政策研究基金会，2011 年版，第 121—122 页。

一个中国的政治内涵‘各自表述’达成共识。”①

（三）客观看待“一中各表”的效用和局限

由于大陆官方不承认国民党的“一中各表”，使得大陆研究界普遍对“一中各表”抱有负面看法，认为其是反动或错误的论述。但仔细研究便可发现，“一中各表”是在特定历史条件下，两岸双方一时无法达成共识而又必须将两岸关系向前推进时不得不采取的一种策略，有其不可替代的正面功效，具体说来有以下三个方面：

第一，“一中各表”可谓“求同存异”的一种特殊方式。台湾方面坚持一个中国原则，但坚持对“一个中国”的涵义有不同认知，并把这个认知表达了出来。“一中各表”虽然强调两岸“各表”之分歧，但却建立在两岸“一中”共识基础之上，只是其“共识”的程度没有大陆的“一中不表”更高而已。“就国民党与共产党来看，一中各表则是搁置争议的唯一解决之道。”② 对此，有学者分析道，之所以提出“一中各表”，即“认可两岸可对‘一个中国’的涵义有不同解读，无非是受制于现实但又不得不与对岸打交道之举。”③

第二，相较于“独台”和“台独”论述，“一中各表”具有进步成分。“一中各表”是对“一个中国”的各自表述，至于两岸对于“一个中国”的内涵存有不同认知，这是可以理解的。大陆方面必然认同中华人民共和国，台湾方面必然认同所谓的“中华民国”。④ 两岸对于“九二共识”的不同解读，说到底就是“一中”与“各表”的分歧，这种分歧涉及谁代表“中国”这一高度敏感的问题。但是，“一中各表”已经比“独台”表述和根本否认“两岸一中”的“台独”表述进步了许多，“一中”与“台独”的分歧是“一中”原则与“两国论”的分歧，这种分歧对两岸关系及国际形势的冲击和影响远非“一中”与“各表”之争可及。客观地看，“一中各表”作为台湾版的“九二共识”，也是目前两岸互动交往的重要政治基础，⑤ 只是大陆不能承认而已。

第三，在缺乏“一中共表”条件的情况下，“一中各表”有不可替代的特殊价值。当下大陆方面之所以模糊处理“一中各表”，是因为彼此在两岸政

---

① 海峡两岸关系协会编：《“九二共识”历史存证》，北京，九州出版社，2006年版，第11—12页。
② 《中央日报》2006年4月4日。
③ 萧元恺著：《台湾问题：政治解决策论》，香港，三联书店有限公司，2010年版，第15页。
④ 萧元恺著：《台湾问题：政治解决策论》，香港，三联书店有限公司，2010年版，第15页。
⑤ 萧元恺著：《台湾问题：政治解决策论》，香港，三联书店有限公司，2010年版，第15页。

治关系定位问题上缺乏共识，一时无法达成“共表”。从台湾方面（国民党）来看，“一中各表”是其维护“中华民国主体性”的重要工具，但其却在客观上产生了维护“一个中国”的正面效果。主要表现在，台湾方面（国民党）坚持表述“一中即中华民国”，其实就是坚持与大陆方面争夺何者与中国具有同一性（即争夺“法统”地位）。正由于双方互不承认对方政权的合法性，只坚持自身的唯一“法统”地位，才使得两岸之争被限定在一个中国框架内。目前，两岸并不具备“一个中国，共同表述”的条件，所以只能“各表”。相较于“共表”，“各表”是一种更隐晦的策略性定位方式，在两岸达到“一中共表”之前，“一中各表”将会长期存在下去。

尽管“一中各表”在两岸关系发展的特殊阶段曾发挥了积极功效，但我们也不能无限放大这种功效，更应看到“一中各表”本身存在的问题和局限。具体说来，有以下三个方面：

第一，只可体谅，而不能承认。尽管大陆方面不承认“一中各表”，但在事实上，自1949年以来，两岸之间一直存在“一中各表”，即大陆方面声称“一个中国即中华人民共和国”，而台湾方面声称“一个中国即中华民国”，只不过20世纪90年代以前双方均没有直接使用“一中各表”这个概念而已，但此一事实从1949年以来两岸官方的法律文件和政治宣示中均能得到体现。20世纪90年代初，台湾方面（国民党）开始直接使用“一中各表”一词，并遭到了大陆方面的严词否认。因此，对于大陆而言，“一中各表”是一个只能体谅而不能承认的论述。

第二，只能搁置争议，而不能解决争议。在大陆看来，其与国民党互动的基础是“一中”共识，至于双方关于“一中”内涵的争议则可以暂时搁置。但是，搁置争议并不意味着解决了争议。从影响和效果来说，“一中各表”并非在任何时候、任何情况下均有助于两岸关系和平发展乃至走向统一，因为两岸各自表述的“一中”有不同意涵。倘若长期地“各表”，容易产生固化“各表”的现实效果。在现实政治中，“各表”有可能演化为“不统不独”的护身符。

第三，长期“一中各表”会有“后遗症”。“一中各表”虽以“一中”为基础，但毕竟更强调“各表”，倘若长期如此宣传，便会强化台湾民众的“中华民国”意识，换言之，会强化台湾民众的“两个中国”意识，这对未来两岸统一极为不利。当然，任何事情均是一分为二的，不可能只“有其利，而无其弊”。这正是大陆对国民党的“一中各表”保持沉默所带来的副作用。笔者在此指出这一点，并非否定大陆方面先前处理“一中各表”问题的做法，而是想强调要客观地看待“一中各表”，尤其要看到其在两岸互动中所产生的负面影响，有助于我们将来适时调整对其采取的政策或策略。

综上所述，“一中各表”不是对事实状态的描述，而是对“法理状态”的坚持，即依照“中华民国宪法”和“法律”来坚持自身的“主体性”。尽管大陆方面出于政治考量而不能接受“一中各表”，但从客观效果来看，其在特殊阶段的特殊功效毋庸置疑，完全否定“一中各表”的效用，会影响两岸关系的向前发展。但是，不适当地夸大“一中各表”的效用，容易导致“不统不独”“分裂分治”局面的永久化和凝固化。

（四）从“一中各表”到“一中共表”

1. 从“各表”走向“共表”的必然性

“各自表述”仍是未来一段时期内两岸政治关系定位的常用方式。目前两岸政治互动中，彼此在“自家”内部场合可各自表述，但在两岸之间的公共场合，为了照顾对方的颜面和情绪，应尽可能共同表述。从发展趋势看，“一中各表”与“一中共表”两种方式并存的格局将长期存在。①

在统一谈判之前的过渡时期，两岸双方在很大程度上需要借助于各表式定位。现有定位方案均为一方基于政治考量而单方面作出的定位，这些定位很大程度上是基于意识形态考量和政治宣示需要，虽然也考虑了对方的接受程度，但并没有把对方的接受度放在一个主要考量位置，而是将重点放在了维护己方合法性的既定立场上。唯有双方在共话统一时，双方面临共同组建一个统一国家及统一政府体系的任务，届时双方经过讨价还价之后，达成建立在共识基础上的共表式定位，才是统一之后的定位。此时的定位必会通过宪法性文件的形式予以确认和保障。事实上，在目前阶段，两岸欲达成一个基于共识而形成的共表式定位，是非常困难的事情。如果双方能达成共表式定位，那就意味着两岸和平统一的历史时刻为期不远了。当下有些学者通常在按照统一时期政治关系定位的标准来设计过渡时期两岸政治关系定位的架构。很多学者在两岸之间苦苦寻求共表式定位，但却

① 黄嘉树著：《大棋局》，香港，中国评论学术出版社，2013年版，第282页。

一直未果，其实是混淆了两种定位的不同，是企图“毕其功于一役”的表现。

虽然短期内完全用“共表”取代“各表”尚不具有现实可行性，但笔者认为，至少可以在“各表”的同时，辅之以“共表”。事实上，“各表”→“各表+共表”→“共表”是未来两岸政治关系定位的必然路径。在两岸统一前的和平过渡时期，坚持“各表”和“共表”并用是一个难以避免的阶段和过程，不能简单地否定“各表”的价值和意义。

2. 目前尚不具备“一中共表”的条件

“一中共表”亦称“一中同表”，是指两岸双方就“一个中国”问题进行共同表述。在“一中”原则层面上，两岸（国共）之间已经达成共识，均承认并坚持“两岸同属于一中”。但在“一中”涵义问题上，两岸之间尚存在着不同的界定和表述。目前“一中共表”的最大困难在于两岸在“一中”意涵的认知上缺乏交集。就目前两岸在“一个中国”问题上的分歧来看，双方并不具备“一中共表”的条件。首先，台湾方面（国民党）不可能就大陆的“一中”意涵与大陆方面进行共表。大陆方面在“一中”表述问题上偏重于强调大陆和台湾同属于一个中国，不再刻意强调中华人民共和国是代表中国的唯一合法政府，主张两岸暂时搁置“一中”意涵之争，这较先前的大陆表述似乎有所退让，但主流国际社会均认为一个中国即中华人民共和国。而且，大陆在“一个中国”表述问题上有国际版和两岸版之分，大陆方面在国际场合并未放弃“中华人民共和国是代表中国唯一合法政府”的表述。因此，台湾方面（国民党）目前很难接受大陆方面的“一中”意涵及其表述，自然也无法与大陆方面进行“一中共表”。其次，大陆方面不可能就国民党的“一中”意涵与台湾方面进行“共表”。目前台湾方面（国民党）关于“一中”论述主要有两种：一是坚持“中华民国”的存在及其“主权”，而不承认大陆政权的合法性；二是在坚持虚体“一中”的架构下，坚持“中华民国”与中华人民共和国的平起平坐、互不隶属。就这两种论述而言，大陆方面均不能接受。以上两个方面表明，目前两岸（国共）之间不具备“一中共表”的条件。尽管如此，但在一个中国框架下，许多事务性问题上却已具备“共表”的条件，两岸之间应先行就这些事务性问题进行“共表”。通过双方对于事务性问题的“共表”来推动对于政治性、主权性问题的“共表”。随着两岸关系的向前发展和双方力量对比的变化，“一中共表”的条件会逐渐显现。

三、实现由单一思维到二重思维的转变

自1949年以来，两岸之间一直是“敌我”关系，而进入两岸关系和平发展时期后就变成了“亦敌亦友”关系。这主要是由该历史阶段的性质和矛盾所决定的。两岸关系和平发展时期是两岸由对峙到统一的一个过渡阶段，该阶段兼具对峙时期与统一时期的双重特点：一方面，过去对峙时期的敌对关系并未消失；另一方面，和平发展使得两岸关系在原来基础上又增加了一层朋友关系。目前有许多学者对此存有误解，认为两岸关系进入和平发展时期后，敌我关系已不存在，这种认识和判断是错误的。敌我关系并未随着两岸关系的和平发展而消失，政治军事对立的格局仍然存在，[①]目前大陆仍被台湾视为最大的假想敌人或威胁力量。但由于两岸之间的敌我关系容易被两岸互动中所形成的朋友关系所掩盖，使得很多学者对当前两岸关系的性质存在着片面性认识，进而影响着他们对两岸关系的思维方式。既然两岸关系进入和平发展时期，那么，处理两岸政治关系的思维模式也应适时调整，即由过去对峙时期的斗争思维，转变为和平发展时期的既斗争又合作思维。

过去很长一段时间，两岸处于敌对状态，故双方均坚持“内战理论”（当然，后来台湾方面的情况比较复杂，前后不一），主张通过军事手段消灭或吞并对方，奉行“零和”规则。然而，在两岸关系进入和平发展时期后，两岸的思维方式都应有所转变。一方面，两岸应在某些领域继续坚持内战思维，以防止“台独”，确保两岸统一；另一方面，也应从和平发展愿望出发，促进两岸互动交流，奉行“共赢”规则。要做到后一点，就需要先承认对方的一定合法地位。在传统“零和”思维下，一方所得必以另一方所失为前提，是一种“非此即彼”的思维模式。目前，两岸既然进入和平发展时期，在某些非主权领域内，过去那种“有我无你”或“有你无我”的“零和”思维就要改变，代之以“共存”“共处”和“共治”的理念，要具有包容精神，通过谈判协商、互谅互让来实现“共赢”局面。另外，在内战思维框架下，只

① 黄嘉树著:《大棋局》，香港，中国评论学术出版社，2013年版，第256页。

有将对方定位为“非法政权”，才能消灭对方的合法性；而在和平发展思维框架下，只有承认目前双方为暂时互不隶属的两个政府体系这一非正常状态，才可为两岸未来统一提供合法性基础。可见，内战思维与和平发展思维都可以为未来统一寻求合法性基础，只是许多人习惯于第一种思维，而不习惯于第二种思维。今后，我们要在第一种思维的基础上增加第二种思维，实现由单一思维（内战思维）向二重思维（内战思维＋共处思维）的转变，具体而言，就是实现从“非此即彼”到“非此即彼＋亦此亦彼”的转变，从“零和”思维到“零和＋共赢”思维的转变，从“主权权力独享”到“主权权力独享＋主权权力共享”的转变。具体参见表 13-2。需要强调的是，在进入和平发展时期后，有学者片面强调和平、共赢思维，淡化或忽视内战思维，这是错误的，这对于维护“一中”框架、实现两岸统一极为不利。

表 13–2：处理两岸关系的两种思维模式比较表

思维模式 / 时期	两种思维模式对比	
对峙时期	内战思维	①“零和”思维；②消灭、取代对方来完成统一；③主权独享思维；④排他思维；⑤非此即彼的两极思维。
和平发展时期	部分内战思维	在主权领域仍坚持部分内战思维（内容基本同上，只是范围和程度有所压缩）。
	和平发展思维	①双赢思维；②共存、共处、共治，在此基础上共同走向统一；③主权分享、共享思维；④包容思维；⑤亦此亦彼的兼容思维。

（图表来源：作者自制）

不过，我们应注意到，和平思维虽然有其积极的面向，但也存在着“和平分裂”的危险，即在两岸关系和平发展的掩护下，台湾不直接宣布“独立”，而借着和平发展无限期地维持“不统不独”状态。这种情形的实质是“以和拒统”，甚至是“和平独立”。为了防范此类情形发生，可将定位区分为过渡期定位和统一期定位，然后再将过渡期设定一个时间限度。有了时间限度，既可以解决定位遇到的难题，又可以防止“和平分裂”或“和平独立”。

四、两岸政治关系定位中的“平等”问题

台湾方面十分担心己方在两岸政治关系定位及互动交往中被矮化，故对两岸“平等”问题特别在意。为了在两岸“平等”问题上保有充分主动权，台湾方面率先主张两岸“对等”。此处的“对等”不同于大陆方面一贯主张的“平等”。所谓对等是指相对的双方分别具有对等的尊严，而不是指土地面积、人口的相等。同时，台湾方面强调对等只是指两岸的相对关系而言，是一个无任何附加价值之中性名词。但在大陆方面看来，对等原则存在“两国论”的隐患，承认对等就等于承认了对岸是一个“中央政府”或“主权国家”。因此，大陆方面认为，今后要处理的问题不是两岸怎样对等的问题，而是两岸如何平等交往的问题，即两岸在功能性、事务性和经济性互动中应坚持“平等”原则。对等是一个国际法概念，是指双方以相同的名义和方式对待彼此。对等通常适用于国际法上的主权国家之间，而两岸是一个国家内部的关系，是兄弟之间关系，故只能讲平等，不能讲对等。譬如，在一个没有父母的家庭中，兄弟之间平等，但对外通常由长兄来代表。平等并不意味着权力平分或等值。

那么，如何看待和处理两岸政治关系定位中的“平等”问题呢？

第一，法律人格上可以平等与政治地位上无法平等。法律人格上的平等是指在法律规范意义上由法律文件所规定的平等，政治地位上的平等是指在实际政治运行过程中所体现出来的地位、影响和权威方面的平等。在通常政治实践中，法律人格上的平等并非意味着政治地位上的平等。在国内法上，不论年龄、种族、财产、地位、职务等，在法律人格意义上一律平等。但由于每个人的智力、能力、贡献、出身等的不同，决定了其在国家和社会中的实际政治地位并不相同。另如，行政法律关系中的行政主体和相对方之间，从法律人格意义上和民事法律意义上说是平等关系，但从行政法律意义上说则是不平等关系，是管理者与被管理者关系。再如，政府首脑与一般科员的关系也是如此。在行政上，两者具有上下等级的隶属关系，是不平等关系；但在行政之外的法律人格、民事意义上则具有相同的法律人格，是平等关系。

上述平等关系在投票表决行为中表现得特别突出。诚如大家所知，不论职务高低、财产多少，每个投票人的票值是等同的，这就是法律人格意义上的平等。但在现实政治中，每个投票人的政治地位并非等同（譬如有国家元首和普通民众之分），其权利和义务也不等同。在国际法上，“各主权国家一律平等”成为国际法的一项基本原则，所以在联合国大会上表决问题时，基于会员国主权平等原则，通常适用一国一票制，并且票值等同，这就是法律人格意义上的平等。但是，会员国在联合国以及其他国际政治体系中的政治地位并非完全等同，譬如，美、英、法、俄、中作为联合国常任理事国的地位不同于低度发展小国只作为联合国一般成员国的地位。可见，不论在国内法还是国际法上，法律人格意义上的平等并非意味着政治地位上的平等。因此，法律人格意义上的平等与政治地位上的平等是两种不同的平等。若将第一种平等推广及第二种平等，不仅在学理上说不通，而且与事实相悖。两岸之间平等关系与此类似，两岸在法律人格意义上是平等的兄弟关系，但两岸在现实中的国内和国际地位又决定了两岸不可能在任何方面都平等，尤其在中国代表权问题上不可能平等。大陆作为中国在国际社会的唯一合法代表，是由大陆在法理、实力和现实等众多方面的优势所决定的。

从两岸的分歧来看，台湾方面过多地强调两岸在政治地位上的平等。这与台湾方面在两岸关系中的“劣势”地位有关，是台湾方面为维护其主体性的“敏感反应”。而大陆方面则侧重于强调两岸在法律人格意义上的平等，并认为两岸在政治地位方面不可能平等也无法平等。因为某一实体的政治地位取决于其在某一个共同体中实力、影响、规模、人口、土地等多重因素，是在现实格局中经过错综复杂的演化、发展而形成的。在两岸政治关系定位中，过分强调法律人格上平等而忽视政治地位上（靠权威、威信等维持）的平等，或者过分忽视两岸在法律人格上的平等而强调政治地位上的不平等，都是不可取的态度和作法，最终无助于问题的解决和两岸关系的和平发展。两者之间的落差越小，表明双方的分歧就越小，就越有助于问题的解决。①

第二，事务性领域可以平等与主权性领域无法平等。在主权性政治领域，两岸是不平等的，因为主权具有唯一性，若两个政治实体共同享有主

① 兼顾的办法，就是笔者提出的“一国两制”台湾模式新构想。参见王英津:《关于“一国两制”台湾模式的新构想》，载《台湾研究集刊》，2009年第2期，第4—6页。

权，那么就是两个国家了；但在功能性、事务性和经济性的非主权领域，两岸可以保持平等，因为非主权领域的权力是可分的，并非具有唯一性。事务性领域内的平等意味着双方是合作关系，暂时不具有行政上的隶属关系，在合作过程中，双方法律地位平等。就如同中国国务院的某个职能部委与香港特别行政区的某个职能司局，双方没有直接的行政隶属关系，是行政合作关系，适用的法律也是区际冲突法，而非国际冲突法。但国务院与香港特区政府具有行政隶属关系。香港不能因为特区政府下设的职能司局与中央政府的部委之间存在平等合作关系，就否认它是中国的一个地方行政单位，甚至主张将这种平等合作无限扩大，延伸至国际社会，倘若如此，那就是“港独”了。两岸之间的事务性平等互动，并非意味着两岸之间是对等的政治实体。

第三，形式上可以平等与实质上无法平等。注意区分形式上的平等与实质上的平等。在通常情况下，两者具有一致性。但某些情况下，两者却并非完全重合，因为两者很难同时实现，难免出现强调一方面而忽视另一方面的情形。那么，当两者之间出现冲突时，如何协调？当然，最好的办法就是兼顾两者之间的平衡，既要体现形式上的平等，又要体现实质上的平等。然而，当两者不能兼顾时，何者优先？目前两者的优先顺序似乎并没有公认的说法。但对于台湾方面来说，必须看到两岸大小有别，兄弟之间有主次之别，长幼之分。尽管两岸在形式上可保持平等，但在实力政治法则面前，不可能做到实质上的完全平等。

最后，需要说明的是，目前两岸关系处于和平发展时期，两岸坚持平等互动与协商，一方面收到了积极成效，但另一方面也强化了台湾民众诉求在一切方面（包括政治性领域）与大陆“平起平坐”的意识和心理，进而强化了他们的主体性意识。任何问题都是一分为二的，两岸平等交往也是一把双刃剑。这是大陆方面为推动两岸关系和平发展所付出的必要代价。

五、“分解式定位法”的提出及其应用

鉴于两岸政治关系定位的复杂性，笔者尝试提出一种新定位方法——分

解式定位法。所谓分解式定位法是一种从“化整为零”到“积零为整”的定位方法。下面从三个分析维度来解释该定位方法。

第一，空间维度上分内外定位。分解式政治定位主要从国内和国际两个视角分别来分析和处理两岸政治关系。内部定位即在两岸场合的定位，外部定位即在国际场合的定位。在两岸场合，即在对内主权场合，可以承认两岸分享主权权力的现实；在国际场合，即在对外主权场合，则应坚持国家代表权的唯一性。台湾当局一直强调“两岸对等”，那么怎样定位两岸政治关系才能既不破坏一个中国原则，同时又能为两岸双方共同接受？未来两岸政治谈判一旦启动，这个问题的紧迫性将立刻凸显，因为正式谈判首先需要明确台湾方面参加谈判的主体身份，从这个意义上说，解决台湾当局的政治定位问题也是在为日后两岸正式政治谈判奠定基础。但对大陆方面来说，倘若不分场合地扩大两岸之间的平等，则易造成“两国论”之嫌。因此，可以考虑将两岸场合和国际场合区别对待，采取对内对外两种定位方式并行的办法。两岸平等必须限定在一个中国内部的两岸场合，而不能任意延伸到国际场合，否则会导致“两个中国”。[①] 台湾方面如果执意在国际社会追求两岸对等，那就违反了一个中国原则。

第二，时间维度上分阶段定位。分阶段定位可分为历史上的定位、当前的定位和未来的定位，换言之，政治定位有过去式—现在式—未来式。此外，也可以将两岸政治关系定位划分为统一前和统一后两个阶段，在每个阶段又可划分为更小的阶段。分阶段、循序渐进地进行政治关系定位的最大好处是，将条件不成熟情形下的定位暂时搁置或先模糊处理，待时机成熟后再逐步清晰化，经由几个步骤，最终使问题得到解决。就现阶段而言，大陆方面应首先承认台湾当局为“政府”，但不必界定这是个中央政府还是地方政府。这是因为，其一，目前统一尚未被提上议事日程，中央与地方的整合安排并不急于解决，事实上也无法解决；其二，只要互相承认对方为政府，即可不影响当前两岸公权力的互动与合作。另外，可以考虑只承认到一定的范围和层次，譬如到“部”一级，这样就不涉及主权层次的公权力承认问题，而只涉及公

① 一般说来，主权国家是单一国际法主体，其在国际社会中的权力通常由其中央政府来行使，至于国家内部如何分割主权行使权则是国家内部事务，通常由国内法特别是宪法加以规范的事项，国际法不加干预。世界上只有一个中国，大陆和台湾同属于一个中国，中华人民共和国政府是代表中国的唯一合法政府。两岸政治关系定位必须在一个中国框架内进行，离开这一前提，一切将无从谈起。

共治理层面的公权力承认问题。随着共识的累积和互信的增加，承认的层次可逐步提升。待将来条件成熟时，可以再来讨论大陆政权与台湾当局的政府隶属关系问题，即两个政府体系之间“何者为中央，何者为地方”或如何组建统一中央政府的问题。

第三，结构维度上分层次定位。分层次定位主要包括国家与政府两个层次的定位。首先，在国家层次上解决两岸不是国与国关系的问题。在这个问题上，只要不是国与国定位，即便与大陆的目标还有很大距离，大陆也不要急于否定，而应给予积极引导，通过累积共识，逐步缩小差距。其次，在政府层次上解决“一个中国”内部两个公权力系统之间的关系问题。这两个层次不可颠倒，否则容易产生问题。但需要说明的是，政府层次的解决与国家层次的解决紧密相连，在解决了国家层次的定位后，如果处理不好政府层次的定位，有可能出现反弹和倒退。这两个层次的问题，也可以用一个中国原则与涵义的区分来表述。一个中国原则意指认同大陆和台湾同属一个中国，中国的主权和领土完整不容分割，而不涉及这个中国究竟是中华人民共和国还是“中华民国”的问题。就现阶段而言，应在一个中国原则层次上来评判各种定位主张，而不应在“一个中国”涵义问题上纠缠不休，换句话说，当前应着重解决国家层次的定位问题。对于台湾方面的某种定位主张，只要它符合一个中国原则，大陆即便不赞同，也没有必要急于否定或反对，而应积极鼓励和引导其向“一个中国”继续靠移。凡是主张“两个中国”的论述，我们就坚决反对，从而使两岸政治关系定位问题先回归到一个中国框架中来。待一个中国框架得以稳固后，两岸再来探讨“政府”层次的问题（即两个政权之间的关系问题），如何解决该问题是两岸进入统一谈判阶段后的主要议题。

综上所述，面对两岸政治关系定位这种复杂的政治难题，只能先分场合、分阶段、分层次地针对当时的具体情势来作出部分定位，然后再将部分定位累加起来，最后构成“总体定位”。所以，我们应将两岸政治关系定位理解为“定位体系”，而不能企图通过单一的、具体的、一次性的政治关系定位来一劳永逸地解决问题，那是不现实的，也是做不到的。分解式定位坚持循序渐进的原则，坚持先易后难、先低阶后高阶、先间接后直接、先各表后共表、先低度敏感后高度敏感、先外围后中心和先学界后官方的基本思路和次序。当然，虽然分解式定位强调分场合、分阶段、分层次地进行定位，但当前的两岸政治关系定位不应孤立地进行，而应与两岸关系和平发展框架的建构、未来统一模式的设计连接起来，进行通盘考量。两岸政治关系定位的过去式、现在式和将来式之间相互影响、一脉相承，不能因为统一是遥远未来的事情，就忽视它对当前两岸关系和平发展阶段的意义。

六、问题性质决定其解决的策略选择

两岸政治关系定位问题是一个性质多元的问题，如果我们对此没有清醒的认识和把握，则很容易混淆不同情势下问题的性质，进而影响我们解决问题的方式和方法。

（一）政治问题需要政治解决

两岸政治关系定位问题是政治问题，还是学术理论问题[①]，抑或既是政治问题又是学术理论问题？如果是第三个情形，其是偏向政治问题，还是偏向学术问题？要回答这个问题首先要厘清政治问题与学术理论问题的区别。现实政治问题与学术理论问题的最大区别在于解决问题时所依据的判断标准不同，现实政治问题讲究“利弊”“得失”，而学术理论问题则讲究“是非”“对错”。换言之，前者讲究的是“利害大小”，可以通过协商来解决；后者讲究的是“科学与否”，不可通过协商来解决。现实政治问题是具体的、现实的，其解决的方法与结论也是具体的、现实的；而学术理论问题则不同，其追求普适性、永久性的结论（具体参见表 13-3）。我们不能按照纯粹学术理论的研究路径来研究现实政治问题，即我们不能企求完全从学术理论和概念出发，一劳永逸地提出一个解决两岸政治关系定位问题的一次性、普适性、永久性之方案。

① 严格说来，学术问题与理论问题也有显著区别，此处之所以将二者连在一起统称为“学术理论问题”，主要是相对于“现实政治问题”而言的。

表 13-3：学术理论问题和现实政治问题比较简表

比较＼问题	学术理论问题	现实政治问题
研究立场	保持价值中立	秉持鲜明政治立场（或倾向），站在某一立场考虑问题
基本要求	具体清晰	有时具体清晰，有时抽象模糊
衡量标准	讲究是非、对错	讲究利弊、得失
遵循规则	讲究逻辑性	有时讲究逻辑，有时不讲逻辑性
处理手段	讲究刚性，不可协商	有时讲究刚性，有时讲究弹性，也可协商解决

（图表来源：作者自制）

就两岸政治关系定位问题而言，其一方面具有非常明确的政治属性，关系着两岸不同的政治立场和利弊得失；而另一方面，无论是何种性质的问题，其解决方案的研究都离不开学术理论的支撑，缺乏学术理论支撑的政治问题研究注定是缺乏深度的。因此，两岸政治关系定位问题肯定是兼有政治属性和学术属性。但从本质上说，两岸政治关系定位问题终究是一个政治问题，这决定了我们必须以政治的眼光来看待和分析两岸问题，其解决也必须以政治手段为主。那么，如何做到政治问题政治分析呢？其一，在两岸政治关系定位问题的研究中，学者们虽然应该采取学术的、严谨的、科学的态度，但也不能完全秉持价值中立的学术立场，而要明确自身的政治身份和研究立场，否则很容易导致折中主义和调和主义。比较理想的作法是实现价值中立与立场偏立的统一，把握和结合好“度”，防止走向极端化；否则，片面强调己方论述的合法、合理与正当，则无助于化解双方的分歧。笔者在此有两点建议：一是双方应建立超越两岸的宏观思维，站在中华民族的高度来思考和设计两岸政治关系定位问题；二是要比较客观地来看待和分析两岸政治关系定位问题，建议能够“换位思考”，体谅对方的立场和论述。倘若这样，就容易找到解决双方分歧的办法。其二，由于两岸政治关系定位问题是一个政治问题，而非一个纯粹学术理论问题，所以我们不能期待找到一个“放之四海而皆准”的方法，而应分场合、分阶段、分层次地解决这一问题。

（二）专业议题需要专业解决

两岸政治关系定位是公共议题还是专业议题？在日常生活中，台湾问题既是一个公共话题，又是一个专业话题。作为公共议题，任何一个人都可以对其发表个人的观点，正因如此，我们经常在各种场合见到关于台湾问题的讨论。但作为专业领域的研究者，对于台湾问题的研究不能像公众爱好者一样泛泛而谈，必须具有专业的眼光、专业的分析，并得出专业的结论。现实中，有些人并不能很好地把握这两者的界限。

两岸政治关系定位问题是一个高度专业的议题，需要专业解决。譬如，20 世纪 90 年代初期两会在香港举行会谈，其函电往来中所使用的不同表述就非常专业，在内部人士看来，这些表述字斟句酌，但在外部人士看来，可能就有些“雾里看花”。就目前两岸政治关系定位的论述来说，各种表述可谓“眼花缭乱”，譬如“一中不表”“一中各表”“一中共表”“一中同表”“一中新表”“各表一中”“各表一国”“一中两区”“一中两宪”“一中三宪”“一中两岸”“一中两国”“两宪一中”“宪法一中”“两岸一中”“两国一中”“两岸一国”“一国两区”“一国两府”“一国两治”“一国良制”等等。倘若不是专门从事两岸关系研究的学者，对这些概念之间的微妙差异很难明辨，一般民众更是难以准确地理解和使用它们，为此，常常有人抱怨“概念的困扰”。概念众多反映了两岸关系研究中存在“问题”的一面，我们有必要对相关概念进行梳理，找到它们的区分和内在联系，形成一套处理两岸政治关系的理论体系。但同时也需要指出，这些概念和表述本来就是为专业学者研究专业问题而建构的，并不需要一般大众对其必须有准确的理解，所以两岸政治关系定位本来就存在公共和专业两个层次。但问题是，目前有些研究者还在以公共议题的眼光、方法和术语来研究两岸政治关系定位。譬如，对两岸关系定位问题没有进行系统而全面的梳理，就急急忙忙地提出思辨性的对策，随意地“开药方”。然而，只有通盘回顾和梳理两岸关系发展的历史脉络，才能探明两岸关系发展的本质和规律，而不是很随意的“我认为怎样，我建议怎样”。要想在两岸政治关系定位这一复杂问题上有所突破，就必须改变目前的这一研究现状。

在两岸政治关系定位过程中，由于不能准确界分和使用某些概念，使得有些论述模糊不清。为此，笔者主张任何两岸政治关系定位方案的设计都必须建立在对概念进行科学界定和涵义统一的基础之上。为此，需要我们从学术和理论视角来区分和使用政治学或法学上的某些相关范畴和概念。概括起来，这些范畴和概念主要有：主权所有权与主权行使权，国家继承与政府继承，国家承认与政府承认，人民主权与民主形式，自决与公决，国家与国度，国度与国际法意义上国家，国家与政府，国名与国号，法理状态与事实状态，法律承认与事实承认，法律人格平等与政治地位平等，形式平等与实质平等，政治问题与学术问题，政治问题与法律问题，国际政治上的主权与国内政治上的主权，战略性“一中”原则和策略性“一中”原则，实体“一中”和虚体“一中”，法理拥有与事实行使，等等。实践证明，准确界分和使用这些概念，有助于我们更透彻、更清晰地观察和分析某些政治论述的意旨和实质，从而取得更好的研究效果。这对我们的启示是，两岸政治关系定位研究要从基本概念入手，通过对概念的解析，找出两岸在同一个概念使用上的异同，在对同一概念的内涵达成共识的基础上，再进行方案设计。倘若双方对同一概念的涵义都存有分歧，那就只能各说各话，永远也不能解决问题。为此，两岸政治关系定位方案的设计不仅需要单方面的努力，更需要双方的共同参与。

（三）重点问题需要重点解决

两岸政治关系定位涉及许多矛盾，我们必须抓住主要矛盾，只要主要矛盾解决好了，次要矛盾才会迎刃而解。在两岸政治关系定位研究中，学者们从不同视角设计出了不同的定位方案，这些方案数量众多，很容易使人陷入困惑。为此，我们需要“拨云见日”，抓住两岸政治关系定位的主线。只有这样，才能抓住问题的主次、内外、先后、轻重和缓急，才能跳出有些定位方案的“迷障”，并进而对这些方案设计进行甄别和评价。笔者研究后认为，在两岸统一前的过渡时期，必须将“一国两府一中央”作为两岸政治关系定位的主线。所谓“一国”体现在主权所有权统一，“两府”体现在中国领土主权行使权存在事实上的分裂，“一中央”体现在只有中华人民共和国政府在法理上是代表中国行使主权的唯一中央政府，台湾当局是一个事实上的特别自治政府。可以说，中国（两岸）主权所有权与主权行使权的关系及其存在状态，以及主权行使权之法理状态与事实状态之间存在的落差，正是“一国两府一中央”的法理基础。从“一国两府一中央”的视角来看“中华民国”问题，可以发现，“中华民国”不是一个主权国家，只是沿用了历史上中华民国的一系列政治符号来论证台湾当局的正当性和主体性而已，其实它与历史上的中华民国已不是同一个政治实体。从“一国两府一中央”的视角来看“一中N宪”问题，只能是“一中一宪”。从“一国两府一中央”的视角来看“一中X表”问题，目前也只能借助于“一中各表”来实现两岸互动。事实上，两岸在“九二共识、一中各表”问题上的默契操作，值得肯定。从“一国两府一中央”的视角来看一个中国框架，这是一个实体架构。从“一国两府一中央”的未来走势看，未来必定是“一国一府中央”框架，目前条件并不成熟，未来一旦条件成熟，适时提上台面。从“一国两府一中央”的视角来看台湾“国际活动空间”问题，既然“两岸同属一国”，台湾在国际社会就不能搞所谓的“双重外交”、“平行外交”，台湾当局可以参加和开展一些非主权性的国际活动。

七、结　语

有鉴于两岸关系的特殊性，我们应以创新思路，尽快设计出能够为两岸同胞共同接受的定位方案，以进一步推动两岸关系继续向前发展。两岸政治关系定位既要尊重历史，也要正视现实；既坚持历史连续性，也要坚持现实变化性。在这样的策略指导下，双方应秉持现实主义态度和互谅互让精神，来处理当前两岸关系和平发展中遇到的棘手问题。对于大陆方面来说，必须面对1949年中华人民共和国成立时，仍留下“中华民国”这个“尾巴”，不能简单地以地方当局视之；对于台湾方面来说，必须看到两岸之间大小有别，尽管两岸双方法律人格平等，但在现实实力政治法则面前，也不可能达到事实上的完全平等，两岸政治关系具有不对称性。双方均应从中华民族的整体利益出发，兼顾两岸的现实，问题就容易解决。两岸关系的特殊性决定了我们只有积极创造解决两岸问题的新方法、新制度、新模式，才能找到解决问题的最佳路径。

第十四章　两岸政治关系定位中的台湾“民主牌”

自民主化以来，台湾方面在两岸政治关系定位及统“独”问题上，通常强调台湾是一个民主社会，凡涉及台湾前途的重大事宜均要尊重台湾民意，由 2300 万台湾人民共同决定。考察二十余年来“2300 万人决定论”的演变脉络，其主要有以下三种形式：一是“住民自决论”，这是分离式“台独”的理论说辞，主要观点是，主张台湾享有国际法上的自决权，通过行使自决权来实现“台湾独立”。二是“民主分离论”，这是分离式“台独”的理论说辞，主要观点是，台湾通过 2300 万人民的“统独公投”来决定台湾的未来走向。三是“民主拒统论”，这是“事实台独”的理论说辞，主要观点是，对于台湾“现状”的改变，必须在“中华民国宪法”架构下，由台湾 2300 万人民共同决定。就当下而言，三者中的“民主拒统论”最为盛行，“民主”似乎已成为台湾“拒统”的唯一“救命稻草”。那么，“2300 万人决定论”及其三种理论说辞是否成立？如果不能成立，其错在何处？

一、从自决与民主的关系看台湾“住民自决论”

“住民自决论”是“台独”势力借着自决与民主的某些关联性，来从事“台独”分裂活动的说辞。为认清其问题所在，首先应从理论上厘清自决与民主的关系。

从表面上看，自决和民主都含有人民自己决定自我事务的含义，两者在理念方面有很多相似甚至相同之处。正因如此，有人常常将两者混同起来，特别是“内部自决”概念的提出，使得自决与民主的关系更趋复杂化，甚至有人将“内部自决”和民主等同了起来。但事实上，自决和民主是两个不同范畴的概念。概括起来，两者的不同主要有：

第一，疆界创设不同。自决意味着要通过独立建国来创设疆界，而民主则必须在一定的疆界内运行，它不能创设边界，更不能单方面去改变疆界。众所周知，不论在理论上还是在现实中，民主都需要有一个范围和边界。譬如，美国纽约州选州长，其他州的人无权参与。纽约州通过的决议只适用于纽约州，对其他州不具有效力，且不能违背联邦宪法。没有预设疆界的民主无法操作，因为无法判定“多数”。民主政治必须在大家已经预先接受了的领土疆界范围内运作。[①] 正如美国耶鲁大学政治学教授达尔所说，民主只能决定既定政治体内部的事务，而不能用于决定政治体的边界，因为民主的多数原则的计算，已经预设了大家共同接受的政治体之边界。[②]

第二，实质内容不同。自决的本质是“去殖民化”，而民主的本质是人民当家作主。前者是相对于“国外殖民统治”而言的，而后者则是相对于“国内专制统治”而言的。从根本上说，自决强调人民作为一个整体的独立性，而民主则强调人民的自主性、对政府的制约性和运行的程序性，也就是说，民主是人民依照宪法和法律所规定的程序和形式来约束政府、管理国家，使之按照人民的意志来行事。

第三，行动先后不同。自决行为通常发生于国家独立之前，从历史上非殖民化的过程可以看出，大量的殖民地和被压迫民族通过自决实现国家独立，可以说，自决是国家独立的重要手段。民主则是国家独立之后的行为，在殖民地社会里没有真正的民主可言，因为民主是一个国家内部如何落实和操作人民主权理念的具体制度，只有先确立了国家主权，才能实现人民主权，然后才谈得上实行民主。简言之，自决是独立建国前的行动，旨在独立建国，

① See David Held, Anthony McGrew, David Goldblatt and Jonathan Perraton, *Global Transformation: Politics, Economics and Culture*, Stanford University Press, 1999, p.46-49.

② 转引自潘维著：《法治与“民主迷信”——一个法治主义者眼中的中国现代化和世界秩序》，香港，香港社会科学出版社有限公司，2003 年版，第 318 页。

而民主是独立建国后的活动，旨在落实人民主权。

第四，制度保障不同。自决权是非制度化的权利，而民主则是制度化的权利。自决权是国际法上规定的人权，是一种集体性权利，是抽象的而非具体的，难以将其制度化并进行法律上的保护，甚至无法在权利受到侵害时得到有效的法律救济。民主权利则是国内法（主要是宪法）上规定的权利，是具体的，可以通过法律将其制度化，在受到非法侵害时可以得到及时有效的法律救济。

第五，享有主体不同。自决权和民主权利都是人民所享有的权利，但只有民主国家里的人民才享有民主权利，专制国家里的人民不享有该权利。自决权则有所不同，它是一个国家内的全体人民所享有的权利，正如两个国际人权公约第1条所规定的："所有人民都有自决权"，不论是民主共和国家，还是君主专制国家，其人民都享有这一权利，但这里的"人民"是指"任何一个国家之全体人民"（既包括殖民地人民和其他被压迫民族的人民，也包括独立主权国家的人民），而非一个国家内部的一部分人民。"人民自决权"有时也称"民族自决权"，此处的"民族"是指国族，而非种族或族群。对于单一民族国家来说，民族自决权的主体是指单一的民族；对于多民族国家来说，民族自决权的主体则指一定领土范围内由多个民族构成的民族整体。① 在多民族国家中，种族或族群不是民族自决权的主体，部分人或个人也不是自决权主体。需要指出的是，权利的拥有和行使是两码事，拥有自决权并不意味着可以随意行使自决权，一个国家的全体人民只有遭受殖民主义压迫时，才能行使自决权。如果一个国家没有出现被殖民主义统治的情形，它的人民就不能够去行使它。②

第六，权利性质不同。从两者在国际人权公约中的条文规定和位置安排来看，它们的性质是不相同的。人权事务委员会的一般意见指出，从《公民权利与政治权利国际公约》的规定来看，自决权体现于第1条的规定，而民主权利更多地体现于第25条的规定。③ 具体不同可以概括为：其一，民主权利是在独立建国之后公民基于宪法和法律而享有的权利，是个体权利；而自决权是独立

---

① 王英津著：《自决权理论与公民投票》，北京，九州出版社，2007年版，第124页。

② 王英津著：《自决权理论与公民投票》，北京，九州出版社，2007年版，第96页。

③ 该《公约》第25条的原文是："每个公民都应有下列权利和机会，不受第二条所述的区分和不受不合理的限制：（甲）直接或通过自由选择的代表参与公共事务；（乙）在真正的定期的选举中选举和被选举，这种选举应是普遍的和平等的并以无记名投票方式进行，以保证选举人的意志的自由表达；（丙）在一般的平等的条件下，参加本国公务。"参见董云虎、刘武萍编著：《世界人权约法总览》，成都，四川人民出版社，1990年版，第978页。

建国之前居民所享有的权利，其权利不是基于宪法而享有的，一般被视为与生俱来的。其二，民主权利是政治权利，并非每个人都享有，有年龄、是否被剥夺政治权利等的限制，而自决权是集体人权，没有类似限制。其三，自决权是本源性权利，是缔造性权利，由它来决定某一政治实体的未来前景是独立建国，还是并入他国，抑或其他选择；而民主权利是派生性权利，是建设性权利，通常被用于决定国家主权范围内的重大事务。其四，民主权利受国内法调整，而自决权受国际法调整。其五，自决权的行使主体是殖民地、半殖民地和托管地等非独立的政治实体，并非任何国家或国家内部的构成单位均可享有该权利；而民主权利则是在独立建国后采行民主政体国家之公民所拥有的权利，并非所有主权国家内部的人民均有该权利。具体参见下表 14-1。

表 14－1：自决权与民主权利比较表

权利 比较	自决权	民主权利
行使先后	先于国家建构	后于国家建构
权利性质	集体权利	个人权利
权利层次	本源性权利	派生性权利
法律规制	受国际法调整	受国内法调整
实施条件	反对殖民统治	建立民主制度
实施主体	殖民地、半殖民地、托管地等	民主实体单位

（图表来源：作者自制）

通过以上比较不难发现，自决与民主存在着重大区别，那为何在很多场合人们仍将两者紧密联系起来，甚至将混同使用呢？这主要与人们将不同学科意义上的自决混为一谈有关。目前学界主要有两种意义上的自决，一是国际法意义上的自决，二是宪政意义上的自决。本来，我们通常所说的自决就是国际法意义上的自决（法律概念），可是由于宪政意义上的自决（学术概念）也强调内部自主、人民自我决定等价值，所以很多人在表达民主意涵时会用宪政意义上的自决来代替，以至于两者在很大程度上成为同义语，经常被互换使用。由于很多人没有厘清宪政意义上的自决和国际法意义上的自决的区别[①]，因此就将前者与民主的联系误当作了后者与民主的联系，这是使自决（国际法意义上的自决）与民主连结或混同起来的主要原因。倘若我们在分析自决与民主的关系时不去分辨学科视角，将政治学视角下对两者关系的分析结论，直接套用于国际法视角下对两者关系的分析，所得出的结论必定是错误的。

厘清自决与民主的关系，有助于我们认清台湾“住民自决论”的错误所在。按照国际法上的自决理论，台湾无权打着自决权的旗号来从事“台独”。这是因为：其一，从权利所有的角度来说，“民族自决权”的“民族”有其特定的涵义，是指“国族（nation）”而不是指“种族（nationality）”。台湾不是一个民族，它并不单独拥有自决权，而是和大陆人民共同拥有中华民族的自决权。事实上，“台独”理论设计师们对此心知肚明，由于台湾不是一个民族，无法援引“民族自决”，故将“民族自决”的“民族”偷换

① 宪政意义上的自决权和国际法上的自决权有着很大的不同。宪政意义上的自决权是指一个国家内部的全体人民所享有的自决权，是人民主权的体现。这样的权利在国内是通过宪法的形式规定下来的，是法律权利。只有在民主国家里，人民才拥有宪政意义上的自决权；在专制国家里，人民并不享有这种性质的自决权。可见，宪政意义上的自决权与国家性质有着直接的关系。而就国际法意义上的自决权而言，无论是专制国家，还是民主国家，其内部的人民都享有该项权利，与国家性质和民主政治无关。至于一国内部的人民是否拥有宪政意义上的自决权，那是一个国家的政权性质问题即国体问题，国际法对此不加干涉，否则，就有干涉他国内政之嫌了。国际法所赋予人民的是国际法意义上的自决权，它和宪政意义上的自决权有着很大的不同。有些人民虽然享有国际法意义上的自决权，但不享有宪政意义上的自决权，如有些殖民地人民虽享有国际法意义上的自决权，但他们独立建国后建立起来的政府是专制独裁政府，在这种政府统治下的人民就不享有宪政意义上的自决权。所以，从政治学的视角来看，在君主专制的国家里人民没有自决权，但如果从国际法的视角来看，君主制国家中的人民也享有自决权。

宪政意义上的自决权以人民主权为基础，强调人民当家作主；而国际法意义上的自决权强调的是去殖民化，并非一定要以人民主权为基础。一些殖民地获得独立后也并非一定建立民主国家。至于一个摆脱殖民统治后新建立的国家是否要采行民主政体，那是一个国家的内政问题，国际法不加干涉。这也算是宪政意义上的自决权和国际法意义上的自决权的区别之一。倘若现行国际法赋予这些国家的人民以宪政意义上的自决权，就等于赋予了这些国家的人民去推翻专制君主政体的权利，那是违背现行国际法的。

宪政意义上的自决权平时多处于冻结状态，由政府代表人民来行使。正常情况下，政府、国家和人民三者的利益在根本上是一致的，只有在政府代表国家行使的主权违背人民的意志时（如中国近代史上的卖国政府出卖国家权益），人民自决权才会发挥作用，如人民通过革命推翻“异变”的卖国政府，重新成立新政府，甚至重新建立国家。在当代的一些君主制国家中，其立国理念是君主主权，而非人民主权。宪政意义上的自决权是用来防范或对抗国家主权异变的重要力量。但这一功能从目前国际法上体现不出来，因为这是内政。倘若“国际民主”有朝一日在国际法上果真得以确立了，那么这一功能就体现出来了。事实上，宪政意义上的人民自决权与民主政体是紧密联系在一起的。参见王英津著:《自决权理论与公民投票》，北京，九州出版社，2007 年版，第 71—72 页。

为“住民”，提出了“住民自决论”。众所周知，国际法上没有“住民自决”这个概念，这是“台独”理论包装师们精心杜撰的结果。其二，从权利行使的角度来说，自决权的行使是有条件的，即拥有自决权的主体只有处于殖民地、半殖民地、托管地、附属国等状态时才能行使自决权。很显然，台湾不具备上述自决权行使的条件。针对这一情况，“台独”理论设计师们故意将宪政意义上的自决与国际法意义上的自决混淆起来，又将国际法意义上的自决与民主嫁接在一起，以达到混淆视听的效果。从台湾“住民自决论”的相关论述来看，其实际是就宪政意义上的自决而言的，其只可决定台湾社会内部的事务，而无权单方面决定台湾领土主权的归属。倘若借用孙中山先生的三民主义理论来分析，通过民主实现当家作主属于民主主义范畴，通过自决实现独立建国属于民族主义范畴。然而，当前的台湾社会并不存在民族主义的解放任务，因为其并没有遭受到哪个外来国家的殖民统治。“台独”人士故意模糊自决与民主的不同，以民主主义代替民族主义，是企图以民主主义的手段来解决民族主义所要解决的问题，是借民主主义之名，行分离主义之实。

二、从国家主权、人民主权与民主的关系看台湾“2300万人决定论”

国家主权、人民主权与民主三个概念的内涵非常接近，既有关联又有区别。台湾社会借着这三个概念之间的关联或相同之处将三者嫁接起来，并混同使用，导致许多问题模糊不清。为了明辨台湾社会的“民主分离论”和“民主拒统论”，我们有必要对这三个概念加以梳理和界分。

（一）国家主权与人民主权关系解析

按照现代民主国家的生成原理，在正常状态下，国家主权与人民主权是统一的，因为国家是基于人民的同意或认可进行权利让渡而形成的政治共同体。然而，两者并不尽相同，具体表现在：

第一，具体内涵不同。国家主权包括对内主权和对外主权，具有对内和对外两个面向。在对内面向，即相对于国家内部的其他政治权威而言，其是高于国内其他政治机构的最高权威；在对外面向，即相对于国际社会的其他主权国家而言，其是一个国家对外独立于其他国家的权威。而人民主权仅与对内主权有关，与对外主权几乎无关。在对内主权面向，主权归属问题是划分政权性质和政体形式的一个重要标准，按照主权归属于个人、部分人或全体人，可将对内主权分为君主主权、议会主权、人民主权。在国家主权发展史上，先后出现过君主主权、议会主权和人民主权，这三种主权形式曾先后出现过，并在部分国家延续至今。所以，人民主权是国家对内主权的一种形式，其面向仅针对国家内部最高权力的归属。换言之，人民主权是相对于君主主权和议会主权而言的概念。

第二，逻辑时序不同。在国家建构及其建设的逻辑时序上，国家主权先于人民主权，国家主权必须与领土相联系，通常先有国家建构，然后才能确定这个国家的领土范围，这个领土范围内的“人民”就是人民主权中的“人民”。若没有国家建构，就谈不上国家内部的最高权力（即主权）属于哪些人民的问题。换言之，倘若没有国家主权，也就谈不上人民主权，因为人民的范围无法确定。所以，人们在论及人民主权时已经隐含着一个前提，即国家疆界范围已经确定。通常情况下，确定疆界范围的依据和标准就是沿循历史上所形成的疆界，这个疆界范围内的“部分人民”不能单方面改变此疆界（即领土主权归属），倘若要求变更，则必须经过该国全体人民的同意，或者至少要经过代表全体人民的中央政府[①]的同意。

第三，强调侧重不同。国家的四个要素包括领土、主权、人口和政府。只有具备这四个要素的政治共同体，才可以是主权国家。反过来说，只要是一个主权国家，就会具备这四个要素。国家主权体现在领土上就是领土主权。领土主权是一个主权国家在其领土内行使的最高的、排他的权力，处于其领土内的一切人和物都受其管辖。领土主权是国家主权的重要标志，失去了领土主权，国家主权就失去了依托。正是基于领土主权对国家主权的重要意义，国际法和国内法均认为，领土主权的完整性不应受到挑战。破坏一个国家的领土完整，就是严重侵犯其国家主权。人民主权则是针对基于一定领土之上的人民（人口）与其政府之间的关系而言的，侧重于说明政府公权力来源于人民的授权或委托，以证明政府的合法性和正当性。

① 此处的中央政府是指广义的中央政府，包括立法、行政和司法，本章提及的中央政府均为此义。

（二）国家主权与民主关系解析

自现代民族国家构建以来，只要有国家，就有国家主权。国家主权与民主既有区别又有联系，“台独”人士往往借着民主来对抗国家主权，比较典型的论述就是“民主拒统论”或“民主割据论”，该论述具有很强的迷惑性，必须从理论上加以澄清。

就理论层面而言，国家主权与民主之间并没有直接的、必然的联系，两者的联系大多是通过人民主权这一中介连结起来的。概括起来，两者的关系主要如下：

第一，国家主权是实现民主的基础和前提。如果个人所属的国家处于外国的奴役之下，那么这个国家中的个人就不可能有自由，[①] 也不可能享有真正的民主权利。坚持国家主权，就是要坚持国家的政治独立，从而为实现民主奠定政治基础。在通常情况下，个人的民主权利是基于所属的国家拥有独立主权而存在的权利。通常的建构逻辑是，先有独立的国家主权，才可建立起该国内部的人民主权；然后才能建立落实人民主权的民主体制；最后再通过民主体制表达民意。故从时序上看，国家主权→人民主权→民主→民意，依次而建。从结构层次上看，国家主权问题是最高层次的政治问题，是先要解决的问题。民主是主权国家建立后如何实现人民当家作主的问题，是基于主权问题之后的第二层次的政治问题。总而言之，没有独立的国家主权，就没有民主可言；主权国家建立后，通过立宪赋予公民民主权利，但公民民主权利的行使不能冲撞或挑战国家主权。

第二，国家主权是一个国家的最高政治权威，其体现为权利时则为本源性权利；而民主权利则是民主国家里的公民为实现当家作主而拥有和行使的权利，是派生性权利。国家主权（包括主权权力）是全体公民意志（即公意）的集中体现，“部分民意”不能挑战“公意”。按照现代民主国家的生成原理，在正常的状态下，人民主权与国家主权是统一的，因为国家是代表人民的组织，国家是基于人民的权利让渡而形成的政治共同体，这个共同体一旦形成，人民中的个体或部分均要服从它，该共同体就在价值上和事实上高于组成它的个体或部分，因为这个共同体在主权上是“公意的运用”。[②]

---

① Hurst Hannum, *Self-Determination as a Human Right*, in *Human Rights in the World Community*, edited by Richard Pierre Claude and Burns H. Weston, 1992 (2nd edition), p.175.

② ［法］卢梭著:《社会契约论》，何兆武译，北京，商务印书馆，2001 年版，第 29—35 页。

第三，两者联系的非必然性。国家主权与民主之间虽然存在着先行与后继的关系，但不存在引起与被引起、前因与后果的关系。在一定程度上，国家主权对于建立一个以民众意愿为基础的国家政体是必要的，但并非一个充分自足的原则。一个拥有主权的国家并非一定是民主国家，也可能是专制国家。换言之，国家主权并不必然地导致民主，它与民主之间没有必然的逻辑关系。

第四，国家主权是不可分割的，只能共有共享，其变更必须由这个国家的全体人民（即共同所有者）共同决定，而不能仅由该国家的部分人民（即部分所有者）单方面决定（除非得到了另一部分所有者的同意），否则会损害另一部分所有者的合法权益。部分所有者只能就该部分所有者的内部事务自我决定，但若涉及与另一部分所有者之间的关系，则不能单方面自我决定，必须与另一部分所有者进行协商。而民主（权利）是可以分割的，因为民主要通过具体的行政区划制度和行政层级制度来实现，这样民主单位就会出现，在各个单位内部，人民可以自我决定内部事务。

（三）人民主权与民主关系解析

人民主权论是对主权正当性的一种阐释。就国内目前可以查到的宪法文本来看，大都规定了人民主权。据亨利·范·马尔塞文（Henc van maarseveen）等对世界 142 部宪法的统计，有 118 部宪法里规定了人民主权。[①]学界一般认为"人民主权"是国内政治中最高、最终极的权威，但就主权的现实样态来看，人民主权只能作为集合概念存在。[②]人民主权是现代民族国家的立国基石，民主则是人民主权在立国之后的具体形式和实现方式，但两者并不尽相同，主要表现在以下两个方面：

第一，权利性质不同。人民主权是人民作为一个整体在一个国家内部所享有的权利，是集体权利，[③]其主体必须是"人民整体"，其中的"部分人民"或"个人"不能成为人民主权的主体；人民主权是抽象的整体性权力，不可

---

① 国内学者肖君拥等进行了统计，可以查询到的 124 部宪法几乎都规定了人民主权。参见肖君拥等：《人民主权宪法原则简论》，载《河北大学学报》（哲社版），2003 年第 1 期。

② 主权是最高的权力或权威，每个个体都具有最高的权威等于每个个体都不具有最高的权威。人民主权作为集合概念，必须由一个组织体代表，这个组织体就是国家，人民主权就演变为国家主权。卢梭将国家契约完全还原为一种委托，这样就巧妙地将人民主权和国家主权融合在了一起。

③ 作为人民主权主体的"人民"是一个抽象的集合概念，是一个整体。因此，一般视人民主权为集体权威，尽管它在行使方式上最终要通过个人或团体的方式作出，但从法理上说，最终的主体仍是由个体或团体所组成的人民集合。

分割、不可转让、不可量化。然而，民主的权利主体既可以是“整体人民”，也可以是“部分人民”；民主权利是具体的个体性权利，可以分割、可以委托、可以放弃、可以量化。

第二，概念层次不同。包括以下两个方面：其一，人民主权强调一个国家内部的最高权力属于人民，解决的是权力归属问题；而民主则强调在确定人民主权的前提下，如何去实现人民主权，解决的是如何治理国家的问题。其二，人民主权侧重于政治哲学层面的民主理念，主要强调权力的来源；而民主权利则是侧重于民主实践来说的，主要强调权利的拥有和行使。两者不是同一层次的概念，人民主权属于第一层次，而民主权利属于第二层次。

从上述（一）、（二）和（三）的分析来看，国家主权、人民主权和民主不是同一层次的概念。具体说来，国家主权分为对外主权和对内主权；对内主权又分为君主主权、议会主权和人民主权；人民主权的实现形式分为直接民主和间接民主；直接民主分为古典的公民大会、抽签担任官职和轮流担任官职等，以及现代的公民投票、基层自治、听证会和陪审团等，在当代主要作为间接民主的重要补充；间接民主一般指西式代议民主，又可分为直接选举和间接选举两种，是目前世界上最主流的民主制度形式。如图 14-1。

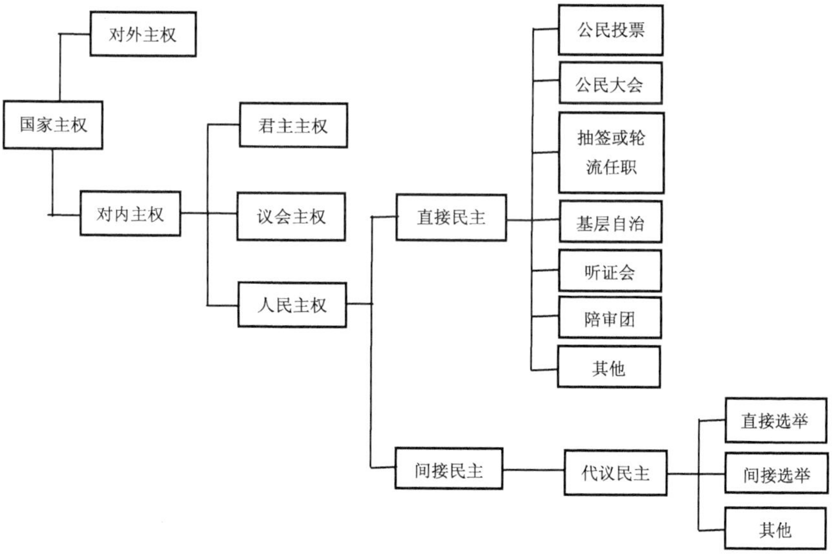

图 14-1：国家主权—人民主权—民主三者关系示意图

（资料来源：作者自制）

从民主在这个体系框架中的位置可以发现，其仅仅是一个主权国家内部或国家的某一行政区域内部落实或实现人民主权的一种方式，它只能决定其区域范围内的重大事项，而不能决定与他者共同体（外国或其他行政区域）的疆界。若一个主权国家欲改变与其他主权国家的疆界，则需要根据国际法与他国进行协商，单方面改变领土疆界是非法无效行为；若一个国家内部的某一行政区域单位欲改变与其他行政区域单位的划界，除了双方协商通过之外，还要报请中央政府批准，否则即是非法无效行为。

（四）三者关系视角下的“民主分离论”和“民主拒统论”

厘清国家主权、人民主权和民主的关系，可以帮助我们更深刻地剖析并揭示台湾社会“民主分离论”和“民主拒统论”的问题所在。

第一，在通常情况下，疆界包括国家之间的主权疆界和国家内部不同行政区域之间的行政疆界；前者是一个国家在长期的历史发展过程中逐步形成的，后者是主权国家通过宪法进行内部行政区划完成的。台湾与大陆的边界不是国家之间的疆界，而是行政区划意义上的行政疆界。固然，台湾与大陆的行政管辖界限比较特殊，但并未改变其作为中国内部不同行政区域单位之间界限的性质。

在一个正常的统一国家里，本来应是以“主权疆界”来确定“民主范围”（尽管主权疆界内并非均衡地同步实行民主），两者是同一的，但台湾问题的复杂性在于，在中国这样一个内部存在“分裂分治”的国家中，台湾当局率先在台澎金马地区完成了民主化改造。在台湾地区完成了民主化后，不断重复着的民主实践以及选举政权的本土化进一步增强了台湾与大陆地区的异质性，久而久之就强化了台湾民众的主体性意识，进而使得他们误将“民主范围”当作了“主权疆界”。然而，台湾的“民主范围”与其“宪法”上的领土“主权疆界”并不一致，于是“台独”人士就开始以民主来切割主权，将“民主范围”界定为“主权疆界”，以达到“民主割据”“事实台独”的目的。事实表明，如果在解决国家统一和国家认同问题之前，某一地区率先实行民主化，则这一地区的部分民众很容易误将“民主范围”当作“主权疆界”，进而引发国家认同危机，产生分离主义。国家领土主权疆界是在长期的历史发展过程中形成的，这不仅是国家发展的重要基础，也是国家统一的历史依据。试问，为什么大陆要与台湾统一，而不去和越南、老挝、柬埔寨等邻国统一？就是因为台湾在历史上、法理上就是中国领土的一部分，两岸同属一个中国，而上述三个国家在历史上、法理上就与中国不同属一个国家。

第二，国家疆界的形成大致沿袭着一个历史的传统和习惯，该疆界内的人民是一个利益共同体，倘若一部分人改变这个边界，必然会伤害到另一部分所有者的利益。中国在国家建构的历史过程中形成了特定的主权疆界，这个疆界范围包括大陆地区和台湾地区。对此，两岸“宪法”均有近乎一致的规定，譬如中华人民共和国宪法规定，大陆是中华人民共和国（中国）的一部分，台湾也是中华人民共和国（中国）的一部分；而目前台湾所谓“中华民国宪法”规定，台湾是“中华民国”（中国）的一部分，大陆也“中华民国”（中国）的一部分，亦即两岸同属“一个中国”。两岸领土主权为两岸全体中国人民所共有，其中的“部分人民”不能单独拥有，正如前中共中央总书记胡锦涛所说：“中国是包括2300万台湾同胞在内的13亿中国人民的中国，大陆是包括2300万台湾同胞在内的13亿中国人民的大陆，台湾也是包括2300万台湾同胞在内的13亿中国人民的台湾。”[①]

从国家主权和人民主权的关系来看，国家领土主权范围决定着其内部享有人民主权的“人民”之范围，具体到两岸，就是指大陆地区和台湾地区领土之上的所有人民。譬如，中华人民共和国宪法第2条规定：“中华人民共和国的一切权力属于人民”，“中华民国宪法”第2条也规定：“中华民国之主权属于全体国民”。可见，这里的“人民”均指两岸的全体中国人民。因此，未来任何涉及中国主权和领土完整的变更问题，必须由包括台湾同胞在内的全体中国人民共同决定。既然台湾的领土主权为两岸全体中国人民所共有，那么但凡涉及台湾领土主权的事务就必须经由两岸全体中国人民的一致同意。倘若其中的“部分人民”（即台湾2300万人民）通过区域性民主的方式做出单方面决定，那么就意味着对作为共同所有者的大陆人民之所有权造成了剥夺或侵害，这显然是非法的。台湾“2300万人决定论”的错误在于，把本来属于两岸全体中国人民的台湾当成了台湾2300万人民的台湾，把两岸民众共同享有的主权权力变成了台湾民众独享的主

① 《胡锦涛就新形势下发展两岸关系提出四点意见》，载《人民日报》，2005年3月5日版。

权权力。

台湾作为中国的区域性行政单位不能援引“人民主权”或“主权在民”理论。从政治学的视角来看，在一个主权国家内部，人民主权的主体是该国家的全体人民，这里的人民是一个集合概念，而不是指个体公民或部分人民。在单一制的地方行政自治区域里，地方行政自治区的自主权是自治权而非主权，其通过选举接受当地居民的委托或授权，但不能援引“人民主权”或“主权在民”理论；在联邦制国家里，成员州的权力尽管来自于人民的委托或授权，并带有部分主权在民的色彩，但其主权权力还须通过宪法与其他各州的共同确认，才能被认可。总而言之，地方行政区域单位不能援引“人民主权”或“主权在民”理论进行单方面的领土变更。台湾所谓的“2300万人决定论”是对“人民主权”或“主权在民”理论的断章取义。

第三，台湾“民主拒统”的实质是以民主权利对抗国家主权，以少部分人的“民意”来对抗全体人民的“公意”。台湾“民主拒统”造成了中国主权行使权运行的阻梗，而权力运行受阻必使作为主权共有者的另一部分所有者的权益受损，不符合最大多数人的最大利益原则，是以少数人的利益取代绝大多数人的利益，违背了民主精神。主权所有权、主权行使权和民主权利是不同层次的权力 / 权利。在正常情况下，一个领土主权所有权统一的国家里，其主权行使权也应该是统一的，民主权利在权利位阶上居于主权所有权和主权行使权之下，它的运行以不碰撞主权行使权为原则。两岸统一问题是主权行使权的统一问题，以民主权利来对抗主权行使权是对中国国家主权的重大伤害。“民主拒统”旨在通过“民主割据”达到“事实独立”的目的，是对民主本意的歪曲，是只顾“一部分民意”而无视作为共同所有者的“另一部分民意”，不符合人民主权的逻辑，在法理上是站不住脚的。

台湾长期不与大陆统一，给大陆民众的利益造成了很大伤害，使大陆民众对台湾的主权（尽管与台湾民众共同拥有）不能得到实现，这既违背法理，也伤害了大陆民众的情感和利益。“民主拒统”与事务性的民主生活不同，岛内民众对台湾社会的民主治理是自我当家作主的事情，可以经由公投程序，作出最后的法律决定；但统“独”问题不是单纯的民主问题，更不是岛内民众——作为整体的一部分——所能自我决定的，因为这涉及另一部分共有人的权益问题。如果单单由台湾民众这一部分共有者自我决定，在事实上就剥夺了另一部分共有者（即大陆民众）的权益。

第四，民主的功能有其限度，不能以民主运行的边际来改变和界定领土主权的疆界。从议题内容上看，民主通常不涉及主权所有权议题，仅仅涉及主权行使权议题，即使涉及，也并非仅由部分人民就可以决定，而是必须由全体主权所有者共同决定。从运行边际上看，民主不能超越国家主权的疆界范围。民主通常侧重于决定内部事务，即便偶尔决定外部事务，也通常仅限于批准条约协定、建立外交关系、加入国际组织等完全属于己方对外主权行使权范畴的事务，这些事务通常以互利共赢、不损害对方利益为前提，且会同时获得对方的同意，如欧盟成员国通过民主形式来决定是否加入欧盟等。但民主不能被用来单方面决定己方与他方的领土疆界，不能通过民主的形式来单方面改变长期以来根据历史传统形成的既定主权疆界；如需改变，则要与他国进行谈判协商，单方面的领土变更是极端危险的，是对他方主权的侵犯。在通常的国际关系、府际关系、区际关系等双边关系中，某一个政治实体与另一个政治实体之间，不能以己方民意来作为对抗对方的合法性依据，己方民意只能用来解决己方的内部事务。

两岸政治关系定位问题不仅仅是政治问题，也是法律问题。既然是法律问题，就要遵守法理和事实，而不能采用民主的形式来决定。民主并非万能的，其解决问题的范围是有限度的。将民意、民调等民主形式运用于两岸政治关系定位是有条件的，动辄以民主来解决两岸问题，是对民主功能的扩大化，是“民主万能论”的表现，是对民主的扭曲和滥用。台湾 2300 万人民通过民主机制，可以自我决定台湾社会内部的事务性问题，但不能单方面决定涉及台湾领土主权的政治性问题。[①] 但凡涉及两岸关系的主权事宜，台湾方面必须与大陆积极协商并取得大陆的同意。

第五，部分民意不可对抗整体主权。主权是不可分的，只能共享，不可分享，一旦分享就意味着国家的分裂。但民主权利是可以分享的，在一个主权国家内部，不同地区的人民所享有民主权利的范围并不完全相同，不同地区民主化的速度也不尽一致，这在联邦制国家里表现得尤为明显，即便在单一制国家里，情况亦是如此，如中国的香港和澳门特别行政区。台湾民意作

① 台湾“立法院”有权批准 ECFA 等涉及两岸关系的事宜，主要因为其为事务性事宜，若属于两岸关系的主权层次的问题，则必须由两岸人民或公权力机关共同决定。

为部分人民的意志不是独立于中国国家主权之外的意志。通过某个地区的民主机制去挑战整个国家的主权，是超越民主运行边界的行为，也颠倒了主权与民主的逻辑关系。

两岸之间虽然存在着分裂，但不是领土和主权的分裂，然而台湾方面却以“分裂国家理论”来定位两岸关系，并以此作为处理两岸关系的出发点。如此一来，统一自然就成了“改变现状”。台湾当局所谓“主权在民”的错误在于：该说辞隐含着台湾是一个“主权国家”的判断，是以“台湾是一个主权独立的国家”为逻辑前提的，而事实上，台湾并非一个“主权独立的国家”，其基本预设是错误的，以这个错误预设所得出的结论自然不会正确。

第六，“民主拒统”的实质是“民主割据”，是民主掩盖下的“事实台独”。国家主权的完整性被反复强调，通常发生于以下两种情形：一是相对于外国的挑战或伤害；二是国家内部的分离主义。长期“不统”其实就是一种变相的分离主义。“不统”是在直接分离难以实现的情况下，改变行动策略，以“不统”来维持“变相独立”的手段。从历史上看，地方割据其实并不挑战国家主权，因为其并非要分离出去独立建国，亦非要争夺中央政府的权位，其仅仅反对中央政府插手其地盘内的事务，维持所谓的“内部自治”，但这也是国家分裂的一种形式。正因如此，1925 年国民革命军发动北伐战争，结束国内军阀割据局面，建立统一的中华民国时，也被称为“完成中国统一”。

但是，当下台湾的“民主割据”与通常的地方割据有所不同，其挑战国家主权。台湾在早期与大陆存在政权之争（实质是挑战中国的主权行使权），后来在无力继续与大陆争夺中国代表权的情况下，转向“分离式台独”，直接挑战中国的领土主权所有权。在上述两种行动均无法得逞的情况下，又开始转向借助民主来抗拒大陆的统一，以维持事实上的割据。不过，台湾的“民主割据”与历史上的地方割据有所不同，一是它打着民主的旗号，二是它声称自己是主权国家或中央政府。事实上，这无非是打着人民政权的旗号，为其地方割据增加合法性而已，但这并不能改变其地方割据的性质。台湾的“民主割据”虽然不像“分离式台独”那样直接分裂中国的领土主权所有权，但却会导致中国主权行使权及其衍生权力的运行梗塞，最终会伤害中国的领土主权所有权，故为大陆方面所坚决反对。

三、从公民投票与民主的关系看台湾“2300万人决定论”

公民投票作为一种实现自决权的手段或方式，在国际实践中经常被运用。按照现行国际法，公民投票有自己特定的适用范围和运作模式。然而，在台湾社会中，“台独”势力却常常打着“全民公投”的旗号来从事分离主义活动或“民主割据”。那么，民主与公民投票到底是什么关系？公民投票能否被用来充当“台独”势力的理论工具？

（一）相关概念的界分

第一，自决性公投与民主性公投。目前学界对公民投票概念的理解和使用比较混乱，这在某种程度上与将国际法上作为领土变更方式的公民投票和国内法上作为直接民主手段的公民投票混同起来的现象有关。鉴于以往学界的研究不足，笔者根据公民投票所依照的法律规范是国际法还是国内法将公民投票划分为自决性公民投票（plebiscite）和民主性公民投票（referendums）两种类型。自决性公民投票是国际法意义上作为领土变更方式的公民投票，通常用作创设领土边界以实现独立建国或决定领土归属以合并到他国的手段和方式。自决性公民投票的议题大都与领土变更有关，根据领土变更议题的不同内容，又可细分为两种形式，即领土归属性公民投票和领土独立性公民投票。自决性公民投票有其特定的适用范围，一般仅适用于殖民地、托管地、非自治地区，以及那些原本独立而后来被其他国家所兼并的民族和地区，但它不适用于某些历史遗留问题，比如说中国的香港和澳门问题。[①] 基于国际法的自决权而实施的公民投票，其结果具有法律拘束力。民主性公民投票是指在一个主

① 香港和澳门不同于一般意义上的殖民地。1972年3月，中国常驻联合国代表黄华致函联合国非殖民化特别委员会主席时指出：“香港、澳门是属于历史遗留下来的帝国主义强加于中国的一系列不平等条约的结果。香港和澳门是被英国和葡萄牙当局占领的中国领土的一部分，解决香港、澳门问题完全是属于中国主权范围内的问题，根本不属于通常的‘殖民地’范畴。”1972年11月，联合国大会以99票对5票的绝对优势，通过了将香港和澳门从世界殖民地名单上除去的决议。如果承认香港和澳门是殖民地，就意味着其可以根据民族自决原则独立为新的国家。

权国家的既定疆域内人民对全国性或地方性重大事务进行集体表决的公民投票，即国内法意义上作为直接民主手段的公民投票，[①]它是人民主权最直接、最根本的实现方式。总之，自决性公民投票和民主性公民投票属于不同层次、不同范畴和不同时序阶段的行为，不能随意地对它们进行概念的转换或嫁接；否则，不仅在理论上不合理，而且在实践中非常有害。

第二，全国性民主公投与地区性民主公投。民主性公民投票作为直接民主的实现方式具有许多积极的意义，但在现实中有些政治团体或个人却将其作为实现其特定政治目的的工具。根据民主性公民投票的议题和地域范围，可将其分为全国性公民投票和地区性公民投票。全国性民主公投主要针对全国性的事务而举办，从举办过全国性民主公投的世界各国情况来看，其议题涉及国家和社会生活的方方面面，主要包括：宪法、政策、选举、国际、道德和领土等。地区性民主公投则主要针对地区性事务而举办，所谓地区性事务是指在地方行政区域内仅涉及该地区人民利益的地方公共事业，其议题主要是地区性公共政策或关系该地区人民利益的重大事务，这里的“地区”实际上是对公民投票参加者的范围的界定，换句话说，投票者必须是在法律意义上属于这个行政区域的人，否则，无权参加该地区所举办的公民投票。例如，日本京都关于大楼限建的规定比其他地方严格，但这只适用于京都地区，是为了保护古都风貌，故由京都地区的居民来投票决定。

（二）公民投票与领土变更

分析至此，有一个问题需要讨论，领土主权变更是否可以成为民主性公民投票的议题？答案是肯定的。但是，对该议题进行公民投票的主体必须是一个国家的全体人民，亦即只有全国民主性公民投票才能决定领土主权的变更，这可从18世纪以来在所有主权国家内就领土主权变更所举办的公民投票的事例中得知。地区民主性公民投票只有在特殊情况下才可涉及领土主权变更议题（本章下文有详析，此不赘述）。

自决性公民投票和民主性公民投票均能以领土主权变更为表决议题，

---

① 王英津著:《自决权理论与公民投票》，北京，九州出版社，2007年版，第214—217页。

但两者就领土主权变更所作的投票在行为主体、适用范围、法律依据、表决议题和结果效力等方面都有很大不同。然而，在政治生活中，总有人利用这两种公民投票在领土主权变更问题上的某些表面相似性，故意将二者混淆起来，以便为实现他们的特殊目的寻找理论依据。为了今后在领土主权变更问题上正确地区分和运用这两种公民投票，也为了人们能够看清某些分离主义势力所推动的以领土主权变更为议题的所谓“公民投票”之错误所在，笔者现将两者在适用于领土主权变更问题上的不同作以下概括，并列表如下：

表 14–2：自决性公民投票和民主性公民投票适用于领土主权变更比较表①

投票 内容	自决性公民投票	民主性公民投票	
		全国民主性公民投票	地区民主性公民投票
投票主体	自决领土之上的居民	一国之全体人民	地区之全体人民
适用范围	非殖民化过程中的领土独立和归属	主权国家就领土变更的决策	不适用于领土变更，除非得到全体人民或中央政府的批准和授权
法律依据	国际法上的自决权原则	国内宪法和有关法律	中央政府的批准和授权
表决议题	独立、合并、并入等	割让、分离等	除非全体人民或中央政府同意，否则不能以分离或同意割让为议题
国际监督	联合国参与监督	联合国不参与监督	联合国不参与监督
结果效力	一般为强制性效力	一般为强制性效力	一般为咨询性效力

（图表来源：作者自制）

在一般情况下，地区民主性公投的议题不涉及关系全体国民利益的领土主权变更问题，即便在特殊情况下涉及这一议题，通常也附有特殊条件和程

① 王英津著：《自决权理论与公民投票》，北京，九州出版社，2007 年版，第 247 页。

序，那就是必须经过中央政府的批准或授权，甚至有时在中央政府不能做主的情况下，还必须要举办全国民主性公投来决定是否同意地区民主性公投就领土主权变更问题进行表决。从国际实践来看，通常只有在“协议式分离”的情况下才允许以领土主权变更为议题进行表决。那么，什么是“协议式分离”呢？简单而言，就是若主权国家内部的某个地区意欲通过民主性公投从该国分离出去，则必须与该国其他地区的人民或代表该国的中央政府进行协商，取得其他地区人民或中央政府的同意，并就分离程序等问题达成相关协议。笔者将这种情况下举行的公民投票称为“协议式对外分离性公民投票”（简称“协议式对外分离公投”）。为了更清晰地说明这个问题，笔者将这种类型的公民投票放置于一个更为广阔的公民投票体系框架结构中加以考察。在此，笔者将公民投票分为自决性公民投票和民主性公民投票，民主性公民投票又分为全国民主性公民投票和地区民主性公民投票，地区民主性公民投票又分为对内治理性公民投票和对外分离性公民投票，对外分离性公民投票又分为单方面对外分离性公民投票和协议式对外分离性公民投票。如图 14-2：

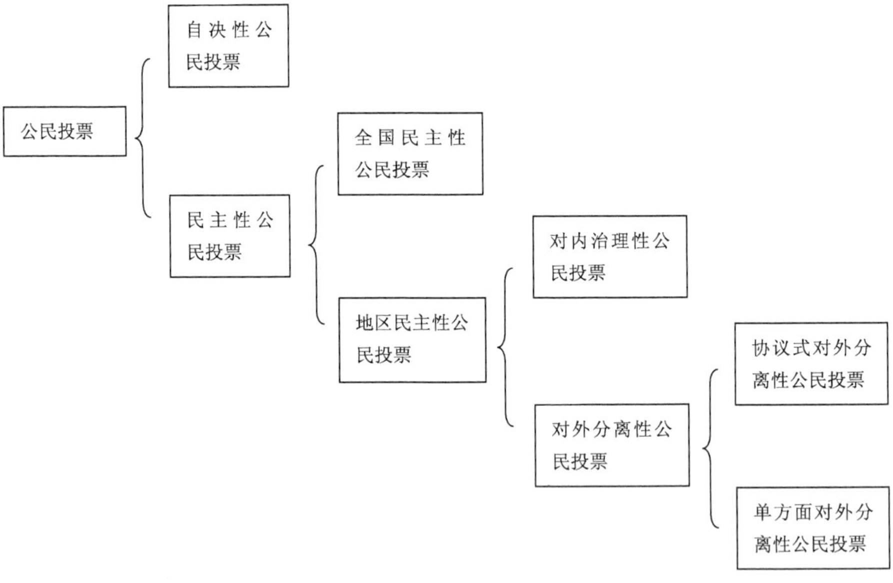

图 14-2：公民投票分类示意图

（资料来源：作者自制）

在上述框架中，就以领土主权变更为议题的地区民主性公民投票而言，只有协议式对外分离性公民投票具有合法性。加拿大魁北克的公民投票、英国苏格兰的公民投票之所以顺利举行，就是因为二者均属于这一类型。这种公民投票是中央政府与区域行政单位协议的结果，因而在国内法意义上并非违法行为，也不会引发地区冲突。但是，如果没有经过中央政府的批准或与中央政府事先达成分离的有关协议和程序，单方面地擅自举行的对外分离性公民投票，那么不仅在理论上不具有合法性，而且在实践中也很难取得成功。

为何单方面的对外分离性公民投票不具有合法性呢？这是因为，既然是民主性公民投票，那就意味着先有固定的法律意义上的疆界，在这个疆界内的某一部分领土，并不仅仅属于这一部分领土之上的人民，而是属于这个疆界范围内的全体人民。倘若仅由该部分领土之上的人民进行投票，则必须经过全体人民的同意或中央政府的批准，否则其无权就领土变更进行表决，而只能由一国之全体公民进行投票。所以，地区民主性公民投票不能就某地区是否从国家整体中分离出去进行表决，除非该国宪法赋予了区域行政单位这一权利；否则，该公投就是非法的、无效的，很可能引发战争和内乱。从政治实践看，即使一个国家的全体人民同意或中央政府批准某地区民主性公民投票可以就领土主权变更为议题进行表决，其结果也往往是咨询性的，仅供中央政府对该领土主权变更问题进行决策时作参考。

（三）从上述界分看台湾的“民主分离论”和“民主割据论”

第一，台湾社会故意混淆自决性公民投票与民主性公民投票。根据前面的分析可以推知，台湾举行的公民投票属于地区民主性公民投票，而非自决性公民投票，因为台湾不具备国际法规定的行使自决权的情形。既然是地区民主性公民投票，那么其表决议题就只限于台湾社会内部的治理性内容，而不能就台湾领土主权变更议题进行表决。台湾方面欲改变台湾领土主权的归属，需要与作为共同领土主权所有者的另一部分人民（即大陆人民）或其中央政府进行协商并达成一致意见，而不能单方面就“统一”“独立”或“维持现状”等领土主权议题或变相领土主权议题进行所谓的“公民投票”。台湾领土主权变更不是仅仅在台湾地区通过 2300 万人民搞个“公民投票”就可以合法化的。“台独”势力打着“自决”“民主”等旗号，借助公民投票来从事“台独”活动，其错误在于，将有关国际法上的自决性公民投票与国内法上的民主性公民投票混淆起来，故意将内涵和规则不同的两种公民投票进行嫁接，以达到混淆视听的目的。在两岸政治关系定位上动辄就靠2300万人民的“公民投票”来决定的作法，无论在学理上还是在法理上，都是站不住脚的。

第二，台湾“公投拒统”不符合法理。事实割据虽然不同于直接的领土主权变更，但这势必会影响到一个国家的主权和整体利益，因此，中央政府对国家内部以此为议题或目的的公民投票均秉持反对态度。台湾方面将“中华民国（或）台湾的现状”解释为“主权独立国家”，统一就是改变目前的所谓“主权现状”，必须经由2300万人的“公民投票”。很显然，这是台湾当局借公民投票来抗拒统一、借民主和民意来转嫁“拒统”责任。表面上看，台湾当局的这一说辞似乎有些道理，其实不然。其一，台湾方面对于“现状”的界定本身就是错误的，无论所谓“中华民国”还是“台湾”，均不是“主权独立国家”。其二，这是对民主的异化和滥用，违背民主性公民投票的本意。民主不能被用作政治对抗的手段和工具。试想，倘若大陆也采用民主方式来聚合大陆的民意，以大陆民意对抗台湾民意，台湾方面该如何应对？尽管大陆目前没有实行公民投票制度，但并非意味着没有民意表达的渠道和制度，人民代表大会就是反映大陆民意的渠道和制度。倘若大陆方面也像台湾方面一样，动辄以民意来作统“独”抉择的“挡箭牌”，通过人民代表大会的形式形成大陆的民意，那么处于对抗之中的两岸民意该以何者优先？ 13亿人的民意与2300万人的民意孰轻孰重？目前恐怕不能简单地作答。说到底，两岸还是要通过协商谈判来解决双方的分歧，动辄就以民调、民意、民主等来抗拒两岸统一不是解决问题的应有态度和作法。

第三，被误导的台湾民意欠缺正当性。长期以来，如何处理尊重民意与引导民意的关系，是民主政治操作中的一个颇为复杂的两难问题。由于民主的主体更多的是受教育程度不高的一般大众，倘若完全依照民意来决策，则可能会导致不良的结果，即未必正确有效，未必保障人权，也未必能防范多数暴政；倘若不尊重民意，则会导致专制、威权或极权。为了实现尊重民意与防止滥用民意的双重目标，民主政治往往需要政治精英积极引导民意，让民众知晓议决事项的利弊得失，但是，这又很容易被政治精英所利用，使得民意不是朝着大众利益的方向发展，而是朝着政治精英利益的方向发展。如此一来，公民投票就会按照政治精英的意图运作，少数政客就有了充分机会以“人民”的名义操纵多数，从而使公民投票失去本来的意义而变成事实上的“精英公投”。

台湾民意常常被政党或政治精英所误导，主要原因有以下五点：一是长期的“台独”教化；二是扭曲的历史教育；三是媒体的误导宣传；四是大陆的污名化；五是蓝绿的统“独”对抗。在弥漫着民粹主义雾障的台湾政治生态中，依照被误导的民意来决定问题，其正当性与合法性历来备受质疑。后退一步说，即使是能够充分体现公共性的台湾民意，也不能成为台湾方面拒绝两岸统一的“挡箭牌”，而只能作为未来两岸统一时大陆方面进行制度安排的重要参考。大陆会尽量理解和照顾到台湾民意，并作出更加宽松的制度安排。两岸政治关系定位需要注重两岸民意，但这种注重必须基于法理、历史和事实，而不能完全依照台湾民意（尤其被误导的台湾民意），台湾民意不能冲撞国家主权。

四、案例解析：为何魁北克和苏格兰能而台湾不能

（一）加拿大魁北克公民投票

1995 年 10 月 30 日，加拿大第二次就魁北克独立问题举行公民投票，反对独立的联邦主义者以 50.6% 的微弱多数获胜，使加拿大暂时避免了分裂，但分裂主义者发誓要继续为独立而斗争。面对国家被分裂的危险，加拿大联邦政府果断采取了一系列法律手段。分三个步骤：开始先是通过司法手段，即 1998 年 8 月 20 日，加拿大最高法院裁定，无论加拿大宪法，还是国际法都不允许魁北克在未经谈判、未获联邦政府同意的情况下单方面地宣布独立；魁北克要实现独立，必须得到联邦和其他省份的认可。后又通过行政手段，即 1999 年 12 月，联邦政府推出“清晰法案”，该法案规定，今后魁北克省若再就独立问题举行公民投票，不论结果如何，都必须得到联邦政府的批准才能生效。最后通过立法手段，即 2000 年议会通过“清晰法案”，该法案规定了启动公民投票所需的复杂程序，这无疑等于在事实上限制甚至消除了魁北克分离出去的可能。

魁北克的案例是国际社会中典型的地区分离性公民投票案例，纯属于主权国家内部事务。该案例没有直接涉及外国因素，不像直布罗陀地区的公民投票

那样，需要在西班牙和英国两国之间决定该地区未来的主权；它也没有直接涉及国际因素，不像东帝汶的公民投票那样，需要在联合国的主持下进行。

首先，该案例表明，一个主权国家内部的某个地区欲通过公民投票的形式来获得分离独立，中央政府有最终的决定权。一般说来，就领土主权变更而举办的公民投票，只能属于全国民主性公民投票。倘若一个国家没有举行全国民主性公民投票的制度规定，那么分离决定及分离性公民投票也必须经过代表全体人民利益的中央政府的同意或批准。因此，加拿大“明晰法案”关于“省独立的公决问题的设计和公决结果多数的认定都要经过联邦立法机关的审核和同意”的规定，符合人民主权的原理。主权国家的同意是该国家的部分领土和居民独立出去另立新国家的前提条件，也是核心条件，尽管这种同意可能是内外各种因素综合作用的结果。外国势力的压力，内部民族、种族和宗教冲突，独立势力的恐怖主义行动，争议地区的特殊历史背景等，均是可能导致主权国家同意分离独立的因素。但是，目前还没有在缺乏主权国家同意的情况下，其部分领土能够单方面分离出去，实现“独立建国”的先例。需要说明的是，2014 年乌克兰的克里米亚地区通过公民投票加入俄罗斯，不能被看作单方面分离成功的案例，因为其背后有俄罗斯的强力介入，背后有复杂的历史和民族因素，而且其也并非“独立建国”。

其次，地区分离意味着领土主权的变更，这势必会影响到母国的国家利益，为此，母国对分离性公民投票一般秉持反对态度。按照加拿大的“清晰法案”，加拿大联邦最高法院和联邦政府要求魁北克省的公民投票结果必须经过最高法院的司法审查，并且必须与联邦政府和其他省进行协商。表面上，加拿大政府没有完全剥夺魁北克分离的权利，但通过上述限制条款，事实上使魁北克很难再通过公民投票的途径达到分离目的，这很明显地表明了加拿大政府对“魁独”的反对态度。一般来说，任何一个国家都不希望自己的领土遭到分割，地方行政区域单位企图通过公民投票的形式单方面脱离主权国家的行为是主权国家所不能容许的。把公民投票制度与国家领土变更联系起来考察，就会发现：世界上没有国家的宪法规定其部分人民可以通过公民投票的方式来分裂国家。这是因为，领土主权往往是历史上长期以来诸多复杂因素决定的，它关乎在其之上繁衍生息的整体人民的利益。一个地区的发展往往凝聚着其他地区人民的贡献，如果一个地区可以擅自举行公投并实现分离，那么世界上的主权国家就会陷入随时可能分裂的恐慌和危机之中，甚至导致主权国家的碎片化和整个国际形势的改变，也会导致严重的地区冲突和动荡。

（二）英国苏格兰公民投票

2014年9月18日，苏格兰公投成为全球瞩目的焦点，对于这场公投，世人怀着不同的心情褒贬不一。与此同时，台湾地区的部分人士开始质疑：为何苏格兰能公投分离，而台湾不能？一时间，苏格兰公投似乎成为台湾“统独公投”的合法性旁佐和支撑力量。为认清苏格兰公投模式不适用于台湾这一事实，我们需要先探明苏格兰公投的几个关键问题及其性质。

第一，苏格兰公投是“分离公投”，而非“独立公投”。就要正确认识苏格兰公投的性质，需要区分分离（secession）与独立（independence）的不同。从表面上看，分离和独立均是一个国家的一部分从整体中脱离出去而实现独立建国，但事实上，分离所涉及的地区一直是母国的一部分，而独立则指殖民地（包括非自治、托管地和附属地等）脱离原来的宗主国独立建国，其要求独立的实体原本就不是宗主国的一部分，只是后来因殖民统治而被纳入了被脱离的国家。因此，国际法虽不支持分离主义，但也不完全禁止分离主义，因为那是主权国家内部的事务，仅受国内法调整（当然，国内法一般不允许分离）。

而独立则通常受国际法调整，是受国际法保护的权利或行为，是正义的、合法的。由于这两个概念具有某些相似性，故人们很容易将它们混淆。苏格兰公投其实是分离公投，而非独立公投。因为苏格兰是英国领土的一部分，其意欲从英国脱离出去的行为属于分离，是英国的内部事务。人们所说的苏格兰“闹独立”，实际上是“闹分离”，从法理上说，“苏格兰独立公投”的说法并不准确。这一区分的意义有二：一则有助于认清苏格兰公投的合法性并非基于国际法上的独立理论；二则有助于提醒我们应用分离理论而非独立理论分析苏格兰公投，否则容易得出错误的结论。

第二，苏格兰公投是“民主性公投”，而非“自决性公投”。苏格兰不是英国的殖民地，而是英国的组成部分，因此不存在自决问题，其所进行的公投是经过英国中央政府批准的地区民主性公投。混淆苏格兰公投的性质，将苏格兰公投说成是基于自决权而进行的自决性公投是错误的，这种说法很容易被分离主义者所利用。在现实中，有些分离势力常常打着行使“自决”的旗号要求公投“独立”，这是因为自决受到国际法保护且无需母国的同意。从国际实践看，一个地区要完成分离、实现独立建国往往要经历两次同意，第一次是全体人民的同意，或者至少是代表全体人民的中央政府的同意；第二次是地区居民的同意。前者的重要性和决定意义往往大于后者。此次苏格兰之所以可以进行公投，是因为其获得了英国中央政府的同意。倘若没有该项同意，苏格兰单方面宣布“公投”或者“独立”的行为就是非法的、无效的。

第三，苏格兰公投是“协议式公投”，而非“单方面公投”。对于一个地区或族群来说，分离不是简单的单方面权利，而应该是一种共识权利，即分离只有在有关各方达成共识的情况下才具有合法性。苏格兰公投即是如此，其是在取得了英国中央政府的同意，且双方于 2012 年 10 月签署了“爱丁堡公投协议”的情况下举办的，此亦即苏格兰公投的民主合法性基础。实践表明，单方面分离通常不被主权国家所允许，成功的概率非常小；即便某个族群或地区已经通过单方面公投表达出了分离愿望，当事国也没有法律上的义务承认或接受这一分离诉求，主权国家有权采取一切方式对分离行为予以制止。

（三）魁北克或苏格兰公投模式不适用于台湾

台湾是中国领土不可分割的一部分，而非殖民地、半殖民地、国际托管地、委任统治地、附属地、自治领、海外领地、海外省和被保护国等，不适用国际法上的自决权理论。所以台湾意欲从中国脱离出去的行为属于分离而非自决，并得不到国际法的支持。台湾意欲推动分离而引发的两岸争议纯属中国内政。因此，台湾部分人士运用国际法上的自决权理论对“统独公投”合法性的论证是站不住脚的，国际社会也无权干预。如果硬要进行“统独公投”，那也属于涉及领土主权变更的民主性公投，应有两岸人民共同公投，或应至少先获得大陆中央政府的同意。台湾不是 2300 万台湾民众的台湾，而是包括大陆民众在内的全体中国人民的台湾，其领土主权问题必须由两岸的全体中国人民共同决定，台湾单方面通过公投来自我决定，等于剥夺了大陆人民对台湾领土的主权所有权，必然遭到大陆人民及其代表政府的反对。除非台湾的“统独”公投得到了大陆方面的同意或批准，否则在法理上没有合法性，在现实中也没有可行性。

就魁北克和苏格兰公投来说，加拿大和英国政府之所以能够同意，除了对“魁独”和“苏独”的严重性估计不足以外，还有一个重要原因，就是加拿大和英国政府均受西方民主主义传统的影响，过分看重“自决”“民主”等价值，而忽视了民主本身所固有的局限性，以致当“魁独”和“苏独”势力打着“自决”“民主”等旗号进行分离活动时，非但未对其采取果断有力的制止措施，反而还对其迁就让步。“魁独”和“苏独”势力正看清了加拿大和英国政府的这一“弱点”，才能够迫使它们不断作出让步。1995 年的魁北克公投以微弱的优势保住了加拿大的完整和统一，在幸运地避免了这场“分裂危机”之后，时任加拿大政府总理克雷蒂安在总结教训时坚定地说：“百分之五十加一票就可以分裂一个国家？这不是民主！”①2014 年的苏格兰公投也让英国政府和人民“虚惊一场”。两次对外分离性公民投票的典型案例尽管已经过去，但留给人们的反思却刚刚开始。对大陆方面来说，如何从加拿大和英国处理国内地区分离性公民投票的教训中吸取经验，更好地维护中国国家主权和领土完整至关重要。

五、余　论

通过前文研究不难看出，国家主权、人民主权、民主、自决、公投、分离等既密切关联，也相互区别，而台湾社会将上述概念人为地混为一谈，故意混同或穿插使用这些不同范畴的概念，是为了达到混淆是非、实现分离的目的。貌似天衣无缝的“2300 万人决定论”，实则漏洞百出。

除了上述之外，“民主拒统论”还有一种说辞，即认为只有大陆进行民主化改革，才能增强大陆对台湾的吸引力，台湾才可能跟大陆谈统一问题。该说辞以台湾为支点，以民主化为杠杆，以统一为诱饵，来启动大陆的西式民主化。从理论上讲，这无可厚非，因为这也未必违背中华民族的整体利益；但问题是，这种说辞并不可行，只不过是“民主拒统”的另一番说辞罢了。民主发展与两岸统一是大陆方面在 21 世纪上半叶最重大的两项政治任务，民主建设需要按照大陆的国情和政治的基本逻辑向前发展，而不是简单地以台湾民主为样板、以尽快统一为首要考虑，急匆匆地不顾现实条件就贸然引进台式竞争性选举。从世界范围内的民主化浪潮来看，由于民主化带来国家失败和治理低效的实例比比皆是，倘若大陆快速民主化，届时很可能会像苏联

---

① 转引自刘若非：《“独立公投”伴随战争》，载《环球时报》，2002 年 8 月 29 日版。

一样四分五裂，而非实现统一。

当然，笔者并非要否定三十年来台湾民主化所取得的积极成果。在笔者看来，台湾民主化是基于台湾本土资源、借鉴西方民主化经验而进行的较为成功的实验。尽管目前尚存在许多问题，并有待于进一步完善，但不容否认的是，台湾的确在非常短的时间内较为和平地完成了民主转型，而且，由于两岸同种同源，在历史、文化、社会等方面极为相似，所以对于大陆来说，台湾民主化的经验相较欧美和东亚国家的民主化经验更具借鉴意义。但是，台湾若因此存在“制度优越感”，不时向大陆炫耀民主成果，并以此作为两岸统一的条件，那就犯了“民主幼稚病”。民主化与统一是不同性质的问题，前者是内部治理问题，后者是主权（即主权行使权）问题，尽管两者之间有所联系，但并不属于同一层次，主权问题要高于内部治理问题。倘若将民主问题作为主权谈判的条件，就犯了本末倒置的错误，不仅在理论上说不通，而且大陆也不会接受。

第十五章　定位方案设计与“一国两制”的衔接

尽管两岸统一尚未被提上议程，但当前的两岸政治关系定位必须与其相挂钩。可以说，两岸政治关系定位、和平发展架构的设计、统一模式的选择，是三个一脉相承的重大问题，三者相互影响、相互关联。所以，当前两岸政治关系定位不应孤立地进行，应与两岸关系和平发展框架的建构、未来统一模式的设计连接起来，通盘考量。我们不能因为统一及其模式的选择是未来的事情，就忽视它对两岸关系和平发展阶段的意义。

一、统一前定位必须与未来统一相衔接

（一）从“一国两府一中央”到“一国一府一中央”

在统一前的两岸政治关系定位中，“台湾特别自治政府”本身就预留了统一后与“一国两制”相衔接的空间。为了体现与港澳模式的不同，不要将未来的台湾地区称为“台湾特别行政区”，可以考虑称为“台湾特别自治区”。

未来两岸统一的过程就是由“一国两府一中央”变为“一国一府一中央”的过程。尽管两岸同属一个中国，但从权力运行的角度来说，目前两岸公权力系统之间并没有隶属关系，统一就是要解决一个中国内部两套政府体系从无隶属关系到有隶属关系或其他能体现国家统一的关系问题。从理论上说，

从无隶属关系到有隶属关系或其他能体现国家统一的关系，有四种可能的方式：①台湾特别自治政府体系隶属于大陆政府体系；②大陆政府体系隶属于台湾特别自治政府体系；③双方谁也不吃掉谁，共同重组一套新的政府体系。④台湾特别自治政府和大陆政府之间可借鉴联邦制的某些经验，建立一个两者虽互不隶属却能体现国家统一的政府体系。未来究竟依照哪种情形实现统一，需经由两岸双方协商和谈判来解决。但按照“一国两制”模式的构想，应当是将台湾当局纳入到目前大陆政权的框架内，然后让台湾实行高度自治。台湾可以实行比香港、澳门更高程度的自治，为了体现这一点，可以成立台湾特别自治政府。在未统一前的过渡时期，台湾特别自治政府的定位，应既具有收缩性，也具有开放性，其收缩性可以防止陷入“一国两府”，其开放性可以实现与未来“一国两制”的对接。

两岸统一之前，“一国两府一中央”框架下的台湾特别自治政府是一个与大陆政权没有隶属关系的政权。所谓“一国两制”统一模式就是要建立起台湾特别自治政府与大陆政权的隶属关系或其他能体现国家统一的关系。至于如何建立这种关系，以及建立什么样的能体现两岸统一的关系，则取决于两岸关系发展的态势，特别是取决于两岸双方的政治协商和谈判。可见，两岸之间的“一国两府一中央”定位方案，以及大陆对台湾当局的“台湾特别自治政府”定位方案，不仅具有现实关照性，而且具有未来前瞻性。

统一前的“一国两府一中央”框架留给了两岸各自表述的空间。大陆方面称台湾当局为特别自治政府，依照中华人民共和国政府与台湾特别自治政府的关系来处理相关事宜；而台湾方面也可以称大陆政权为特别自治政府，依照“中华民国政府”与大陆特别自治政府的关系来处理相关事宜。但统一就是要解决两个政权之间的隶属关系，一旦解决了隶属关系，也就不能再各自表述。

除此之外，采用其他分析框架所作的定位方案，均应注意设计方案的现实性与未来性的衔接。统一前的两岸政治关系定位，必须与统一目标相连接，要处理好统一前与统一后的关系，不能让台湾借着统一前的定位使两岸分治永久化。对于大陆方面来说，当前两岸政治关系定位的设计，必须与未来两岸统一模式的选择相挂钩，必须要考虑到某种定位模式对于未来两岸统一及其模式选择的影响。凡是那些有碍未来两岸统一及其模式选择的定位方案，均不符合一个中国原则，大陆应不予考虑。

（二）从一个中国框架到“一个政府”框架

由“一国两府一中央”到“一国一府一中央”的过程，亦即由一个中国框架到“一个政府”框架的过程。在一个中国原则的表述问题上，大陆经历了一个由“旧三句”到“新三句”，再到一个中国框架的逐步调整过程，这反映了大陆对台策略的灵活性和务实性，很好地适应了不断发展变化形势的需要，对于维护一个中国原则具有重要意义。然而，表述毕竟是静态的，随着两岸关系的不断发展，现在适应两岸关系发展情势的论述又会变得相对滞后，这就如同上层建筑要不断适应经济基础的需要。随着大陆对两岸关系掌控力的日益增大，一个中国原则的表述需要与时俱进，根据时代的发展（特别是“统一”被提上日程之后）做出新的调整。那么，目前的一个中国框架论述应进一步发展成什么论述？笔者经过研究认为，应是“一个政府”框架论述。从一个中国框架到“一个政府”框架，中间可能有波折，也可能会穿插小的阶段，但总体趋势毋庸置疑。那么，为何要发展为“一个政府”框架？因为两岸要解决统一问题，其完成的标志是统一后的中国必须只有一个政府体系，事实上，“一个政府”框架就是未来的“一国两制”框架。

“一国两制”框架是统一后的制度安排，而一个中国框架则是“一国两制”落实前的过渡性安排。与“一国两制”相比，一个中国框架并不强调两岸未来的制度安排，也不突出统一后两岸的权力分配问题，它只是根据包括“宪法”在内的两岸各自现行规定确认了“大陆和台湾同属一个中国”“两岸非国与国关系”等客观事实，没有任何一方强加给另一方的问题，从而有利于最大程度地凝聚共识，增加岛内民众对“一个中国”的认同。①

“一个政府”框架的集中体现是两岸同属一个政府体系。那么，港澳特区政府与中央政府是否属于同一个政府体系？答案是肯定的。尽管港澳特区实行不同于内地的政府体制，但却属于同一政府体系。因为港澳特区政府均隶属于中央政府，只不过中央政府通过授权的方式让港澳特区实行了高度自治而已。譬如，香港特别行政区基本法第十二条规定，“香港特别行政区是中华人民共和国的一个享有高度自治权的地方行政区域，直辖于中央人民政

① 陈桂清：《浅析“一个中国框架”》，载香港《中国评论》2012年12月号，第29—30页。

府”[①]；澳门特别行政区基本法第十二条也规定，“澳门特别行政区是中华人民共和国的一个享有高度自治权的地方行政区域，直辖于中央人民政府”[②]。港澳特区实行高度自治以及与内地不同的制度，容易让外界感觉其与内地不属同一政府体系。事实上，这纯属误解。我们应注意区分“两制”与“两个政府体系”的不同，不能因为港澳特区实行与内地不同的制度，就误认为港澳特区政府与中央政府是两个政府体系。相较而言，现在的台湾当局与大陆中央政府却不属同一政府体系。两岸统一后，尽管实行“一国两制”，但两岸的公权力系统必须属于同一政府体系。

二、“一国两制”是否还具有生命力

“一国两制”本来是为解决台湾问题而提出的创造性构想，却率先用之于解决香港问题，继而用之于解决澳门问题，从而形成了“一国两制”的香港模式和澳门模式（通常合称为“港澳模式”）。大陆方面也一贯表示，“一国两制”将继续适用于台湾问题的解决。可是，曾有一段时间，大陆官方在一些正式场合里却较少提及“一国两制”，以至于有人认为大陆方面已经放弃了将“一国两制”作为未来两岸统一的方案，甚至有人认为大陆的“一国两制”在台湾问题上已经失败了。鉴于台湾方面对“一国两制”的各种误解和歪曲言论，以及当时台湾政局的基本情势，2014 年 9 月 26 日习近平总书记会见台湾和平统一团体联合参访团时重申了大陆方面的“一国两制”主张[③]。那么，该如何看待“一国两制”的未来生命力呢？

笔者认为，当前两岸关系的主题是和平发展。对于大陆来说，和平发展的目的指向是最终实现两岸和平统一，或者说，和平发展仅仅是迈向和平统一的一个过渡阶段，大陆方面从来没有把和平发展与和平统一割裂开来。但是，在大陆方面看来，目前跟台湾商谈统一的时机尚不成熟。在当下台湾社

① 全国人大常委会香港基本法委员会办公室编：《中华人民共和国香港特别行政区基本法》，北京，中国法制出版社，2011 年版，第 5 页。

② 全国人大常委会澳门基本法委员会办公室编：《中华人民共和国澳门特别行政区基本法》，北京，中国法制出版社，2011 年版，第 5 页。

③ 《人民日报》2014 年 9 月 26 日版。

会，赞成与大陆统一的民众尚属少数，即使是主张“统”的政治人物为了选举也不敢言“统”，“统一”在岛内成为一个令人忌讳的字眼。在此情形下大陆方面倘若过多地提及作为两岸统一方案的“一国两制”，不仅于事无补，反而不利于两岸关系和平发展。所以，大陆官方的有关论述便更多地集中到了两岸关系和平发展方面，而较少在公开场合提及“一国两制”了。但毋庸置疑，大陆从来没有放弃“一国两制”，其较少论及“一国两制”，既是权宜之计，亦是策略之举。笔者坚信，当两岸经过一段时期的和平发展，待统一问题被提上议事日程后，对于“一国两制”的关注和研究肯定会有一股新的热潮。笔者亦认为，在未来两岸和平统一模式中，“一国两制”仍是最佳选择，此论断绝非意识形态的话语表述，而是笔者在将各种统一方案进行比较研究后所得出的基本判断。

（一）“一国两制”较“德国模式”的独特优势

从时间上看，邓小平是在20世纪80年代（早于德国统一之前）就提出了“一国两制”构想，所以说，尽管“一国两制”的提出并非基于两德统一后的经验教训，但后来德国统一后出现的经济动荡，以及西德的不堪重负，均反衬出“一国两制”的优越性。众所周知，德国统一是以西德吸纳或吞并东德的方式来实现的。在两德统一后的最初几年里，用于体制改造的支出大量增加，而总产出却没有立即增加，而且急剧的制度变换还使社会产生巨大震荡，并伴随着经济衰退、失业严重、通胀加速、社会秩序混乱等一系列问题。在经过一段过渡时期以后，这些不利影响才逐渐消失，统一的正面积极效应才逐渐显现出来。与德国吸纳或吞并式统一模式相比，“港澳模式”不是立即用一种制度去改造另一种制度，而是让两种制度同时并存，共同发展。它通过最大限度地“维持现状”，来减少统一后因制度差异而产生的制度碰撞，从而避免社会动荡。在此，需要澄清一个问题，很多人认为2014年香港出现的“占中”事件是“一国两制”在香港失败的表现，其实这是一种严重误解，“占中”事件并非由“一国两制”所导致。

目前海内外对“港澳模式”都给予了高度评价，认为“一国两制”的实施避免了用一种体制去改造另一种体制所带来的痛苦和混乱。从政治实践来看，“港澳模式”与德国吸纳式统一模式相比较，不仅风险小，而且成本低，其优点是显而易见的。众所周知，“一国两制”本身不是目的，它仅仅是为早日实现国家统一，以及保持统一后的稳定与繁荣而做出的一种制度设计。在实现统一后，通过“一国两制”安排，可以让两种不同性质的制度在几十年（至少 50 年）内并存互动、自然融合。至于将来（特别是 50 年之后）的制度状况，则取决于两种制度的自我演化过程，究竟是内地体制影响港澳体制，还是港澳体制影响内地体制，抑或两者相互影响并共同演变为一种新的体制，那是一个自然的历史演化过程，不是人为强制的结果。

（二）“一国两制”台湾模式会有区别于港澳模式的独特设计

笔者认为，“一国两制”仍是未来两岸实现统一的模式选择，只不过其模式内容与“港澳模式”有所差别，以更好地体现两岸关系的特殊性。大陆方面并未将“一国两制”凝固化，即非要台湾方面接受港澳版本的“一国两制”，而认为“一国两制”是一个政策、一个原则、一个方案、一个开放的体系，其具体内容与操作模式需与台湾方面协商。大陆官方曾在不同场合多次表示，两岸统一事宜（包括国名等政治符号）需要由两岸协商来解决。台湾问题与港澳问题的最大不同在于，港澳与中央政府之间不存在主权争议，所以，港澳就较容易接受“一国两制”；而台湾与大陆之间存在着主权争议，在主权争议没有得到解决的情况下，台湾方面很难接受大陆方面提出的“一国两制”。

“一国两制”之于港澳，其关键在于“两制”。因为港澳居民担心回归后他们的利益会受损，于是希求通过“两制”来保障他们的既有利益和生活水准，在“一国”问题上，港澳居民从来没有挑战过，也从来没有人提出过香港和澳门是主权国家或中央政府之类的诉求，因而对于港澳回归，他们认为是自然而然的事情，“一国两制”正好满足了港澳两地居民维持现状的愿望。而“一国两制”之于台湾，其关键在于“一国”。由于历史原因，台湾政权具有一定的“国家外观”，台方有自己的“中央政府”架构、“宪法”、“国旗”、“国徽”和“国歌”等一整套政治符号，台湾民众有强烈的“国家意识”。自 1949 年以来两岸之间一直存在主权行使权争议，甚至部分台湾人士还主张台湾是一个“主权独立国家”。所以，“一国两制”适用于台湾问题，其难点是如何解决“两岸同属一国”问题，这也是“一国两制”适用于台湾的最大困难所在。

（三）两岸应共同参与“一国两制”台湾模式设计

习近平总书记在2014年9月26日会见台湾统派团体时指出，“和平统一，一国两制”是实现国家统一的最佳方式，“一国两制”在台湾的具体实现形式会充分考虑台湾现实情况，充分吸收两岸各界意见和建议，是能充分照顾到台湾同胞利益的安排。[①] “‘一国两制’台湾模式既是需要两岸共同缔造的统一模式，也是需要两岸共同建构的国家治理和发展模式。当前的两岸和平发展架构、未来的统一模式和国家现代化新模式，应由两岸共同来构建，不应当是某一方的责任和义务。台湾应主动应对，参与到构建‘一国两制’国家统一和国家发展模式中来。”[②] 尽管两岸目前尚处于和平发展阶段，但学界应该未雨绸缪，提前为未来的和平统一进行规划，设计出力争使两岸人民都能接受的统一模式方案。在两岸学界，已有不少学者尝试从不同角度对“一国两制”台湾模式进行丰富、发展和创新，以使其具有更大的包容性和适用性。譬如，大陆方面，学者王丽萍曾将“一国两制”扩大解释为单一制和联邦制，认为“一国两制”和一个中国原则在理论上并不排斥以联邦制实现国家统一[③]；笔者也曾设计过具有联邦精神但不同于联邦制的“一国两制”台湾模式[④]；由学者李义虎作为主持人的课题组对“一国两制”在台湾的具体实现形式进行了深入探索，并提出了有价值的思考[⑤]。台湾方面，纪欣曾提出了“一国两制”在台湾实施的六条建议[⑥]；王晓波、杨开煌以及加拿大籍华人学者郑海麟等曾提出过“一国两制，和平统一”方案；[⑦] 江炳伦曾提出过介于“一国两制”和“一国两体”之中间地带的折衷方案[⑧]。两岸学者在“一国两制”台湾模式的探讨上付出了诸多学术努力，尽管目前尚未达成共识，但这

---

① 《人民日报》2014年9月26日版。

② 李义虎等著：《“一国两制”台湾模式》，北京，人民出版社，2015年版，第49页。

③ 王丽萍著：《联邦制与世界秩序》，北京，北京大学出版社，2000年版，第216—217页。

④ 王英津：《关于“一国两制”台湾模式的新构想》，载《台湾研究集刊》2009年第2期，第1—7页。

⑤ 李义虎等著：《“一国两制”台湾模式》，北京，人民出版社，2015年版，第233—265页。

⑥ 纪欣著：《一国两制在台湾》，台北，海峡学术出版社，2004年版，第285—288页。

⑦ 王晓波：《中国的和平统一一定要实现——有关“一个中国”和“一国两制”的若干问题》，载台湾《海峡评论》1999年2月号，第98期，第1—2页；杨开煌著：《困局——论陆台香濠》，台北，海峡学术出版社，2000年版，第36页；郑海麟著：《两岸中国和平统一国是建言》，台北，海峡学术出版社，2006年版，第250页。

⑧ 江炳伦：《自治、联邦、一国两制——论解决族群与国家之间冲突及分裂国家问题的方案》，载台湾《华冈社科》，2000年第9期，第32页。

种创新精神值得肯定，况且，两岸学者存有分歧也是很正常的，毕竟两岸已经分治了六十余年。

后续的工作仍仰仗两岸学界继续共同努力。大陆官方也多次表示要在一个中国框架下考虑台湾民众的政治要求。因此，如何在一个中国框架下，运用“一国两制”方案来解决两岸分歧，以最终实现两岸统一，就成为了摆在两岸学者面前的一项重大历史使命。为此，建议两岸学者应加强对话与交流，在总结现有港澳模式经验的基础上，最大限度地深挖“一国两制”的可供资源，同时吸收和借鉴其他各种模式或构想中的积极合理因素，为共同完成“一国两制”台湾模式的建构而努力。笔者坚信，凭借着两岸中国人的政治智慧，只要大胆构思，敢于创新，就一定能够在一个中国框架下找到让两岸双方都能接受的“一国两制”台湾模式。

三、目前大陆关于“一国两制”台湾模式的几种设想

大陆官方和学界均已经意识到，虽然“一国两制”是未来两岸实现统一的最佳选择，但两岸关系的特殊性决定了其模式必定与“港澳模式”有所差别。为此，已有不少学者在官方“一国两制”台湾模式构想的基础上，尝试从不同角度对“一国两制”台湾模式进行了丰富、发展、挖掘和创新，以使其具有更大的包容性和适用性。截至目前，大陆关于“一国两制”台湾模式的设计方案主要有以下三种：

（一）港澳版“一国两制”台湾模式

该模式是大陆官方于 20 世纪 80 年代初提出来的基本构想。由于两岸政治谈判没有正式启动，所以迄今为止，大陆方面没有一个具体宣布两岸统一后台湾方面究竟应享有哪些权力的法律文件，官方所提出的“一国两制”台湾模式拟赋予台方的权限，通常反映在大陆领导人发表的一系列谈话和官方所发布的有关规范性文件之中。按照迄今大陆官方的表述，“一国两制”的台湾模式与港澳模式具有很大的相似性，目前港澳特别行政区所享有的权力，台湾在两岸统一后均会享有，而且比港澳特别行政区所享有的自治权限更大。

香港基本法和澳门基本法关于“高度自治”的具体法律规定虽然只适用于香港特别行政区和澳门特别行政区，但在理论上同样将适用于将来和平统一后的台湾。邓小平在1983年的《中国大陆和台湾和平统一的设想》一文中指出，“统一后，台湾特别行政区可以有自己的独立性，可以实行与大陆不同的制度。司法独立，终审权不须到北京。台湾还可以有自己的军队，只是不能构成对大陆的威胁。大陆不派人驻台，不仅军队不去，行政人员也不去。台湾的党、政、军等系统，都由台湾自己来管。中央政府还要给台湾留出名额。”[①]邓小平在这里所说的“高度自治”程度显然要高于港澳特别行政区的自治程度。但是，大陆方面反对台湾“完全自治”，因为“自治不能没有限度，既有限度就不能‘完全’。‘完全自治’就是‘两个中国’，而不是一个中国。”[②]按照大陆官方现行“一国两制”模式的构想，未来台湾的法律地位基本上等同于目前港澳特别行政区的法律地位，它与中央政府的关系也如同港澳特别行政区与中央政府的关系一样，是单一制下地方政府与中央政府的关系。

（二）大行政区版“一国两制”台湾模式

大陆台湾问题专家李家泉先生曾提出“台湾大特别行政区”的构想，[③]按照该构想，两岸统一后，不是在台湾设立相当于省一级的特别行政区，而是设立带有我国建国初期下辖数省的大行政区性质的特别行政区，其行政地位明显地高于普通地方行政区和港澳特别行政区。与我国建国初期大行政区不同的是，“一国两制”下的大行政区（即台湾特别行政区）享有高度的自治权（而建国初期的大行政区不享有高度自治权）。与港澳特别行政区不同的是，其地位高于港澳特别行政区，其位阶界于中央和港澳特别行政区之间，对此，李家泉先生指出：“将台湾视同过去的大行政区一级……并保留现有‘院’、‘部’、‘会’机构，管辖所属几个省级单位，又有何不可？台湾与港澳的一个重要不同之处，就是在它的‘行政院’下辖台北市、高雄市、台湾省和福建省四个省级单位，尽管后二者早已有名无实，但毕竟还保留有这样的机构。”[④]但依据自治权性质理论，大行政区版“一国两制”台湾模式所赋予台方的自

---

① 《邓小平文选》第三卷，北京，人民出版社，1993年版，第30页。
② 《邓小平文选》第三卷，北京，人民出版社，1993年版，第30页。
③ 李家泉著：《台海风云六十年（1949-2009）》，北京，九州出版社，2010年版，第282—283页。
④ 李家泉著：《台海风云六十年（1949-2009）》，北京，九州出版社，2010年版，第283页。

治权限虽然很大，但其性质仍是授权性自治权（而非分权性自治权），从这点来说，该模式构想并未脱出港澳版的原形，它与港澳版的不同无非是台湾的自治程度和行政地位更高一些而已。

（三）复合版“一国两制”台湾模式

在台湾方面看来，“一国两制”属于“垂直统一模式”，该统一模式在事实上把台湾变成了香港、澳门一样的地方行政单位，这与他们所一贯主张的“两岸对等”是不相容的。所以，他们明确表示不接受大陆的“一国两制”模式。在现行“一国两制”构想用来解决台湾问题遇到阻力的情况下，笔者提出了一种既能体现一个中国原则，又能兼顾“两岸对等”，同时还在整体上不改变中国单一制国家结构形式的“一国两制”台湾模式构想，笔者将其称为复合版“一国两制”台湾模式。该模式构想的特点主要是：

其一，主张借鉴联邦主义的某些经验。提倡跳出传统“一国两制”的单一制思维，可考虑安排统一后的台湾享有部分主权行使权[①]或分权性自治权，以此区别于原来设想的制度安排。倘若安排统一后的台湾享有部分主权行使权或分权性自治权，这实际上是在中央与台湾之间贯彻某些联邦主义的分权原则。笔者认为，我们在设计“一国两制”台湾模式的时候，尽管不可以去采用联邦制（备注：联邦制模式行之不通，笔者曾有专文论述[②]），但这并不妨碍我们借鉴和吸收联邦制的某些经验和做法。该模式构想的一个重要特点，就是它使我国的单一制国家结构形式在真正意义上具有了联邦制的某些特点（备注：关于“带有联邦制特点的单一制”之表述，大陆学界自 20 世纪 80 年代以来一直沿用，大陆官方也予以认可）。

其二，统一后的制度安排。该模式构想主张，不再按“一国两制”的传统解释，像“一国两制”的香港模式和澳门模式那样，将台湾方面的有关权力收回中央，[③]再由中央以基本法的形式授权给台湾特别行政区，然后让台湾

---

① 承认台湾享有部分主权行使权，并不意味着承认台湾拥有主权，更不意味着承认台湾是一个主权国家。关于该问题的详细分析，请参见黄嘉树、王英津：《主权构成研究及其在台湾问题上的应用》，载《台湾研究集刊》2002 年第 2 期，第 28—36 页。）

② 王英津：《论联邦制模式不适于中国统一》，载香港《中国评论》2004 年 2 月号，第 14—19 页。

③ 这里所说的“中央”，不是指国内通常所说的中共中央，而是指依照宪法规定，行使最高国家权力的立法机关——全国人大及其常委会，最高国家行政机关——国务院，以及中华人民共和国中央军事委员会。

特别行政区实行高度自治；而是照顾现实，承认或认可台湾方面目前正在掌握和运用的权力是其2300万人民所固有的本源性权力（即主权行使权）。在此基础上，两岸通过协商，台湾方面向中央政府交还一部分能体现国家统一的主权行使权（如外交权等），其余未交还的部分由台湾方面作为“剩余权力”（在政治实践中，剩余性权力与授予性权力的区分不是先天的，而是人为设定的，不存在不可变动的问题，这在学理上说得通，在国外现实中亦有很多实例）予以保留。也就是说，中央和台湾之间在本源性权力层面上实行分权，而不再是中央对台湾在过程性权力层面上实行授权。倘若转换成自治权的话语来表述，那就是：通过某种法律方式，让台湾享有分权性自治权，而不是像香港、澳门一样享有授权性自治权。这样的制度安排的结果是，台湾方面在其自治范围内的事务不必向北京的中央政府负责，而只需向台湾岛内的人民负责即可。因为台湾方面行使的权力既然属于主权行使权范畴，那么他们怎样行使权力，那是他们自治范围内的事情。就像联邦制国家内的成员单位（州、邦等）一样，他们在自己的权限范围内并不向联邦政府负责，只向其辖区的人民负责。这样一来，未来台湾地区领导人就不必像香港、澳门的行政长官一样每逢年底都来北京向中央政府述职，以示对中央政府负责。另外，在这一模式下，统一后的“台湾基本法”（具体名称要由两岸协商，笔者在此暂用）不再像香港基本法和澳门基本法一样由中央制定，而应由台湾人民自己制定。

其三，中央与台湾特别行政区的关系。按照该模式构想，在中央和台湾特别行政区之间实行联邦分权原则后，中央和台湾特别行政区的关系，就不再是一般意义上的中央与地方关系，但也不是联邦整体与成员单位意义上的中央与中央的关系，而是一种中央与准中央的关系。换言之，它仅仅带有联邦政府与成员单位政府关系的某些性质，但本身并不是联邦政府与成员单位政府的关系，因为这里贯彻的是联邦原则或联邦精神，而不是联邦制。正因如此，该模式构想中的中央政府还是以前在北京的中央人民政府，这一点很重要，它是该模式构想与通常所说的联邦制模式的根本不同之处。假如这里贯彻的不是联邦原则，而是联邦制的话，该模式构想中的中央政府就不再是以前的中央人民政府，而是重组的联邦中央政府（注：这种模式不可行）。[①] 理解这一问题的关键是从理论上将“联邦主义原则”与“联邦制”区分开来。

该构想的优长有二：一是能给予台湾一定程度的对等地位。该构想是一个界于我方的“中央—地方”方案与台方的“中央—中央”方案之间的折衷方案。按照该方案，中央政府与台湾的关系，不再是一般意义上的中央与地方关系，而是带有联邦政府与联邦成员单位关系的性质，故可以模糊地处理两岸关系定位问题上的纷争。加之，该方案意味着大陆方面认可台湾方面拥有并行使部分主权行使权，这在一定程度上给予了台湾方面某种对等感，避免了“矮化”之嫌，并在一定程度会满足台湾方面多年来对于尊严的政治诉求。二是该构想仍能体现一个中国原则。该版本的“一国两制”模式贯彻了一个中国原则，体现了世界上只有一个中国，中华人民共和国政府是代表中国的唯一合法政府，台湾是中国的一部分。在该模式下，“一个中国”不是一个历史上、地理上、文化上、血缘上的虚体国家，而是一个拥有实体制度架构的主权国家（关于该构想，笔者曾发表专文做过论述[②]）。

四、“一国两制”适用于两岸统一的阻力

综观以上三种“一国两制”台湾模式，就提出主体而言，港澳版是大陆官方提出的构想，大行政区版和复合版是大陆学界提出的构想；[③] 从自治程度和行政地位上看，港澳版、大行政区版和复合版呈现依次递升的特点。就目前而言，虽然后两个版本的自治程度已较官方港澳版的自治程度更高，但依然缺乏可行性。

大陆提出的“一国两制”之所以在台湾遇到了很大的阻力，原因是多重而复杂的，但主要有二：一是台湾不愿意跟大陆统一。“一国两制”作为实现

---

① 关于用联邦制模式实现两岸统一，笔者认为有两种具体模式，但这两种具体模式都不具有可行性。参见王英津著：《国家统一模式研究》，北京，九州出版社，2008 年版，第 238—245 页。

② 王英津：《关于“一国两制”台湾模式的新构想》，载《台湾研究集刊》2009 年第 2 期，第 1—7 页。

③ 从现实因素来看，由于大陆官方提出的港澳版“一国两制”台湾模式在适用于两岸统一时面临着较大阻力，大陆学界为了将“一国两制”适用于两岸统一问题，在此基础上又设计出了大行政区版和复合版两种“一国两制”台湾模式。

统一的手段，是基于统一的目的而设计出来的制度安排。在台方缺乏统一意愿的情况下，我方提出再好的统一模式也会被拒绝。这是“一国两制”在台湾受阻的主要原因。“一国两制”从提出迄今已经三十多年，台湾当局主要领导人对其均秉持坚决反对和拒绝接受的态度。二是“一国两制”在台湾被污名化。台湾当局长期以来的误导宣传及其他一些客观原因，使得一些台湾民众对“一国两制”产生了刻板印象和种种误解，在他们眼里，“一国两制”是“吞并台湾”“矮化台湾”的统一方案。当然，这里也有大陆方面对“一国两制”宣传力度不够的问题，特别是没有大力宣传“一国两制”会给台湾人民带来的好处，使台湾民众不了解“一国两制”的真相。所以，对台湾民众来说，首先要区分意识形态化了的“一国两制”和原初意义上的“一国两制”，只有将前者还原为后者之后，方能以客观、冷静、中立的态度来审视“一国两制”，进而发现“一国两制”的真正意义和价值。

不过，虽然目前这三种版本的“一国两制”台湾模式均不具有可行性，但并非意味着将来也不具有可行性，其可行与否主要取决于我方是否具备统一台湾的实力。具体分析如下：其一，随着我国的日益崛起，我国综合国力将大大增强，在国际政治格局（特别是中美之间的力量对比格局）中处于强势地位，中华民族复兴大业进入后半程或基本完成，外国势力（特别是美国）也无力再插手台湾问题。届时，大陆方面解决台湾问题的能力将大为增强，国家统一问题也将随之被提上议事日程。其二，尽管目前两岸未统一状态已对中华民族复兴大业构成了妨碍，但尚未达到严重妨碍的程度；但当中华民族复兴大业达到一定程度时，两岸未统一状态便将会变成中华民族伟大复兴的严重障碍，成为制约中国成为世界强国的重要因素。届时如果大陆方面不及时解决台湾问题，就无法实现世界强国的伟大目标。在此情形下，解决台湾问题将成为大陆的首要政治任务。其三，如若不能统一，将与我国的世界强国形象和地位严重不符。目前我国还是一个发展中大国，内部存在分裂尚可容忍；但将来随着中国的日益强大和国际地位的不断提升，内部分裂就会与我国的强国形象严重不符。一个连自己内部分裂都不能解决的大国，谈何世界强国？单从中国的未来国际形象和地位来讲，也不允许台湾问题无限期拖延下去。根据我国相关领域专家的预测，这一时间点并非十分遥远。

五、增强“一国两制”适用性的三种观点辨析

台湾问题的特殊性决定了它的解决必须要有与之相适应的台湾模式。为了增强“一国两制”在台湾问题上的适用性，有些学者对“一国两制”进行了进一步发挥。目前主要有以下三种观点：

第一种观点是“一国两制，和平统一”论。“一国两制”是国家统一之后的制度安排。大陆方面的完整表述是：“和平统一，一国两制”，即在“统一”之后，在一个中国的框架内，两岸实行“两制”；而不是先“两制”，然后经由两制的不断融合再逐步实现“一国”。正如邓小平所说：“问题的核心是祖国的统一”[①]，统一性是“一国两制”中具有决定性和本质性的方面。在国家统一的前提下，“两制”和平共处、求同存异。“一国”是“两制”的前提和政治基础，没有“一国”，“两制”便无从谈起。前已所述，有海外学者和台湾学者将“和平统一，一国两制”反过来解读为“一国两制，和平统一”。秉持这种观点的学者认为，两岸关系的现状就是“一国两制”，解决两岸统一问题，首先将“一国两制”就地合法化，先“一国两制”，再实现“和平统一”。实际上，这种解释已经与大陆方面原初意义上“一国两制”的含义有了重大差异。对此，大陆学者黄嘉树认为，“一国两制，和平统一”论述表面上是对大陆“和平统一，一国两制”的引申解释，其实是一个新范畴，类似于“一国两府两治”或“主权重叠下的治权分立”之类的论述；前者的“一国”是统一前的“中国”，后者的“一国”是指统一后的“中国”（即中华人民共和国）。[②]这些学者对“一国两制”的延伸解释，虽然与大陆“一国两制”的精神不尽一致，但他们维护一个中国框架的精神以及追求统一的心态值得肯定。

第二种观点是“一国两制”各表论。该观点认为，在两岸尚未实现统一之前，可以对“一国两制”进行各表，大陆方面将“一国两制”中的“一国”

---

① 《邓小平文选》第三卷，北京，人民出版社，1993年版，第30页。

② 该观点是中国人民大学国际关系学院黄嘉树教授与笔者就“一国两制”问题进行讨论时发表的看法，为论证问题的需要，特引证于此。

表述为中华人民共和国，台湾方面将“一国两制”中“一国”表述为“中华民国”。其目的是为了便于让台湾方面接受“一国两制”。但对于这一观点，笔者不予赞同。原因是：其一，违背了“一国两制”的初始涵义和用意。众所周知，“一国两制”是处理两岸统一后的制度安排，但“一国两制”各表论将其作为两岸统一前的制度安排，使“一国两制”失去了应有的存在价值和意义。其二，容易将两岸“分裂分治”状况合法化、凝固化。“一国两制”各表论类似于“一中各表”。倘若大陆同意“一国两制”各表论，意味着同意将“一国”表述为“中华民国”，所以，“一国两制”各表论表面上是出于让台湾民众接受的“善意”，但事实上会断送“一国两制”的“命运”。“一国两制”各表论是对大陆“一国两制”的曲解，稍有处理不慎，会导致“一国两府”或“两个中国”。因此，必须对“一国两制”各表论保持清醒的认识。

第三种观点是对“一国两制”中“一国”的新解释。在“一国两制”港澳模式中，“一国”是指一个中华人民共和国，香港和澳门都是中华人民共和国领土不可分割的一部分。那么，“一国两制”台湾模式中的“一国”是指什么？是特指中华人民共和国，抑或泛指“中国”？对于这个问题，其涵义本来是很清晰的，就是指中华人民共和国。但随着“新三句”（即世界上只有一个中国，大陆和台湾同属一个中国，中国的主权和领土不容分割）的出现，学界有人将“一国两制”中的“一国”由“中华人民共和国”解释为“中国”，这个“中国”，既不等于中华人民共和国，也不等于“中华民国”，而是两岸同胞共同缔造的统一的“新的中国”。对于这种表述，笔者不予赞同。之所以有这种表述，其依据无非有二：一是“新三句”对于“中国”涵义的扩充解释，二是吴学谦副总理20世纪80年代讲过“国号”可以商量。该论述的问题在于将“新三句”中的“国”与“一国两制”中的“国”混淆了起来，进一步言之，是将“新三句”与“一国两制”混淆了起来。“新三句”是对于两岸统一前现状的描述，而“一国两制”是对于两岸统一后制度架构的安排，两种情形下的“国”有不同含义。需要进一步指出的是，我们官方关于“国号”可以商量的表态，可能被有些人用作扩大解释“一国两制”中“国”之含义的政策依据，但是，官方的表态仅仅是说“国号可以商量”，但这并不意味着同意双方共同缔造“新的共和国”。倘若将这两者不适当地连接起来，在未来的两岸政治谈判中对大陆极为不利。这是因为，这种表述很容易让人误解，认为未来的统一模式是“AA制式的第三共和国”模式。近些年来，大陆的实力越来越强，两岸的综合实力已不在同一层面，大陆日益掌握两岸关系的主导权，采用 AA 制式的统一方式对于大陆来说是“吃亏”的，大陆民众也会有强烈反弹。两岸统一问题是政治问题，需要有政治的思维和眼光。尽管该表述的目的是为了增强台湾民众对“一国两制”的认同，但显然并未着眼于大局来考虑问题。笔者建议，今后不宜再提“一国两制”下的“国”既不是指中华人民共和国也不是指“中华民国”之类的表述。当然，目前硬说“一国两制”下的“国”是指中华人民共和国（从策略上讲）也不是明智之举。从策略上考虑，大陆可以暂且模糊处理，为将来统一谈判时预留应有的空间。

六、复合版“一国两制”台湾模式的续建

基于前文的论述，未来两岸统一后，中央和台湾之间可以在本源性权力层面上实行分权，而不是中央对台湾在过程性权力层面上实行授权。沿循这一思路，笔者在先前研究的基础上，继续做出如下制度设计，以期抛砖引玉，共同建构“一国两制”台湾模式。

（一）与港澳模式在具体制度安排上的异同

基于权力来源及流程的变化，使得中央—台湾特别自治区的关系与中央—港澳特别行政区的关系存在着重大不同，主要表现在：其一，台湾基本法由台湾居民自己制定，而不是由全国人大制定。其二，全国人大常委会对台湾基本法的实施没有解释权、监督权。因为释法权是与立法权相对应的权力，由于这部法律并非由全国人大制定，全国人大常委会也就没有解释的权力。其三，中央与台湾之间的权力关系并非如同中央与港澳之间的监督—负责关系。中央人民政府不履行对台湾地区领导人的任命手续，即台湾的领导人无须经过中央政府来任命，仅仅由自选产生即生效，台湾岛内主要官员的任免也无须经过中央政府批准，与此相对应，台湾地区领导人也不必每年来北京向中央政府述职以表示对中央政府负责。其四，台湾基本法并非像港澳基本法是全国性法律，而是与联邦成员单位的宪法相类似的区域性宪法。其

五，在港澳，中华人民共和国宪法是原则性地适用于这两个地区；而在台湾，中华人民共和国宪法则是仅部分事项适用于该地区（类似联邦制）。其六，中央与港澳特别行政区是授权—负责的关系[①]，而中央与台湾特别自治区则是准分权—合作关系。全国人大及其常委会与台湾立法机关之间的关系，带有联邦议会与州议会关系的性质；国务院与台湾特别自治政府之间的关系，带有联邦政府与州政府关系的性质。为了体现中央与台湾特别自治区的连结，可以考虑让台湾特别自治政府领导人兼任中国国家副主席职务。

（二）复合式“一国两制”台湾模式构想的具体问题

1. 台湾政权名称问题

如前所述，为了体现与港澳模式的不同，在行政区划上不称台湾地区为“台湾特别行政区”，可以称为“台湾特别自治区”。但今后到底是采用何种称谓（譬如“台湾省”“台湾自治区”“台湾特别政治区”，甚至其他更敏感的政治称谓），需要通过双方的协商谈判来解决。笔者认为，这个问题不难解决，因为前国务院副总理钱其琛曾公开表示过，只要坚持一个中国原则，什么问题都可以谈，“谈判的议题是开放的，谈判的地位是平等的，即使是敏感的政治问题，也都可以充分讨论，以找到双方均可以接受的解决办法。”[②]

台湾民众对六十多年来一贯的政权称谓业已习惯并抱有深厚感情，怎样的称谓才能既体现出两岸同为一个主权国家，同时又能让台湾人民容易接受？这需要认真研究。那么，两岸统一之后，台湾政权名称中是否可以带有“国”之字样？如“中华民国”“台湾自治共和国”等等。这是一个复杂的政治问题，现在抽象地讨论这个问题意义并不大，需要根据未来的具体情势，由双方协商谈判来解决。但根据笔者的判断，未来两岸统一后，如果考虑到台湾 2300 万人民的政治习惯和对某种政治符号的感情，而允许台湾政权经改造后保留“国”之字样的话，这里的“国”也只能是“中国”内部的成员单位意义上的“国”（即“state”）。在这一意义上，允许两岸统一后的台湾政权

① 中央政府与港澳特别行政区的关系是一种授权关系，而不是分权关系。港澳特别行政区政府隶属于中央人民政府，港澳特别行政区享有高度自治权，但它不能与中央政府平起平坐。这种授权关系表明，中央既可以授予香港特别行政区高度自治的权力，也可以调整和改变这种授权关系。

② 海峡两岸关系协会编：《两岸对话与谈判重要文献选编》，北京，九州出版社 2003 年版，第 42 页。

改造后保留“国”之字样，并非是一个不可以讨论的问题。[①]

2. 两岸统一后的国号问题

海协会已故会长汪道涵先生曾讲过：“一个中国并不等于中华人民共和国，也不等于‘中华民国’，而是两岸同胞共同缔造的统一中国。”[②] 汪老的这一主张，其实就是可以通过修改国号的方式，来体现两岸共同走向统一，大陆不再使用中华人民共和国，台湾也不再使用“中华民国”，以避免让台湾民众感到被“吞并”。未来具体如何称谓，需要双方协商。但在国际场合不用改变两岸统一之后的国名，仍用“中国”（“China”），只是在国内法层面上修改“国号”即可，因为中国在国际场合一直是一个主权国家，即使在 1971 年台湾当局被逐出联合国之后，也没有改变中国在国际场合的称谓，所以，未来两岸统一不会涉及国际场合称谓的变更。

需要指出的是，这一方案尽管大陆官方领导人先前曾多次说过，但时过境迁，如此重大的问题，届时官方也会考虑大陆民众对于修改国号的态度。如果大陆民众坚决反对，那么大陆官方也不会无视这些民意。长期以来，大陆民众接受中华人民共和国的政治教育，已经接受并习惯了中华人民共和国的称谓，并对中华人民共和国抱有感情，修改国号固然是为了国家统一大业的需要，大陆民众也能予以理解，但仍不可低估大陆民众对修改国号的抵制力。

3.“中华民国宪政体制”问题

华裔学者萧元恺认为，在台湾地区法理归属中国及两岸共同维护中国主权和领土完整的前提下，让“中华民国”有限存续，以“中华民国”名义实现在台湾的有序有效治理，要比让台湾陷入无政府政治混乱更有意义，这在一定的历史时期内，也符合中国整体利益。[③] 其实，保留“中华民国”的“宪政”体制和“宪政”制度，并不是搞“两个中国”，仅仅是在一个中国框架内保留“中华民国”在台湾地区特殊的“宪政”体制和制度。这没有挑战中华人民共和国的国际代表权，在两岸关系发展到成熟阶段后，完全可以通过政

① 这从理论上可以解释为，这是借鉴了联邦制国家的某些做法，但又不是联邦制下的成员国，因为我们没有搞联邦制，只是借鉴了其精神。

② 张亚中：《追忆汪道涵先生的共同缔造论》，载香港《中国评论》（月刊网络版），2009 年 12 月 28 日。

③ 萧元恺著：《台湾问题：政治解决策论》，香港，三联书店有限公司，2010 年版，第 80 页。

治特许的方式予以保留，这是两岸统一的初级阶段，即形式统一。[①] 对于萧先生的上述观点，笔者虽不完全苟同，但认为有启发意义。统一后继续保留“中华民国宪政体制”，并不等于承认“中华民国仍然存在”，更不等于承认“台湾是一个主权独立的国家”。既然实现了统一，必定会有关于统一的法律文件，而其中必定会载明相关的保留附加条件，这些条件之一就是保留“中华民国宪政体制”只是为了“照顾台湾民众的中华民国情结”而做的让步。一旦台湾方面利用这一被承认的“宪政体制”来从事“台独”活动，就违背了当初双方约定的保留条件，就要承担违约责任，双方关系就要回到统一前的原初不承认状态。

4. 台湾“国际活动空间”问题的安排

如何解决两岸统一后的台湾“国际活动空间”问题，是一个非常棘手的问题。要研究台湾的“国际活动空间”必然涉及国际法问题，其解决思路也必须从国际法的相关理论来寻找。通常而言，一个国家只有一个国际法主体，其在国际社会中的权力通常由其中央政府来行使。中国作为单一制国家，其主权行使权（对内和对外）均由中央政府来行使，但处理大陆与台湾的关系时，应注意到对内主权行使权与对外主权行使权的权力特性具有很大不同。[②] 对内主权行使权可以由两岸分享，但对外主权行使权只能由两岸共享，至于怎样共享，即共享的具体模式，则需作进一步的探讨和设计。否则，如果台湾方面也拥有对外主权行使权，就会破坏“一个中国”，损伤国家主权，正如邓小平所说，“制度可以不同，但在国际上代表中国的，只能是中华人民共和国”[③]。关于两岸统一后台湾“国际活动空间”的处理原则和方案，基本设想如下：

第一，共享成为国际组织成员的权利，主要有两种情况：其一，凡是香港或澳门已经参与的国际组织，原则上不反对台湾以不超过香港和澳门在该国际组织中的成员身份的形式参与，但要在名称、旗帜和“国歌”等方面作出体现一个中国原则的安排。台湾参与香港和澳门已经参与的国际组织，既

① 萧元恺著:《台湾问题：政治解决策论》，香港，三联书店有限公司，2010 年版，第 80 页。

② 在联邦制国家里，主权所有权由整个国家的人民共享，而在主权行使权方面则分两种情况：在对外主权行使权方面，联邦政府和成员政府共享；而在对内主权行使权方面，则是联邦政府和成员政府分享。在单一制国家里，其主权所有权是由其国内的全体人民共享，而其主权行使权则是由其中央政府独享的（不论是对内主权行使权，还是对外主权行使权）。这对于我们处理两岸关系非常有意义。

③《邓小平文选》第三卷，北京，人民出版社，1993 年版，第 30 页。

不违背一个中国的原则，又能体现“一国两制”的精神，是一个中国原则和“一国两制”在国际组织中的具体体现和实践，大陆方面不必过于担心。其二，香港或澳门没有参与的国际组织，若该组织本身允许非主权国家以完全会员的身份参与，那么原则上也不反对台湾在不违背“一个中国”的前提下按照该国际组织的相应要求参与。

第二，共享中国外交权。可以考虑在中国外交部中给台湾特别自治政府专开一个窗口，让台湾通过中国外交部进行对外活动。内容要点包括：其一，可以将该窗口称为“中华人民共和国外交部台湾事务分部”，因为在国际社会，目前只有中华人民共和国与中国具有同一性，所以，台湾当局只能通过中华人民共和国的对外窗口来从事其某些国际活动。其二，可以将外交部常务副部长的位置留给台湾方面。其三，还可以探讨重组两岸外交机构之方式。可考虑按照三种原则和方式来组织：一是比例原则。按照台湾人口占中国人口的比例来分配其外交人员的数量，符合人民主权原则。二是加权原则。按照大陆 GDP 和台湾 GDP 的比例来分配外交人员的数量，带有股份制的性质和特点。三是混合原则，即先比例原则，再在此基础上按照加权原则重组。

分析至此，不难发现，“一国两制”其实是一种“合中有分、分中有合”的制度安排。未来两岸统一其实就是从形式上统一，进入实质上统一的过程。所谓两岸的“合中有分、分中有合”就是指在国际社会只有一个中国，外交权必须“合一”，在一个中国的框架下，两岸的内政则可以继续“分治”。其实，香港、澳门回归也就是形式上的统一。

（三）复合式“一国两制”台湾模式下仍需继续探讨的问题

这几个问题比较复杂，笔者并没有考虑成熟，但这几个问题又是将来一定会遇到的问题。故笔者将其列举出来，供学界一起探讨。

1. 中央与台湾地区产生冲突后的解决机制

从中央与港澳特别行政区在这个问题上的现行做法来看，双方的争执是通过全国人大常委会“释法”的途径来解决的，也就是说，中央最终掌握着解决问题的主导权。从实践来看，这一做法有利有弊。在复合式“一国两制”台湾模式的新框架下，是继续实行中央与港澳特别行政区的冲突解决模式，还是借鉴联邦主义的有关做法，将冲突诉诸第三方（在联邦制国家里这个第三方通常为司法机关）来解决？这就涉及一系列问题，例如，怎样设立解决冲突的第三方机构？这个第三方机构的性质是由双方共同组成的专门司法机构，还是成立专门协调和解决双方争议的政治机构？等等。这些问题极其敏感和复杂，需要我们认真研究。

另外，还可以按照双方所发生冲突事务的不同性质而采取不同的解决机制。倘若双方所发生的冲突属于事务性范畴，可依循有关法律来解决；若双方所发生冲突属于政治性范畴，解决起来就相对复杂，双方应积极协商解决。但问题是，协商不成怎么办？历史上不同政治力量（如国共两党）因协商不成而诉诸武力的案例比比皆是，这启示我们，政治性事务冲突的解决更为复杂，双方除了要有耐心，更需要探讨制度性的化解渠道。

2. 台湾民意在中央政权的体现问题

既然统一之后的中央政权是海峡两岸 13 亿中国人的中央政权，那么统一后的台湾民意如何在中央政权中得以体现？目前香港、澳门特别行政区的做法是，它们在全国人大代表团中设有专门代表团。那么，若要求台湾像香港、澳门一样设立一个专门代表团，台湾的态度和反应会是怎样的？如果同意，这个问题则容易解决；若不同意，要求在全国人大中实施“两院制”（目前已经有台湾学者提出过），大陆该怎么回应？大陆学界无须回避台湾方面的这些主张，而应先行研究“两院制”是否具有可行性。依笔者目前的认知，“两院制”不具有可行性，因为这个问题很复杂，涉及面很广，特别是涉及大陆政治体制的变革，牵一发而动全身。如果“两院制”不可行，那么其他替代方案是什么？均需先行展开研究。

以上复合式“一国两制”台湾模式方案，台湾方面或许仍不予接受，但笔者的此番分析，不仅仅在于让台湾同胞接受，更重要的是告诉台湾同胞大陆在一个中国框架内能给台湾方面所提供的最大容量和空间是多大。即使台湾方面不接受，大陆也没有继续可以让步的空间了，这就是“一国两制”的“底线”，否则就破坏一个中国框架了。

七、结　语

海峡两岸“分裂”的特殊性，决定了两岸未来统一不可能照搬任何一种现有的模式，必须立足于我国现行的单一制，同时又借鉴联邦制等政治形式的有益成分，进行制度创新，使统一架构具有更大的包容性。“实际上，国家结构形式没有优劣之分，单一制国家为实现国家主权和领土完整而吸收（获得）联邦制国家的某些特征，虽然模糊了国家结构的两种基本形式之间的界线，但其价值在于有利于实现国家的统一和主权的完整。”[①] 要进行制度创新首先要进行理论创新，理论创新是制度创新的先导和基础。可以说，单靠目前的任何一种理论都不能解决两岸关系问题，必须建构一套混合型的新理论。横观当今世界，大陆法系与英美法系、单一制与联邦制、总统制与内阁制、以及三权分立架构下的立法、行政与司法，无不在向着相互借鉴和交融的方向发展。我们从中得到的启示是，两岸关系的复杂性决定了未来解决两岸关系的理论一定是混合理论。实际上，“一国两制”理论就是一种混合理论。唯有混合理论及体制才能解决两岸统一问题，因为它具有更大的弹性和更宽松的架构，惟有如此方能包容两岸差异，共同走向统一。

① 王丽萍著:《联邦制与世界秩序》，北京，北京大学出版社，2000 年版，第 217 页。

参考文献

一、中文文献（按作者姓氏音序排列）

1. 白桂梅著:《国际法上的自决》，北京，中国华侨出版社，1999 年版；

2. 包宗和著:《台海两岸互动的理论与政策面向》(1950—1989)，台北，三民书局股份有限公司，1990 年版；

3. 包宗和、吴玉山主编:《重新检视争辩中的两岸关系理论》，台北，五南图书出版股份有限公司，2009 年版；

4. 蔡朝明主编:《论两岸关系新路向》，台北，远景基金会，2009 年版；

5. 蔡政文、林嘉诚著:《台海两岸政治关系》，台北，“国家”政策研究资料中心，1989 年；

6. 财团法人海峡交流基金会编:《辜汪会谈与辜汪会晤》，台北，财团法人海峡交流基金会，2001 年；

7. 陈安主编:《海峡两岸交往中的法律问题研究》，北京，北京大学出版社，1997 年版；

8. 陈长文、罗智强著:《受缚的神龙：太阳花学运后的民主反思》，台北，天下远见出版股份有限公司，2014 年版；

9. 陈春生著:《台湾主权与两岸关系》，台北，翰芦图书出版有限公司，2000 年版；

10. 陈孔立著:《走向和平发展的两岸关系》，北京，九州出版社，2010 年版；

11. 陈孔立著:《心系两岸》，北京，九州出版社，2013 年版；

12. 陈隆志著:《台湾的独立与建国》，台北，月旦出版公司，1993 年版；

13. 陈隆志、陈文贤主编:《国际重要公民投票案例解析》，台北，财团法人台湾新世纪文教基金会、台湾联合国研究中心，2010 年版；

14. 陈隆志、陈文贤主编:《国际社会公民投票的类型与实践》，台北，财团法人台湾新世纪文教基金会、台湾联合国研究中心，2011 年版；

15. 陈文寿编:《当代台湾之对外关系——“立法院委员会纪录”选辑》，香港，香港社会科学出版有限公司，2012 年版；

16. 陈星著:《民进党结构与行为研究》，北京，九州出版社，2011 年版；

17. 陈锡蕃、郑安国主编:《“一个中国，各自表述”共识的史实》，台北，财团法人“国家”政策研究基金会，2011 年版；

18. 陈仪深等编:《台湾国家定位的历史与理论》，台北，玉山社出版事业股份有限公司，2004 年版；

19. 陈云林主编:《当代国家统一与分裂问题研究》，北京，九州出版社，2009 年版；

20. 陈志奇主编:《台海两岸关系实录》（上册），台北，财团法人“国家”建设文教基金会台海两岸关系研究中心，1998 年版；

21. 戴万钦著:《世界新格局与两岸关系：和平与发展的展望》，台北，时英出版社，2006 年版；

22.《邓小平文选》第二卷，北京，人民出版社，1994 年版；

23.《邓小平文选》第三卷，北京，人民出版社，1993 年版；

24. 董青岭著:《复合建构主义——进化冲突与进化合作》，北京，时事出版社，2012 年版；

25. 端木正主编:《国际法》，北京，北京大学出版社，2000 年版；

26. 董云虎、刘武萍编著:《世界人权约法总览》，成都，四川人民出版社，1990 年版；

27. 范宏云著:《国际法视野下的国家统一研究——兼论两岸统一过渡期

法律框架》，广州，广东出版集团、广东人民出版社，2008 年版；

28. 范宏云著:《国家统一国际法学问题研究》，北京，九州出版社，2014 年版；

29. 高德平著:《柏林墙与民主德国》，北京，世界知识出版社，1992 年版；

30. 高朗著:《中华民国外交关系之演变》，台北，五南图书出版公司，1993 年版；

31. 广东省社会科学院历史研究室等合编:《孙中山全集》第九卷，北京，中华书局，2006 年版；

32. 国务院台湾事务办公室编:《台湾事务法律文件选编》，北京，九州出版社，2011 年版；

33. 郭正亮著:《民进党的转型之痛》，台北，天下远见出版股份有限公司，1998 年版；

34. 海峡两岸关系协会编:《两岸对话与谈判重要文献选编》，北京，九州出版社，2003 年版；

35. 海峡两岸关系协会编:《“九二共识”历史存证》，北京，九州出版社，2006 年版；

36. 海峡两岸关系协会编:《重要文件选编》，北京，海峡两岸关系协会，2012 年；

37. 胡佛著:《政治变迁与民主化》，台北，三民书局股份有限公司，2004 年版；

38. 胡庆山著:《台湾地位与公法学》(上册)，台北，稻乡出版社，2006 年版；

39. 胡庆山著:《台湾地位与公法学》(下册)，台北，稻乡出版社，2008 年版；

40. 胡为真著:《从尼克松到克林顿：美国对华“一个中国”政策之演变》，台北，台湾商务印书馆股份有限公司，2011 年版；

41. 黄光国著:《民粹亡台论》，台北，民主行动联盟，2004 年版；

42. 黄光国著:《一中两宪：两岸和平的起点》，台北，生智文化事业有限公司，2005 版；

43. 黄嘉树著:《两岸风云冷眼观》，北京，中国言实出版社，1997 年版；

44. 黄嘉树、刘杰著:《两岸谈判研究》，北京，九州出版社，2003 年版；

45. 黄嘉树、林红著:《两岸“外交战”——美国因素制约下的国际涉台问题研究》，北京，中国人民大学出版社，2007 年版；

46. 黄嘉树：国家社科基金重大项目《两岸和平架构研究》结项报告，北京，中国人民大学国际关系学院，2011 年 11 月；

47. 黄嘉树著:《大棋局》，香港，中国评论学术出版社，2013 年版；

48. 黄昆辉著:《大陆政策与两岸关系》，台北，“行政院大陆委员会”编印，1993 年；

49. 纪欣著:《一国两制在台湾》，台北，海峡学术出版社，2004 年版；

50. 姜殿铭主编:《台湾：一九九一》，北京，中国友谊出版社公司，1992 年版；

51. 姜士林等主编:《世界宪法全书》，青岛，青岛出版社，1997 年版；

52. 李登辉著:《台湾的主张》，台北，远流出版事业股份有限公司，1999 年版；

53. 李鸿禧著:《宪法》，台北，月旦出版社，1995 年版；

54. 李惠宗著:《宪法要义》，台北，敦煌书局，1999 年版；

55. 李家泉著:《两岸“双赢”之路——试论“一国两制”的台湾模式》，北京，中国友谊出版公司，2001 年版；

56. 李家泉著:《台海风云六十年（1949-2009）》，北京，九州出版社，2010 年版；

57. 李克勤著:《台湾政治发展史》，台北，幼狮文化事业股份有限公司，2013 年版；

58. 李念祖、石之瑜著:《规范两岸关系》，台北，五南图书出版公司，1992 年版；

59. 李念祖著:《人国之礼——宪法变迁的跨越》，台北，三民书局股份有限公司，2012 年版；

60. 李鹏著:《海峡两岸关系析论》，厦门，鹭江出版社，2009 年版；

61. 李铁城主编:《联合国的历程》,北京,北京语言学院出版社,1993年版;

62. 李义虎著:《国际政治与两岸关系新思维》,香港,中国评论学术出版社,2005年版;

63. 李义虎等著:《"一国两制"台湾模式》,北京,人民出版社,2015年版;

64. 李英明著:《全球化时代的台湾与两岸关系》,台北,生智文化事业有限公司,2001年版;

65. 梁淑英主编:《国际公法》,北京,中国政法大学出版社,1993年版;

66. 林冈著:《台湾政治转型与两岸关系的演变》,北京,九州出版社,2010年版;

67. 林佳龙、郑永年编:《民族主义与两岸关系:哈佛大学东西方学者的对话》,台北,新自然主义有限公司,2001年版;

68. 林央敏著:《台湾民族的出路》,高雄,南冠出版社,1988年版;

69. 林正义、叶国兴、张瑞猛编:《台湾加入国际经济组织策略分析》,台北,"国家"政策研究资料中心,1990年7月;

70. 刘性仁著:《两岸关系:主权争议何去何从?》,台北,时英出版社,2004年版;

71. 刘性仁著:《两岸政治争议之研究》,台北,时英出版社,2013年版;

72. 刘振涛、郑振清等著:《两岸和平发展战略》,海口,学习出版社、海南出版社,2014年版;

73. 卢晓衡编:《中国对外关系中的台湾问题》,北京,经济管理出版社,2002年版;

74. 罗致政、宋允文主编:《解构"一个中国"》,台北,财团法人台湾智库,2007年版;

75. 罗致政、吴钊燮主编:《台湾外交的省思与前瞻》,台北,新台湾"国策"智库有限公司,2012年版;

76. 马英九著:《两岸关系的回顾与前瞻》,台北,"行政院大陆委员会"印行,1992年;

77. 马英九著:《原乡精神：台湾的典范故事》，台北，天下远见出版股份有限公司，2007 年版；

78. 南方朔著:《台湾政治的深层批判》，台北，风云时代出版股份有限公司，1994 年版；

79. 南京大学台湾研究所编:《海峡两岸关系日志》(1999—2008.5)，北京，九州出版社，2010 年版；

80. 潘国华、李义虎、张植荣主编:《香港模式与台湾前途》，北京，世界知识出版社，2010 年版；

81. 潘维著:《法治与“民主迷信”——一个法治主义者眼中的中国现代化和世界秩序》，香港，香港社会科学出版社，2003 年版；

82. 全国台湾研究会研究部编:《台湾问题重要文献资料（ 1943-1992)》，北京，北京出版社，1993 年版；

83. 全国台湾研究会编:《两岸关系：共识累积与政策创新学术研讨会论文集》，北京，全国台湾研究会，2012 年 8 月 31 日；

84. 全国人大常委会澳门基本法委员会办公室编:《中华人民共和国澳门特别行政区基本法》，北京，中国法制出版社，2011 年版；

85. 全国人大常委会香港基本法委员会办公室编:《中华人民共和国香港特别行政区基本法》，北京，中国法制出版社，2011 年版；

86. 丘宏达著:《现代国际法》，陈纯一修订，台北，三民书局股份有限公司，2012 年版；

87. 饶戈平主编:《台湾参与国际组织有关资料汇编》，北京，北京大学法学院，2013 年 2 月；

88. 阮铭著:《两岸统一，百年大计》，台北，稻田出版有限公司，1996 年版；

89. 沈骏、赵玉南主编:《台湾各党派与海峡两岸关系》，武汉，华中师范大学出版社，1994 年版；

90. 沈君山著:《寻津集：从革新保台到一国两治》，台北，远流出版事业股份有限公司，1989 版；

91. 邵宗海著:《两岸关系：两岸共识与两岸歧见》，台北，五南图书出版股份有限公司，2000 年版；
92. 邵宗海著:《两岸关系——陈水扁的大陆政策》，台北，生智文化事业有限公司，2001 年版；
93. 邵宗海著:《新形势下的两岸政治关系》，台北，五南图书出版股份有限公司，2011 年版；
94. 邵宗海著:《中共对台政策（1979-2013）》，台北，唐山出版社，2013 年版；
95. 社团法人台湾法学会主编:《二十一世纪宪政风云》，台北，元照出版有限公司，2004 年版；
96. 苏起著:《两岸波涛二十年纪实》，台北，远见天下文化出版股份有限公司，2014 年版；
97. 孙云著:《“台独”理论与思潮》，北京，九州出版社，2007 年版；
98. 台湾教授协会编:《台湾国家定位论坛》，台北，前卫出版社，2009 年版；
99.《台湾问题读本》，北京，中共中央党校出版社、九州出版社，2001 年版；
100.“台湾主权”论述资料选编编辑小组编:《台湾主权论述资料选编》（上册），台北，“国史馆”印行，2001 年版；
101.“台湾主权”与一个中国论述大事记编辑小组编:《台湾主权与一个中国论述大事记》，台北，“国史馆”印行，2002 年版；
102. 台湾中央社编:《2003 世界年鉴》，台北，财团法人中央通讯社，2002 年版；
103. 童振源著:《台湾未来关键下一步——透视 2016 选前两岸关系发展与政策》，新北，博识文化股份有限公司，2014 年版；
104. 王鸿志著:《政治狂澜的浪花——台湾第三势力研究》，北京，九州出版社，2013 年版；
105. 王家英、孙家同编:《两岸关系的矛盾与出路》，香港，香港中文大学亚太研究所，1996 年；
106. 王丽萍著:《联邦制与世界秩序》，北京，北京大学出版社，2000 年版；

107. 王铁崖著:《国际法》，北京，法律出版社，1995 年版；

108. 王晓波著:《两岸关系论集》，台北，海峡学术出版，1997 年版；

109. 王英津著:《自决权理论与公民投票》，北京，九州出版社，2007 年版；

110. 王英津著:《国家统一模式研究》，北京，九州出版社，2008 年版；

111. 王嵎生著:《亲历 APEC 与时代的变迁》，北京，世界知识出版社，2014 年版；

112. 王兆军著:《两岸启示录：大陆与台湾的能与不能》，台北，世界书局，1997 年版；

113. 魏贻恒著:《全民公决的理论与实践》，北京，中国人民大学出版社，2007 年版；

114. 吴大英等著:《比较立法制度》，北京，群众出版社，1992 年版；

115. 吴琼恩著:《轻舟已过万重山：两岸关系与中国前途》，台北，海峡学术出版社，1998 年版；

116. 吴新兴著:《整合理论与两岸关系之研究》，台北，五南图书出版公司，1995 年版；

117. 吴友法等著:《当代德国——命运多舛的世界新秀》，贵阳，贵州人民出版社，2000 年版；

118. 吴昱辉主编:《自决与独立》，台北，新台政论杂志社，1987 年版；

119. 夏潮基金会编:《一个中国原则面面观》，台北，海峡学术出版社，1999 年版；

120. 夏潮基金会编:《中国意识与台湾意识》，台北，海峡学术出版社，1999 年版；

121. 萧汉森等主编:《德国的分裂、统一与国际关系》，武汉，华中师范大学出版社，1998 年版；

122. 肖君拥著:《人民主权论》，济南，山东人民出版社，2005 年版；

123. 萧元恺著:《台湾问题：政治解决策论》，香港，三联书店有限公司，2010 年版；

124. 谢长廷著:《未来：不一样的台湾》，台北，新文化教室，2012 年版；
125. 谢庆奎主编:《当代中国政府》，沈阳，辽宁人民出版社，1991 年版；
126.“行政院大陆委员会”编印:《台海两岸关系说明书》，台北，“行政院大陆委员会”，1994 年；
127. 许光建主编:《联合国宪章诠释》，太原，山西教育出版社，1999 年版；
128. 许庆雄著:《台湾建国的理论基础》，“台湾共和国”申请加入联合国运动联盟，2000 年版；
129. 许庆雄著:《宪法秩序之变动》，台北，元照出版有限公司，2010 年版；
130. 许世楷、卢千惠著:《台湾是台湾人的国家》，台北，玉山社出版事业股份有限公司，2008 年版；
131. 徐永明主编:《转型，要不要正义？新兴民主国家与台湾的经验对话》，台北，财团法人台湾智库，2008 年版；
132. 许宗力等著:《两国论与台湾国家定位》，台北，学林文化事业有限公司，2000 年版；
133. 严安林著:《两岸关系和平发展制度化理论研究》，北京，九州出版社，2013 年版；
134. 杨丹伟著:《解析台湾的大陆政策》，北京，群众出版社，2007 年版；
135. 杨开煌著:《困局——论陆台香濠》，台北，海峡学术出版社，2000 年版；
136. 杨开煌著:《峥嵘：两岸关系之斗争与对策》，台北，海峡学术出版社，2001 年版；
137. 姚先国等著:《两德统一中的经济问题》，北京，科学技术文献出版社，1996 年版；
138. 余克礼著:《论政治》，香港，中国评论学术出版社，2015 年版；
139. 余民才、程晓霞编著:《国际法教学参考书》，北京，中国人民大学出版社，2002 年版；
140. 余民才主编:《国际法专论》，北京，中信出版社，2003 年版；

141. 虞义辉著:《台湾意识的多面向——百年两岸的民族主义》，台北，黎明文化事业股份有限公司，2001 年版；

142. 张春生、许煜编著:《周南解密港澳回归——中英及中葡谈判台前幕后》，北京，新华出版社，2012 年版；

143. 张富美主编:《台湾问题论文集：台湾现状与台湾前途》，台北，前卫出版社，1988 年版；

144. 张国城著:《两岸关系概论》，台北，华梵大学人文教育研究中心，2009 年版；

145. 张五岳著:《分裂国家互动模式与统一政策之比较研究》，台北，业强出版社，1992 年版；

146. 张万明著:《涉台法律问题总论》，北京，法律出版社，2009 年版；

147. 张宪文等著:《中华民国史》第一卷、第二卷、第三卷、第四卷，南京，南京大学出版社，2006 年版；

148. 张亚中著:《两岸主权论》，台北，生智文化事业有限公司，1998 年版；

149. 张亚中著:《两岸统合论》，台北，生智文化事业有限公司，2000 年版；

150. 张亚中著:《全球化与两岸统合》，台北，联经出版事业股份有限公司，2003 年版；

151. 张亚中主编:《两岸政治定位探索》，台北，台湾大学政治学系两岸暨区域统合研究中心、两岸统合学会，2010 年版；

152. 张亚中主编:《一中同表或一中各表》，台北，生智文化事业有限公司，2011 年版；

153. 张亚中主编:《两岸统合与和平发展：一条互利双赢的稳健道路》，台北，远东集团—财团法人徐元智先生纪念基金会，2011 年版；

154. 张亚中著:《剥复之间：两岸核心问题探索》，台北，生智文化事业有限公司，2012 年版；

155. 张亚中著:《统合论》，香港，中国评论学术出版社，2014 年版；

156. 张亚中著:《德国问题：国际法与宪法的争议》，台北，扬智文化事业股份有限公司，1999 年版；

157. 张玉法著:《中华民国史稿》，台北，联经出版事业股份有限公司，2015 年版；

158. 赵春山编:《大陆政策与两岸关系》，台北，民主文教基金会，1987 年版；

159. 赵理海著:《联合国宪章的修改问题》，北京，北京大学出版社，1982 年版；

160. 赵全胜主编:《分裂与统一：中国、韩国、德国、越南经验之比较研究》，台北，桂冠图书股份有限公司，1994 年版；

161. 赵勇著:《台湾政治转型与分离倾向》，北京，中央编译出版社，2008 年版；

162. 郑明德著:《一脉总相承：派系政治在民进党》，台北，时英出版社，2004 年版；

163. 中国社会科学院台湾研究所编:《新时期对台方针政策重要文献选编》(修订本)，北京，中国社会科学院台湾研究所，2009 年 12 月；

164. 中共中央台湾工作办公室、国务院台湾事务办公室编:《涉台法律问题研究》2、3、4、5、6（内部资料）；

165. 中国统一战线理论研究会两岸关系理论福建研究基地编:《第三届“和谐海峡”论坛论文集》，福州，中共福建省委统战部，2010 年 12 月；

166. 中华欧亚基金会编:《两岸关系的结与解总结报告》，台北，中华欧亚基金会，2001 年；

167. 周建闽著:《思系中华——两岸关系与中国发展思考评论集》，香港，中国评论学术出版社，2015 年版；

168. 周叶中、祝捷著:《两岸关系的法学思考》，香港，香港社会科学出版社，2010 年版；

169. 周叶中主编:《宪法》，北京，高等教育出版社、北京大学出版社，2000 年版；

170. 周叶中、祝捷主编:《构建两岸关系和平发展框架的法律机制研究》，北京，九州出版社，2013 年版；

171. 周叶中、段磊著:《两岸协议实施机制研究》，北京，九州出版社，2015 年版；

172. 周志怀主编:《新时期对台政策与两岸关系和平发展》，北京，华艺出版社，2008 年版；

173. 周志怀主编:《台湾研究优秀成果奖获奖论文汇编》，北京，九州出版社，2009 年版；

174. 周志怀主编:《两岸政治关系合情合理安排探讨——全国台湾研究会 2014 年学术研讨会论文选编》，北京，九州出版社，2015 年版；

175. 朱松岭著:《国家统一的宪法学问题研究》，香港，香港社会科学出版社，2011 年版；

176. 朱新民、洪中明著:《海峡两岸统一政策之研究（1988-1992）》，台北，永然文化出版有限公司，1992 年版；

177. 朱永德编:《一国两制与和平统一》，香港，新亚洲文化基金会，1990 年版；

178. 朱云汉著:《高思在云——中国兴起与全球秩序重组》，北京，中国人民大学出版社，2015 年；

179. 朱云汉、包宗和主编:《民主转型与经济冲突——九〇年代台湾经济发展的困境与挑战》，台北，桂冠图书股份有限公司，2000 年版；

180. 祝捷著:《两岸关系定位与国际空间——台湾地区参与国际活动问题研究》，北京，九州出版社，2013 年版.

二、译文文献

1. [美] 巴特勒、兰尼编著:《公民投票的理论与实践》，吴宜容译，台北，韦伯文化事业出版社，2002 年版；

2. [美] 汉斯·凯尔森著:《国际法原理》，王铁崖译，北京，华夏出版社，1989 年版；

3. [美] 汉斯·摩根索著:《国际纵横策论——争强权，求和平》，卢明华等译，上海，上海译文出版社，1995 年版；

4. [美] 路易斯·亨金著:《国际法：政治与价值》，张乃根等译，北京，中国政法大学出版社，2005 年版；

5. [美] 卜睿哲著:《台湾的未来》，林添贵译，台北，远流出版事业股份有限公司，2011 年版；

6. [美] 卜睿哲著:《未知的海峡：两岸关系的未来》，林添贵译，台北，远流出版事业股份有限公司，2013 年版；

7. [美] 萨拜因著:《政治学说史》下册，盛葵阳等译，北京，商务印书馆，1986 年版；

8. [美] 伊恩 · 夏比洛著:《民主理论现况》，陈毓麟译，台北，商周出版有限公司，2005 年版；

9. [英] 苏珊 · 马克斯著:《宪政之迷：国际法、民主和意识形态批判》，方志燕译，上海，上海世纪出版集团，2005 年版；

10. [英] 伊恩 · 布朗利著:《国际公法原理》，曾令良、余敏友等译，北京，法律出版社，2003 年版；

11. [英] 詹宁斯、瓦茨修订:《奥本海国际法》第一卷（第一分册），王铁崖等译，北京，中国大百科全书出版社，1995 年版；

12. [英] 詹宁斯、瓦茨修订:《奥本海国际法》第一卷（第二分册），王铁崖等译，北京，中国大百科全书出版社，1995 年版；

13. [英] 安德鲁. 海伍德著:《政治学核心概念》，吴勇译，天津，天津人民出版社，2008 年版；

14. [英] 阿库斯特著:《现代国际法概论》，汪瑄等译，北京，中国社会科学出版社，1981 年版；

15. [英] 戴维 · 米勒、韦农 · 波格丹诺编:《布莱克维尔政治学百科全书》，邓正来等译，北京，中国政法大学出版社，1992 年版；

16. [英] 洛克著:《政府论》，叶启芳等译，北京，商务印书馆，1997 年版；

17. [法] 卢梭著:《爱弥儿》下卷，李平沤译，北京，商务印书馆，1978 年版；

18. [法] 卢梭著:《论人类不平等的起源和基础》，李常山译，北京，商务印书馆，1997 年版；

19. [法] 卢梭著:《社会契约论》，何兆武译，北京，商务印书馆，2001年版；

20. [加] 乔治 • 安德森著:《联邦制导论》，田飞龙译，北京，中国法制出版社，2009 年版；

21. [加] 郑海麟著:《海峡两岸关系的深层透视》，香港，明报出版社，2000 年版；

22. [加] 郑海麟著:《台湾问题考验中国人的智慧》，香港，海峡两岸关系研究中心，2000 年版；

23. [加] 郑海麟著:《台湾主权的重新诠释》，台北，海峡学术出版社，2000 年版；

24. [加] 郑海麟著:《两岸中国和平统一国是建言》，台北，海峡学术出版社，2006 年版；

25. [日] 若林正丈著:《战后台湾政治史——中华民国台湾化的历程》，洪郁如、陈培丰等译，台北，台湾大学出版中心，2014 年版；

26. [荷] 克拉勃著:《近代国家观念》，王检译，北京，商务印书馆，1957 年版；

27. [荷]Percy B. Lehning 编著:《分离主义的理论》，台北，韦伯文化事业出版社，2002 年版；

28. [奥] 阿 · 菲德罗斯等著:《国际法》，李浩培译，北京，商务印书馆，1981 年版；

29. [西] 白方济著:《台湾与拉丁美洲关系》，柳嘉信等译，高雄，丽文文化事业股份有限公司，2006 年版；

30. [奥] 凯尔森著:《法与国家的一般理论》，沈宗灵译，北京，中国大百科全书出版社，1996 年版。

三、英文文献

1. Antonio Cassese, *Self-Determination of Peoples, A Legal Reappraisal*, Cambridge: Cambridge University Press, 1995.

2. Alan M. Wachman, *Why Taiwan? Geostrategic Rationales for China's*

Territorial Integrity, California: Stanford University Press, 2007.

3. Azam, Kousar J. ed., *Federalism and Good Governvance: Issues Across Cultures,* New Delhi: South Asian Publishers, 1998.

4. A. G. Toth, *The Oxford Encyclopedia of European Community Law*, vol. 1, Institutional Law, Oxford: Oxford University Press, 1990.

5. Anthony Downs, *An Economic Theory of Democracy*, New York: Harper and Row, 1957.

6. Bart Elson, *A Genealogy of Sovereignty,* Cambridge: Cambridge University Press, 1995.

7. Brownlie, *.Ian Principles of Public International Law*, 4th edition, Oxford: Clarendon Press, 1990.

8. Bosco, Andrea, ed., *The Federal Idea,* London: Lothian Foundation Press, 1991.

9. Burgess, Michael, *Federalism and European Union: Political Ideas, Influences, and Strategies in the European Community, 1972 – 1987*, New York: Routledge, 1989.

10. Clive H. Church, *European Integration Theory in the 1990s,* London: University of North London, 1996.

11. Cf. S. Farren, B. Mulvihill, *Beyond Self-Determination Towards Co-Determination in Ireland*, Etudes Irelandaises Vol. 21, 1996.

12. Corntassel, J., Primeau, T., *Indigenous "Sovereignty" and International Law: Revised Strategies for Pursuing "Self-Determination"*, 17 Human Rights Quarterly, 1995.

13. Chen Wenshou, *Crs Perspectives on Taiwan and Its Relations with U.S. Selected Reports, 1998-2011*, Hong Kong: Hong Kong Press for Social Sciences Ltd, 2012.

14. Chen Wenshou, *Us Thinktanks' Views on Taiwan and Cross-Strait Relations Selected Reports, 2008-2011*, Hong Kong: Hong Kong Press for Social Sciences Ltd, 2011.

15. Coleman, William D., *The Independence Movement in Quebec 1945-1988*, University of Toronto Press, 1984.

16. Chiu Hungdah, *China and the Taiwan Issue,* New York: Praeger Publishers, A. Division of Holt, Rinehart and Winston/CBS, Inc., 1979.

17. David Held, Anthony McGrew, David Goldblatt and Jonathan Perraton, *Global Transformation: Politics, Economics and Culture*, California: Stanford University Press, 1999.

18. Denton, Geoffrey, .*Federalism and European Union after Maastricht*, January 1993, London: HMSO, 1993.

19. E.Gellner, *Nations and Nationalism,* Oxford: Basil Black-Well Press, 2006.

20. Edward M. Morgan, *The Imagery and Meaning of Self-Determination,* Vol. 20 New York University Journal of International Law and Politics,1998.

21. Edvard Lawson, *Encyclopedia of Human Rights*, Second Edition, Taylor and Francis, 1996.

22. Forsyth, Murry, ed., *Federalism and Nationalism,* Leicester: Leicester University Press, 1989.

23. Fernando R. Teson, *A Philosophy of International Law*, Boulder: Westview Press, 1998.

24. Gregory Henderson, Richard Ned Lebow and John G. Stoessinger, eds., *Divided Nations in a Divided World,* New York: David Mckay company, Inc. 1974.

25. Gold, Thomas B., *State and Socity in the Taiwan Micracle*. New York: M. E. Sharpe, 1986.

26. Hans J. Michelmann, *Panayotis Soldatosed, European Integration Theories and Approaches,* Lanham, Maryland: University Press of America, Inc, 1994.

27. Hurst Hannum, *Autonomy, Sovereignty, and Self-Determination, The Accommodation of Conflicting Rights*, Revised Edition, Pennsylvania: he University of Pennsylvania Press, 1996.

28. Hurst Hannum, *Self-Determination as a Human Right*, in *Human Rights in the World Community*, edited by Richard Pierre Claude and Burns H. Weston, 1992.

29. Holland, Martin, *European Integration: From Community to Union,* London: Pinter Publishers, 1994.

30. Heraclides, Alexis, *The Self-Determination of Minorities in International Politics,* Frank Cass, 1991.

31. Haggard, Stephan, and Robert R. Kaufman, *The Political Economy of Democratic Transition*, Princeton: Princeton University Press, 1995.

32. James Crawford, *The Rights of Self-Determination in International Law: Its Development and Future,* in Philip Alston ed., *Peoples' Rights*, Oxford: Oxford University Press, 2001.

33. Javaid Rehman, *International Human Rights Law: A Practical Approach*, Pearson Education Limited, 2003.

34. Jonathan Tonge, *Politics in Northern Ireland, in Patrick Dunleavy, Developments in British Politics*, New York: Palgrave, 2003.

35. John F. Copper, *Taiwan in Troubled Times*, Singapore: World Scientific Publishing Co. Pte. Ltd., 2002.

36. Karen Parker, *Understanding Self-Determination: The Basics*, Presentation to First International Conference on the Right to Self-Determination, Geneva: United Nations, 2000.

37. Korea Institute for National Unification, *The Korean Journal of National Unification*, 1997-2007.

38. Lapidoth, Ruth, *Sovereignty in Transition*, Journal of International Affairs, Vol. 45, No.2, 1992.

39. Marshall G., *Constitutional Theory*, Oxford: Oxford University Press, 1971.

40. Nancy Bernkopf Tucker, *Strait talk: United States-Taiwan Relations and the Crisis with China*, Cambridge, Mass. : Harvard University Press, 2009.

41. Peter C. Y. Chow , *The "One China" dilemma,* New York: Palgrave Macmillan, 2008.

42. Philip Paolino and James Meernik, *Democratization in Taiwan: Challenges in Transformation*, Ashgate, 2008.

43. Pang Chien-kuo, *The State and Economic Transformation: The Taiwan Case*. New York: Garland Publishing Inc, 1992.

44. Rigger, Shelley, *Politics in Taiwan: Voting for Democracy,* London: Routledge, 1999.

45. Robertson, A. H.; Merrills, J. G., *Human Rights in the World*, 4th ed., Manchester University Press, 1996.

46. Sutter, Robert, *Taiwan Entering the 21st Century, Lanham*, Md.: University Press of America, 1988.

47. Su Chi, *Taiwan's Relations with mainland China: A Tail Wagging Two Dogs*, London; Routledge, 2009.

48. Slaughter, *International Law and International Relations Theory: A Dual Agenda*, 87 *American Journal of International Law*, 1993.

49. Schumpeter, J., *Capitalism, Socialism and Democracy*, 6th ed. London: Unwin Paperbacks, 1987.

50. Steve Tsang(ed) , *In the Shadow of China: Political Developments in Taiwan Since 1949*, Hong Kong: Hong Kong University Press, 1993.

51. Thomas M. Frank, *The Emerging Right to Democratic Governance*, 86 American Journal of International Law, 1992.

52. The Sejong Institute, *The Political Economy of Korean Unification*, 1998.

53. Walker Connor, *National Self-Determination and Tomorrow's Political Map*, in Alan C. Cairans etal., *Citizenship, Diversity and Pluralism*. Montreal and Kingston: McGill-Queen's University Press, 1999.

54. Walker Connor, *National Self-Determination and Tomorrow's Political Map*, in Alan C. Cairans etal., *Citizenship, Diversity and Pluralism*. Montreal and Kingston: McGill-Queen's University Press, 1999.

55. Walker Connor, *Nationalism and Political Illegitimacy*, in Daniele Conersi, ed., *Ethnonationalism in the Contemporary World*, New York: Routledge, 2002.

56. Werner Levi, *Contemporary International Law*, Boulder: Westview Press, 1991.

57. Yves Beigbeder, *International Monitoring of plebiscite, Referenda and National Elections: Self-Determination and Transition to Democracy,* Boston: Martinus Nijhoff Publishers, 1994.

58. Yung Wei, *Unification and Division of Multi-System Nations: A Comparative Analysis of Basic Concepts, Issues, and Approaches,* in Ray E. Johnston, ed, *The Politics of Division, Partition, and Unification*, New York: Pareger Publishers, 1976.

59. Zimmeman, Joseph F, *Participatory Democracy*, New York: Praeger, 1986.

60. Zisk, Betty H. Money, *Media and the Grass Roots: State Ballot and the Electoral Process.* Newbury Park, California: Sage Publications, 1987.

后记

本书是笔者近些年涉台研究成果的集中体现，书稿的完成大致经历了三个阶段。2008 年至 2009 年，笔者历时一年完成了中国人民大学科学研究基金项目《"中华民国宪法"问题研究》。2009 年至 2012 年笔者历时三年完成了教育部社科基金项目《两岸和平发展框架建构中的两个前沿问题之研究：分裂性质与关系定位》(编号是 09YJC810045)。2012 年，笔者在教育部项目的基础上以《两岸政治关系定位所涉及的重大理论和现实问题》为选题申报教育部"新世纪优秀人才支持计划"，并于当年 12 月成功入选。在该人才项目的支持下，笔者对两岸政治关系（特别是政治关系定位）中的相关问题又进行了深化和拓展研究。2016 年 4 月，该人才项目顺利通过教育部委托中国人民大学组织的专家委员会的答辩，该研究成果也顺利通过验收。这样算来，呈现在读者面前的这本书前后历时八年，是笔者目前耗时最长的一本著作，它集中体现了笔者近些年对两岸政治关系的思考、认知和观点。

本书基本涵盖目前两岸政治关系定位所涉及的主要内容，但亦并非全部，如影响两岸政治关系定位的国际因素（如美国因素）等，在原计划中本打算展开深入研究，但鉴于篇幅太长，后又决定暂时放弃，留待以后另行研究。此外，有些研究内容虽有所涉及，但并未深入和展开，如"中华民国台湾化"问题；还有些研究内容不便于公开出版，故予以删除。以上这些未尽事宜可谓本书的诸多遗憾。但遗憾亦非坏事，它会变成一种驱力，推动我在今后的研究生涯中继续对上述问题进行探索。

本书的出版得到了九州出版社第一分社的大力支持和关照，他们对本书的出版倾注了大量心血，在此向他们表示衷心感谢。

王英津

2016 年 5 月 2 日

于中国人民大学